Zwischen literarischer Autonomie und Staatsdienst

Die Literatur in der DDR

von

Werner Brettschneider

ERICH SCHMIDT VERLAG

Es ist nichts Geringes, ob eine Nation ein
waches literarisches Gewissen besitzt oder nicht
und gar die unsere: denn wir haben nicht die
Geschichte, die uns zusammenhalte.

Hugo von Hofmannsthal

ISBN 3 503 00733 4

© Erich Schmidt Verlag, Berlin 1972
Druck: Berliner Buchdruckerei Union GmbH., Berlin 61
Printed in Germany · Nachdruck verboten

Vorwort

Der eigenen Arbeit ein Vorwort voranzustellen ist für den Verfasser ein mißliches Geschäft. Was er zur Sache zu sagen hat, gehört in den Text. Was über seine Arbeit zu sagen ist, muß er anderen überlassen. Doch ist eine Bemerkung nützlich. Hier wird nichts Abgeschlossenes dargestellt, sondern ein laufender Vorgang. An irgendeiner Stelle muß angehalten werden. Diese Stelle aber ist vom Zufall bestimmt, denn einmal muß Redaktionsschluß sein. Der Punkt wurde auf den 1. Oktober 1971 festgesetzt. Es bleibt zu hoffen, daß spätere und gründlichere Untersuchungen, die zudem den Vorteil größerer Distanz haben werden, die Zäsur als zufällig erkennen lassen.

W. B.

Inhalt

7

I. Das wissenschaftliche Problem

1. Forschungslage und Vorhaben

Was auch immer Literatur sei — sie tritt in unser Leben als Märchen und Lied, als längere oder kürzere Erzählung, als Gedicht, als Spiel auf dem Theater, als Denkanstoß im Essay und als Information in der Wissenschaft. Fragen wir, was von der in der DDR entstandenen Literatur zu unserem Leben gehört — vorausgesetzt die Hoffnung, daß Literatur überhaupt zu unserem Leben gehöre —, so gilt es zu präzisieren: zu unserem geistigen Bewußtsein, das heißt zum vertrauten Besitz derer, die mit Büchern leben, zu unserer öffentlichen literarischen Kritik, zu unserer wissenschaftlichen Forschung, in unsere Schulen und in unsere Bibliotheken und Bücherschränke. Gehört die Literatur der DDR zu unserem geistigen Selbstverständnis? Die Einschränkung sei zugestanden, daß dies zunächst das Selbstverständnis einer kleinen lesenden und reflektierenden Schicht sei. Doch existiert trotz aller Zweifel so etwas wie ein Selbstverständnis eines Volkes; genauer, da wir das Glück eines in Staat und Lebensweise geeinten Volkes nicht besitzen, einer westdeutschen Staatsbürger-Gemeinschaft. Damit gibt sich die erste, vage Bezeichnung „unser Leben" als die geistige Existenz der Bundesrepublik zu erkennen. Fragen wir also noch einmal, was von der Literatur der DDR in diesem nun näher eingegrenzten Sinne uns angehört, so ist die Antwort in beschämender Kürze zu geben: ein paar Gedichte von Johannes Bobrowski und Peter Huchel, ein Gerücht von den Protestliedern Wolf Biermanns, eine vage, von mitleidiger Verachtung begleitete Vorstellung von Reimereien über Stalin, den revolutionären Traktorenfahrer und den Sieg des Sozialismus und, natürlich, Bert Brecht. Kein anderer Name ist so untrennbar in den Begriff „deutsche Literatur der Gegenwart" eingegangen. Und wenn auch Brecht das letzte Jahrzehnt seines Lebens in Ostberlin zugebracht hat, und wenn auch diese seine Entscheidung eine bewußte geistige und politische Aktion bedeutete, so weigern wir uns doch — und zwar zuerst unreflektiert und instinktiv — Brecht als einen Dichter der DDR zu klassifizieren.

Person und Werk Bert Brechts stellen sich der Anlage dieser Untersuchung als ein methodisches Problem erster Ordnung entgegen.[1] Probleme verwandter

---

[1] Das Werk Brechts als ganzes wurde in dieser Arbeit ausgeklammert, wenngleich die Nachwirkungen, in der Lyrik vor allem Günter Kunert, für das Theater vor allem Peter Hacks und Helmut Baierl, sichtbar gemacht wurden. Wie Arnold Zweig,

Art werden sich häufen. Sie haben ihre Ursache nicht in wissenschaftstheoretischen oder ästhetischen Unklarheiten; sie sind nicht mehr und nicht weniger als die Spiegelung der Teilung Deutschlands.

Was für das allgemeine Bewußtsein im westdeutschen Teilstaat gilt, gilt auch für Forschung und Lehre, wenngleich seit ein paar Jahren die geistige Mauer über der Elbe dünner und durchsichtiger wurde, wofür einigen Mutigen zu danken ist. Gesamtdarstellungen des Phänomens Literatur der DDR sind zweimal versucht worden. Lothar von Ballusecks kenntnisreiches Werk ist nicht frei von einem im „Kalten Kriege" notwendigen Angriffsgeist, zudem in der Sache unvermeidlicherweise heute im gleichen Maße überholt, wie diese Untersuchung nach zehn Jahren überholt sein wird.[2] 1966 trat Hermann Pongs auf den Plan; zwei Bände zwar und ein verheißungsvoller Titel, doch bei einem Minimum an Information ein Maximum an Spekulation.[3] Es gibt eine Anzahl von wertvollen Einzeluntersuchungen, ohne welche der Versuch einer Gesamtschau nicht unternommen werden könnte; es gibt einige Zeitschriften, zu deren Aufgaben es gehört, literarische Verbindungen nach drüben herzustellen, und es sind einige umfassende Werke in Vorbereitung.[4]

Was jenseits der Mauer, die nicht nur durch Berlin läuft, sondern an der, längs der Elbe, auch unsere eigenen Versäumnissünden mitgebaut haben, was in der DDR gearbeitet wurde, um ein Gesamtbild der eigenen Literatur darzustellen, ist durchaus nennenswert, aber es ist entweder apologetisch, ein Mittel des kalten Krieges wie andere, oder in jüngster Zeit, wie zu zeigen sein wird, der Versuch eines ostdeutschen literarischen Alleinvertretungs-Anspruchs, der desto entschiedener wird, je mehr der westdeutsche verblaßt.

Daß sich bei uns das geistige Verhältnis zum benachbarten deutschen Staate wandelt, wurde schon angedeutet. Sich in solche Bewußtseinsveränderung aktiv einzuschalten, hat sich dieses Buch vorgenommen. Der Anstoß kam nicht eigent-

---

Friedrich Wolf oder Ehm Welk hat Brecht den größten Teil seines Werkes vor der Teilung Deutschlands vollendet. Er siedelte erst 1948 nach Ostberlin über. *Die Tage der Kommune,* die späten Gedichte, die Geschichten von Herrn Keuner, die Flüchtlingsgespräche und der Tui-Komplex sind die wichtigsten Werke, die in der DDR entstanden.

[2] Lothar von Balluseck: Dichter im Dienst, Der sozialistische Realismus in der deutschen Literatur. 2. Aufl., Wiesbaden 1963.

[3] Hermann Pongs: Dichtung im gespaltenen Deutschland, 2 Bde., Stuttgart 1966.

[4] Neue Deutsche Hefte, Beiträge zur europäischen Gegenwart, hrsg. von P. Fechter und J. Günther, seit 1954 — Akzente, Zeitschrift für Literatur, hrsg. von H. Bender, seit 1953 — Kürbiskern, Literatur und Kritik, seit 1965 — Alternative, Zeitschrift für Dichtung und Diskussion, vornehmlich die Hefte 33/34 1963, 38/39 1964 und 58, 1968. Während dieses Man. abgeschlossen wurde, zeigte sich erfreulicherweise, daß die wissenschaftliche Lücke sich zu füllen beginnt. Der Suhrkampverlag kündigte ein Buch von Fritz F. Raddatz und der Kindler-Verlag eine Arbeit von Konrad Franke an.

lich aus der Wissenschaft. Er kam aus dem schlechten Gewissen eines Lehrers und leidenschaftlich mit Literatur Beschäftigten, der, innerhalb der westdeutschen Bildungswelt gemächlich seinen Tätigkeiten nachgehend, plötzlich darauf gestoßen wurde, daß es, nicht weit entfernt, aber durch eine unheimlich virulente Grenze getrennt, eine Literatur gab, von der er nichts wußte, die ihn erregte, gleichviel ob in Ablehnung, Verwunderung oder Zustimmung. Was ihm die Augen zuerst öffnete, war ein schmaler Band mit Gedichten von „der anderen Seite", zusammengestellt von einem Holländer — was in jener Phase der deutschen Innenbeziehungen wohl nicht ohne Bedeutung war.[5] Die einmal in Gang gesetzte Bewegung lief weiter. Sie wurde zu literarischen Entdeckungsreisen, bei denen weite Durst- und Ödstrecken zu überwinden waren. Der Entschluß zu schreiben fiel nicht leicht. Zu schwer lastende Fragen stellten sich ihm in den Weg. Ist die deutsche Literatur nicht eine Einheit? Gibt es eine ostdeutsche Sonderliteratur? Darf es sie geben? — eine unwissenschaftliche, aber emotional um so schlimmere Frage. Kann eine Darstellung der Sonderentwicklung nicht Schaden anrichten, indem sie etwas bestätigt und also auch befördert, was noch im Werden ist und also auch vermeidbar sein könnte? Wenn wir die Menschen im Nachbarstaat nicht als Glieder der gleichen Nation verlieren wollen, müssen wir ihnen nahe bleiben, und das heißt zu allererst, müssen wir sie kennen und erkennen. Und wenn das Wort Hugo von Hofmannsthals in der Vorrede zum Deutschen Lesebuch gilt „Nur in der Literatur finden wir unsere Physiognomie. Da blickt hinter jedem einzelnen Gesicht, das uns bedeutend und aufrichtig ansieht, noch aus dunklem Spiegelgrund das rätselhafte Nationalgesicht hervor", so ist es unsere Pflicht, die Literatur, die Musik, die Philosophie, die Pädagogik der anderen Deutschen zu studieren.

Vorgefaßte Meinungen und abwertende Pauschalurteile liegen als Stolpersteine auf dem Weg. Wenn Rudolf Krämer-Badoni noch 1961 nicht ohne Stolz bekannte: „An welche SED-Spruchbanddichter und Kolchosenbilanzreimer hätte ich schreiben sollen? Ich habe solange jeden runden Tisch und jede gemeinsame Veröffentlichung mit Chruschtschows Stallburschen abgelehnt (die nicht einmal als Schreiber, sondern nur als Knechte begabt sind), bis mir keine Einladungen mehr zugingen"[6], so ist dies in der westdeutschen Publizistik keine vereinzelte Stimme; sie unterscheidet sich nur der Form nach von Urteilen wie: „Diese ganze, so seltsam aufgezäumte Lesestoff-Fabrikation ist ja nicht deutsche Literatur, sondern eine deutschsprachige Abteilung der sowjetischen Literatur, eine

---

[5] Deutsche Lyrik auf der anderen Seite, Gedichte aus Ost- und Mitteldeutschland, hrsg. von Ad den Besten, München 1960.

[6] Die Mauer oder der 13. August, hrsg. von Hans Werner Richter. Reinbek 1961, S. 132.

besonders scheinheilig auftretende Unterabteilung der auswärtigen Kreml-Politik."[7]

Information muß die erste Aufgabe sein, Kritik wird nicht fehlen, und Polemik, wenn sie sich einschleicht, sollte dem Verf. als Fehler angekreidet werden. Vor uns liegt eine Literatur-Landschaft, aus der vorerst nur wenige Punkte, Gipfel vielleicht, vielleicht auch Niederungen, von den hin und her streifenden Strahlen der Suchlampe erleuchtet werden. Es gilt, das ganze Gelände aufzuhellen. Daß dies nur teilweise gelingen kann, ist kein Einwand gegen das Unternehmen. Also sammeln, feststellen, was da ist. Die räumlichen Grenzen sind von fremder Gewalt abgesteckt; die zeitlichen sind durch das Jahr 1945 gegeben, wobei es von geringer Bedeutung ist, daß erst 1949 aus der Teilung in Besatzungszonen die Teilung in Staaten wurde. Einmal muß Redaktionsschluß sein. In unserem Falle liegt er bei 1971, was nicht bedeuten soll, hier sei eine von der Sache her bestimmte Zäsur.

Jeder Sammler weiß, daß Sammeln immer auch Auslesen bedeutet, also den ersten Schritt zu Deutung und Wertung bereits vollzieht. Was ist zu sammeln? Der Titel der Untersuchung gibt vor, daß ein sichtbares und darstellbares Phänomen namens Literatur der DDR vorhanden sei. Doch das ist vorerst nicht mehr als eine Hypothese, die zwar das zu Sammelnde eingrenzt, aber gleichzeitig den Autor zwingt, sich nicht ohne Bangen den notwendigen kritischen Einwänden zu stellen. Das wird in der nächsten Unterabteilung geschehen. Hier nur eine Vorbemerkung zum methodischen Problem: vorausgesetzt, das ausgesprochene Phänomen existiere, so existiert es nicht ohne Wandlung in der Zeit. Die Untersuchung muß also sowohl morphologisch wie historisch sein. Da in einen in Bewegung befindlichen Ablauf mitten hinein und, was die zeitliche Begrenzung angeht, willkürlich hineingegriffen wird, kann das Auge des Autors nicht anders als kurzsichtig und verzerrend sehen. Das ist keine Entschuldigung und keine Bitte um eine Generalamnestie. Es kennzeichnet nur die Begrenzung der wissenschaftlichen Exaktheit — sofern der Begriff in den Geisteswissenschaften Gültigkeit hat. Es ist eine Sache, im 20. Jahrhundert die Literatur der Stauferzeit zu analysieren, und es ist eine völlig andere Sache, das gleiche etwa als Gefolgsmann Friedrich Barbarossas zu versuchen. Das alte sine ira et studio kann, vielleicht, gefordert werden, wenn ich mich als Deutscher der Literatur Brasiliens zuwende; es verliert seinen Anspruch, wenn ich mich der Literatur des eigenen Volkes zuwende.

---

[7] W. Wilk: Deutsche Literatur, Abteilung Sowjetzone. Neue Deutsche Hefte 1954/1955, S. 465.

2. Das Problem der literarischen Wertung

Daß die Literaturwissenschaft erkenntnistheoretische Grundlagen habe, ist ein Postulat, nicht eine Gegebenheit. Nicht einmal der Gegenstand kann hinreichend genau definiert werden. Das gilt insbesondere innerhalb der deutschen Sprache; die recht willkürlich gebrauchten Ausdrücke Dichtung und Literatur bezeugen es. Wie verhalten sich Dichtung und Literatur zu einander? Wer ist Dichter, wer „nur" Schriftsteller? Was ist Literatur? „Wenn uns jemand die Frage stellt, was das literarische Werk eigentlich sei, so müssen wir mit einer gewissen Verwunderung zugeben, daß wir keine rechte und befriedigende Antwort darauf finden. Unser Wissen um das Wesen des literarischen Werks ist tatsächlich nicht nur sehr unzureichend, sondern vor allem sehr unklar und unsicher."[8] Ferner: „In dem Augenblick, in dem das scheinbar so klar umrissene Wort Literatur nicht mehr im Sinne eines leeren Gattungsbegriffs gemeint und verstanden wird, entzieht es sich jeder eindeutigen Bestimmtheit."[9] Mit Sicherheit kann nur gesagt werden, Literatur umfasse einen größeren Bereich als Dichtung; mit anderen Worten, es gibt Gebiete des Schrifttums, die aus dem engeren Begriff der Dichtung zwar ausgeschlossen, in den weiteren Begriff der Literatur aber eingeschlossen sind. Sicher ist ferner, daß nicht alles Geschriebene oder Gedruckte der Literatur zugehört. Wo also sind die Grenzen? Sprechen wir doch von Trivial- oder Vulgärliteratur, von Gebrauchsliteratur, von wissenschaftlicher Literatur u. s. f. Versuchen wir, den Kreis enger zu ziehen, so daß historische, philosophische oder theologische Werke mit eingeschlossen werden können, so entspricht das zwar allgemeinem Gebrauch, doch ist es insofern unbegründet, als sich die Zugehörigkeit zur Literatur nicht vom Gegenstand, sondern nur von der Sprache herleiten kann. Ist demnach Literatur, was in einer geformten, bewußt und einheitlich gesetzten Sprache dargestellt ist?

Literatur-Theorie und Literatur-Ästhetik, sehr junge Disziplinen, helfen uns, die Fragen genauer zu stellen, die Methoden ihrer Beantwortung kritisch zu prüfen und bisher gegebene Antworten auf ihre Vorbedingungen und ihre Stichhaltigkeit zu untersuchen, bleiben uns aber eine handliche Lehre schuldig.[10] Gottfried Benns Urteil gilt noch heute: „Sie (die Literaturwissenschaft) hat keine Grundbegriffsoperationen durchgeführt, sie nimmt sich ihre Begriffe aus fremden Disziplinen: Philologie, Psychologie, Moral, Politik, Geschichtswissenschaften, und aus diesem Sammelsurium entstehen dann die Urteile, die dem

---

[8] Roman Ingarden: Das literarische Kunstwerk. 2. Aufl., Tübingen 1960, S. 1.
[9] Jean-Paul Sartre: Was ist Literatur? Rowohlts Deutsche Enzyklopädie, Hamburg 1956, enzyklop. Stichwort S. 176.
[10] Die neueren Arbeiten und Theorien sind zusammengefaßt bei Wolf Schmidt: Philosophische Grundfragen der Literaturästhetik. Diss. München 1970. Dort auch weitere Literatur.

Dilettantismus sehr nahe stehen."[11] Erst das vielfältige und umfassende Werk von Roman Ingarden untersucht die Seinsweise des literarischen Kunstwerks und schafft damit die Voraussetzungen für eine Erkenntnistheorie der Literaturwissenschaft.[12] Zugrunde liegt der in der Geschichte und für die Geschichte des europäischen Geistes so fundamentale Dualismus, den einst Descartes als res cogitans und res extensa definierte: der Gegensatz zwischen der Welt des reinen Bewußtseins oder der „intentionalen Gegenständlichkeit" (Ingarden) und der durch die Sinnesorgane vermittelten realen Gegenständlichkeit. Aus dem intentionalen Charakter des literarischen Kunstwerks leiten sich die Möglichkeit und die Prinzipien der Wertung ab, denn auf das Problem der Wertung spitzt sich die philosophische Frage nach der Wissenschaftlichkeit der Literaturwissenschaft zu.[13]

Daß wir im Umgang mit Literatur zu Werterlebnissen gelangen, ja, daß wir diese suchen, weil ohne sie unser Studium im Vorfeld des bloßen Sammelns und der Statistik vertrocknen müßte, darf vorgegeben werden. Das Problem der literarischen Wertung läßt sich bis zu der Frage kondensieren: sind subjektive Werterlebnisse objektivierbar? Kants Antwort ist entmutigend: „Es kann keine objektive Geschmacksregel, welche durch den Begriff bestimme, was schön sei, geben. Denn alles Urteil aus dieser Quelle ist ästhetisch, das heißt, das Gefühl des Subjekts und kein Begriff eines Objekts ist sein Bestimmungsgrund."[14] Emil Staiger postuliert zwar den Glauben an eine „absolute Rangordnung von Werten", läßt aber die Frage nach der Objektivität von Werturteilen offen.[15] Hans Egon Hass hat deutlich gemacht, daß die scheinbar ästhetischen Werturteile in Wahrheit von sehr komplexer Natur sind. „Von der intersubjektiven Allgemeinheit des ästhetischen Urteils kann daher auch nur theoretisch gesprochen werden, da die Isolierung des ästhetischen Werterlebnisses aus dem Erkenntnisgefüge, in dessen komplexen Zusammenhang es allein, in welchem Grade auch immer dominierend, praktisch erfahren wird, eine nur theoretisch gültige Abstraktion darstellt."[16] Und die *Anatomy of Criticism* des amerikanischen Gelehrten Northrop Frye führt im Detail aus, wie sehr das gesellschaft-

---

[11] Ges. Werke, Bd. IV, S. 146, Wiesbaden 1961.
[12] Außer Nr. 8 Erlebnis, Kunstwerk und Wert, Darmstadt 1969, und Vom Erkennen des literarischen Kunstwerks, Tübingen 1968.
[13] Walter Müller-Seidel: Probleme der literarischen Wertung, insbesondere S. 5/6, Stuttgart 1965.
[14] In „Kritik der Urteilskraft", zitiert nach Schmidt (Nr. 10) S. 10.
[15] Emil Staiger: Grundbegriffe der Poetik, Zürich 1946, S. 246.
Ähnlich Wolfgang Kayser: Das sprachliche Kunstwerk. 9. Aufl., Bern und München 1963, und Wilhelm Emrich: Protest und Verheißung, Frankfurt, 1960, die beide, wenn auch mit Einschränkungen, an der Existenz absoluter Wertmaßstäbe festhalten.
[16] Hans Egon Hass: Das Problem der literarischen Wertung. (Studium Generale 12. Jahrg. Bd. 12, 1959, S. 42.)

liche Gefüge, in das jeder Künstler und jedes Kunstwerk hinein verwoben sind, nicht nur die sittliche und ästhetische Wertung eben des Autors, sondern auch des Betrachters bestimme.[17] Dem entspricht der Hinweis Hermann Nohls, daß es keine Wertung gebe, die nicht durch die in der Person des Wertenden begründeten Bedingungen zum mindesten gefärbt werde, wobei es unwesentlich bleibe, ob solche Bedingungen unbewußt in das Urteil eingingen oder bewußt in Wertung umgesetzt würden. Zeitliche und räumliche Situationen, Lebenserfahrung, religiöse und politische Vorentscheidungen, das Eingebettetsein jedes Menschen in die nicht selbstgewählte Atmosphäre seines Seins: Quellen des Werterlebnisses, von denen sich niemand scheiden kann. „Das macht eine allgemeine Ästhetik nicht unmöglich, aber man wird sich die Gefahr dieser Bedingtheit immer bewußt halten müssen."[18]

Damit ist eine Stufe der Einsicht erreicht, welche die Bedingtheit der hier vorliegenden Untersuchung unerbittlich beleuchtet. Die unumgänglichen Wertungen des Verfassers sind durch die Einbettung in seine Umwelt, die des westdeutschen Staates, bedingt; sie erhalten zudem Richtung und Färbung durch biographische Gegebenheiten, die weder nachprüfbar noch eliminierbar noch mitteilungswürdig sind. Sie resultieren aus gruppenbedingten und gleichzeitig aus individuellen Momenten. Die gruppenbedingten Momente allerdings lassen sich mit einigen Einschränkungen nennen und daher auch, da sie reflektiert werden können, korrigieren. Eine Kulturgesellschaft, die künstlerische Werke primär als Gebilde aus ästhetischen Intentionen betrachtet, kommt zu einem anderen System von Werturteilen als eine Kulturgesellschaft, die künstlerische Werke vornehmlich auf ihre Funktion im Leben der Gesellschaft hin prüft. Da die Literatur in den beiden deutschen Staaten aus verschiedenem gesellschaftlichen Grund erwächst, beruhen die möglicherweise verschiedenen Werturteile nicht nur auf subjektiven, sondern auch auf objektiven Verschiedenheiten.

Es ist also nach der Theorie und Praxis der Literatur-Kritik in der DDR zu fragen. „Wodurch nimmt Geschriebenes und Gedrucktes die Qualität künstlerischer Literatur an?" fragt Hans Koch, der nach dem Tode von Paul Rilla und dem Ausscheiden von Hans Mayer der einflußreichste Theoretiker und Historiker der DDR wurde.[19] Das Dilemma einer mangelnden erkenntnistheoretischen Grundlage wird auch hier deutlich: „Wohl sind wir uns schnell darüber einig, ob sich der politische Gehalt eines Werkes für oder gegen unsere Republik richtet, doch fehlt ein dichterischer Maßstab ... Wir Ästhetiker spielen in unserer Literatur etwa die Rolle der gerechten Kammacher aus Seldwyla;

---

[17] Northrop Frye: Analyse der Literaturkritik. Stuttgart 1964, insbes. S. 117 f.
[18] Hermann Nohl: Die ästhetische Wirklichkeit. 2. Aufl., Frankfurt 1954, S. 15 f.
[19] Hans Koch: Unsere Literaturgesellschaft. Kritik und Probleme, Berlin/O 1965 S. 12.

wir werfen keine Laternen ein, aber wir zünden auch keine an."[20] Da der sozialistische Realismus als formale und inhaltliche Norm dekretiert ist (wie in Kap. II im einzelnen dargelegt werden wird, wobei auch die Bedingtheit dieser These sichtbar werden soll), kann der ästhetische Maßstab nur von hier abgeleitet werden. „Die Widerspiegelung einer Erscheinung unseres Lebens ins Typische zu erheben, damit beginnt Kunst."[21] Sobald aber aus diesem Grundansatz gesonderte Folgerungen abgeleitet werden, gleiten sie aus dem formalen in den gesellschaftlichen Bereich ab. Aus den Folgerungen werden Forderungen, aus Ästhetik wird Politik.

Die erste Forderung heißt: Totalität des Menschenbildes. Die Erläuterung geschieht am konkreten Werk, beispielsweise an einem Sonett von Joh. R. Becher.[22]

> Den ganzen Menschen: wie er aus Verstand
> Und wie er aus Gefühl besteht und Willen,
> Mit allem, was ihn trennte, was ihn band,
> In allen seinen Tiefen, seinen Stillen —
>
> Den ganzen Menschen, wie in jeder Art
> Von Körper er gebaut ist, ihn, den breiten,
> Und muskelstarken, ihn, der schmal und zart
> Und der vermag, dennoch voranzuschreiten —
>
> In allem seinem Lieben, seinem Hassen,
> In seiner Fäulnis und in seinem Reifen,
> In seiner Sterbensnot und im Genesen —
>
> Den ganzen Menschen wollen wir erfassen,
> Ihn liebend und ihn hassend, und begreifen,
> Das ganze, ungeheure Menschenwesen.

Da die formale Qualität des Sonetts für den zu prüfenden Zusammenhang ohne Belang ist, dürfen wir uns dem Menschenbild selbst zuwenden, das zweifellos die Forderung der Totalität verwirklicht, ohne der Versuchung zu verfallen, die Ganzheit auf den Sonderfall des positiven Helden zu verengen. Und doch wird in der Literaturkritik die Totalitätsforderung zu einem Kampfmittel verfälscht, durch das jede kritische Darstellung von Menschen als unrealistisch, unwahr und unzulässig degradiert wird — sofern es sich um einen Repräsentanten des Sozialismus handelt.

Die zweite Forderung geht auf Harmonie. Die antagonistischen Widersprüche zwischen Mensch und Natur, individuellem Glücksanspruch und technischem

---

[20] Ebenda.
[21] Ebenda S. 19.
[22] Ausgew. Werke in 6 Bde. I S. 264, Berlin/O 1952.

Fortschritt, zwischen dem Einzelnen und der Gesellschaft müssen als überwunden dargestellt werden, da sie überwunden seien. „Man kann keine sozialistische Literatur von ästhetischer Qualität gegen die Ethik und Ästhetik des
sozialistischen Lebens schreiben."[23] Die Umkehrung eines ästhetischen Prinzips
in ein gesellschaftliches hat sich vollendet. Die ästhetische Qualität wird aus
der Ästhetik des sozialistischen Lebens abgeleitet, oder, wie Thomas Payne in
Büchners *Danton* sagt: „Erst beweist ihr Gott aus der Moral und dann die
Moral aus Gott." Es ist nicht ohne Logik, daß aus solcher dekretierten Überwindung der Widersprüche und Leugnung der Möglichkeit menschlicher Entfremdung innerhalb des verwirklichten Sozialismus die Rezeption Kafkas als
ein ästhetischer Rückfall, als Abweichen vom Geist der Republik abgewehrt
wird.

Alle Werturteile, wie ästhetisch sie sich auch tarnen mögen, sind gesellschaftlich bedingt, und die Ästhetik selbst erweist sich als eine Funktion dieser Gesellschaft. Das stellt dem außerhalb stehenden Beobachter die Frage, ob er, ohne
seinen eigenen Standort aufzugeben, überhaupt eine Möglichkeit des Wertens
findet und wie weit diese, wenn er sie findet, dem Gegenstand angemessen ist.
Wenn Hans Mayer, zweifellos einer der besten Kenner der DDR-Literatur, feststellen zu müssen glaubt: „Auch die Literatur und Literaturwissenschaft der
DDR, eines Staates also, der sich als sozialistisch bezeichnet, kann daher in
zutreffender Weise nur mit jener geistigen Methode interpretiert werden, die
er selbst anerkennt und anzuwenden behauptet", so kann diese Forderung nur
übernommen werden, soweit es sich darum handelt, sich das Selbstverständnis
der DDR-Literatur zu veranschaulichen.[24] Der westdeutsche Beobachter ist
weder willens noch imstande, sein eigenes Werterlebnis, das aus anderen Quellen
fließt, zu verändern oder zu unterdrücken. Die These von Northrop Frye „jede
mir bekannte, absichtlich konstruierte Werthierarchie in der Literatur fußt auf
einer verborgenen gesellschaftlichen, moralischen oder intellektuellen Analyse"
muß auch für den Verfasser in Anspruch genommen werden.[25]

---

[23] Hans Koch (Nr. 19) S. 65.
[24] Hans Mayer: Zur deutschen Literatur der Zeit, Hamburg 1967, S. 377.
[25] Northrop Frye (Nr. 17) S. 30. Siehe auch Heinrich Vormweg: Die Wörter und
die Welt, Neuwied und Berlin 1968: „Wie die Literatur selbst, ist auch kritische
Reflexion der Literatur ein Prozeß. Weder in der Theorie noch bei der Kritik einzelner literarischer Arbeiten kann sie noch eine Ebene voraussetzen oder errichten, auf
der die Vorstellungen von Literatur sich zu festen Bildern, Vorbildern, fixieren, dank
derer sich abschließend urteilen ließe. Eine solche Ebene ist eine Fiktion, und vor-
geben, es gebe sie, ist zwar üblich, doch eine Täuschung." S. 5.
Das Problem der Wertung ist in seinen verschiedenen Aspekten abgehandelt in:
Deutschunterricht IXX, 5 1967, vergl. bes. Tilman Krömer: Wertung in marxistischer
deutscher Literaturbetrachtung.

3. Der heuristische Weg

Wer forscht, muß seinen Weg ständig kontrollieren. Je weniger sein Forschungsgebiet methodisch abgesichert ist, desto notwendiger wird es für ihn, sich der Wegstrecke stets bewußt zu sein und die Vorbedingungen, Möglichkeiten und Erfolgsaussichten der einzelnen Schritte zu bedenken. Zwar vermitteln auf den hundertfach beackerten Gefilden abgeschlossener literarischer Phänomene (Barock, Sturm und Drang, Expressionismus u. s. f.) die wissenschaftlichen Vorfahren Anschauungsweisen sowie ein ganzes Geflecht von Sinndeutungen und Werturteilen; ich kann mich dem Vorher-Geforschten nicht entziehen, nicht so tun, als ginge ich als erster über Neuland; ich bin in Zweifel, Ablehnung oder Zustimmung selbst vorherbestimmt, und diese Vorherbestimmung geht in meine Forschung mit ein. Doch betrete ich, was die Literatur der DDR angeht, in der Tat Neuland. Ich weiß nicht, was ich finden werde und wo mein Gang enden wird — bin ich doch ungewiß, wo anzufangen ist. Ich habe (mit den im vorigen Abschnitt genannten Einschränkungen) kein Vorurteil. Diese Tatsachen schreiben mir die einzelnen Schritte vor:

A. Was vor mir liegt, ist eine Anzahl von literarischen Werken verschiedener Autoren, verschiedener Gattungen, verschiedener Entstehungszeiten. Eine ausgewählte Anzahl, nicht das Totum. Niemals und keinem, auch einem noch so großen und noch so gut organisierten Kollektiv nicht, ist es möglich, alle Werke vor sich auszubreiten; nicht nur, weil das menschliche Kraft überschritte, sondern weil das Wort „alle" ein utopisches Wort ist und weil zudem, wie gerade ausgeführt wurde, eine eindeutige Abgrenzung des Begriffs „literarische Werke" nicht erreicht werden kann. Hinzu kommt in unserem Falle die Einschränkung, daß es dem Westdeutschen nicht erlaubt ist, an das Material in hinreichendem Maße heranzukommen.

B. Ich habe im Voraus festgelegt, daß mein Gegenstand ausschließlich die Literatur der DDR ist. Damit habe ich mir, was die Frage nach dem Vorhandensein oder Nichtvorhandensein einer Literatur der DDR, den für Erforschung von Literatur allein fruchtbaren induktiven Weg verstellt. Die auf induktivem Wege gefundenen Phänomene der gegenwärtigen westdeutschen Literatur, ohne deren Kenntnis ich keine ostdeutsche Literatur abgrenzen könnte, sind mir vorgegeben, so unzureichend und subjektiv meine Vorstellung davon auch sein möge. Jetzt kann ich nur nach Merkmalen suchen, welche unterscheiden. Hier ist die eine Voraussetzung, die gleiche deutsche Sprache, zwar evident, doch die zweite Voraussetzung, daß es nämlich überhaupt eine ostdeutsche Literatur gebe, nicht mehr als eine Annahme, eine Arbeitshypothese.

C. Diese Hypothese habe ich zu erweisen, zu widerlegen oder wenigstens in ihrem Pro und Contra zu diskutieren. Mein Vorverständnis ist für das Zustandekommen der Untersuchung nötig; es ist an gesellschaftliche, geschichtliche und persönliche Bedingungen gebunden, wie sie im 2. Abschnitt dargelegt wurden. Aber ich bin kein Scholastiker, ich setze das Ergebnis meiner Reflexion nicht voraus, ich befinde mich in der grundsätzlichen Haltung des Zweifels.

D. Worin liegt die vorausgesetzte Verschiedenheit der literarischen Werke in den beiden deutschen Staaten begründet? Resultiert sie aus dem Entstehungsgrund der literarischen Werke, das heißt den Personen, die sie geschaffen haben? Es handelt sich um viele und um sehr verschiedene Personen, verschieden nach Alter und damit geschichtlicher Erfahrung, verschieden nach landschaftlicher wie sozialer Herkunft, verschieden vor allem nach dem, was nicht abstrakt zu bestimmen ist, was in der rationalen Sprache der Wissenschaft nicht erfaßt werden kann, verschieden also nach dem Geheimnis der Persönlichkeit. Wenn die Werke trotzdem Gemeinsames aufweisen, muß solches Gemeinsame aus überpersönlichem Grund kommen.

E. Worin hat das überpersönliche Gemeinsame seinen Grund? Hier habe ich induktiv zu verfahren. Ich muß von den Wirkungen auf die Ursachen schließen. Aus dem Begriff der DDR eine Literatur der DDR ableiten zu wollen, wäre methodisch ein schwerer Fehler, wie es pragmatisch in die Irre führen müßte. Dafür mag das Beispiel Österreich genügen, ein zweifellos existierender Staat, dessen Literatur ebenso zweifellos ein Bestandteil der deutschen Literatur ist. (Daß hier der Begriff „deutsche Literatur" gebraucht wurde, der ja doch durch diese Untersuchung in Frage gestellt wird, sei als eine vorläufige Hilfskonstruktion verstanden. Die Schwierigkeit, in die wir mit den Wörtern geraten, ist nicht zufällig, was ein Blick auf die politische Sprachverwirrung zwischen den beiden deutschen Staaten zeigt.) Ich kann nur aus der Betrachtung der Literatur auf die geistige Wirklichkeit oder Nicht-Wirklichkeit des Begriffes DDR schließen.

F. Die Voraussetzung eines solchen Verfahrens bildet ein Axiom, das ich anerkennen muß, soll die Betrachtung von Literatur überhaupt einen Bezug auf die gelebte Wirklichkeit haben. Das Axiom heißt: Sprache drückt unmittelbar Geist aus.

G. Das Objekt der Betrachtung, das literarische Werk, muß wahrgenommen werden. Nichts ist damit getan, daß es existiert. Es entsteht als geistige Wirklichkeit erst durch den Leser, durch mich. Es bedarf der Konkretisation, die aus Buchstaben, Wörtern und Sätzen, ja Satzzeichen erst ein Gebilde macht, das als Realität in das Leben des Menschen eintreten kann.[26] Von neuem kommt das

---

[26] Für den Begriff der Konkretisierung vergl. Roman Ingarden: „Es (das Literarische Kunstwerk) hat ein seinsheteronomes Sein, das vollkommen passiv zu sein scheint und das alle unsere Operationen an ihm wehrlos erduldet, und doch ruft es durch

Subjekt des Forschenden zur Geltung, entsteht höchste Subjektivität. Sie wird durch drei Fakten bestimmt: Erstens bin ich Deutscher und betrachte deutsche Literatur. Ob der Anspruch des Tacitus, sine ira et studio zu schreiben, jemals und für irgendeinen Menschen jemals möglich gewesen sei — ich schreibe cum ira et cum studio. Cum ira, das heißt, mit Schmerz über die Teilung Deutschlands. Cum studio, das heißt mit Anteilnahme an meinem Objekt, der Literatur der DDR, mit dem Wunsche, in ihr Bedeutendes zu finden, mit der ihrer selbst nicht gewissen Hoffnung, in ihr Erscheinungen zu entdecken, die meine Arbeitshypothese widerlegen. Die zweite Tatsache ist meine Zugehörigkeit zu Westdeutschland, nicht frei gewählt, aber von umfassender Bedeutung. Ich betrachte also nicht von innen, sondern von außen. Das dritte: ich bin verpflichtet zu notieren, was ich finde, aber ich hafte nicht für meinen Befund — wohl aber für die Aufrichtigkeit meines Suchens.

4. Die Frage nach der Einheit der deutschen Literatur

Der Stockholmer Rundfunk brachte 1966 eine Sendereihe, in der unter dem Motto *Zweimal Deutschland* Schriftsteller, Kritiker und Literaturwissenschaftler aus beiden deutschen Staaten diskutierten. Es kam zu keiner eindeutigen oder von den beiden Streitenden anerkannten Entscheidung der Frage, ob es in der Gegenwart eine Einheit der deutschen Literatur gebe, wenn auch die Westdeutschen stärker das Einigende, die Ostdeutschen stärker das Trennende betonten; aber die Frage selbst war mit aller Deutlichkeit gestellt und das neutrale, distanzierende Klima Stockholms verhalf beiden Gruppen zu Sachlichkeit und Rationalität.[27]

Der Begriff der deutschen Nationalliteratur ist in einer Zeit entstanden, als das Kaiserreich des Mittelalters sich auflöste, als große Teile Deutschlands zum Empire Napoleons gehörten, als es keinen deutschen Staat gab. Er war immer unabhängig davon, ob die Deutschen in einem oder in mehreren Staaten lebten. Zur deutschen Literatur gehörte, was in der deutschen Sprache gedacht und geschrieben wurde. Die Österreicher Adalbert Stifter, Franz Kafka, Rainer Maria Rilke und Hugo von Hofmannsthal gehören mit gleicher Selbstverständlichkeit zur deutschen Literatur wie die Schweizer Gottfried Keller, Conrad Ferdinand Meyer und Carl Spitteler. Das gilt für ihre eigene geistige Einordnung wie für das Selbstverständnis der deutschen Literatur. Verhält es sich mit

---

seine Konkretisation tiefe Verwandlungen in unserem Leben hervor, weitet dieses Leben und erhebt es über die Niederungen des täglichen Seins, gibt ihm einen göttlichen Glanz, ein Nichts und doch eine wunderbare Welt für sich, wenn es auch nur aus unseren Gnaden entsteht und ist."

[27] Franz Stroh und Göran Löfdahl: Zweimal Deutschland? Stockholm 1966.
Börge Persson und Franz Stroh: Deutsche Schriftsteller im Gespräch. Stockholm 1967.

den Lebenden anders? Ingeborg Bachmann, Peter Handke, Heimito von Doderer aus Österreich, Max Frisch, Friedrich Dürrenmatt, Peter Bichsel aus der Schweiz, Paul Celan aus Rumänien, Peter Gan aus dem Elsaß, sie alle gehören der deutschen Literatur der Gegenwart an ... so fließt es dem Verfasser wie selbstverständlich in die Feder. Aber ist heute dieser uns so vertraute Begriff „deutsche Literatur der Gegenwart" nicht fraglich geworden? Könnte ein bewußt in seiner Gesellschaft, die sich ja auch als eine Literaturgesellschaft versteht, könnte und würde ein bewußt in der DDR Lebender angesichts der genannten Namen sagen: sie gehören u n s e r e r Literatur an?

Wir haben uns an den Gedanken gewöhnt, daß staatliche Grenzen die Einheit einer nationalen Literatur nicht zerstören können. Wir bestehen darauf, es sei tief im Wesen der Literatur, die sich ja im Medium der Sprache bewegt, begründet, daß nicht Staatlichkeit, sondern allein Sprache Literatur eine oder trenne. So gibt es eine Literaturgeschichte der deutschen, der französischen und der italienischen Schweiz, aber gibt es eine Schweizer Literaturgeschichte? So wurde der Pole Josef Conrad kraft seiner Sprache ein Glied der englischen Literaturgemeinde, der Amerikaner Charles Sealsfield (Karl Postl) kraft seiner Sprache ein Glied der deutschen Literaturgemeinde, der Ire Samuel Beckett kraft seiner Sprache ein Glied der französischen Literaturgemeinde. Besteht demnach nicht die Gleichung deutsche Sprache gleich deutsche Literatur zu recht? Besteht sie nicht heute und wird sie nicht in Zukunft bestehen?

Josef Nadler konnte seine Literaturgeschichte deutscher Landschaften und Stämme schreiben, in der unter anderem von deutscher Dichtung an der Wolga und in Pennsylvania die Rede war, ohne daß die Einheit in Frage gestellt wurde. Man mochte von Arbeiter- oder von Bauerndichtung, von oberdeutscher oder von niederdeutscher Dichtung, von protestantischer oder katholischer Literatur sprechen — die Einheit wurde von solchen Scheidungen nicht betroffen. Was aber geschieht, wenn das Einigende, wenn die Sprache betroffen wird?

Zwei deutsche Staaten, das heißt im Osten Nachbarschaft, Berührung, Hinneigung zu den slawischen Völkern, Sprachen und Literaturen. Ein Blick auf die Übersetzungen bestätigt das, und es bringt uns Gewinn.[28] Es bedeutet im Westen Ähnliches: eine gewisse Durchmischung mit amerikanisiertem Englisch auf dem sprachlichen Sektor, eine besondere Aufnahmebereitschaft gegenüber der amerikanischen Zivilisation ganz allgemein. Unsere umfangreiche Übersetzungsliteratur weist in die gleiche Richtung. Solche Erscheinungen haben früh Aufmerksamkeit gefunden, sind früh beklagt worden. Soviel ich sehen kann, kam die erste besorgte Warnung von Franz Carl Weiskopf. Es ist kein Zufall, daß

---

[28] Lothar von Balluseck (Dichter im Dienst) gibt für 1961 den Anteil der Übersetzungen aus Ostblockstaaten mit 67 Prozent an. (S. 70).

es Weiskopf war, der die Gefahr zuerst erkannte. In Prag geboren, im Grenz- und Durchmischungsbezirk zweier Sprachen und Nationen, kongenialer Übersetzer tschechischer Literatur, ein Stilist von strenger Selbstkritik, besaß er den eminenten Spürsinn für Sprache, der den Bewohnern von Grenzland eigentümlich ist. In *Verteidigung der Sprache* und *Ostdeutsch und Westdeutsch oder über die Gefahr der Sprachentfremdung* von 1955 versuchte er der Drohung zu begegnen.[29] Auf westlicher Seite hat am gründlichsten Hugo Moser das Thema aufgenommen und untersucht.[30] Man mag sich heute damit trösten, daß die Gefahren der Russifizierung und der Anglisierung, zunächst Auswirkungen der militärischen Besetzung, eingedämmt scheinen. Wir haben aber lernen müssen, daß die Unterschiede der Gesellschaftsordnung und des Denkens weit schwerere sprachliche Probleme heraufgeführt haben, Probleme, welche die Literatur in ihrem Kernbereich angehen und die Menschen erschüttern. „Man ist schlimmer als im Ausland" bekennt Rita nach ihrem ersten Aufenthalt in Westberlin, „weil man die eigene Sprache hört. Man ist auf schreckliche Weise in der Fremde."[31] Dies ist einer der schlimmen und wahren Sätze aus Christa Wolfs *Der geteilte Himmel*. Die Sprache ist ein Teil des Himmels; denn Sprache ist mehr als ein gemeinsamer Wortschatz, eine gemeinsame Formenlehre und eine gemeinsame Syntax. So hat sich in unser Vertrauen, die gemeinsame Sprache werde das sich

---

[29] Franz Carl Weiskopf: Ostdeutsch und Westdeutsch oder Über die Gefahr der Sprachentfremdung. Neue Dt. Lit. VII, 1955.
Ders.: Verteidigung der deutschen Sprache. Essays. Berlin/O 1955/56.

[30] Hugo Moser: Sprachliche Folgen der politischen Teilung Deutschlands. Beihefte zu Wirkendes Wort, Düsseldorf 1962.
Ders.: Hrsg. Die Sprache im geteilten Deutschland! Bd. I, Düsseldorf 1964.
Dazu von westdeutscher Seite:
R. Gaudig: Die deutsche Sprachspaltung. Neue Dt. Hefte V, S. 1008 f. 1959.
Jürgen Strutz: Innerdeutsche Sprachentfremdung. Alternative 1964 Nr. 38/39.
Jürgen von Hollander: Die größere Mauer. Über die Sprachentfremdung zwischen Ost und West. Epoca Nr. 9 1964.
Ernst G. Riemschneider: Veränderungen der deutschen Sprache in der sowjetisch besetzten Zone Deutschlands. Beiheft zu Wirkendes Wort, Düsseldorf 1963.
Werner Betz: Zwei Sprachen in Deutschland. Deutsch — Gefrorene Sprache in einem gefrorenen Land. Literarisches Colloquium, Berlin 1964.
Sie sprechen verschiedene Sprachen — Schriftsteller diskutieren. Alternative, Oktober 1964.
Von ostdeutscher Seite:
H. H. Ihlenburg: Entwicklungstendenzen des Wortschatzes in beiden deutschen Staaten. Weimarer Beitr. 1964, S. 372 f.
H. J. Gernentz: Zum Problem der Differenzierung der deutschen Sprache in beiden deutschen Staaten. Weimarer Beitr. 1967, 3.
Victor Klemperer: Zur gegenwärtigen Sprachsituation in Deutschland, Berlin/O 1953.

[31] Christa Wolf: Der geteilte Himmel. Westdeutsche Ausgabe S. 277.

andeutende Auseinanderwachsen der Literaturen überwinden, der Zweifel eingenistet.[32]

Mit dem Wort „Spaltung" wird zur Zeit ein recht zweifelhaftes Spiel getrieben. Die Literaturforschung der DDR bemüht sich um den Nachweis, es habe schon im 19. Jahrhundert, genauer seit dem Beginn der Arbeiterbewegung, zwei Literaturen in Deutschland gegeben (wovon in Kap. VII ausführlich gesprochen werden wird). Es existiert eine gesonderte Exilliteratur, die zwischen 1933 und 1947 entstanden ist und ihrerseits in eine rechte und eine linke Sektion zerfällt.[33] Peter Jokostra stellt die aus der DDR geflohenen Autoren zu einer eigenen Gruppe zusammen.[34] Yaak Karsunke glaubt, innerhalb der Bundesrepublik den Trennungsstrich zwischen einer ästhetisch-formalistisch-linguistischen Gruppe und einer realistisch-sozialistischen Gruppe ziehen zu müssen und proklamiert „Spaltung".[35] Man wird sich hart machen müssen, um unter so vielen Spaltungen die echte Frage nach der Einheit der deutschen Literatur nicht aus den Augen zu verlieren.

Die vergleichende Literaturgeschichte sowie die Darstellung deutscher Literatur aus der Distanz, welche ein ausländischer Betrachter dem deutschen voraus hat, weisen darauf hin, daß der Begriff „Einheit der Literatur" möglicherweise methodisch zu eng gefaßt ist und also zu dogmatischen Verengungen zu führen droht. Dürfen wir als konstituierendes Prinzip der Einheit ausschließlich die

---

[32] J. Höppner: Über die deutsche Sprache und die beiden deutschen Staaten (Weimarer Beitr. 1963, 3), polemisiert gegen G. Korlen: Zur Entwicklung der deutschen Sprache diesseits und jenseits des Eisernen Vorhangs (Deutschunterr. f. Ausländer IX, S. 133 f.), indem er ausführt: das behauptete Nebeneinander sei in Wahrheit ein Nacheinander, da das sozialistische Deutschland eine höhere geistige und damit auch sprachliche Stufe erreicht habe, und konkretisiert seine These am Wort „Arbeit", das im Mittelalter Fron und Mühsal, in der bürgerlichen Sprache Produktion und Geschäft, in der sozialistischen Sprache aber „schöpferisch produktive Kraftentfaltung der brüderlich verbundenen Menschen zur vollen Befriedigung ihrer gesellschaftlichen und persönlichen Bedürfnisse" bedeute.

[33] Zur Exilliteratur vergl. F. C. Weiskopf: Unter fremden Himmeln. Abriß der deutschen Literatur im Exil, Berlin/O 1948.
K. Jarmatz: Literatur im Exil, Berlin/O 1960.
Wilhelm Sternfeld und Eva Tiedemann: Deutsche Exilliteratur 1933—1945. Eine Bio-Bibliographie, Darmstadt 1962.
Werner Vordtriede: Vorläufige Gedanken zu einer Typologie der Exilliteratur. Akzente XV, 6 1968.
M. Wegner: Exil und Literatur im Exil 1933—1947. Handbuch der deutschen Gegenwartsliteratur, hrsg. v. H. Kunisch, München 1969.

[34] Ohne Visum. Lyrik — Prosa — Essays aus dem Osten geflohener Autoren, hrsg. von Peter Jokostra. Gütersloh 1964.

[35] Yaak Karsunke: Gespaltene deutsche Literatur. Kürbiskern I, 1, 1965.
Es handelt sich primär um die Dortmunder Gruppe 61 und die Namen Fritz Huser, Max von der Grün, Christian Geißler, Bruno Gluckowski.

Sprache ansetzen? Auch ein vielsprachiges, dagegen staatlich homogenes Gebilde wie die Schweiz besitzt eine eigene Literatur. An ihrem Beispiel deuten sich grundsätzliche Einsichten darüber an, was überhaupt als einheitliche Literatur im Sinne eines begrenzten, doch innerhalb der Grenzen valenten Zusammenhangs angesehen werden kann.

In der neuesten Darstellung der Schweizer Literatur von Guido Calgari wird die Einheit föderativ begriffen: rätoromanische, allemannische, italienische und französische — doch jeweils schweizerische Literatur.[35a] Das heißt, die Teile können in einer doppelten Funktion begriffen werden; sie sind sowohl Einheiten, die zusammen die Schweizer Literatur ausmachen, als auch Glieder von National-Literaturen, innerhalb derer sie sich durch Tradition und gesellschaftliche Sonderung abheben. Und wenn es Calgari daran lag, die Sonderheit der Teile herauszuarbeiten, so hat sein großer Vorgänger Fritz Ernst primär die Einheit der Schweizer Literaturgeschichte verteidigt.[35b]

Die aus dem Amerikanischen übersetzte Gesamtdarstellung der deutschen Gegenwartsliteratur von Peter Demetz unter dem Titel *Die süße Anarchie* — im Original sachlicher *Postwar German Literature* — weist auf das föderative Prinzip einer Literatur hin, die in Thematik, Stil und wertendem Kanon von keinem Zentrum her bestimmt ist, und die der Autor in die „literarischen Szenen" Schweiz, Österreich, DDR und Bundesrepublik aufgliedert. Die Alternative Einheit oder Vielfalt verliert in der Perspektive des aus der Ferne blickenden Nichtdeutschen viel von ihrer polemischen Ausschließlichkeit. „Ich möchte auf keinen Fall v i e r nationale Literaturen an Stelle der e i n e n Nationalliteratur sehen, die in der Vergangenheit lange unseren Blick trübte, aber ich kann die Bedeutung der vier politischen Bühnen nicht übersehen, auf denen sich das literarische Leben seit nahezu fünfundzwanzig Jahren abspielt."[35c] In der Tat hat bereits Josef Nadler parallel zu seiner Gliederung des deutschen Kulturraumes nach Landschaften und Stämmen die Sonderungen herausgearbeitet, die sich aus der Zugehörigkeit von Teilen der deutschen Sprachgemeinschaft zu gesonderten Staaten ergibt, wie seine *Literaturgeschichte der deutschen Schweiz* (1932) und *Literaturgeschichte Österreichs* (1948) dartun.

[35a] Guido Calgari: Die vier Literaturen der Schweiz, Freiburg 1966. Der Autor bekennt, er habe gezögert, den Auftrag auszuführen, denn „es war die Überraschung eines Tessiners, der es für unmöglich hielt, die Literatur seines Kantons und der italienischen Schweiz ganz allgemein aus der gesamtitalienischen Geistesgeschichte herauszulösen." (S. 9).

[35b] Fritz Ernst: Helvetia mediatrix 1934/45 und „Gibt es eine schweizerische Nationalliteratur?" 1954.

[35c] Peter Demetz: Die süße Anarchie. Deutsche Literatur seit 1945, Berlin 1970, S. 11.

Mit diesen Überlegungen soll die heutige Situation, die mit der „süßen Anarchie" des Peter Demetz nichts zu tun hat, weder relativiert noch verharmlost werden. Doch kann der so geschärfte Blick uns in die Lage versetzen, das überkommene Götzenbild der nationalen Einheit zu enthüllen und der Realität ansichtig zu werden, daß nämlich nicht nur die Sprache, sondern auch staatlich-gesellschaftliche Bedingungen die Struktur einer Literatur begründen. Es ist möglich und durchaus fruchtbar, am Begriff einer deutschen Literatur festzuhalten und gleichzeitig die besonderen Bedingungen und Erscheinungen ihrer Teile zu ergründen.

Wenn auch die Frage an dieser Stelle nur als methodisches Problem angedeutet werden kann und keinerlei Antwort vorausgenommen werden darf, so bleibt doch die Ungewißheit und das Risiko einer vielleicht möglichen Antwort, die nur aus zahlreichen Einzeluntersuchungen und aus zahlreichen konkreten und differenzierten Einzelantworten zusammengesetzt werden kann.[36] Hinzu kommt eine Einschränkung der Möglichkeit des Erkennens, die sich aus dem Mangel an literarischer Freiheit in der DDR ergibt. Wir müssen davon ausgehen, daß Stimmen eindeutiger Ablehnung der sich als sozialistisch verstehenden Gesellschaft nicht laut werden können. Mit anderen Worten: die Literatur, das Gedruckte nämlich, ist nicht mit dem Gedachten und dem Gefühlten identisch. Der umfassende Kontroll- und Ausrichtungsapparat von Partei und Staat (der in Kap. II dargestellt werden wird) schließt eine solche Identität aus. Wenn in der Literatur grundsätzlicher Widerstand nicht sichtbar wird, dürfen wir daraus keine falschen Schlüsse ziehen. Ebenso irrt, wer glaubt, einige Schriftsteller, die in Auseinandersetzungen mit ihrer Obrigkeit geraten sind (Wolf Biermann, Stefan Heym, Peter Huchel, Karl Mickel und andere), seien Gegner der sozialistischen Gesellschaft und er könne sie auf irgendeine Weise für sich reklamieren. Wer aber könnte glauben, es gebe in der DDR, es gebe in irgendeiner Gesellschaft keinen grundsätzlichen Widerspruch! Der Verfasser allerdings hat es mit Literatur zu tun, er kann nur beschreiben, was in den Büchern ist, nicht was in Köpfen und Herzen stumm bleibt, weil es stumm bleiben muß. Der Verfasser muß sich damit abfinden, daß er nicht die ganze Wirklichkeit erfassen kann. Er ist verpflichtet zu sagen, was er nicht leisten kann; doch macht ihn das nicht glücklicher.[37]

---

[36] Vergl. Hans Mayer: Zur deutschen Literatur der Zeit, Hamburg 1967, S. 347: „Woraus folgt: daß erst die Summe solcher auf den einzelnen Autor und sein Werk eingehenden Untersuchungen schließlich zur Beantwortung jener Frage zu führen vermag, die man heute so gern — je nachdem — mit einem schroffen Ja oder Nein entschieden haben möchte, und die auf solche Weise nun einmal nicht entschieden werden kann: ob es heute noch e i n e deutsche Literatur gibt."

[37] Vergl. H. Färber: Über Kunst in der DDR. (Neue Dt. Hefte 1968, 3), insbesondere: „Wer hierzulande die geistige Situation der DDR bedenkt, wird selbst an ihr schuldig, wenn er sich von der Ideologie betrügen läßt, nicht zur Kenntnis nimmt,

Um die Liste der Einschränkungen abzuschließen: dieses Buch will das mit dem Titel bezeichnete Phänomen als Ganzes darstellen. Das kann nicht gelingen. Die Abstriche, die vom Stoff, von der subjektiven Situation des Verfassers, von den methodischen Erkenntnismöglichkeiten zu machen sind, sind so zahlreich, daß nur ein vorläufiges Ergebnis zu erwarten ist. Wenn es gelingt, das Panorama abzustecken, zu beleuchten und in seiner ganzen Ausdehnung soweit sichtbar zu machen, daß andere das Fehlende eintragen können, so ist das erste Ziel erreicht, das Ziel der Information. Wenn die vorläufigen Antworten auf die unsere gesamte nationale Existenz berührenden Fragen die Diskussion und die Forschung vorantreiben, so daß genauere und tiefer greifende Antworten möglich werden, dann ist das zweite Ziel erreicht, das Ziel der kritischen Besinnung.

---

was sie totschweigt, nicht an die Bilder denkt, die nicht ausgestellt, nicht an die Aufsätze, die nicht gedruckt werden, nicht einmal bemerkt, wenn jemand etwas wagt und leidet."

II. Staat und Literatur

1. Der Dichter im Dienste des Sozialismus

Aus dem Protokoll der 11. Plenartagung des Zentralkommittees der SED: Der stellvertretende Kultusminister Witt klagt sich an, daß er „ideologische Erscheinungen des Skeptizismus und der Entfremdung" in Manfred Bielers Buch *Das Kaninchen bin ich* nicht erkannt habe. Daraufhin ergibt sich folgendes Gespräch:

„Kurt Hager: Genosse Witt, du wußtest doch, daß das Buch ... nicht zugelassen wurde.

Walter Ulbricht: Vom Ministerium wurde das Buch nicht zugelassen.
Alexander Abusch: Das war praktisch ein verbotenes Buch.

Witt: ... heute muß ich feststellen, daß damit eine Entstellung unserer Politik und eine entstellte Darstellung unserer Wirklichkeit von mir zugelassen wurde und daß auch die dann erfolgende prinzipielle Kritik der Parteiführung zunächst die Möglichkeit einer Frontbildung gegen die Partei unter den Kulturschaffenden zugelassen wurde.

H. Axen: Bist du dir im klaren, daß die sogenannte Theorie, die Diskussion am fertigen Objekt zu führen, schon grundfalsch ist?

Walter Ulbricht: Um diese einfache Frage geht es. Sind wir der Meinung, daß ein paar Künstler oder Schriftsteller schreiben können, was sie wollen, und sie bestimmen die ganze Entwicklung der Gesellschaft? Das ist die Frage, um die es hier geht, und die hast du mit Ja beantwortet und das Politbüro mit Nein!"

(Die Zeit, Dez. 1965 Nr. 53/1)

Ein äußerst erstaunliches und beunruhigendes Protokoll! Erstaunlich, weil es die engste Verbindung zwischen politischer Führung und Literatur dokumentiert; weil hier Literatur in einem ungewöhnlichen Maße ernst genommen wird; weil hier die Möglichkeit geglaubt wird, die Literatur könne die Entwicklung der Gesellschaft bestimmen; weil hier der formal und faktisch führende Mann des Staates und der Partei sich mit Literatur und mit Schriftstellern befaßt (auch Christa Wolf nahm an der Diskussion teil), so daß man zunächst dem Eindruck nicht entgehen kann: eine solche Ehre ist wahrscheinlich zu keiner Zeit und in keinem Staatswesen der Literatur zuteil geworden.

Beunruhigend, ja erschreckend, denn der Tatbestand der Zensur und die Forderung der Vorzensur werden offenbar; denn es erweist sich als schlechthin verboten, eine „entstellte Darstellung der Wirklichkeit" zu geben, und das Politbüro bestimmt, was entstellt ist oder nicht; denn die politische Führung regelt auch das Leben des Geistes und der Kunst bis ins Detail; denn die politische Führung, ihrer selbst nicht sicher, ist auf die Hilfe einer zustimmenden Literatur angewiesen, sie fürchtet den Protest, sie lebt in ständiger Angst vor der möglichen Autonomie der Literatur. Der Schriftsteller schwankt, stets gefährdet, auf dem schmalen Grat zwischen Staatspreis und Verbot.

Im Elektrokombinat Bitterfeld, dem Zentrum des „sächsischen Ruhrgebiets" und der schon symbolisch gewordenen Erstehung gewaltiger Industriekomplexe unter dem sozialistischen Regime, rief im April 1959 der Mitteldeutsche Verlag Halle seine Autoren zu einer Tagung zusammen.[1] Das Hauptreferat „Fragen der Entwicklung der sozialistischen Literatur und Kultur" hielt Walter Ulbricht. Fünf Jahre später wiederholte sich auf der zweiten Bitterfelder Konferenz der gleiche Vorgang. Diesmal sprach Ulbricht über „Die Entwicklung einer volksverbundenen sozialistischen Nationalkultur".

Die uralte Klage der Kulturphilosophen, daß Macht und Geist, anstatt zu einer Symbiose zu gelangen, sich feindlich gegenübertreten, scheint überwunden, der kühne Gedankenbau Platons von dem Staate, den Philosophen lenken, in dem die Weisen auch die Mächtigen sind, scheint der Verwirklichung nahe. Doch lesen wir die *Politeia* etwas genauer, so stoßen wir schon dort, das heißt im Bereich des bloßen Modells der Gedanken, auf die Wunde, die desto heftiger sich entzündet, je unmittelbarer und umfassender die Macht den Geist sich unterordnet. Schon Platons philosophische Diktatoren erkannten das Urgesetz allen geistigen Lebens: Dynamik, Veränderung, stete Neugeburt. Und sie wußten: das Urgesetz der Macht heißt Statik, Beharren. Darum konnte und durfte es keine Ehe zwischen beiden geben. Darum blieb nur die eine Möglichkeit: Beherrschung des Geistes aus Furcht, der Geist könne das Gebäude der Macht erschüttern. Darum Gebote und Verbote für die Dichtung, die Musik, die Beredsamkeit, die musische Erziehung. Darum der zäh festgehaltene Grundsatz, keine „ordnungswidrigen Neuerungen" zuzulassen, „denn nirgends wird an den Weisen der Musik gerüttelt, ohne daß die Gesetze des Staates mit erschüttert werden."[2]

So bauten Staat und Partei einen Kontrollapparat auf, der ebenso undurchsichtig wie allgegenwärtig ist, der aus Organisationen des Staates, der Partei sowie der künstlerisch Tätigen zugleich besteht, wobei allerdings Theorie und

---

[1] Hans Koch: Bitterfeld und die Folgen. Unsere Literaturgesellschaft, Berlin/O 1965.

[2] Platon: Politeia, II. Buch, 386a—404a.

Praxis der führenden Rolle der Partei dafür sorgen, daß durch das Mittel der Personalunion die scheinbar pluralistischen Einrichtungen, zusammengekoppelt, einen perfekt und reibungslos ablaufenden Mechanismus darstellen.

1949 entstand die Stiftung der Nationalpreise, die noch im gleichen Jahr zum ersten Male vergeben wurden. 1950 erließ die Regierung die „Verordnung zur Entwicklung einer fortschrittlichen demokratischen Kultur des deutschen Volkes und zur weiteren Verbesserung der Arbeits- und Lebensbedingungen der Intelligenz". Gleichzeitig wurde die Deutsche Akademie der Künste gegründet, deren erster Präsident Arnold Zweig wurde, und der Deutsche Schriftstellerverband, zu dessen Präsidentin Anna Seghers gewählt wurde. 1951 faßte die 5. Tagung des ZK der SED den Beschluß, den Kampf gegen den Formalismus in der Literatur aufzunehmen. Das Amt für Literatur und Verlagswesen bei der Regierung wurde begründet, aus dem später das Kultusministerium hervorgehen sollte, und gleichzeitig die Staatliche Kommission für Kunstangelegenheiten bei der Regierung der DDR. 1952 folgte das Staatliche Rundfunkkomitee. 1953 beschloß das Politbüro des ZK der SED „die Verbesserung der Literaturkritik, der Bibliographie und Propagierung des fortschrittlichen Buches". 1954 wurde das Ministerium der Kultur feierlich begründet. 1955 entstand das Institut für Literatur in Leipzig, das sogenannte Johannes-R.-Becher-Institut, dessen erster Leiter der stalinistische Dogmatiker Alfred Kurella wurde und das die Aufgabe erhielt, eine Generation junger Literaten nach den kulturpolitischen Richtlinien der Partei auszubilden.

Eine bedeutende Rolle spielen in diesem Lenkungssystem die periodischen Publikationen; einmal die Tagespresse, vornehmlich *Neues Deutschland,* das Organ der SED, dann die kulturelle Wochenschrift des Kulturbundes *Sonntag,* insbesondere aber die großen literarischen Zeitschriften. *Sinn und Form,* 1949 von Paul Wiegler und Joh. R. Becher gegründet, diente ursprünglich der gemeinsamen Darbietung moderner, sozialistischer und insbesondere deutscher Dichtung. Diesen die politischen Grenzen übergreifenden Auftrag verwirklichte ihr erster Chefredakteur Peter Huchel in einer literarisch sehr anspruchsvollen Form. Indessen kam es 1962 zu einem seit langem vorbereiteten Konflikt mit der Obrigkeit; prüft man die Beiträge gerade des 14. Bandes (1962), so stößt man auf die konkreten Anlässe. Da gibt es Arbeiten von Günter Eich, Paul Celan und Ilse Aichinger, den Versuch des österreichischen Sozialisten Ernst Fischer, die Ächtung Franz Kafkas zu überwinden. Da stehen einige der bedeutendsten Gedichte Huchels: An taube Ohren der Geschlechter — Winterquartier — Der Garten des Theophrast — Winterpsalm — Soldatenfriedhof. Der 6. Parteitag der SED übte scharfe Kritik, *Sinn und Form* sei „eine Enklave des Liberalismus" geworden. Peter Huchel schied aus, ihm folgte zunächst Bodo Uhse, seit 1964 Wilhelm Girnus. Als neues Ziel wurde festgesetzt: „die Entwicklung der sozialistischen Nationalkultur widerspiegeln, dem künstlerischen Leben der DDR durch Erörterung kulturpolitischer Probleme dienen, dem deutschen Leser durch ihre Veröffentlichungen Schätze der Kultur aller Länder erschließen." Während der gesamtdeutsche Auftrag unwirksam wurde, hat *Sinn und Form* die Höhe des literarischen Anspruchs halten können und, wenn schon nicht die Kultur aller Länder, so doch die des sozialistischen Ostens vermittelt.

Neue Deutsche Literatur, Monatsschrift für schöne Literatur und Kritik, herausgegeben vom Deutschen Schriftstellerverband, erfüllt eine sehr ähnliche Funktion. Beide Zeitschriften sind als Selbstdarstellungen des neuen Literatur- und Gesellschaftsbegriffs aufzufassen und stellen in ihrem Zusammenwirken und in der Aufeinanderfolge ihrer Publikationen eine sehr anschauliche Form von Literaturgeschichte dar. Ihre Mittel sind Rezensionen, Kritiken, Vorabdrucke neuer Werke und grundsätzliche Diskussionen. Ihr Gegenstand ist, über die Literatur der DDR hinausgreifend, die Auseinandersetzung mit der westlichen und die Rezeption der östlichen Literatur. Es wäre verfehlt, nach Differenzen der Meinungen oder Theorien oder nach literarischen Gruppen und Parteiungen zu suchen; vielmehr überschneiden sich die Namen der Mitarbeiter vielfach.[3] Dazu kommen die *Weimarer Beiträge, Studien und Mitteilungen, Theorie und Geschichte der deutschen Literatur* und *Theater der Zeit*. Also eine umfassende Organisation der literarischen Kritik als Lenkungs- und Erziehungsmittel der Partei. „Die Parteilichkeit der marxistischen Literaturkritik erfordert zwingend, daß die Kritik sich in die Lösung der großen politischen Aufgaben einordne, vor denen die Partei und die Arbeiterklasse stehen."[4]

Versuchte man, einen historischen Abriß von zwanzig Jahren sozialistischer Kulturpolitik in der DDR zu geben, so wäre ein solcher Abriß nur als inhärenter Teil der Gesamtgeschichte des jungen Staates sinnvoll und verständlich. Der spezielle Bezug auf die Literatur erlaubt es, einige Wendepunkte und Orientierungsmarken gesondert zu betrachten. Am Anfang, das heißt in jener Entwicklungsphase von 1945 bis 1950, als in Deutschland die Besatzungsarmeen die politische und also auch die kulturelle Macht ausübten und die beiden späteren Staaten erst begannen, sich gegeneinander abzugrenzen, — am Anfang stand das doppelte Bestreben, einerseits den allenthalben manifesten Einfluß der russischen Besatzungsmacht einzuschränken und Inseln der Souveränität zu schaffen, andererseits sich scharf vom Westen zu differenzieren, wozu wie-

---

[3] Für die literar. Zeitschriften vergl. Ingeborg Drewitz: Sinn und Form und Neue Deutsche Literatur (Neue Dt. Hefte 1970, S. 101 f.).

[4] Hans Koch: Kritisches über Kritik. Unsere Literaturgesellschaft, Berlin/O 1965, S. 221.

derum eine gewisse Rezeption der russischen Literatur dienlich schien.[5] Drittens galt es sich abzugrenzen gegen die Übereifrigen in den eigenen Reihen, die Gesinnung mit Kunst und Reimerei mit Lyrik verwechselnd ihre eigene Sache und die ihrer selbst noch unsicheren neuen Literatur in Verruf brachten.[6] So forderte das Zentral-Kommittee der SED auf seiner 5. Tagung im Jahre 1951 „die spätbürgerliche Dekadenz und der Formalismus" müßten überwunden werden, dem „Kitsch und Proletkult" müsse der Kampf angesagt werden. Doch blieb die Vorstellung von der Einheit der deutschen Kultur auch nach der Gründung der beiden deutschen Staaten erhalten, und als 1954 das Ministerium für Kultur begründet wurde, ging dieser Akt mit folgendem feierlichen Appell zusammen: „Das Ministerium für Kultur erhielt bei seiner Gründung am 7. Januar 1954 vom Ministerrat der Deutschen Demokratischen Republik den Auftrag, die Unteilbarkeit der deutschen Kultur zu verteidigen und alle Möglichkeiten einer gesamtdeutschen Zusammenarbeit zur Pflege und Entfaltung einer humanistischen deutschen Kultur wahrzunehmen. In der Erfüllung dieses Auftrages, gestützt auf den erklärten Willen auch von Tausenden humanistischer Geistesschaffenden in Westdeutschland und nach einer eingehenden Vorberatung sowohl mit westdeutschen Künstlern, Schriftstellern, Wissenschaftlern und Pädagogen als auch mit dem künstlerisch-wissenschaftlichen Rat des Ministeriums, unterbreitet das Ministerium für Kultur den Kulturschaffenden Deutschlands und der ganzen deutschen Öffentlichkeit die folgende Programmerklärung . . ."[7]

Die Stimme des ersten ostdeutschen Kultusministers Johannes R. Becher ist in diesen Zeilen unüberhörbar. Doch stemmten sich Aufrufe solcher Art[8], an denen es auf beiden Seiten nicht mangelte, umsonst gegen eine Entwicklung, deren Ursachen in weltpolitischen Gegensätzen lag. Die Staaten wuchsen auseinander und die Literaturen mit ihnen. Es wuchs die Neigung, die Eigenständigkeit des sozialistischen Realismus herauszuarbeiten, es wuchs das Selbstbewußtsein und steigerte sich zu dem Anspruch, der auf dem 6. Parteitag im Jahre 1963 in der Forderung gipfelte: „Vollendung der sozialistischen Nationalkultur als der Erfüllung der humanistischen Kultur unseres Volkes."[9] (Welche

---

[5] T. Richter: Das Glück des Bitteren. Halle 1969 (Darstellung der Einflüsse der russischen Literatur auf die Schriftsteller der DDR).

[6] Gemeint waren zahlreiche inzwischen vergessene Namen wie Rose Nyland, Walter Stranka und Max Zimmering.

[7] Sinn und Form 1954, 12.

[8] Darunter der von Bert Brecht: An die Künstler und Schriftsteller Deutschlands, 1951. (Sinn und Form 1951, 5), nicht in die Hamburger Werkausgabe aufgenommen.

[9] Kultur in unserer Zeit. Zur Theorie und Praxis der sozialistischen Kulturrevolution in der DDR. Im Auftrage des Instituts für Gesellschaftswissenschaften beim ZK der SED, hrsg. von Horst Keßler. Berlin/O 1965, S. 276.

geistesgeschichtlichen Voraussetzungen und politischen Machtansprüche in dieser Formulierung enthalten sind, wird in Kap. VII im einzelnen dargelegt werden.) Der politische Auftrag an alle im kulturellen Schaffensprozeß Tätigen wurde von Walter Ulbricht 1965 präzisiert: „Der Schriftsteller, der Künstler und der Publizist stehen vor der Aufgabe, Kunstwerke von nationaler Bedeutung zu schaffen unter den Bedingungen des umfassenden Aufbaus des Sozialismus in der DDR mit all seinen komplizierten Erscheinungen, die mit der Spaltung Deutschlands und der allmählichen Entwicklung des sozialistischen Weltsystems zusammenhängen. Gleichzeitig steht er der imperialistischen Machtpolitik des westdeutschen Staates, dessen antagonistischen Widersprüchen und dessen Druck auf das geistige Leben in Westdeutschland gegenüber. Und wenn ein westdeutscher Schriftsteller fragt: was ist die nationale Wahrheit?, so antworten wir: die nationale Wahrheit ist, daß der Sozialismus in der DDR siegt und die demokratischen Kräfte in Westdeutschland die Macht des Militarismus und der Konzernherrschaft überwinden werden, damit ein einheitliches, friedliches und fortschrittliches Deutschland erwächst."[10]

Doch verlief die Entwicklung zur Integrierung der Literatur in den gesellschaftlichen Kampf keineswegs gradlinig. Die Erschütterung der kommunistischen Welt durch den Tod Stalins 1953 und stärker noch durch den XX. Kongreß der russischen Partei 1956 und die dort eingeleitete „Entstalinisierung" betraf auch die DDR, wenngleich hier die Obrigkeit mehr als irgendwoanders wirkliche Änderungen verhinderte. Von dem Tauwetter, das in Rußland, Polen, der Tschechoslowakei und Ungarn das Eis, unter dem das geistige Leben zu verkrusten drohte, wenigstens teilweise zum Schmelzen brachte, war in Ostdeutschland wenig zu spüren. Der Anspruch auf größere Freiheit des Wortes ging von den Schriftstellern selbst aus. Zu einem Signal wurde der 2. Kongreß junger Künstler im Juni 1956 (Chemnitz). In der vordersten Linie standen die Lyriker, für welche das Dogma des sozialistischen Realismus eine unerträgliche Fessel bedeutete. Ihr Sprecher wurde Heinz Kahlau (geb. 1931). Er kennzeichnete, bis zu welcher Erniedrigung sie die Unterwerfung geführt hatte: „Bis auf wenige Ausnahmen wurden die Künstler zu Ausrufern von Parteibeschlüssen. Sie machten Kunstwerke über diese und jene Maßnahme, Begebenheit und These, rechtfertigten die Fehler und ignorierten die Wirklichkeit."[10a] Gleichzeitig erschien ein Aufsatz von Hans Mayer *Zur Gegenwartslage unserer Literatur,* in dem der Leipziger Germanist nicht nur die Sterilität des dem 19. Jahrhundert entnommenen Realismus-Begriffs enthüllte, sondern auch die Beseitigung der politischen Vormundschaft über die Kunst

---

[10] Neue Dt. Literatur 1966, 2.
[10a] Vergl. Martin Jänicke: Der dritte Weg. Die antistalinistische Opposition gegen Ulbricht seit 1953, Köln 1964, S. 131.

forderte.[10b] In seinem 1957 publizierten Nachruf auf Franz Carl Weiskopf[10c] stellte Mayer den 1955 Verstorbenen als Mittler zwischen bürgerlich-humanistischer und proletarisch-kommunistischer Literatur dar, was ihm den Vorwurf ideologischer Koexistenz eintrug. Die Obrigkeit schlug zurück, indem sie zerschlug, was sie als den gefährlichsten Herd des Widerstandes erkannte: den Leipziger Kreis um Wolfgang Harich und Ernst Bloch. Die Ablösung Peter Huchels, des Chefredakteurs von *Sinn und Form* und die Gründung einer „Ideologischen Kommission gegen ideologische Koexistenz" auf dem VI. Parteitag 1963 darf als ein verspätetes Nachspiel der machtpolitischen Beseitigung des „Tauwetters" angesehen werden.

Inzwischen hatte die 1. Bitterfelder Konferenz vom Juni 1959 deutlich gemacht, daß es um mehr ging als darum, die Schriftsteller an die Arbeitsstätten und die Arbeiter an die schriftstellerische Produktion heranzuführen, daß nämlich die Kultur aus ihrer Isolation herausgeführt und von den letzten Resten ihres Eingebettetseins in die Bedürfnisse einer privilegierten Klasse befreit werden sollte. „Wir gehen zum Frontalangriff auf die Reste der Klassengesellschaft über, wir bekämpfen sie, systematisch und organisiert, dort wo sie die tiefsten Wurzeln geschlagen haben und am schwersten herauszureißen sind: im Denken und Fühlen der Menschen."[11] Parteitage, Tagungen des ZK der SED, Treffen sehr verschiedener politischer Kollektive auf den unteren Ebenen wurden und werden ausgenutzt, um bestimmte Tendenzen des geistigen Lebens anzuklagen und zu revidieren, um bestimmten Autoren nachzuweisen, daß sie vom richtigen Wege abgewichen sind, um sie zu Änderungen zu bewegen, ihre Produktion einzuschränken oder zu verhindern. So ging es auf dem 6. Parteitag von 1963 um Peter Hacks Drama *Die Sorgen und die Macht,* das aber nur der aktuelle Anlaß war, gegen „gewisse moderne Tendenzen" vorzugehen, nämlich kritische Analysen der gesellschaftlichen Gegenwart, ferner einige formale Experimente, kurzum „das Vergehen ideologischer Koexistenz". Auf dem 11. Plenum des ZK der SED des Jahres 1966 übernahm Ulbricht in seinem Referat „Zu einigen Fragen der Literatur und Kunst" persönlich die Polemik gegen Wolf Biermann, Rainer Kirsch, Manfred Bieler und Stefan Heym. Die Folge war ein kollektives Schuldbekenntnis des Schriftstellerverbandes und sein reumütiges Versprechen, in Zukunft schärfere Kritik an den eigenen Mannen zu üben, sich enger an dem Begriff des sozialistischen Realismus zu orien-

---

[10b] „Sonntag" Nr. 49 Neu gedruckt in Hans Mayer: Zur deutschen Literatur der Zeit, Hamburg 1967, S. 365 f.

[10c] In Neue Deutsche Literatur 1957, 9.

[11] Neue Dt. Literatur 1955, 6.

tieren und Publikationen von DDR-Literatur außerhalb der Staatsgrenzen rigoros zu kontrollieren.[12]

Der Versuch, im totalen Staate irgendwelche autonomen Bezirke abzugrenzen, ist ebenso illusionistisch wie die Vorstellung, es könne zwischen Literatur und Staat, zwischen Geist und Macht so etwas wie einen Dialog geben. Damit verschwindet, was nach liberalen Vorstellungen die eigentliche und öffentliche Aufgabe der Literatur ist: das Amt des Wächters der Werte, der Appell an das Gewissen, die Konfrontation des Staates mit Maßstäben, die jenseits der Machtinteressen und jenseits der wirtschaftlichen Bedürfnisse liegen. Der Künstler wird Funktionär oder, wie Lothar von Balluseck es nennt, „Dichter im Dienst".[13] Bleibt er bemüht, das Amt des Wächters dennoch wahrzunehmen, so gerät er in ein Spannungsfeld, so nimmt er eine äußere und vor allem eine innere Belastung auf sich, die ihn um so härter drückt, je enger er durch seine sozialistischen Überzeugungen dem Unterdrückenden verbunden ist. Damit ist ein Grundmotiv dieser Untersuchung benannt und zugleich die Gefahrenzone angedeutet, der sich zu entziehen keinem möglich ist. Weder die Flucht in den Westen noch die Unterwerfung unter Obrigkeit und Dogma sind ein Ausweg.

Gleichwohl bringt es der offizielle Sammelband *Kultur in unserer Zeit* fertig, ein Kapitel „Die Freiheit des künstlerischen Schaffens im Sozialismus" zu überschreiben.[14] „Auch im künstlerischen Schaffen realisiert sich die Freiheit gerade in der Übereinstimmung der schöpferischen Leistung des Individiums mit den objektiven Bedürfnissen des gesellschaftlichen Fortschritts. Die sozialistische Gesellschaft ermöglicht es dem Kunstschaffenden, mit seiner Tätigkeit im Interesse des ganzen Volkes zugleich der humanistischen Grundfunktion der Kunst voll gerecht zu werden. Die realen gesellschaftlichen Voraussetzungen im Sozialismus bieten Gewähr dafür, daß es zwischen dieser Grundfunktion der Kunst und den ästhetischen Ansprüchen, die die herrschende Arbeiterklasse im Namen des ganzen Volkes an die Kunstschaffenden richtet, keinen Gegensatz mehr gibt."[15] Ein rhetorisches Musterbeispiel für die bekannte Morgenstern-Logik, daß nicht sein kann, was nicht sein darf — eine so schamlose Entleerung des Freiheitsbegriffs, daß man nicht anders kann als fragen, ob Schizophrenie oder ob Zynismus zugrunde liegen. Und doch wird zwei Seiten weiter das einschläfernde Abra-Kadabra des Parteijargons aufgegeben und die

---

[12] Neue Dt. Literatur 1966, 2 und 1966, 5. Gleichzeitig befestigen E. Pracht und W. Neubert in der programmatischen Schrift „Zu aktuellen Grundfragen des sozialistischen Realismus in der DDR" den literarischen Dogmatismus.

[13] Lothar von Balluseck: Dichter im Dienst. Der sozialistische Realismus in der deutschen Literatur. 2. Aufl., Wiesbaden 1963.

[14] Vergl. Anm. 9.

[15] Ebenda, S. 330.

Katze aus dem so sorgfältig verschnürten Sack gelassen, wenn es heißt: „Die Planung, Lenkung und Leitung der Kulturentwicklung durch den sozialistischen Staat, die führende Rolle der Partei auch im Gesamtplan der ideologisch-künstlerischen Arbeit sind objektive Bedingungen für die Verwirklichung der sozialistischen Freiheit des künstlerischen Schaffens."[16]

Schon 1930 hatte das Große Kunstkonzil der Sowjets in Charkow den Individualismus des Künstlers als typischen Irrtum, als Krankheitsphänomen des sterbenden Bürgertums gekennzeichnet. Eine Sammlung poetologischer Bekenntnisse wie *Mein Gedicht ist mein Messer*, geistige Souveränitätsansprüche wie das Wort von Wolfgang Weyrauch „die Schriftsteller sind die Stellvertreter der Propheten, die verschollen sind" (und sie könnten beliebig vermehrt werden), können in der DDR nicht ihresgleichen finden.[17] Möglich ist nur der wilde Angriff etwa Wolf Biermanns oder die verhaltene Klage eines Lyrikers der älteren Generation:[18]

René Schwachhofer: *Elegie auf die Dichtkunst*

> Der Gott des Wortes —
> Durchbohrt liegt er
> Vom scharfen Stahl.
>
> Er lehrte
> Sprache der Liebe, des Himmels, der Vernunft,
> Auszusagen das
> Unaussprechliche.
>
> Magnetisches Licht der Nacht
> Ruht nun auf ihm.
>
> Seine Jünger,
> Auf Zinnen des Jahrtausends,
> Gepfählt sind ihrer
> Viele schon.

2. Der sozialistische Realismus

Eine Literatur, die sich als integrierter Teil eines insgesamt und in jedem einzelnen Lebensbereich vom Marxismus bestimmten gesellschaftlichen Lebens betrachtet oder zu betrachten gezwungen wird, ist in einem sonst nirgendwo

---

[16] Ebenda, S. 333.

[17] Mein Gedicht ist mein Messer. Lyriker zu ihren Gedichten. Hrsg. von Hans Bender, München 1964.

[18] Entnommen der von Ad den Besten hrsg. Anthologie „Deutsche Lyrik auf der anderen Seite", München 1960.

und nirgendwann bezeugten Maße an das Dogma gebunden. Das ästhetische Dogma der DDR aber heißt „sozialistischer Realismus".[19]

Der Realismusbegriff leitet sich von dem jungen Marx her, der ihn seinerseits aus der intensiven Beschäftigung mit dem Roman-Werk von Balzac gewann und für seine Polemik gegen die klassisch-romantische Epoche der europäischen Literatur verwandte.[20] Sozialistischer Realismus als Grundsatz und Programm für die Kunst einer sozialistischen Gesellschaft wurde zuerst auf dem Unionskongreß der sowjetischen Schriftsteller im Jahre 1934 formuliert.[21] Maxim Gorki hielt das entscheidende Referat. Er verstand unter Realismus eine neue inhaltliche Bestimmung aller Kunst: die Arbeit müsse als das den Menschen formende Element, als die Schicksal und Charakter konstituierende Macht dargestellt werden; der primäre Gegenstand der Kunst müsse der im gesellschaftlichen Verband arbeitende und in der Arbeit sich erst eigentlich in seiner Menschlichkeit verwirklichende Mensch sein; die Gesellschaft müsse als die Gemeinschaft Arbeitender begriffen werden. Mit diesen Forderungen verband sich eine neue Konzeption des Verhältnisses des sozialistischen Schriftstellers zur Vergangenheit: während in der vorrevolutionären Gesellschaft der Schriftsteller keinen für sein Schaffen sinnvollen Ort gefunden habe und also dazu verurteilt gewesen sei, die Ziellosigkeit und das Verlorensein des individuellen wie des gesellschaftlichen Seins zu erleiden, und darauf beschränkt, dieses Leiden darzustellen, sei er nun, nach der Revolution, in der glücklichen Lage, die Versöhnung des Menschen in einer sinnerfüllten arbeitenden Gesellschaft darzustellen. Zwar sei auch dem vorrevolutionären Schriftsteller Realismus möglich gewesen, aber eben nur ein kritischer. Dem bürgerlichen „kritischen Realismus" müsse nun die neue Qualität des Sozialismus hinzugefügt werden. „Der sozialistische Realismus bestätigt das Sein als Tun, als Schöpfung, deren Ziel die ununterbrochene Entwicklung der wertvollsten individuellen Eigenschaften des Menschen ist, wegen seines Sieges über die Naturkräfte, wegen seiner Gesundheit und Langlebigkeit, wegen des großen Glücks, auf der Erde zu leben, die er entsprechend dem ständigen Wachstum seiner Bedürfnisse restlos bearbeiten will, wie ein herrliches Wohnhaus der Menschheit, die zu einer Familie vereint ist."[22]

---

[19] Grundlegend, da ältere Untersuchungen und Einzeldarstellungen zusammenfassend, ist die dreibändige Dokumentation von Fritz J. Raddatz: Marxismus und Literatur, Hamburg 1969.

[20] Michail Lifschitz: Karl Marx und die Ästhetik (Übers.), Dresden 1960.
K. Marx und F. Engels: Über Kunst und Literatur, Frankfurt 1970.

[21] A. Romanowski: Zur Geschichte des Terminus „sozialistischer Realismus". Kunst und Literatur, Berlin/O 1958.

[22] Raddatz I, S. 343.

Erschien bei Gorki die Qualität sozialistisch als das Bekenntnis zu einer naiv-utopischen Glückserwartung der sozialistischen Revolution und also als eine inhaltlich bestimmte Forderung an das Kunstwerk, so fügte der Politiker A. A. Shdanow auf dem gleichen Kongreß drei Aufträge hinzu, die für den heute in der DDR gültigen Begriff von höchster Bedeutung geworden sind: 1. der Autor müsse das Leben der Arbeiter, die Arbeit, ihre gesellschaftlichen und technischen Bedingungen genau studieren — 2. die Literatur habe die Aufgabe, zum Sozialismus zu erziehen, der Schriftsteller müsse dem Rufe Stalins folgen, ein „Ingenieur der menschlichen Seele" zu werden — 3. die Literatur habe die Realität der Arbeit und der Gesellschaft nicht als objektive Wirklichkeit darzustellen, sondern „als die Wirklichkeit in ihrer revolutionären Entwicklung".[23]

Der neue Begriff hat zunächst einen ästhetischen Inhalt: Literatur als Widerspiegelung der Wirklichkeit. Es würde eine unzulässige Simplifizierung der marxistischen Lehre vom Überbau bedeuten, wollte man ihr anlasten, daß sie die Phänomene der Kultur nur als Emanationen der Produktionsverhältnisse ansehe. Vielmehr muß der Terminus „Widerspiegelung" dialektisch verstanden werden, das heißt, die Kräfte wirken in doppelter Richtung, nämlich von den Produktionsverhältnissen auf die Kultur hin und von der Kultur her auf die Produktionsverhältnisse zurück. Das ist die theoretische Basis von Shdanows zweiter Forderung. Doch ist der Vulgärmarxismus, von dem auch obrigkeitliche Reglementierungen höchster Stellen nicht frei sind, immer in Gefahr, die Dialektik des Kräftespieles zu leugnen und die Literatur zum bloßen Reflex der gesellschaftlichen Verhältnisse zu erniedrigen. Schon 1923 widerlegte Karl Korf, auf Marx selbst sich stützend, in seiner Schrift *Marxismus und Philosophie* die bloße Abbild-Theorie und verteidigte den die Gesellschaft formenden Einfluß der Literatur, was zur Folge hatte, daß seine Thesen von dem sich festigenden Stalinismus als Häresie verworfen wurden.

Shdanows Formel „die Wirklichkeit in ihrer revolutionären Entwicklung" wurde von Ernst Bloch mit Leben erfüllt:[24] „Wo der progressive Horizont ausgelassen ist, erscheint die Wirklichkeit nur als gewordene, als tote, und es sind die Toten, nämlich Naturalisten und Empiristen, welche hier ihre Toten begraben. Wo der prospektive Horizont durchgehend mitvisiert wird, erscheint das Wirkliche als das, was es in concreto ist: als Weggeflecht von dialektischen Prozessen, die in einer unfertigen Welt geschehen, in einer Welt, die überhaupt nicht veränderbar wäre ohne die riesige Zukunft: reale Möglichkeit in ihr. Mitsamt jenem Totum, das nicht das isolierte Ganze eines jeweiligen Prozeß-

---

[23] Ebenda, S. 344.
[24] Ernst Bloch: Das Prinzip Hoffnung. Wissenschaftl. Sonderausg. Bd. I, S. 257, Frankfurt 1968.

abschnitts darstellt, sondern das Ganze der überhaupt im Prozeß anhängigen, also noch tendenzhaft und latent beschaffenen Sache. Das allein ist Realismus, er ist allerdings jenem Schema unzugänglich, der schon vorher alles weiß, der seine einförmige, ja selber formalistische Schablone für Realität hält. Die Wirklichkeit ohne reale Möglichkeit ist nicht vollständig, die Welt ohne zukunfttragende Eigenschaft verdient so wenig wie die des Spießers einen Blick, eine Kunst, eine Wissenschaft. Konkrete Utopie steht am Horizont jeder Realität, reale Möglichkeit umgibt bis zuletzt die offenen dialektischen Tendenzen-Latenzen." Die Abwehr der Dichter gegen ein Realismus-Dogma, das, zum Kampf gegen „Formalismus" eingesetzt, gleichwohl zur formalistischen Zwangsjacke wurde, ist von dem Philosophen vorweggenommen.

Schon vor Gorki und Shdanow und Bloch hatte ein junger deutsch-jüdischer Dichter und Revolutionär aus Böhmen im Kampfe für die Prager Kommunistische Partei nach einer Richtlinie für seine revolutionäre Dichtung gesucht und formuliert: „Das Wesen proletarischer, also revolutionärer Kunst macht nicht die realistische Darstellung der Wirklichkeit, sondern die Überwindung der Wirklichkeit durch die Wahrheit aus."[25]

Die theoretische Diskussion wurde am wirksamsten von Georg Lukacs geführt, der bis zu seinem Fall im ungarischen Aufstand von 1956 der anerkannte ideologische Lehrmeister des sozialistischen Realismus war, der aber auch in seiner Person und in seiner Doktrin die untrennbare Verbindung des Begriffes mit der bürgerlichen Literatur des 19. Jahrhunderts dokumentierte. Realismus muß sich zuerst begrifflich gegen Nachbarbegriffe abgrenzen, das heißt gegen die vorangegangene idealisierende oder romantisch phantasierende Darstellungsweise sowie gegen die am Ende des 19. Jahrhunderts aufstrebende naturalistische (Brecht nannte sie die sensualistische) Darstellungsweise. So ist die klassische Periode des deutschen Realismus recht genau zwischen dem Tode Goethes und den ersten Dramen Hauptmanns zu datieren. Realismus ist ein für kulturelle Spätzeiten typisches Stilgesetz, wenn idealisierende Formen, die aus religiösen oder metaphysischen Überzeugungen sich herleiten, schwächer werden oder absterben. An ihre Stelle tritt ein auf Transzendenz verzichtender Optimismus. Man kann ihn simplifizierend als die Hoffnung bezeichnen, das Humane könne mit dem Realen vereinigt werden. Gottfried Keller mag innerhalb der deutschen Literatur als bedeutendster Zeuge genannt werden. Die Ästhetik F. Th. Vischers lieferte die Reflexion.[26] Die sich einer solchen Litera-

---

[25] Louis Fürnberg (1909—1957), in: Weimarer Beiträge 1959, S. 7.
[26] Grundlegend für den Realismus-Begriff ist immer noch E. Auerbach: Mimesis. Dargestellte Wirklichkeit in der abendländischen Literatur, Bern 1946.
H. Reinhardt: Die Dichtungstheorie des poetischen Realismus. Diss. Tübingen 1939.
G. Kaiser: Um eine Neubegründung des Realismus-Begriffs, Zeitschr. f. dt. Philologie, Bd. 77, 1958.

turform anbietenden Gattungen waren der Roman und die Novelle, während Lyrik, das Drama und auch die moderne Kurzgeschichte sowie die ebenso moderne parabolische Dichtung zum Realismus in ein zum mindesten gebrochenes Verhältnis treten. (Wie sich an der Literatur der DDR exemplarisch aufweisen läßt.)

Lukacs setzte sich, den veränderten Bedingungen im 20. Jahrhundert entsprechend, zuerst in aller Schärfe gegen den Expressionismus ab, weil dieser ein verworrenes, auf jeden Fall aber nichtmarxistisches politisches Bewußtsein gehabt habe.[27] Diese, zunächst inhaltlich bestimmte Differenzierung, führte zu bedeutenden ästhetischen Folgen. Von dem späten Johannes R. Becher ist das Wort überliefert „ich hatte die Wahl, Becher oder Benn zu werden". Wie sehr eine solche Entscheidung den ästhetischen Bezirk mit einbegriff, zeigen Bechers Ausführungen gelegentlich eines Rundfunkgesprächs mit Gottfried Benn im Jahre 1930: „Auch ich habe an die Möglichkeit einer reinen Kunst geglaubt, denn ich habe an einen Geist geglaubt, der über den Wassern schwebt. Ich war demnach von der Souveränität und von der Unabhängigkeit der Dichtung tief überzeugt, bis ich eines Tages auf Grund von Erlebnissen und Erkenntnissen Einsicht bekam in den Klassenmechanismus, der die Geschichte der Menschen und ganz besonders die heutige Geschichte der heutigen Menschen beherrscht. Es ist selbstverständlich, daß mit dieser für mich zentralen Erkenntnis sich auch ein Umbruch in meiner Dichtung vollziehen mußte."[28]

Bedeutsamer wurde die Abgrenzung gegen die gleichzeitige nicht-sozialistische Literatur. Sie wurde von Lukacs, seinen Mitläufern und Nachfolgern unter den Begriffen „Avantgardeismus", „Ästhetizismus" und „Formalismus" bekämpft. Und wenn man die heute in der DDR stattfindende Diskussion um die Rezeption von Kafka oder Beckett oder Joyce verfolgt, wird evident, wie gegenwärtig die Lukacs-Fehden der vierziger Jahre sind. Avantgardeismus bedeutet Pessimismus, Dekadenz, Nihilismus. Heideggers „Geworfenheit", Kafkas Verzweiflung, alle Gefühle der Einsamkeit und Lebensangst werden als Seinsweisen einer überwundenen kapitalistischen Welt gedeutet und verworfen.[29] Wiederum ist der casus belli kein ästhetischer, sondern ein anthropologischer und ontologischer, also ein inhaltlich bestimmter. Trotzdem werden daraus radikale ästhetische Folgerungen gezogen, indem die gesamte Formenwelt der modernen westeuropäischen und amerikanischen Dichtung als Formalismus in Acht und Bann getan und dem Vorwurf der Gesellschafts- und Fortschrittsfeind-

---

[27] Georg Lukacs: Größe und Verfall des Expressionismus. Werke Bd. IV, Neuwied und Berlin 1970.

[28] Raddatz I, S. 30.

[29] Georg Lukacs: Wider den mißverstandenen Realismus (insbes. das Kap. „F. Kafka oder Th. Mann"), Hamburg 1958.

lichkeit ausgesetzt wird. Dem wird ein Kanon „positiver" Werte entgegengesetzt, der die ursprünglich rein formale Widerspiegelungstheorie durch ethische, das heißt gesellschaftliche Werte konkretisiert. In den Mittelpunkt rückt das neue Menschenbild, für den Alltagsgebrauch allzu leicht abgeflacht zum Ideal des „positiven Helden". „So betrachtet der sozialistische Realismus die menschlichen Eigenschaften, Fähigkeiten etc. daraufhin, inwiefern in ihnen Wille und Eignung zum Schaffen einer solchen positiven neuen Wirklichkeit vorhanden sind."[30] Der neue, in neuer Weise dichterisch zu gestaltende Mensch ist ein sich in der Gesellschaft harmonisch erfüllendes Wesen. „Die rein menschliche, die zutiefst individuelle und typische Eigenart dieser Gestalten, ihre künstlerische Sinnfälligkeit ist mit ihrem konkreten Verwurzeltsein in den konkret historischen, menschlichen, gesellschaftlichen Beziehungen ihres Daseins untrennbar verknüpft."[31]

So fließt die Erlösungslehre des Marxismus in den Begriff mit ein. Ebenso wie die Diskrepanz von Sein und Sinn im Avantgardismus nur die Widerspiegelung der durch den Kapitalismus gegebenen Situation, nicht aber ontologisch bedingt sei, nicht condition humaine an sich, so gewinne der sozialistische Realismus aus der Revolution die Aufgabe, die Harmonie von Sein und Sinn sichtbar zu machen. Alexander Abusch, einer der einflußreichsten Kulturpolitiker der DDR, erhebt diese Vorstellung zum unfehlbaren Kriterium, wenn er sich zum Beispiel mit der Lyrik der Jungen auseinandersetzt, ihnen das Lebensgefühl „spätbürgerlicher Weltangst" vorwirft und den erschreckenden Nachsatz hinzufügt, „für die es bei uns keine gesellschaftliche Basis mehr gibt".[32]

So kann es kaum verwundern, daß sich zwischen der marxistischen und der nationalsozialistischen Kritik moderner Kunst, vor allem in ihren niederen Regionen, verdächtige Parallelen abzeichnen bis hin zu Antithesen gesund-krank, heil-morbid, zukunftsträchtig-dekadent, daß ein kleinbürgerlicher, intoleranter Konservatismus sich breit macht, gegen den sich schon Bert Brecht zur Wehr setzte: „Die Parole bürgerliche Form wäre einfach reaktionär. Sie bedeutet nur die Banalität: neuen Inhalt in alte Schläuche."[33]

---

[30] Ebenda, S. 98.
[31] Ebenda, S. 16.
[32] Alexander Abusch: Erkennen und Gestaltung, Sinn und Form XVIII, Sonderheft 2, 1966.
[33] Ges. Werke, Bd. 19, S. 379.
Vergl. die Bemerkung H. M. Enzensbergers: „Nach wie vor wird dort (zwischen Leipzig und Peking) das Eingängige, Unkritisch-Stimmige, das Positive und Volksverbundene verlangt — Forderungen, die uns nur allzu bekannt vorkommen: sie erschallen überall, wo über die Kunst überhaupt der Ausnahmezustand verhängt werden soll. Darauf können sich Gralshüter des Abendlandes, Mitglieder der Reichs-

Anna Seghers erkannte schon ein Jahrzehnt vor der Institutionalisierung des Dogmas die Gefahr und versuchte sie abzuwehren. Indem sie sich für das Recht des Künstlers einsetzte, neue Formen zu suchen, mit neuen Ausdrucksmöglichkeiten zu experimentieren, und darauf bestand, die neue sozialistische Kunst könne an keine überlieferte und historisch bürgerliche Norm gebunden werden, enthüllte sie den Dogmatismus von Lukacs, der darin bestehe, daß er einen aus der Literatur des 19. Jahrhunderts abgeleiteten Begriff verabsolutiere.[34]

Parallel lief die Auseinandersetzung zwischen Lukacs und Brecht.[35] Sie begann 1938 mit Brechts Essay über den formalistischen Charakter der Realismus-Theorie[36] und endete erst mit Brechts Tode, wenn auch die Diskussion der fünfziger Jahre weniger dem inzwischen entthronten Lukacs selbst als seinen zahlreichen kleineren Nachfolgern in der DDR galt. So wenig der Marxist Brecht Grund hatte, die gesellschaftspolitischen Inhalte des sozialistischen Realismus in Frage zu stellen, so kompromißlos forderte er für den Schriftsteller die freie Wahl der künstlerischen Mittel. Wenn das aber (Montage, Verfremdung, der Einsatz von Songs, das Spiel auf mehreren Ebenen, der innere Monolog u. s. f.) Formalismus sei, so bekenne er sich freudig zu der vermeintlichen Häresie. „Während ich in einem Haufen historischer Wälzer blättere und einen bestimmten Sachverhalt zu ergründen suche, voll von Skepsis, mir sozusagen unausgesetzt den Sand aus den Augen wischend, habe ich Farbenvorstellungen vager Art im Hinterkopf, Eindrücke bestimmter Jahreszeiten, höre Tonfälle ohne Worte, sehe Gesten ohne Sinn, denke an wünschbare Gruppierungen von nicht benannten Gestalten und so weiter. Die Vorstellungen sind reichlich unbestimmt, keineswegs aufregend, ziemlich oberflächlich, wie mir scheint. Aber sie sind da. Der Formalist arbeitet in mir."[37]

Auf der anderen Seite versuchte er klarzustellen, was der Begriff des Realismus inhaltlich zu bedeuten habe: „Realistisch heißt: den gesellschaftlichen Kausalkomplex aufdeckend / die herrschenden Gesichtspunkte als die Gesichtspunkte der Herrschenden entlarvend / vom Standpunkt der Klasse aus schreibend, welche für die dringendsten Schwierigkeiten, in denen die menschliche Gesell-

---

schrifttumskammer und kommunistische Kulturfunktionäre ohne sonderliche Mühe einigen." (Museum der modernen Poesie, Frankfurt 1960, S. 27).
In den gleichen Zusammenhang gehört auch der Züricher Literaturstreit um Emil Staiger und Hans Mayers Bemerkung: „Das gemeinsame Kunstideal Emil Staigers und Alfred Kurellas ist der epigonale Neoklassizismus." (Zur deutschen Literatur der Zeit, S. 392).
[34] Vergl. den Briefwechsel zwischen Anna Seghers und Georg Lukacs 1938/39 (Raddatz Bd. II).
[35] Werner Mittenzwei: Die Brecht-Lukacs-Debatte, Sinn und Form 1967, 2.
[36] Ges. Werke, Bd. 19, S. 298 f.
[37] Ebenda, S. 300.

schaft steckt, die breitesten Lösungen bereit hält / das Moment der Entwicklung betonen / Konkret und das Abstrahieren ermöglichend."[38]

Aber durch die Gründung des Staates wurde die Verengung des Realismusbegriffs, bisher eine Theorie neben anderen, zur Staatsdoktrin. Das ZK der SED faßte auf seiner Tagung vom März 1951 unter dem Motto „Der Kampf gegen den Formalismus in Kunst und Literatur" folgenden Beschluß: die literarischen Leistungen der DDR seien hinter ihren politischen zurückgeblieben; die Ursache sei die immer noch während Herrschaft des Formalismus; es seien Gegenmaßnahmen notwendig, nämlich, neben der Errichtung von Kontrollorganen, die systematische Ausbildung des künstlerischen Nachwuchses unter dem Aspekt der verbindlichen Klassiker Goethe und Marx; der sozialistische Realismus in der Formulierung Shdanows von 1934 müsse als offizielle Richtlinie durchgesetzt werden.[39]

Brecht wiederholte seinen Protest: „Der Fortschritt gewisser Formalismusbekämpfer reduziert sich zu einem Fortschritt der Bärte. Es werden im Interesse der völligen Umwandlung unseres kulturellen Lebens ewige Kunstgesetze montiert. An Stelle des politischen Vokabulars tritt das medizinische: anstatt nachzuweisen, bei dem und dem Kunstwerk handle es sich um etwas gesellschaftlich Unnützes oder Schädliches, behauptet man, es handle sich um eine Krankheit. Wenn der Arzt nicht gerufen wird, gesunde Kunstwerke herzustellen, wird die Polizei gerufen, um ein Verbrechen am Volk zu ahnden. Derlei hemmt Bemühung und Kampf um eine gesellschaftlich wertvolle Kunst."[40]

Brechts Formel „das Moment der Entwicklung betonend" konnte eine geeignete Waffe werden, die dogmatische Erstarrung und Verengung aufzulösen und der Forderung der Obrigkeit nach dem Preis des Bestehenden kritisch zu begegnen. Darum ging es auch Paul Rilla, dem mit Abstand überlegensten Kritiker der realistischen Literatur: „Die richtige künstlerische Antwort auf die Wirklichkeit muß vermögend sein, nicht nur statt der Zustände die Veränderlichkeit der Zustände zu zeigen, sondern in den Prozeß der Veränderung einzugreifen."[41] Daraus folgt unter anderem, daß in den Konflikten, welche die gegenwärtige Obrigkeit der DDR (das Wort Obrigkeit umfaßt Partei und Staat, erscheint also geeignet, da eine Differenzierung zwischen beiden ohnehin nicht möglich wäre) mit einigen Schriftstellern hat, die Schriftsteller, wenn sie auf Veränderung zielen, sich dogmatisch korrekt verhalten, und daß die Obrigkeit antidialektisch handelt, wenn sie sich weigert, das Erreichte kritisch betrachtet zu sehen.

---

[38] Ebenda, S. 326.
[39] Theater der Zeit, 1951, 6.
[40] Ges. Werke Bd. 19, S. 528.
[41] Raddatz Bd. II, S. 286.

Es war nötig, die Diskussion um den sozialistischen Realismus bis auf die Ursprünge zurückzuführen, da hier bereits die Konflikte begründet liegen, die heute die gespannte Lage zwischen den Künstlern und der dekretierten künstlerischen Richtlinie erzeugen. Unter der Oberfläche eines Konsensus zwischen Obrigkeit, Kunstkritik und den produzierenden Künstlern selbst wird ein Zustand sichtbar, der sehr viel weniger homogen und erstarrt, sehr viel bewegter und vielfältiger ist, als das Pauschalurteil bloßer Gleichschaltung es zuließe. Doch handelt es sich eher um einen Waffenstillstand als um einen Frieden. Die Streitpunkte bleiben unverändert, die Spannung bleibt hoch, zuweilen unerträglich, was unter anderem die Flucht so vieler Schriftsteller beweist. Der vielleicht noch erträglichste Streitpunkt ist der des Formalismus oder Ästhetizismus: für den Künstler eine Notwendigkeit seiner gestaltenden Arbeit, für die Obrigkeit zum mindesten ein Moment des Verdachtes. Schwerer wiegt die Diskrepanz zwischen der geforderten Zustimmung zum Bestehenden und dem in Anspruch genommenen Recht auf Kritik — eine Diskrepanz, die sich im Postulat des positiven Helden konkretisiert.[42] Und der vorgeschriebenen affirmativen Darstellung der momentanen gesellschaftlichen Realität steht der auf Zukunftsvisionen gerichtete Wille des Schriftstellers gegenüber, wie ihn etwa Ernst Bloch literarisch verwirklichte.

So vielfältig man gerade in den letzten Jahren nach einem modus vivendi gesucht hat: es bleibt zwischen dem politischen Auftrag und der künstlerischen Autonomie ein elementarer Widerspruch bestehen. Der Wert eines Kunstwerks kann nicht danach bestimmt werden, wieweit es seinem Inhalt und seiner Form nach politischen Setzungen entspricht. Doch sollte es auch „westlichen Formalisten" einleuchten, daß Kunst keine vom Inhalt ablösbare bloße Form ist, daß Kunst weder Reinheit noch Kraft des Ausdrucks verliert, wenn sie sich der Realität gesellschaftlicher Probleme so sachnah wie möglich nähert.

Diese Untersuchung soll nicht abgeschlossen werden, ohne daß zwei Theorien ins Licht gerückt werden, die sich für die Technik der obrigkeitlichen Lenkung der Literatur als eminent brauchbar erwiesen haben, da sie, je nach Bedarf anwendbar, eine solche Lenkung handlich und flexibel machen. Die erste Theorie handelt von den antagonistischen und den nicht antagonistischen Widersprüchen, also Widersprüchen absoluter Art wie dem zwischen Kapital und Arbeit und Widersprüchen innerhalb einer funktionierenden gesellschaftlichen Ordnung wie dem zwischen der Initiative einer Arbeitsbrigade und der kontrollierenden Funktion des Parteisekretärs, welche die bestehende Harmonie mit Spannung

---

[42] Dieter Schlenstedt: Zum Problem des Menschenbildes in der jüngsten sozialistischen Romanliteratur, Weimarer Beiträge 1962, S. 509 f.
Hans-Ulrich Schnuchel: Der Held unserer Zeit, Weimarer Beiträge 1964, S. 132 f.

erfüllen, ohne sie grundsätzlich in Frage zu stellen. So wird es möglich, in der Literatur sichtbar gemachte Spannungen, deren Aufdeckung unerwünscht ist, als antagonistisch zu deklarieren und damit das betreffende Werk zu diffamieren, oder sie als nichtantagonistisch zu verharmlosen, also den kritischen Willen des Autors zu neutralisieren. Die zweite Theorie handelt vom Typischen, das die Kunst als das eigentlich Reale herauszuarbeiten habe, damit sie realistisch sei, während der bloße Naturalismus nur die zufällige und folglich trügerische Oberfläche der Dinge ans Licht bringe. Das Typische ist aber keineswegs das Normale oder Weitverbreitete, sondern eher die Ausnahme, insofern es als die Inkarnation wahren sozialistischen Verhaltens zum mindesten in der Periode des Aufbaus noch nicht als allgemein oder selbstverständlich vorausgesetzt werden kann. Darum darf zum Beispiel ein Kolchosenvorsitzender nicht negativ dargestellt werden, weil er als Verkörperung der sozialistischen Verhaltensweise keine negative Verhaltensweise aufweisen kann, eben weil dies für den Sozialismus untypisch wäre.

Wiederum wurde ein ursprünglich formales Gesetz in ein inhaltliches umgewandelt und damit zu einem Instrument der Kontrolle geschärft, gegen die es schwerlich eine Abwehr gibt. W. S. Kemenow, dessen Hauptwerk unter dem Titel *Über den objektiven Charakter der Gesetze der realistischen Kunst* 1955 in deutscher Sprache erschien, definierte: „Das Problem des Typischen ist das zentrale Problem des sozialistischen Realismus. Eben hier entscheidet sich die Frage der künstlerischen Verallgemeinerung und der Parteilichkeit der Kunst, ihrer Möglichkeit, in lebendigen Gestalten das Wesentliche in den Erscheinungen des Lebens widerzuspiegeln und die objektiven Prozesse der Entwicklung der Wirklichkeit somit in der Kunst zu offenbaren und zu enthüllen."[43]

Indessen ist es nie zu einer parteiamtlich definierten Verfestigung der Lehre des sozialistischen Realismus gekommen, wobei es offen bleiben mag, ob dies aus taktischen Gründen vermieden wurde oder ob das Bedürfnis der Künstler nach einer gewissen Freiheit innerhalb des Begriffes sich durchgesetzt hat. Wenn einem auch immer wieder Formulierungen der Art begegnen, der sozialistische Realismus sei „die gesetzmäßige Methode des künstlerischen Schaffens in der modernen Epoche"[44], so weichen doch die akademischen Theoretiker der inhaltlichen Definition aus, wie etwa Wilhelm Girnus 1966: „Der sozialistische Realismus als künstlerische Form definiert sich selbst in seiner historischen Entwicklung" oder „er kann überhaupt nur Form annehmen, indem eine bestimmte Literatur wächst."[45] Und Ulbricht äußerte auf der Zweiten Bitterfelder Konferenz: „Für uns ist der sozialistische Realismus kein Dogma, keine Ansammlung

---

[43] Zitiert nach Balluseck (Nr. 13), S. 24.
[44] Kultur in unserer Zeit, S. 307.
[45] Ebenda, S. 308.

von Vorschriften, in die man das Leben zu pressen habe. Die realistische Methode ist historisch entstanden und sie entwickelt sich weiter."[46] Es hat den Anschein, als entstehe zwischen Parteikritik und Schriftstellern ein modus vivendi des Inhalts, daß zwar der Begriff aufrechterhalten bleibt, aber so elastisch gehalten wird, daß ohne Zusammenstoß mit autoritärer Dogmatik ein gewisses Maß künstlerischer Verantwortung und subjektiver Formenwelt möglich wird. Nur so ist eine vorsichtige Rezeption der „westlichen Moderne" vor allem in der Lyrik der letzten Jahre zu erklären.[47]

Eine solche Durchlässigkeit erstreckt sich allerdings nur auf formale Elemente. Als oberste Instanz über Wert und Unwert der in der Literatur konkretisierten menschlichen und gesellschaftlichen Werte bleibt die Partei in uneingeschränkter Herrschaft. Die Einsicht von Karl Marx, die herrschenden Ideen seien nichts anderes als die Ideen der Herrschenden bleibt ohne Wirkung. Was für das geistige Leben so bedrückend ist, bleibt der in der Tat antagonistische Konflikt, angesichts dessen hochfahrende Aussprüche wie „in unserem Staat ist erstmalig in der Geschichte des deutschen Volkes die Integration des Geistes in die Macht" zur Blasphemie werden, entschließt man sich nicht, unter Integration Unterordnung zu verstehen.[48]

In der ästhetischen Diskussion erscheinen die Aspekte, erscheint die Zukunft hoffnungsvoller.[49] Realismus — Formalismus: dürfen wir in der Tat die Literatur im östlichen und die Literatur im westlichen Deutschland in dieser Formel polarisieren? Dürfen wir uns verführen lassen, den alten Gehalt-Gestalt-Dualismus wiederzuerwecken? Ein solcher Dualismus ist immer eine bloße Konstruktion gewesen, durch das dichterische Werk selbst widerlegt, ebenso irreführend wie die Entgegensetzung von „reiner" und „engagierter" Dichtung.[50] Mag die Lyrik des Westens bis in die Mitte der sechziger Jahre unter dem faszinierenden Einfluß Gottfried Benns gestanden haben, um die dichterische Realisierung seiner Formel „das absolute Gedicht, das Gedicht ohne Glauben,

---

[46] Walter Ulbricht: Über die Entwicklung einer volksverbundenen sozialistischen Nationalkultur, Berlin/O 1964.

[47] Man prüfe dazu die letzten Jahrgänge von „Sinn und Form", in denen trotz des Ausscheidens von Peter Huchel die genannte Tendenz deutlich wird, ferner Karl Otto Conrady: Zur Lage der deutschen Literatur in der DDR. Geschichte in Wissenschaft und Unterricht, 1966, 2.

[48] Zitat in Deutsche Zeitschr. f. Philosophie 1966, Heft 1. S. 11, Berlin/O 1966.

[49] Eine gründliche und kritische Analyse gab Horst Redeker: Abbildung und Aktion. Versuch über die Dialektik des Realismus, Halle 1967.

[50] „Jedenfalls aber zeigt sich hier, daß eine Isolierung der Begriffe, damit eine Isolierung etwa der sozialen oder politischen Inhalte vom ästhetischen Format, umgekehrt aber auch dieses Formats von humaner, sogar auch ethischer, gesellschaftlicher und politischer Relevanz unzulässig ist." Heinrich Vormweg: Die Wörter und die Welt. Über neue Literatur. Neuwied und Berlin 1968, S. 9.

das Gedicht ohne Hoffnung, das Gedicht, an niemanden gerichtet, das Gedicht aus Worten, die Sie faszinierend montieren"[51] bemüht, so läßt sich doch für die Gegenwart eine Hinwendung zum Realismus erkennen.[52] Damit zusammen geht eine neue, sehr konkrete Form des politischen Engagements. Theodor W. Adorno hat in seiner *Rede über Lyrik und Gesellschaft* sichtbar gemacht, daß die „reine" Lyrik nicht Abstinenz von gesellschaftlichen Realitäten zur Voraussetzung hat, vielmehr die Protesthaltung gegen bestimmte Formen der Industriegesellschaft.[53] Die von Peter Hamm 1966 herausgegebene Anthologie *Aussichten, junge Lyriker des deutschen Sprachraums* belegt im einzelnen den Drang zum lyrischen Aussprechen und Ansprechen des Konkreten, ja des Kleinen und Begrenzten, des Lokalen oder Provinziellen, immer aber des Gegenständlichen, und macht zugleich deutlich, daß es sich unter anderem um eine Generationsfrage handele. Es ist überraschend, wie wenig die östliche oder westliche Herkunft der Autoren dabei relevant wird.[54] Einen Schritt weiter bis zu dem Punkt, an dem die Grenze zwischen Literatur und Politik unsichtbar wird, ist eine Gruppe gegangen, die durch die Namen Erich Fried, Yaak Karsunke, F. C. Delius und durch Publikationen wie *Tintenfisch* (seit 1968), durch Enzensbergers *Kursbücher* und Klaus Wagenbachs Lesebuch *Deutsche Literatur der sechziger Jahre* charakterisiert wird.

Unter den Aspekten dieser Entwicklung wird der Vorwurf des Ästhetizismus, der Unverbindlichkeit und des Nihilismus, den die Literaturkritik der DDR stereotyp gegen den Westen erhebt, fragwürdig, bestenfalls vorgestrig. Statt dessen darf man dem zusammenfassenden Urteil von Heinrich Vormweg zustimmen: „Sie (die neue westdeutsche Literatur) ist nämlich keineswegs nihilistisch. Sie ist keine Literatur der Verzweiflung und des Untergangs. Sie ist eine Literatur, die zu artikulieren versucht, was für Menschen derzeit die unverstellte Realität ist, und das heißt: was in der Sprache, dem Medium konkreter

---

[51] Gottfried Benn: Probleme der Lyrik, Wiesbaden 1952, S. 39.
[52] In Frankreich weist in ähnliche Richtung Le Nouveau Roman. Vergl. dazu Kurt Wilhelm: Der Nouveau Roman, Berlin 1969.
[53] Vergleiche das Nachwort von Peter Hamm zu „Aussichten", München 1966. „Diese Forderung an die Lyrik, die des jungfräulichen Wortes, ist in sich selbst gesellschaftlich. Sie impliziert den Protest gegen einen gesellschaftlichen Zustand, den jeder Einzelne als sich feindlich, fremd, kalt, bedrückend erfährt, und negativ prägt der Zustand dem Gebilde sich ein: je schwerer er lastet, desto unnachgiebiger widersteht ihm das Gebilde, indem es keinem Heteronomen sich beugt und sich gänzlich nach dem je eigenen Gesetz konstituiert. Sein Abstand vom bloßen Dasein wird zum Maß von dessen Falschem und Schlechtem. Im Protest dagegen spricht das Gedicht den Traum einer Welt aus, in der es anders wäre." S. 322.
[54] Ob dieser Eindruck verallgemeinert werden kann und ob aus ihm Konsequenzen gezogen werden können, kann erst im zusammenfassenden Schlußkapitel dieser Arbeit untersucht werden.

Erfahrung, sich als Erfahrung bestätigt. Sie wendet sich, könnte man sagen, gegen die Entfremdung, die in der Trennung von Überzeugung und Aktion kulminiert."[55] Es steht zu hoffen, daß der trennende Formalismus-Vorwurf, aus der Waffenkiste des kalten Krieges hervorgekramt, auch drüben als ein Schein-Vorwurf erkannt wird. Vordem wie heute, in welchem Teil Deutschlands auch immer: eine Literatur, die nichts zu sagen hat, macht sich selbst unglaubwürdig. Das einfache und schöne Wort Hugo von Hofmannsthals, das er seinem Deutschen Lesebuch voranstellte, bleibt gültig: „Sie haben gut geschrieben, weil sie gut gedacht und rein gefühlt haben, und indem sie uns sich selbst auszusprechen meinen, wird das Volksgemüt in ihnen redend."[56]

---

[55] Vormweg (s. Nr. 50), S. 49.
[56] Hugo von Hofmannsthal: Vorrede zum Deutschen Lesebuch. 2. Aufl., München 1926, S. VIII.

III. Generationen und Perioden

Ein Zeitraum von mehr als 25 Jahren liegt vor den Augen des Betrachtenden. Dieser Zeitraum kann nicht als Statistisches und Unbewegtes, als einfaches So-Sein begriffen werden. Das Element der Zeit, und das heißt der Veränderung in der Zeit, kommt hinzu. Darzustellen ist also ein sich Wandelndes, ein gesellschaftliches Werden, und der Blick ist in gleicher Schärfe auf die Veränderung wie auf das in der Veränderung Gleichbleibende zu richten.

1884 wurde Ehm Welk geboren, einer der bedeutenden Alten der ostdeutschen Literatur, die sich als eine kontinuierende Einheit zu begreifen versucht, 1946 Andreas Reimann, einer der jungen Lyriker, der das neue Selbstbewußtsein dieser Literatur in seinen Gedichten manifestiert. Dazwischen liegen 62 Jahre: zwei Generationen. Einige der Alten leben nicht mehr (Ehm Welk, Friedrich Wolf, J. R. Becher, Bert Brecht, Willi Bredel, Franz Carl Weiskopf), junge Talente mögen sich regen, uns noch nicht sichtbar, doch vielleicht die literarische Zukunft prägend. Darum ist der Generationsbegriff heranzuziehen, insofern und soweit er ein geistesgeschichtlicher Begriff ist. Der Zusammenhang einer Generation bedeutet: das den gleichzeitig Schaffenden Gemeinsame, ungeachtet der zwischen ihnen waltenden Unterschiede. Das Gemeinsame ergibt sich aus gleich oder ähnlich bestimmten Voraussetzungen, aus gleich oder ähnlich gestellten Problemen. Es ist der Ausdruck einer gleichen oder ähnlichen geschichtlichen Struktur äußerst komplexer Art, welcher die Glieder einer Generationsgemeinschaft verhaftet sind. Es bezieht sich weniger auf individuelle Lösungen als auf überindividuelle Aufgaben.

Wenn das Wort, unser Ich forme sich in den Jahren des erwachenden und sich vollendenden geistigen und ethischen Bewußtseins, also im zweiten und dritten Jahrzehnt unseres Lebens, wahr ist, so müssen fundamental andere Bewußtseins-Lagen entstehen, wenn zum Beispiel für Ehm Welk diese Jahrzehnte die Kaiserzeit bis hin zum ersten Weltkrieg bedeuteten, für Reimann aber die politische Sphäre und Atmosphäre des geteilten Deutschland, der atomaren Drohung, des sich entwickelnden, Souveränität beanspruchenden sozialistischen Teilstaates. Welk und Reimann stellen Extreme dar, die Außengrenzen eines Raumes, in dem sich Jahr um Jahr neue Geburten ereigneten, neue Menschen ihre Jahrzehnte der Bewußtseinsbildung erfuhren. Da es sich hier um einen ununterbrochen fließenden Vorgang handelt, bleibt das Problem der

Generationen methodisch unlösbar, bleibt jede Zäsur fragwürdig, jede Abgrenzung von Ausnahmen durchbrochen, so konkret und unmittelbar sich die Generationen dem Betrachter auch aufdrängen mögen.

Die methodischen Schwierigkeiten werden dadurch erhöht, daß es gerade bei der hier zu prüfenden Menschengruppe so etwas gibt wie späte Bekehrungen, grundsätzliche Wegänderungen nach den eigentlichen Entwicklungsjahren, entschlossene Wahl einer neuen Richtung in einer Lebensphase, die gemeinhin durch das gemächliche Weiterführen einmal gewonnener Formen gekennzeichnet ist. Beispiele dafür sind Becher und Brecht, die beide als etwa Dreißigjährige durch den Marxismus in eine neue Periode ihres politischen und künstlerischen Lebens geführt wurden, ein offenbar zeittypischer Vorgang, wie er sich ähnlich bei Ludwig Renn und Georg Maurer im vierten Jahrzehnt ihres Lebens ereignete. (Bei Renn, geb. 1889, geschah die Entscheidung zum Kommunismus 1928; bei Maurer, geb. 1907, liegt der Einschnitt zwischen dem Gedichtband *Gesänge der Zeit* [1948], der noch in der bürgerlich-christlichen Tradition beheimatet ist, und den *Zweiundvierzig Sonetten* von 1953, die das neue Bewußtsein dokumentieren.)

Die erste und älteste Gruppe, zwischen 1880 und 1900 geboren, umfaßt unter anderen Arnold Zweig, Ludwig Renn, J. R. Becher, Bert Brecht, Anna Seghers, Willi Bredel, Friedrich Wolf, Ehm Welk und Hans Marchwitza. Von ihnen haben die älteren noch das Kaiserreich, die meisten den ersten Weltkrieg, alle die Weimarer Republik bewußt erlebt. Sie wurden vor die Entscheidung für oder gegen den Nationalsozialismus gestellt, soweit sie sich nicht schon in den zwanziger Jahren der politischen Linken zugewandt hatten. (Eine so allgemeine Bezeichnung ist allein zutreffend, wenn man bedenkt, daß Arnold Zweig und Ehm Welk zum mindesten damals keinerlei Beziehungen zum politischen Kommunismus hatten.) Sie wurden durch zwei Jahrzehnte geprägt, die für sie Verfolgung, Gefängnis und Emigration bedeuteten. Man ist geneigt, so etwas wie eine Syn-Biographie herzustellen, in der die Emigration, die Teilnahme am spanischen Bürgerkrieg und das häufig recht mühsame Sich-hindurch-Retten im Ausland die gemeinsamen Kapitel bilden. Es ist nicht leicht, eine literarische Gruppe zu finden, die in so starkem Maße durch gleiche politische Haltung und gleiches menschliches Leiden zusammengeschlossen wurde. Bredel, Marchwitza, Renn, Wolf, Weinert haben, wie ihre jüngeren Genossen Arendt, Hermlin, Uhse und Claudius, in Spanien gekämpft; Apitz und Bredel haben lange Perioden ihres Lebens im Gefängnis oder im KZ zugebracht. Nur wenige konnten in Deutschland bleiben: Ehm Welk und Bruno Apitz, dieser von 1933 bis 1945 im KZ. Als sie nach dem Krieg zurückkehrten oder frei wurden, ging es nicht um die Wahl eines Aufenthaltsortes, sondern um eine politische Entscheidung, und, wie sie wußten, ebenso um eine geistige und literarische Entscheidung.

Über den allgemeinen Erfahrungsbereich hinaus sind die Schriftsteller der ältesten Generation dadurch zu einer Gruppe vereinigt, daß sie ein gewichtiges literarisches Werk bereits hinter sich hatten, als sie zurückkehrten und sich in der aus der Besatzungszone der Russen erwachsenden DDR zusammenschlossen. Ehm Welks literarische Anfänge reichten in den Expressionismus zurück (das Drama *Gewitter über Gotland* wurde 1926 von Piscator in Berlin inszeniert), ein Erfolgsschriftsteller wurde er durch die Romane *Die Heiden von Kummerow* (1937) und *Die Gerechten von Kummerow* (1943). Für Arnold Zweig (geb. 1887) gilt Ähnliches. Die *Novellen um Claudia* wurden schon 1912 veröffentlicht, sein episches Hauptwerk setzte 1927 mit dem *Streit um den Sergeanten Grischa* ein, während die nach 1945 entstandenen Arbeiten höchstens ein Drittel des gesamten Opus einnehmen. Friedrich Wolf (geb. 1888), der ebenfalls vom Expressionismus herkam, hatte schon 1930 für seine Revolutionsdramen den Kleistpreis erhalten. Was er nach seiner Rückkehr aus der Sowjet-Union schrieb, gleicht eher einem müden Abgesang. Ludwig Renn, geb. 1889, erreichte Ruhm mit dem Roman *Krieg* (1928), er zog sich später vornehmlich auf Kinderbücher, historische und militärische Studien und Reportagen zurück. Erich Weinert, geb. 1890, dessen frühe Gedichte im Banne des Expressionismus stehen und dessen Hauptwirksamkeit in die Zeit Hitlers zu datieren ist (wie die Sammlung *Rufe in die Nacht, Gedichte aus der Fremde* 1933—1943, Berlin 1957, nachweist) hat danach nur noch weniges veröffentlicht. Johannes R. Becher, geb. 1891, begann sein literarisches Werk 1911. Ein erster Höhepunkt seiner umfangreichen und sehr verschiedenartigen Produktion lag in den zwanziger Jahren. Hans Marchwitzas (geb. 1890) *Rote Eine Mark-Romane* erschienen 1930 und danach; selbst die alle Motive und Tendenzen zusammenfassende *Kumiak-Trilogie* wurde schon 1934 mit dem ersten in der Schweiz veröffentlichten Band begonnen. Von Brecht, geb. 1898, ist schon gesprochen worden. Willi Bredel, geb. 1901, schrieb seine Arbeiter-Romane zwischen 1930 und 1934, während die umfangreiche Produktion seiner letzten zwei Jahrzehnte nur die Erweiterung und Verbreiterung der einst erarbeiteten Themen und Darstellungsweisen bedeutet. Franz Carl Weiskopf, geb. 1900, der 1923 mit dem Gedichtband *Es geht eine Trommel* begann, beschränkte sich nach seiner späten Rückkehr nach Deutschland (1953) im wesentlichen auf Essays, Übersetzungen und Reportagen. Anna Seghers, geb. 1900, schuf ihre dichterisch stärksten Werke (*Der Aufstand der Fischer von Santa Barbara* 1928, Kleistpreis, *Das siebte Kreuz* 1939, *Transit* 1942, *Der Ausflug der toten Mädchen* 1946) vor ihrer Übersiedlung nach Berlin.

Wenn man verkürzt und vergröbert sagen mag, daß die Schriftsteller der ersten Generation nach 1945/49 noch weiter geschrieben haben, so gilt für die zweite und mittlere Generation, daß sie nach 1945/49 erst eigentlich zu schreiben begannen. Es sind die zwischen 1900 und 1920 Geborenen. Sie wurden als junge Menschen in die Auseinandersetzung mit dem Nationalsozialismus gezwungen. Sie nahmen, sofern sie nicht emigrierten (Arendt, Claudius, Fürnberg, Hermlin, Heym, Uhse) am Krieg teil (Bobrowski, Fühmann, Huchel, Maurer, Strittmatter). Ihr literarisches Hauptwerk wurde erst in der neuen, sich sozialistisch begreifenden Gesellschaft konzipiert und kann nicht ohne Bezug auf diese Gesellschaft verstanden werden. Das gilt auch für Johannes Bobrowski und Peter Huchel, und es muß zu Irrtümern führen, wenn gelegentlich versucht wird, deren Werk aus dem es umgebenden literarischen und gesellschaftlichen Kontext zu lösen.

Die dritte und jüngste Generation, zwischen 1920 und 1950 geboren, erhält ihre charakteristische Prägung durch Schriftsteller wie Peter Hacks, Heiner Müller, Christa Wolf, Günter Kunert, Wolf Biermann, Reiner Kunze und Volker Braun. Sie haben zwar noch das Ende des Krieges, die totale Niederlage und das drohende Nichts der Trümmerzeit erlebt, aber ihre Bildung und Erziehung in der neuen Gesellschaft empfangen. Christa Wolf hat diesem Zeitbewußtsein einmal folgenden Ausdruck gegeben: „Die Generation, zu der ich gehöre, erlebte auf der Schwelle zwischen Jugend und Erwachsensein den Zusammenbruch einer Welt von Pseudoidealen. Die erste produktive Phase unseres eigenen Lebens, die Zeit, in der man entscheidende Prägungen empfängt, fiel zusammen mit den sehr turbulenten, erlebnisreichen und produktiven Phasen einer neuen Gesellschaft." (Neue Dt. Lit. 1971, 1, S. 69.) Die ersten literarischen Schritte tasteten sich bereits in das neue Land vor. Die älteren unter ihnen haben in der sozialistischen Gesellschaft Förderung erfahren, sie sind in ihr zu literarischem Ansehen, zum Teil zu einflußreichen Positionen gelangt. Sie sind nicht die Schöpfer der neuen Ordnung, aber ihre Kinder. Sie sind integriert, auch wenn sie Widerstand erfuhren oder noch erfahren. Auch der Protest ist eine Form der Integration, denn er ist kein Widerspruch an sich, sondern Widerspruch gegen Formen und Erscheinungen eben der Gesellschaft der DDR. Das Verhalten dieser Schriftsteller gegenüber Staat, Partei, Kulturpolitik, herrschenden Meinungen und dem alles durchdringenden obrigkeitlichen Apparat ist in den meisten Fällen durch Konflikte bestimmt. Spannungen unterschiedlicher Vehemenz werden sichtbar, aber die Struktur solcher Spannungen kann nur unter der elementaren Einsicht erkannt werden, daß alle diese Schriftsteller nicht keinen, sondern einen besseren Sozialismus wollen, daß sie kein Ferment der Destruktion, sondern ein Ferment der Reformation bilden.

Während die Generation der Alten durch ein gemeinsames biographisches Element, das wir durch Emigration, Spanienkrieg oder Gefängnis schlagwortartig bezeichneten, zusätzlich zusammengerückt wurde, darf für die jüngste Generation die gruppenbildende Kraft des Johannes R. Becher-Instituts in Leipzig genannt werden. Es sind vor allem die aus anderen Berufen zur Literatur Stoßenden, die in Leipzig eine längere Zeit literarischen und ideologischen Studiums hinter sich brachten. Ob das Leipziger Institut stärker ideologische Gleichschaltung im Sinne der SED oder Einführung und Einübung in die Tätigkeit des Schriftstellers bewirkte und bewirkt, ist eine Frage, die hier nicht entschieden werden kann — es wirkt auf einen gewissen Gruppenzusammenhang unter den jüngeren Schriftstellern hin. Das gilt für Helmut Baierl, Rudolf Bartsch, Werner Bräuning, Heinz Czechowski, Karl Heinz Jakobs, Rainer und Sara Kirsch, Joachim Knappe und Max Walter Schulz.

Von der dritten Generation mag man und wird man vielleicht, nach weiteren Jahrzehnten zurückblickend, eine Gruppe sondern, die sich heute in Lyrikern wie Andreas Reimann, geb. 1946, oder Gerd Eggers, geb. 1949, andeutet: die nach den großen Kriegen Geborenen, die Kinder einer Zeit, für die wir noch keinen Namen und keine Bestimmungsfaktoren besitzen.

Durchaus bewußt der Tatsache, daß Generationen wie Epochen stets die gesetzten Zäsuren übergreifen, daß Einteilungen der hier versuchten Art stets ein Vergehen gegen das Continuum der Geschichte sind, wie unerläßlich sie auch als heuristisches Prinzip sein mögen, fragen wir, welche der drei Generationen in besonderem Maße die Literatur der DDR repräsentiere. Man darf davon ausgehen, daß der größere Teil des literarischen Werks der ersten Generation in die Geschichte des Expressionismus und seiner Folgeerscheinungen oder in die Literaturgeschichte der Weimarer Republik gehört. Dies gilt ungeachtet der später zu behandelnden Frage, ob nicht der Weg der deutschen Literatur schon vor 1933 oder 1945/49 angefangen habe sich zu gabeln. Da unsere Frage aber primär nicht historisch, sondern phänomenologisch gestellt ist, muß das Auge des Darstellenden sich auf die zweite und dritte Generation konzentrieren, ja, sofern Linien in die Zukunft verlängert werden sollen, die dritte Generation mit besonderer Eindringlichkeit betrachten.

Das Gefüge der Generationen

1880

    E. Welk

      A. Zweig

        F. Wolf, L. Renn

          E. Weinert, J. R. Becher, H. Marchwitza

1890

        B. Brecht

      1900   B. Apitz, A. Seghers, W. Bredel, F. C. Weiskopf

          E. Arendt, P. Huchel

            B. Uhse, O. Gotsche

            G. Maurer

              L. Fürnberg, W. Joho

1910   E. Strittmatter, S. Heym, E. Claudius
         S. Hermlin
         J. Brezan, J. Bobrowski, Kuba

1920   H. Cibulka, H. W. Schulz
         F. Fühmann, G. Deicke, P. Wiens
         H. Baierl, H. Kant, H. de Bruyn
         P. Hacks, H. Müller, Ch. Wolf, G. Kunert

1930   H. Kahlau, E. Neutsch, K. H. Jakobs
         R. Schneider, R. Kunze, B. Reimann
         S. Kirsch, K. Mickel, R. F. Fries
         W. Biermann, J. Becker, H. Czechowski
         V. Braun, P. Gosse, K. Bartsch

1940   B. Jentzsch
         A. Reimann

1950

Sind die Zäsuren zwischen den Generationen gleichzeitig Zäsuren zwischen erkennbaren Perioden? Der Versuch, eine solche Identität zu erweisen, würde auf große Schwierigkeiten stoßen und zu so gewaltsamen Konstruktionen zwingen, daß er um der sehr viel komplexeren Wirklichkeit wegen aufgegeben werden muß. Dagegen scheint es möglich und fruchtbar, den Gesamtablauf in zwei Perioden zu gliedern; das heißt, die Grenze zwischen beiden Entwicklungsschritten verläuft, wenn man sie auf die Generationen bezieht, durch die zweite Generation hindurch, die also als eine mittlere und vermittelnde solcherweise bestätigt würde. Ein Trennungsjahr kann ohne Gewaltsamkeit nicht gesetzt werden, doch läßt sich erkennen, daß die Grenze im Zeitraum vor und nach 1960 liegt. Zu einer derartigen Einteilung hilft unter anderem die Überlegung, daß bis dahin einige der älteren Autoren gestorben waren (F. Wolf 1953, E. Weinert 1953, F. C. Weiskopf 1955, B. Brecht 1956, L. Fürnberg 1957, J. R. Becher 1958), andere bald darauf starben (B. Uhse 1963, W. Bredel 1964, H. Marchwitza 1965, E. Welk 1966, A. Zweig 1968).

Andererseits sind die ersten, einen Neubeginn setzenden Arbeiten derer, die recht eigentlich die literarischen Führer und Repräsentanten der dritten und jüngsten Generation wurden, in den Jahren zwischen 1958 und 1965 veröffentlicht worden.

Die Aufgabe, die sich den nach 1945 zurückkehrenden Schriftstellern darbot, konnte nicht nur Neubeginn heißen. Davor mußte Neuorientierung stehen, und das hieß: die vergangenen zwanzig Jahre zu durchleuchten und zu überwinden — die neue Literatur und die neue Gesellschaft von der gleichzeitig sich bildenden westdeutschen Literatur und westdeutschen Gesellschaft so zu unterscheiden, daß ihre Identität sichtbar wurde. Faschismus, Nationalsozialismus und Krieg waren die unvermeidbaren Themen — Vergangenheit also. Aber das bedeutete auch: das eigene Dasein an das Vergangene anknüpfen, aus dem Vergangenen herleiten, der neuen Welt, die eine sozialistische sein sollte, eine Verankerung in der Geschichte schaffen und das eigene Leben aus seinem Werden begreifen und damit geistig erwerben.

Daraus ergaben sich drei Grundthemen: die Auseinandersetzung mit Nationalsozialismus und Krieg — die deutsche Arbeiterbewegung und das neue gesellschaftliche Bewußtsein — die Rückbesinnung auf die eigene Biographie.

Kein anderes unter den in dieser Periode entstandenen Büchern hat einen so nachhaltigen Eindruck bewirkt wie der Roman von Bruno Apitz *Nackt unter Wölfen*. Zwar erschien er erst 1957, mehr als ein Jahrzehnt, nachdem er erlebt und erlitten worden war, aber er erschütterte die Menschen nicht nur in Deutschland (das Buch wurde 1961 auch in Hamburg verlegt), sondern wurde in fast alle Kultursprachen übersetzt. Man mag sich an die Analogie erinnern, an E. M. Remarques *Im Westen nichts Neues* von 1929 oder Ludwig Renns *Krieg* von 1928, um das Phänomen in die richtige Perspektive zu rücken. Vielleicht konnte nur ein Zeuge das Grauen von Auschwitz und Buchenwald, das sich literarischen Gestaltungsmöglichkeiten zu entziehen scheint, so darstellen, wie es Bruno Apitz tat: als etwas Exemplarisches und Endgültiges. Es ist das Erlebte, nicht seine Umsetzung, das die unmittelbare Wirkung zuwege bringt. Der Autor, Arbeiterkind und als Arbeiter aufgewachsen, schon als siebzehnjähriger das erste Mal im Gefängnis, da er sich gegen den Krieg auflehnte, von 1933 bis 1945 zuerst im Zuchthaus Waldheim, dann im KZ Buchenwald, trat mit diesem Roman in die Literatur ein, ein 57jähriger Neuling und Autodidakt, dessen sprachliche Mittel begrenzt und anspruchslos sind, nüchtern, ohne Glanz und Ehrgeiz, im Überlieferten verharrend. Die Kraft des Buches erwächst nicht aus dem bloß Dokumentarischen, aus dem tradierten Entsetzlichen, sie erwächst aus der Erfindung der Fabel und der durch sie möglichen menschlichen Spannung und Anteilnahme: ein polnisches Waisenkind wird aus Auschwitz in das Lager gebracht, es gefährdet den bereits vorbereiteten Aufstand der Insassen. Muß es der vielen wegen geopfert werden? Die Entscheidung fällt gegen die Sicherheit und das Leben der vielen, für das Kind.

Das Thema der vom Nationalsozialismus Verfolgten hatte zuerst Anna Seghers in den Mittelpunkt ihrer Epik gestellt. (*Das siebte Kreuz* 1939 und *Transit* 1942.) Es wurde nun vielfältig weiter ausgeführt, aber auch aus dem deutschen Bereich ins Welthafte und Grundsätzliche erweitert: der Aufstand der Unterdrückten, eben das Motiv, mit dem Anna Seghers 1928 so plötzlich und wuchtig in das literarische Leben eingebrochen war (*Der Aufstand der Fischer von Santa Barbara*) und das nun alle Völker und Zeiten einschloß. Das dokumentiert der Sammelband *Die Kraft der Schwachen* (1965), der schon im

Titel die Botschaft der Dichterin andeutet: Deutschland, Äthiopien, Ungarn, Rußland, Frankreich, Mexiko und die imaginäre Insel Sorsa sind die Schauplätze, während der zeitliche Blick zwei Jahrtausende umfaßt. Dazu gesellen sich die Geschichten aus der mittelamerikanischen Welt, in der sie das Exil verbrachte.

Anna Seghers hat wie manche ihrer Gefährten in der Emigration Welt gewonnen und damit neue Wirklichkeiten in die deutsche Literatur eingebracht. Zu nennen sind Bodo Uhses *Mexikanische Erzählungen*, Erich Arendts Gedichtbände *Trug doch die Nacht den Albatros* und *Bergwindballade*, die voller spanischer und kolumbianischer Motive sind, Eduard Claudius *Grüne Oliven und nackte Berge* und Louis Fürnbergs *Spanische Hochzeit* sowie die generelle Hineinnahme slavischen Lebens und insbesondere russischer Landschaft in Lyrik und Epik.

Der spanische Bürgerkrieg, sowohl Geschichte als auch Autobiographie, wurde zum Thema von Eduard Claudius Novelle *Das Opfer*, Willi Bredels Erzählung *Begegnung am Ebro* und Ludwig Renns großer Reportage *Der spanische Krieg*. Die Novellen und Erzählungen Franz Fühmanns handeln von Krieg und Widerstand; Stephan Hermlins Prosa ebenfalls (*Der Leutnant Yorck von Wartenburg — In einer dunklen Welt — Die Zeit der Gemeinsamkeit*). Wolfgang Johos Erzählung *Die Hirtenflöte* erzählt vom Krieg. Renn arbeitete die deutsche Geschichte seit dem Untergang des Kaiserreiches auf (*Auf den Trümmern des Kaiserreichs — Inflation*). Arnold Zweig, der 1957 in dem Roman *Das Beil von Wandsbeck* seinen literarischen Beitrag zur Überwindung des Nationalsozialismus geleistet hatte, führte seinen Fragment gebliebenen Roman-Zyklus weiter, immer wieder das gleiche Thema abwandelnd: das Leiden der Unterdrückten, die Herrschaft der in Politik, Justiz und Militär Mächtigen, den Aufstand gegen den *Großen Krieg der weißen Männer;* vom Grischa-Roman (1927) über *Junge Frau von 1914* (1931), *Erziehung vor Verdun* (1935), *Einsetzung eines Königs* (1937), *Die Feuerpause* (1954, eine Neufassung von *Erziehung vor Verdun*) bis zu *Die Zeit ist reif* (1957) und *Das Eis bricht*, das er nicht mehr vollenden konnte. Hans Marchwitzas Kumiak-Trilogie (begonnen 1934, beendet 1959), bis zum ausgehenden 19. Jahrhundert ausholend, versuchte durch die Folge dreier Generationen von Arbeitern die Geschichte der deutschen Arbeiterbewegung als Vorgeschichte der DDR zu entwerfen. Verwandt daneben steht Willi Bredels Trilogie *Verwandte und Bekannte* (*Die Väter* 1941 — *Die Söhne* 1949 — *Die Enkel* 1953). Otto Gotsche stellte in dem Roman *Die Fahne von Kriwoj Rog* (1959) die Kämpfe der Arbeiter bis 1945 dar und knüpfte damit an die *Märzstürme* von 1933 an, während Ehm Welk die Revolution von 1918 episch zu bewältigen suchte (*Im Morgennebel* 1953) und F. C. Weiskopf die Problematik des bürgerlichen Lebens unter faschistischen Auspizien romanhaft zur Anschauung brachte (*Lissy oder die Versuchung* 1947).

Die Bemühungen, den Blick, der allzuleicht von den noch offenen Wunden der Jahre zwischen 1933 und 1945 gebannt wurde, auf die gesamte erste Hälfte des Jahrhunderts zu erweitern und die tieferen Zusammenhänge darstellend zu begreifen, wurden nicht so sehr von der distanzierenden Neugier des Historikers hervorgebracht als von dem Bedürfnis, sich selbst zu deuten und sich selbst zu rechtfertigen. Die genannten Trilogien von Marchwitza und Bredel verdanken ihre Dichte und ihre dokumentarisch-historische Bedeutung primär der Frische und Unmittelbarkeit des Selbsterlebten. Sobald das autobiographische Element fehlte (man lese Bredels *Ein neues Kapitel* und Marchwitzas *Roheisen*), überwucherten Tendenz und Parteieifer den persönlichen Duktus der Sprache sowie den Mut zur individuellen Gestalt.

Die Literatur der Alten im ersten Jahrzehnt ihres neuen Lebens im neuen Staate ist zu einem großen Teile eine Literatur der Erinnerung. Das bezeugen *Meine Jugend* und *Mein Anfang* von Marchwitza, *Meine Kindheit und Jugend* von Renn, Georg Maurers Gedichtbände *Bewußtsein* und *Selbstbildnis* oder Bodo Uhses Romane *Leutnant Bertram* (1944 in Mexiko, 1947 in Berlin erschienen), *Wir Söhne* und *Die Patrioten* (1948 und 1954), welche zusammengenommen mit dem Erstling von 1935, *Söldner und Soldat*, die Selbstbefreiung und Abrechnung eines Mannes darstellen, der sich als aktiver, bekennender Nationalsozialist für den Kommunismus entschieden hatte.

Das dritte Thema heißt: die Ungewißheit, die Not und die Befriedigung des Neubeginns. Wenngleich dieses Thema, stärker als die beiden erstgenannten, in der Literatur der DDR bis heute einen Schwerpunkt bildet, so hatte es doch in den fünfziger Jahren eine andere Qualität, denn es war der literarische Niederschlag des Lebens selbst. An dieser Stelle können, da es um die Kennzeichnung von Perioden geht, nur die wichtigsten Werke und deren Themen genannt werden. Das sind *Menschen an unserer Seite* (der volkseigene Betrieb) und *Von der Liebe soll man nicht nur sprechen* (die Entwicklung im Dorfe) von Eduard Claudius, *Tiefe Furchen* (Bodenreform) und *Zwischen Nacht und Morgen* (Großindustrie) von Otto Gotsche, *52 Wochen sind ein Jahr* (Dorfgemeinschaft) von Jurij Brežan, die Erzählungen und Romane von Wolfgang Joho mit dem gemeinsamen Vorwurf, der nicht ohne autobiographischen Bezug ist: wie entwickelt sich der bürgerliche Intellektuelle zum Kommunisten? Dazu gehören Marchwitzas *Roheisen*, die Dramen *Am Ende der Nacht* von Harald Hauser (1953), das in einem industriellen Großbetrieb spielt, und *Katzgraben* von Erwin Strittmatter (1953), das dörfliches Leben spiegelt. Ferner die Lyrik der ersten Jahre, die vom Motiv des Aufbruchs bestimmt ist.

Die Schriftsteller der ersten Periode, aus den Jahrzehnten der Kämpfe und Niederlagen hervorgegangen, haben mitgeholfen, das Bild der neuen Gesellschaft zu prägen; sie haben der neuen Literatur Formen und Gehalte übermittelt, die in der Vergangenheit entstanden waren, sowie Impulse des neuen Anfangs. Wie auch immer, sie haben die neue Literatur repräsentiert, sie waren das Maß. Die Schriftsteller der zweiten und gegenwärtigen Periode, als junge Menschen in die neue Gesellschaft hineingewachsen oder, die jüngsten unter ihnen, hineingeboren, sind von ihr geprägt worden. Sie fanden eine Literatur der großen Alten, die ihnen als Muster vorgehalten wurde. Ihr Thema wurde nicht mehr die Vergangenheit, sondern, formelhaft verkürzt, die Gegenwart. Das will nicht sagen, das Unheil der Vergangenheit sei von den Jungen verdrängt oder vergessen worden, aber es wurde in einer größeren historischen Distanz gehalten. Und weil es so literarischer Vorwurf wurde, nicht mehr Konfession eigenen Leides, wurde es durch das Temperament und die Sprachmächtigkeit des jeweiligen Autors gewandelt. Es läßt sich kaum ein größerer Gegensatz in der Behandlung des gleichen Themas denken wie Bruno Apitz *Nackt unter Wölfen* von 1957 und *Jakob der Lügner* von Jurek Becker aus dem Jahre 1969. Dort Dokumentation des Schreckens, direkt, ohne Filterung durch Reflexion und Sprache — hier Umwandlung durch einen fast heiteren, schwebenden und schweifenden Erzählerton, der die Trauer und das Mitleiden des Autors eher verhüllt als dokumentiert. Denn auch bei dem jungen Jurek Bekker, der 1937 geboren wurde, geht es um ein Kapitel der nationalsozialistischen Verbrechen, um ein Ghetto in Polen unter deutscher Herrschaft. Ein zweites Beispiel ist Günter Kunerts Roman *Im Namen der Hüte* (1967), stofflich im Trümmer-Berlin angesiedelt, Stunde Null, Anklage und Versuch neuer Orientierung, mit funkelndem Sprachwitz, mit Sprachspiel und Sprachmontage, mit grotesken Überzeichnungen und ätzendem Spott den Gegenstand in ein höchst individuelles Sprachkunstwerk verwandelnd.

Auf das ganze gesehen: die alte Welt, als Faschismus, Kapitalismus und Krieg begriffen, ist zu Ende! Das Neue steht nicht mehr vor der Tür, es hat sich im Hause niedergelassen, ist tägliche Nahrung, tägliche Freude und tägliches Ärgernis. Dem Stolz auf das Erreichte folgt die Kritik an dem Erreichten; ein Gegensatz zwischen der ersten und zweiten Generation, der allgemeiner Natur ist und in der westdeutschen Literatur ebenfalls hinreichend Ausdruck findet. Oder, um es in der Sprache des Marxismus zu sagen: an die Stelle der antagonistischen Gegensätze zwischen der sozialistischen Gesellschaft und ihren Gegnern treten die nichtantagonistischen Gegensätze innerhalb der sozialistischen Gesellschaft. Es geht um mehr Sozialismus, um einen besseren, einen menschlicheren Sozialismus. Die Gedichte Volker Brauns und Wolf Biermanns drücken das Sich-nicht-Begnügen, die ungeduldige Forderung und den Führungsanspruch der Jungen bis zur Grenze der Provokation aus.

Doch wird hinter dieser den Vordergrund so auffällig markierenden Erscheinung ein allgemeineres und tieferes Problem sichtbar, ein neues, in der

Schwebe befindliches Bewußtsein, eine nicht zum Verstummen zu bringende Frage, welche die Andersartigkeit der gegenwärtigen Periode begründet. Wenn es unleugbar ist, daß die Technik der Gegenwart allerorten und in allen Systemen die Freiheit des einzelnen einschränkt und kollektiven Forderungen sowie kollektiven Manipulationen unterwirft; wenn es ebenso unleugbar ist, daß jede Art von Sozialismus per definitionem das Kollektiv stärkt und den einzelnen mehr oder minder rigoros dem Kollektiv unterordnet, dann muß in einem Gemeinwesen, das sowohl technische Perfektion wie Sozialismus anstrebt, das Maß der Spannung zwischen Individuum und Gesellschaft sich verdoppeln. Stellt man die hunderte von Romanen, Erzählungen, Theaterstücken und Gedichten, welche die beiden jüngeren Generationen nach 1960 in der DDR geschaffen haben, gleichzeitig vor das innere Auge oder legt sie wie durchsichtige Portraits übereinander, um das allen Gemeinsame zu erkennen, so wird als prägnantestes Signum wahrnehmbar: die Behauptung des unversehrten Ichs innerhalb der technisierten und sozialisierten Gesellschaft ist das Kardinalthema schlechthin.

Das gilt für die stärksten literarischen Leistungen des letzten Jahrzehnts. Dafür sprechen die Dramen von Peter Hacks und Heiner Müller, die Prosa von Erik Neutsch, Christa Wolf, Fritz Rudolf Fries, Hermann Kant, die Gedichte von Wolf Biermann, Volker Braun, Karl Mickel, Reiner Kunze, Sarah und Rainer Kirsch, von Günter Kunert und den erst in Umrissen erkennbaren Jüngsten.

An dieses Hauptmotiv, stets mit ihm verbunden, gliedern sich drei Nebenmotive, Fragen, bedrängende und ungelöste Fragen, wie sie auch andernorts und zu anderen Zeiten Gegenstand der Dichtung waren und sind, wie sie aber in der Gesellschaft der DDR eine besondere Färbung und Virulenz erhalten.

Die erste Frage lautet: genügt es, die politische, soziale und technische Umwelt befriedigend einzurichten — vorausgesetzt, man sei auf dem besten Wege dahin? Sind Trauer, Melancholie, Einsamkeit, Schuld und Verzweiflung nur Auswirkung von Produktionsverhältnissen, also durch neue Produktionsverhältnisse zu eliminieren? Dies ist das Dogma, doch ist es die Wahrheit? Oder gibt es so etwas wie eine tragische Grundsituation jenseits der Gesellschaftssysteme? Die erbittert geführte Auseinandersetzung um die Rezeption von Camus und Kafka hat mit dieser Frage zu tun. Der obrigkeitliche Kampf gegen mögliche Einflüsse von Gottfried Benn oder Thomas Beckett her möchte diese Frage ersticken. Das Werk von Günter Kunert und Christa Wolf erhält sein Gewicht aus dieser Frage, und es sind die ebenso individuellen wie unorthodoxen Antworten beider, die sie in ein Spannungsverhältnis zur marxistischen Orthodoxie bringen.

Die zweite Frage lautet: wer sind wir und wo stehen wir als Glieder unseres Staates und als Glieder eines „deutschen Volkes"? oder schlechthin: was ist deutsch? was ist für uns im zweiten und dritten Jahrzehnt der Spaltung „deutsch"? Die Frage erscheint einmal als ein ganzer Komplex von Kampf und Krampf gegen Westdeutschland, zugespitzt zu dem Roman-Motiv der Republikflucht und in Christa Wolfs *Der geteilte Himmel* bereits eine Art Symbol der geteilten Nation geworden. Die Frage erscheint zum anderen als der Versuch, das immer vorhandene naive Heimatgefühl zu einem bewußten Staatsgefühl oder zu einem gesonderten Nationalbewußtsein zu entwickeln.

Die dritte Frage ist ästhetischer Art. Sie richtet sich auf den normhaft gesetzten sozialistischen Realismus. Es kann nicht anders sein, als daß die Rückbesinnung auf die Person künstlerische Folgen hat und auf eine ich-bezogene literarische Selbstbehauptung drängt, für die man zur Zeit wohl noch keinen definierten Stilbegriff verwenden kann.

Je näher man die Gegenstände der Literatur, also die Texte, betrachtet, je intensiver man versucht, in ihre einmalige Individualität einzudringen, desto fragwürdiger erscheinen Ordnungssysteme wie das gerade entworfene, desto abgestufter und differenzierter zeigen sich die Texte und die Autoren, sperren sich gegen Kategorien und Schemata, beanspruchen Personalität und Einmaligkeit. Das darf den Betrachter nicht hindern, Definitionen, und das heißt Abgrenzungen, anzustreben. Nur so kann das Gemischte und Ineinanderfließende wie das Getrennte zu anschaubaren Formen gerinnen. So ist es erlaubt, mit aller Einschränkung des gewissenhaften Historikers ein gewisses Schema zu entwerfen, das die Perioden und die in ihnen vorherrschenden Generationsgruppen der Literatur der DDR unterscheidend zusammenfaßt:

1. In der älteren Generation und Periode Rückschau und Anknüpfen an die Geschichte — in der jüngeren Generation und Periode Hinwendung zur Gegenwart. 2. Hier Stolz auf den zurückliegenden Kampf und das Erreichte — dort Kritik, Ungenügen, Vorwärtsdrängen. 3. Hier Beharren in einer statischen Welt — dort Bewegung in einem dynamischen Zeitbewußtsein. 4. Hier, bei politischer Feindhaltung, die Fortdauer eines allgemein-deutschen Kulturbegriffs — dort die Tendenz zu einem separaten nationalen Standort. 5. Hier widerspruchslose Einordnung in das Kollektiv — dort Rückbesinnung auf die Individualität. 6. Hier eine der Vergangenheit verpflichtete konservative künstlerische Form bei starrer Ablehnung der „Moderne" — dort eine gewisse Rezeption künstlerischer Formen des Westens und das Drängen auf künstlerische Freiheit.

IV. Epische Formen

1. Möglichkeiten der Gattung

Es ist gezeigt worden, wie sich der Begriff des sozialistischen Realismus primär aus der Anschauung des Romans entwickelt hat, insbesondere des Romans des 19. Jahrhunderts; und bis heute gelten Goethes „Wilhelm Meister", Balzac, Zola, der frühe Thomas Mann und Tolstoi als die großen Vorbilder, zu denen sich dann als die unmittelbaren Vorfahren Gorki, Scholochow, Andersen-Nexö, Heinrich Mann und Arnold Zweig gesellen. Wo anders könnte die geforderte und angestrebte Widerspiegelung der Realität, die Breite und Vielfältigkeit der gesellschaftlichen Bezüge genauer, farbkräftiger, analytischer erreicht werden als im Roman. Der Roman breitet Welt aus, legt die politischen und sozialen Bedingungen des einzelnen und der Gruppen präzise und sachrichtig dar, strebt, indem er die Person des Autors hinter den Sachzwängen der dargestellten Wirklichkeit zurücktreten läßt, nach einem hohen Maß von Objektivität — insofern man die Vorbilder naiv und unreflektiert übernimmt, insofern man das grundsätzlich andere der modernen Roman-Praxis und der modernen Roman-Theorie entweder nicht sieht oder als dekadente Fehlentwicklung des Westens diffamiert.[1]

Wie auch immer der Roman beschaffen sein möge, ob er den bereits im 18. Jahrhundert entstandenen Gesetzen folgt oder den neuen, durch Virginia Woolf und James Joice geschaffenen, er stellt den Einzelnen in den Zusammenhang der Gesellschaft, er kann nicht umhin, Gesellschaftsroman zu sein, oder er „ent-artet", indem er sich auf eine monologische Selbstdarstellung des Ich hin entwickelt, zu einem in ungebundener Rede gehaltenen lyrischen Gebilde, wofür etwa Rilkes *Die Aufzeichnungen des Malte Laurids Brigge* als Beispiel stehen möge. Das Lyrische aber, die am reinsten auf das Ich bezogene Möglichkeit dichterischer Aussage, entzieht sich, seinem eigenen Gattungsgesetz folgend, dem gesellschaftlichen Anspruch und der gesellschaftlichen Unterordnung. Es wird

---

[1] Der Begriff „moderner Roman" ist hier nicht im Sinne von W. Kayser verwendet, der ihn auf den Roman des 18. und 19. Jahrhunderts bezieht. (Wolfgang Kayser: Entstehung und Krise des modernen Romans, 4. Aufl., Stuttgart 1963.) Zur modernen Romantheorie vergl. F. K. Stanzel: Typische Erzählformen des Romans, Göttingen 1964, W. Kayser: Wer erzählt den Roman? (Neue Rundschau 1957, Nr. 68), Zur Poetik des Romans, hrsg. von Volker Klotz, Darmstadt 1965.

zum eigentlichen Feld des Widerstandes gegen eine auf den gesellschaftlichen Nutzen zielende Kunsttheorie, die ihrerseits den Roman, und zwar den Roman des 18. und 19. Jahrhunderts, geradezu postuliert.

Je entschiedener der Schriftsteller dem Ehrgeiz folgt, die objektive Realität darzustellen — ein Begriff, der im Sprachkonsensus der DDR zu fetischartiger Bedeutung gelangt ist — desto eindeutiger wendet er sich epischen Formen zu. Würde doch das Drama, das heißt, der Zwang, die vorgestellte Wirklichkeit unmittelbar innerhalb der zeitlichen und räumlichen Begrenzung der Bühne zu realisieren, zu einschneidenden Umsetzungen der Wirklichkeit zwingen, die der angestrebten Identität von Wirklichkeit und literarischem Werk entgegenstehen. Daher rückt die Epik der DDR so leicht in die Nähe des Naturalismus, der theoretisch durchaus verpönt ist, oder in die Nähe der Reportage, welche die formende Hand des Autors kaum noch erkennen läßt. „Wer um der Lebensechtheit willen auf Formung verzichtet, läßt ihn (den Roman) verwildern und macht ihn ungenießbar."[2] Es ist kein Zufall, wenn Zwischengebilde entstehen, die weder Roman noch Reportage sind wie etwa Hans Marchwitzas *Roheisen* (1954) oder Ludwig Renns *Der spanische Krieg* (1955).

Auf der anderen Seite wurde die Reportage im engeren Sinne zu einer literarischen Form entwickelt, deren sich eine ungewöhnlich große Zahl von Schriftstellern bedient hat. Gerade für die jungen Autoren, die von der Handarbeit zur Literatur kamen oder durch das Johannes R. Becher-Institut zur Literatur geführt wurden, scheint die Reportage eine Art Pflichtübung zu sein, in der die technische Fertigkeit, das Handwerk des sozialistischen Realismus, geübt und erwiesen werden muß. Darüber hinaus bieten sich Reportagen und die ihnen verwandten Reiseberichte als ideale Formen an, will der Autor den von ihm ausgewählten Abschnitt der Wirklichkeit entweder preisen oder schmähen, sich aber gleichzeitig unter dem Tarnnetz der Gattung den Anspruch auf Objektivität sichern. Daher die Industriereportagen auch angesehener Schriftsteller wie Stephan Hermlin (*Es geht um Kupfer*), Franz Fühmann (*Kabelkran und blauer Peter*), Georg Maurer (*Reise durch die Republik*) und Karl Mundstock (*Der Gasmann kommt*). Inge von Wangenheims *Die Reise ins Gestern* und Wolfgang Johos *Zwischen Bonn und Bodensee* sind Beispiele für die kritische, freilich ausschließlich Westdeutschland kritisierende Reportage.[3]

So negativ der Reportage-Stil auch auf die epischen Formen eingewirkt hat, so hat Günter Kunert gezeigt, daß die Gattung zu einer ungewöhnlichen Höhe der sprachlichen Formung und der individuellen Reflexion gesteigert werden kann. Der schmale Band *Betonformen. Ortsangaben* vereinigt elementare Sinn-

---

[2] Wolfgang Kayser: Entstehung und Krise . . . S. 34.
[3] Reiner Kunze: Wesen und Bedeutung der Reportage, Berlin/O 1960.

lichkeit der Wahrnehmung mit einem wachen geschichtlichen und politischen Bewußtsein zu einer überzeugenden und durchaus neuen Sprachform.[4]

Unter den kleineren epischen Formen herrscht die Erzählung vor, ein Gebilde also, das sich den strengeren Gesetzen der Novelle wie der Kurzgeschichte entzieht, das jede genauere Definition unmöglich macht und der Gefahr einer gewissen Formlosigkeit keine Grenze setzt. Überblickt man die zahlreichen Sammlungen von Erzählungen einzelner Autoren und die erzählenden Anthologien, so stehen wir vor dem Alltag des sozialistischen Realismus: brave Durchschnittlichkeit, graues Gleichmaß, viel gute Gesinnung bei geringem Mut zu eigener Sprache oder originaler, individueller Umsetzung des Erzähl-Stoffes. Man muß sich diesen Hintergrund vergegenwärtigen, will man die Glanzlichter würdigen, welche die geschliffene, die Vorherrschaft des Stoffes durch sprachliche Prägung überwindende Erzähl-Kunst von Johannes Bobrowski, Fritz Rudolf Fries, Hermann Kant, Rolf Schneider oder Günter Kunert aufleuchten lassen.

Die an strenge Gesetze gebundene Form der Kurzgeschichte war stets Stiefkind der offiziellen Literaturkritik, sei es wegen ihrer angelsächsischen Vaterschaft, sei es weil sie die menschliche Existenz an einem kritischen Wendepunkt erfaßt, der die unverwechselbare Personalität des Menschen transparent macht und sich jeder gesellschaftlichen Kausalität entzieht. Als in der „Tauwetterperiode" eine auffallende Rezeption der Kurzgeschichte sichtbar wurde, witterte die literarische Obrigkeit Unrat. Die kurze Blüte fiel der sofort dekretierten „Frostperiode" zum Opfer. Damit hängt es offenbar zusammen, daß die Novelle, in ihrer Form durchaus den Vorbildern des 19. Jahrhunderts verpflichtet, eine gewisse Renaissance erlebte, wofür von den Älteren Bodo Uhse und Anna Seghers, von den Jüngeren Franz Fühmann und Stephan Hermlin als Beispiele gelten können.[5]

Ferner fällt dem westlichen Beobachter auf, wie stark das Kinderbuch, insbesondere das Märchen in das Opus auch bedeutender Schriftsteller gehört. Wenn sich auch gelegentlich (so in Erwin Strittmatters *Tinko*) sozialistisch bestimmte erzieherische Absichten vordrängen, so sind doch eine Reihe echter und wertvoller Schöpfungen spielerischer Phantasie entstanden. Zu ihnen darf man die Kinderbücher Franz Fühmanns, Ludwig Renns und Paul Wiens zählen. Zu ihnen gehört die Märchenkomödie *Der Soldat und das Feuerzeug* von Rainer Kirsch, das Märchen *Der Löwe Leopold* von Rainer Kunze, das Märchen *Der Schuhu und die fliegende Prinzessin* und die *Geschichten von Henriette und Onkel Titus*, beide von Peter Hacks.

---

[4] Günter Kunert: Betonformen, Ortsangaben, 1968. Neuerdings auch im Liter. Colloquium Berlin Nr. 8.

[5] W. Baum: Bedeutung und Gestalt. Über die sozialistische Novelle, Halle 1968.

In den letzten Jahren ist eine Form dichterischer Kurzprosa entwickelt worden, die sich keiner der überlieferten Gattungen einfügt, doch zu poetischen Kleingebilden von hoher sprachlicher Zucht geführt hat. Erwin Strittmatters *Schulzenhofer Kramkalender* (1966) und Günter Kunerts *Tagträume* (1964) sowie *Kramen in Fächern, Geschichten, Parabeln, Merkmale* (1968) sind Miniaturen, in denen das Stoffliche radikal reduziert und zu knappen dichterischen Aussagen teils parabolischer, teils lyrischer Natur umgewandelt worden ist.

2. Strukturen des Romans

„Der Grundaspekt des Romans ist, daß eine Geschichte erzählt wird", so beginnt E. M. Forster seine durch diese und ähnliche scheinbar banale Einsichten ausgezeichnete Analyse.[6] Erzählt also der Autor, was geschehen ist? Ist wirklich geschehen, was er erzählt und was wir die Fabel des Romans nennen? Wenn dem so wäre, unterschiede nichts den Roman-Schriftsteller vom Historiker. Doch die Fabel des Romans stammt nicht aus dem Bereiche historischer Faktizität, sondern aus dem Bereiche der literarischen Fiktion. Sie ist eine vom Autor erfundene Handlung, die sich nach den Gesetzen der Kausalität entfaltet und in ihrer Gesamtheit einen sinnvollen Verlauf nimmt, nicht weil das in der Realität so ist, sondern weil das ihr Schöpfer so will. Die Fabel also ist nicht die Realität. Sie ist ein handwerkliches Mittel unter anderen und dient einer neuen, der literarischen Realität.

Doch die Herrschaft der Fabel ist vorbei. Je schärfer sich der moderne Roman von seinem klassischen Vorbild unterscheidet, desto mehr rückt die Fabel aus dem Zentrum des Romans an seine Peripherie. „Die Fabel hat im modernen Roman mehr die Funktion des Köders, der die Wirklichkeit an die Angel locken soll."[7]

Eine ähnliche Veränderung ist dem Helden widerfahren, der neben der Fabel in der überlieferten Struktur des Romans das stärkste Element bildete. Der Held war eine durch ausgeprägte Eigenschaften bestimmte Person. Er versuchte, etwas zu vollbringen, er entwickelte sich in der Begegnung mit der Welt, gleichviel, ob er sich in dieser Begegnung siegreich bewährte oder scheiterte. Seine Bedeutung ist heute noch am eindeutigsten in der Trivialliteratur sichtbar, in der er zum Star wurde — oder in jenen Musterromanen ostdeutscher Autoren, in denen der Held sich auf die sozialistische Gesellschaft hin entwickelt. Im modernen Roman westlicher Übereinstimmung wurde aus dem Helden eine

---

[6] E. M. Forster: Ansichten des Romans, München 1949, S. 34. (Aspects of the Novel, London 1927).

[7] Paul Konrad Kurz: Über moderne literarische Standorte und Deutungen, Bd. I, Frankfurt 1968, S. 26.

bloße literarische Figur, ein Sprachinstrument des Autors, eine Linse, welche die Welt reflektiert, oft genug in der Gestalt des Anti-Helden, des Ausgestoßenen und Unterlegenen (Bölls Clown oder Grass' Blechtrommler).

Indem aber der moderne Roman die beiden festesten Verankerungen von Wirklichkeit, die Fabel und den Helden, auflöste, löste sich auch die literarische Wirklichkeit von der geschehenen Wirklichkeit und erwies sich primär als die subjektive Aufnahme des Geschehens durch den Autor, das heißt als Bewußtsein. The Stream of Consciousness (Virginia Woolf) wurde zum eigentlichen Gegenstand des Romans. Es geht darum, die Erinnerungen, Reflexionen und Assoziationen, die in der Person sich verdichtenden Spiegelungen der Wirklichkeit einzufangen, nicht aber die Wirklichkeit selbst; und das Ziel bestimmt die künstlerischen Mittel.

Damit wird der Anspruch des Erzählers, er gebe Realität wieder, aufgegeben. Übrig bleiben Aspekte, mögliche Spiegelungen möglicher Realität. Auf die Frage: Wie und warum fand Jakob beim Überschreiten der Bahngeleise den Tod? erhält der Leser spekulative Variationen, aber keine durch Realität sich bestätigende Antwort (Uwe Johnson: *Mutmaßungen über Jakob*). Es kann an dieser Stelle nicht des weiteren ausgeführt werden, daß sich derart die Krise des philosophischen Realitäts-Bewußtseins unserer Zeit auswirkt. Aber es ist evident, daß einer andersgearteten „positiven" Philosophie auch ein andersgeartetes Realitäts-Bewußtsein und ein positiver Realitäts-Anspruch im Roman entsprechen muß. Der Autor des modernen westlichen Romans ist bemüht, mit immer neuen sprachlichen Mitteln zu suggerieren, daß das Erzählte und die Wirklichkeit nicht identisch seien. Dies Bemühen gehört nicht nur zum Handwerk, es formt die Grundstruktur.

Daraus folgt für die Zeit — und Geschichte geschieht immer in der Zeit — der Verlust ihrer chronologischen Ordnungsfunktion. Sie wird zu einem bloßen psychologischen Zustand.

Es kann nicht anders sein, als daß ein solcher Wirklichkeitsschwund, genauer eine solche Verlagerung des literarisch relevanten Seins in die Individualität des Einzelnen, zu Grundforderungen des sozialistischen Realismus in einen ausschließenden Gegensatz gerät. Die Literatur des sozialistischen Ostens ist gebunden, Wirklichkeit widerzuspiegeln, und zwar eine Wirklichkeit, die uneingeschränkt real ist und darum auch erkennbar und mitteilbar, deren Wert nicht in der Subjektivität, sondern in der Objektivität begründet liegt.

Aus dem veränderten Realitätsbegriff des modernen Romans ergeben sich bedeutende Folgerungen für den Erzähler. Allgemein darf für den Erzähler des Romans, auch des klassischen, gesagt werden, daß er nicht identisch mit dem

Verfasser ist, auch dann nicht, wenn er innerhalb des Werkes keine Gestalt und keinen Namen erhält. Der Erzähler ist immer eine erdichtete Figur und als solche in den Roman integriert. Goethe ist nicht Werther, und nicht Goethe erzählt die Geschichte Werthers, sondern eine von Goethe erdichtete Gestalt. Im Märchen erzählt nicht der Autor, ein erwachsener, reflektierender, zweifelnder Mensch unserer Zeit, sondern eben ein Märchenerzähler, ohne den kein Märchen zustande käme. Nicht Georg Büchner berichtet von der Krankheit des jungen Lenz, auch nicht der Betroffene selbst, sondern ein fiktives Geschöpf, in das sich Büchner verwandelt, damit der Leser die Krankheit des Lenz von innen her nachvollziehen kann. Günter Grass' *Hundejahre* sind nur ein Beispiel unter vielen, um aufzuzeigen, wie es die Erzähler sind, drei an der Zahl und keiner von ihnen mit dem Autor identisch, die das Erzählte erschaffen, und wie derart die Realität in drei verschiedene Aspekte auseinanderbricht. Es ist, als ob der Autor darauf verzichte, selbst das Wort zu nehmen. (Es scheint symptomatisch, daß unter den Romanen aus der DDR vor allem diejenigen im Westen eine wertende Aufnahme gefunden haben, welche die moderne Erzähler-Perspektive übernommen haben. Beispiele sind Christa Wolfs *Nachdenken über Christa T.* und Stefan Heyms *Schmähschrift*.)

Ob der fiktive Erzähler innerhalb oder außerhalb des Geschehens steht, ob er das Geschehen bewundernd, verachtend, begreifend oder ungläubig-kritisch wiedergibt, was und wie er auswählt und beleuchtet, wird für den Roman von größter Bedeutung, ja es macht aus dem bloßen Geschehen erst den Roman. Wird die Erzählerperspektive unsichtbar oder fehlt sie ganz — was im strengen Sinne des Begriffes nicht geschehen kann —, so nimmt der olympische Erzähler des vor-modernen Romans wieder seine unwahrscheinliche Stellung ein, der allwissende und allgegenwärtige, der nicht nur erfindet, sondern erklärt und kommentiert, uns mitteilt, wie die Dinge zu sehen und zu verbinden sind; und beim Leser stellt sich jenes unbehagliche Gefühl des Überflüssig-Seins ein, die Langeweile, die uns so zahlreiche Romane aus der DDR nur schwer erträglich macht. Der simple Satz E. M. Forsters, der Roman erzähle eine Geschichte, macht zwar die Geschichte (story) zum Kern des Romans, aber er enthält auch die Einsicht, daß nicht die Geschichte schon der Roman sei, sondern erst deren Erzählung! Sobald aber das Geschehen sich selbständig macht, entsteht bestenfalls Reportage. Steht der Autor so eng in der Mitte seiner Geschichte, daß er keine Distanz gewinnen kann, aus der allein der fiktive, Literatur schaffende Erzähler entstehen kann, so ergibt sich eine bloße Affirmation des Geschehenen, von der kein Anstoß, keine Provokation und kein Anreiz zur Anteilnahme ausgehen kann. In der Vorbemerkung zu einer der neueren erzählenden Anthologien heißt es: „In die Mitte trifft, wer mittendrin steht."[8] Und in dem auf

---

[8] Zeitzeichen. Prosa vom Tage, S. 4.

das zwanzigste Jahr der DDR herausgegebenen „Almanach neuer Prosa und Lyrik" versichern die Autoren: „Das Ziel dieser Sammlung ist es, im Kontext zu zeigen, wie Realität heute, in der Zeit der entwickelten sozialistischen Gesellschaft zur Kunst drängt."[9] Nur fehlt, was sich schöpferisch zwischen Realität und Kunstwerk drängen muß, nur fehlt der Schriftsteller und seine Fähigkeit umzusetzen, Realität in Kunst zu verwandeln. So ergeben sich auf weiten Strecken Texte, aus denen man mancherlei über Zustände, Schwierigkeiten und Lösungen in der sozialistischen Gesellschaft ablesen mag, aber sind solche Texte schon Literatur? Und wenn es dazu kommt, daß das Beschriebene ein Loblied sein will oder soll — wer vermöchte dazwischen mit Sicherheit zu unterscheiden — so stellt sich dem Leser die Erinnerung an das Märchen ein, jener Erzählform, welche die Welt nicht schildert, wie sie ist, sondern wie sie nach einer kindlichen Moral sein sollte.

Das Ergebnis der Konfrontation der ostdeutschen Erzählkunst mit den wichtigsten Elementen des modernen Romans ist, daß zwischen beiden keine Entsprechung stattfindet und auch nicht stattfinden kann, solange die Normen des sozialistischen Realismus gelten. Doch haben die neueren Untersuchungen zur Soziologie des Romans deutlich gemacht, daß literarische Strukturen nicht so sehr der Niederschlag ästhetischer Theorien sind als vielmehr die Auswirkung gesellschaftlicher Bedingungen.[10] Es muß also versucht werden, die Beziehungen zwischen den Strukturen des Romans und denen der Gesellschaft in der DDR aufzusuchen.

Die Mehrzahl der epischen Werke der DDR weist Baugesetze und Erzählformen traditioneller Art auf. Die großen Ausnahmen wie Johannes Bobrowskis *Levins Mühle, Litauische Claviere,* Hermann Kants *Aula,* Fritz R. Fries *Der Weg nach OObliadoo* und Christa Wolfs *Nachdenken über Christa T.* gelten auch drüben als Sonderfälle.

Sieht man von den Romanen ab, welche die geschichtliche Kontinuität der neuen Gesellschaft bewußt machen wollen, so läßt sich das Material nach einigen wenigen Konstellationen kategorisieren:

Da ist der Familien- und Generationen-Roman, für den *Die Buddenbrooks* das große Vorbild gaben. Die literarische Form wurde übernommen, der gesellschaftliche Inhalt der neuen Situation angepaßt: nicht mehr bürgerliche Gesellschaft und ihr Verfall, sondern proletarische Gesellschaft und ihr Aufstieg. Also Willi Bredels Trilogie *Verwandte und Bekannte,* Otto Gotsches Romanfolge

---

[9] Manuskripte, S. 740.
[10] Vergl. Lucien Goldmann: Soziologie des modernen Romans, Neuwied und Köln 1970.

Die Fahne von Kriwoj Rog und *Zwischen Nacht und Morgen*, Hans Marchwitzas drei Kumiak-Bände und, in einem erweiterten Sinne, die Grischa-Serie von Arnold Zweig.

Dem Generationsroman eng verwandt und gleich ihm der Tradition verpflichtet ist der Erziehungs- und Bildungsroman. Auch er übernimmt die überlieferte Struktur, auch er verändert den Gehalt, indem er ihn als Erziehung zur sozialistischen Gesellschaft definiert. Die Komposition ist mit dem Motiv gegeben. Es geht um einen Menschen, den Helden, die zentrale Figur, auch wenn parallele Lebensläufe oder Variationen hinzukommen, und es geht um einen chronologisch sich fortsetzenden Weg. Die dritte feststehende Konstante ist der Ausgang, die Gewißheit, das Wegziel werde erreicht werden. Das so gegebene Schema wird ausgefüllt durch Irrtum, Vereinzelung, Zweifel, Hilfe vorbildlicher Menschen, Einführung in Gemeinschaft, Lehre und Lernen. Frei ist die Komposition, indem sie fördernde oder retardierende Elemente einbauen und verteilen kann, damit so ein gewisses Maß an Spannung zustande komme. Natürlich werden den alten Konstellationen neue Versatzstücke eingebaut, welche die veränderte gesellschaftliche Situation liefert. So wird das in entscheidender Weise wirksame Mittel der Erziehung und Bildung aus dem ästhetischen oder ethischen Bereich (Goethe, Keller, Hesse, Th. Mann) in den sozialen Bereich überführt. Es ist die Arbeitsstelle, welche die Wandlung primär bewirkt: landwirtschaftliche Betriebsgenossenschaft, die Baustelle, die Fabrik, das Verwaltungsamt, die Arbeitsbrigade. Und die retardierenden Kräfte, die Anti-Helden sind nach Möglichkeit Personen, die vom deutschen Nachbarstaat gelenkt werden oder sich von ihm angezogen fühlen und durch „Republikflucht" ihre negative Funktion enthüllen.

Von der großen Anzahl solcher Romane seien nur die genannt, welche den Typus am reinsten realisieren: *Die Spur der Steine* (Erick Neutsch) — *Die Wendemarke* (Wolfgang Joho) — *Mein namenloses Land* (Joachim Knappe) — *Der Hohlweg* (Günter de Bruyn) — *Die Geschwister* (Brigitte Reimann — *Die Abenteuer des Werner Holt* (Dieter Noll).

Eine gewisse Verlagerung des Schwerpunkts führt in den neueren Romanen zu einer Variation des Typus, indem das Ziel des Weges, die Ankunft im Sozialismus in den Vordergrund tritt. Man hat das Wort „Romane der Ankunft" geprägt[11]. Die Wirkung solcher Bücher ist bedeutend, was nicht nur die Kritik, sondern auch die hohen Auflagenziffern erweisen. Das Bedürfnis nach Selbstbestätigung, das Verlangen, in der neuen Welt Heimat zu finden, sind die offenbaren Ursachen. Doch ist zu vermuten, daß dieser Roman-Typus an

---

[11] Dieter Schlenstedt: Ankunft und Anspruch, Sinn und Form 1966, Sonderheft 2.

Bedeutung verlieren wird, da er recht eigentlich der Situation derer entspricht, die das Alte noch erfahren haben, die die Geburtswehen der neuen Welt noch erlebt haben oder noch erleben.

Wenn man den älteren, nichtsozialistischen Erziehungsromanen als das Hinführen in eine bestehende Ordnung bezeichnen darf, so tritt das wesentliche innere Merkmal der Unterscheidung klar zu Tage: es geht um den Aufbruch zu neuen Ufern und um die Ankunft in einem neuen Territorium. Daraus ergibt sich aber auch, und zwar vornehmlich bei der jüngeren Generation, die unmerkliche Wandlung des Motivs: vom Weg zur Ankunft, von der Ankunft zum Anspruch. Was haben wir erhofft? Wurde unsere Hoffnung erfüllt? Wird das neue Leben unserem Anspruch gerecht? Das sind die Fragen, welche die Struktur des in solchem Sinne neuen Romans bestimmen, des Romans des Anspruchs, eines notwendigerweise kritischen Romans. Eine neue Polarität wird sichtbar. Auf der einen Seite der Anspruch: Befreiung aus der Isolierung der Person, Eintauchen in den Strom eines reichen und menschlich verbundenen Lebens, Freundschaft, Vertrauen und Hilfe, die Möglichkeit freiwilligen Engagements und die Freiheit, das Ich zu verwirklichen, „Heimatgewinn in einem neuen gesellschaftlichen Gefüge".[12] Dahin geht die Sehnsucht Ritas in *Der geteilte Himmel* (Christa Wolf) und Ole Bienkopps in dem gleichnamigen Roman Erwin Strittmatters und der jungen Ingenieurin Katrin in *Die Spur der Steine* (Erick Neutsch) und des verirrten, heimatlosen Stephan Beck in *Mein namenloses Land* (Joachim Knappe). Daraus folgt das Kompositionsprinzip der Stationen, des Wechsels von Enttäuschung und Erfüllung. Daraus folgt die offene oder verborgene Frage im Augenblick der Erfüllung, die immanente Ungewißheit, ob die bruchlose Integration möglich sei.

Westliche und östliche Interpretation stimmen nicht überein. Die große Frage, die wir herauslesen — der Tarnungscharakter der Sprache im anderen Deutschland zwingt zu einem Lesen zwischen den Zeilen — wird drüben, sofern sie nicht als Argument für eine politische Anklage mißbraucht wird, überhört oder durch Lob zugedeckt. Die Diskrepanz zwischen dem individuellen Anspruch und der gesellschaftlichen Forderung, die sich im *Wilhelm Meister*, im *Grünen Heinrich* oder im *Hungerpastor* als Verzicht und Resignation äußert, darf nicht sein. Sie wird durch den Erlösungscharakter der neuen Lehre überwunden. Oder scheint es nur so? Geht die Rechnung nicht auf? Bleibt ein Rest, Einbuße an Glück, an Persönlichkeit, an Freiheit? Ein Rest, der sich im Schweigen ausspricht? Das ist eine der Fragen, die in das äußerst verletzliche Herz von Dichtung und Gesellschaftsordnung der DDR eindringen und die nur durch eine ebenso kritische wie um Verständnis bemühte Analyse der einzelnen Werke einer Antwort näher gebracht werden kann.

---

[12] Vergl. Nr. 11, S. 824.

Die Gesellschaft und der Einzelne, das sind die beiden Pole, zwischen denen sich der Roman des Aufbruchs, der Ankunft und des Anspruchs ausbreitet. Die Bewegung verläuft vom Einzelnen zur Gesellschaft hin, aber neben der Möglichkeit der Erfüllung gibt es die Möglichkeit der Kritik. Die Gesellschaft wird an den Erwartungen des einzelnen gemessen und wird zum Objekt. Die entgegengesetzte Struktur ergibt sich dann, wenn der Einzelne zum Objekt, wenn das Verhalten des Einzelnen von und an der Gesellschaft gemessen wird. Dann entsteht ein Romantypus, der von der Konstellation des Prozesses bestimmt wird. Der Held ist Angeklagter. Die Analogie zum Werk Kafkas, in dem die Prozeß-Situation eine der Grundstrukturen darstellt, bietet sich an; doch beschränkt sie sich auf das Formale. Ankläger und Richter sind nicht mehr unbekannte, in einer außermenschlichen und übermenschlichen Position befindliche Mächte, sind nicht mehr Schloßherr oder König oder Gott. Sie sind sehr reale Personen, Funktionäre der Gesellschaftsordnung, und das Gesetzbuch, nach dem sie anklagen und richten, ist die jeweils herrschende Doktrin. Jeweils herrschend — das heißt wandelbar, nach unerkennbaren Gesetzen von oben her veränderbar und also den Angeklagten in den Zustand der Wehrlosigkeit versetzend, wie es Wolf Biermann in der *Ballade von dem Drainageleger Fredi Rohmeisl* dargetan hat.[13] Und es spielt eine geringfügige Rolle, ob mehr oder weniger tolerant, mehr oder weniger verständnisvoll gerichtet wird.

Der Einzelne steht nicht unter Anklage, weil er dieses getan oder jenes unterlassen hat. Zwar provozieren tatsächliche Handlungen oder Unterlassungen einzelne Phasen des Prozesses, aber die Anklage ist permanent. Angeklagt sein ist die dauernde conditio humana. Jedes Glied der Gesellschaft steht ständig unter dem Zwang, sich rechtfertigen zu müssen. Seine Situation ist insofern der des Christen verwandt. Nur hat die Christliche Erbsünden-Lehre eine totale Säkularisation erfahren. *Die Spur der Steine* von Erick Neutsch weist die Prozeß-Struktur in exemplarischer Weise auf: alle Hauptpersonen, der Zimmermann Balla, der Parteisekretär Horrath und die Ingenieurin Katrin stehen in gleicher Weise unter Anklage. Die Fragen: Wo aber blieb Quasi? Was trieb ihn von uns fort? Was haben wir falsch gemacht, daß er weggehen konnte? in Hermann Kants *Aula* lasten drohend über allen Personen und allen Vorgängen des Romans, und es mutet wie Ironie an, wenn die Kritik aus den eigenen Reihen den Roman als eine „laudatio auf die DDR" zu feiern bemüht ist.[14] An dieser Stelle sei vorausgreifend die Bemerkung gestattet, daß die Prozeß-Struktur ihre Entsprechung auch im Drama findet. Heiner Müllers *Der Lohndrücker*, Kubas *Terra incognita*, Helmut Baierls *Johanna von Döbeln* und Hartmut Langes *Hundsprozeß* mögen als Beispiele dienen.

---

[13] Wolf Biermann: Die Drahtharfe, Berlin 1965.
[14] H. Kähler: Die Aula — Eine laudatio auf die DDR, Sinn und Form 1966, Sonderheft 2.

Aus der Notsituation des Angeklagten ergibt sich für ihn die Haltung der Verteidigung. Das gilt für den Naiven. Der Gewitzte wird dem Prozeß auszuweichen suchen, indem er die Anklage unterläuft. Für ihn ist nicht die Johanna von Rouen das Vorbild, sondern eher der Schweyk Hašeks oder Brechts. Nicht Trotz und Auflehnung, sondern List, die Waffe der Schwachen — und das heißt, auf die literarische Form übertragen, das Prinzip der Tarnung, der Camouflage als Prinzip der Roman-Struktur. Daraus entsteht entweder die Parabel (über die in einem gesonderten Abschnitt gehandelt werden wird) oder die historische Verkleidung. Beide Möglichkeiten sind typisch für die Literatur der DDR. Ihr Meister ist Stefan Heym, an dessen Romanen vom *Lenz* bis zur *Schmäschrift* die Methode und Tendenz des Verkleidungs-Romans demonstriert werden soll.

Welche Beziehung haben die angeführten Haupt-Strukturen (und wir beziehen uns jetzt insbesondere auf die zweite Periode der ostdeutschen Literatur) auf den Staat und die Gesellschaft, aus denen sie erwachsen sind? Georg Lukacs hat in seinen Untersuchungen über den Roman der bürgerlichen Gesellschaft den „problematischen Helden" in den Mittelpunkt gestellt, der in einer „degradierten Welt" nach authentischen Werten sucht.[15] So entsteht eine Figuration, in der Held und Welt einander im Widerspruch begegnen, doch durch die beiden gemeinsame Degradierung den Roman davor bewahren, entweder durch einen tödlichen Kampf zur Tragödie oder durch eine glückhafte Symbiose zum Märchen zu werden. Was aber muß geschehen, wenn der Held problematisch bleibt — andernfalls wir jedes Interesse an ihm verlieren würden und weder Erziehung noch Prozeß stattfinden könnten — die Welt aber nicht mehr bürgerlich-degradiert, sondern in der Phase der sozialistischen Erfüllung schlechthin gut ist? Wenn alle antagonistischen Widersprüche entschwinden und die übrigbleibenden nichtantagonistischen Widersprüche zu Betriebspannen verniedlicht werden? Dann entsteht der salzlose Bericht von einer harmonischen Gesellschaft, deren geringfügige Konflikte um der Spannung willen überhöht und dramatisiert werden, oder das gleicherweise langweilige Märchen vom vollkommenen Dasein.

Doch „die Beziehung zwischen Kollektivbewußtsein und großen literarischen … Schöpfungen besteht nicht in einer Inhaltsidentität, sondern in einer Strukturhomologie".[16] Erziehung, Aufbruch, Ankunft, Anspruch, Prozeß und Tarnung heißen die Grundkonstellationen des Romans. Erziehung zum Sozialismus, Aufbruch aus der kapitalistischen und faschistischen Welt zu neuen Formen des Lebens, die neuerdings bereits verkündete Ankunft im entwickelten Sozialismus, die Diskrepanz zwischen dem Glücks-Anspruch des Einzelnen und

---

[15] Georg Lukacs: Theorie des Romans, Berlin 1920, Neuwied und Köln 1965.
[16] L. Goldmann S. 30. Vergl. Nr. 10.

der Leistungs-Forderung des Staates, die aus der Not geborene Tarnung der Kritik und die alles überlagernde Prozeß-Situation stellen die angezogene Strukturhomologie dar.

Ihre Keimzelle liegt an den Stätten der Produktion. Ihr Antrieb kommt aus dem Verhältnis zu Westdeutschland, dem Ehrgeiz Davids gegenüber Goliath, dem Ressentiment des kleineren Bruders gegenüber dem größeren, einem unheilvoll verfälschten und vergifteten Verhältnis, das sich beide Seiten selbst bereitet haben. Ihr Ziel ist der Produktions-Sieg: ihre Folge eine rigorose Forderung an Körper und Seele, die der Einzelnen nur mit äußerster Anstrengung erfüllen kann, wenn er nicht überhaupt hinter ihr zurückbleiben muß, eine Forderung, die in ihm ein permanentes Gefühl des Ungenügens, wenn nicht der Schuld erzeugt und ihn zur Rechtfertigung zwingt. Selbstbezichtigungen, öffentliche Schuldbekenntnisse, Erhöhung und Erniedrigung im Amte und an der Arbeitsstelle, Preise und Auszeichnungen, jähe Abstürze und späte Rehabilitationen sind Merkmale des Lebens in dieser Gesellschaft. Der wirkende oder drohende Prozeß ist in gleicher Weise Grundstruktur des Lebens wie der Literatur. Daraus entsteht für den von außen Beobachtenden der zuweilen offen sich darbietende, meist kaum definierbare Eindruck von einem allgegenwärtigen Gefühl, das mit Angst, Trauer oder Verzicht nur unvollkommen bezeichnet werden kann.

Solange das gesellschaftliche Leben der DDR nicht anders wird, kann ihre Literatur nicht anders sein, als sie ist.

3. Exemplarische Gestalten

Willi Bredel

Heinrich Böll schreibt im Vorwort zum ersten Band von Solchenizyns *Krebsstation*: „Die Suche nach einem neuen Realismus in der Bundesrepublik kommt nicht von ungefähr. Doch noch immer nicht hat unsere Literatur die Arbeitswelt entdeckt, von der Welt der Arbeiter ganz zu schweigen."

Die Wörter Arbeiterdichtung und Arbeiterdichter sind bei uns aus sehr verschiedenen geschichtlichen Gründen belastet. Doch selbst, wenn sie es nicht wären: Arbeiterdichtung ist insofern ein fragwürdiger Begriff, als unbestimmt bleibt, ob Herkunft des Autors oder Thema des Werkes gemeint seien oder das Zusammentreffen beider. Ein Staat, der sich zuerst als Produktionsgemeinschaft begreift, muß suchen, den Begriff zu rehabilitieren und als Positivum seinem Selbstbildnis einzufügen. Die „Literaturgesellschaft" der DDR weist mit Stolz auf diejenigen unter ihren Schriftstellern hin, die ihrer Herkunft nach Arbeiter sind. Die Arbeit selbst steht im Zentrum sozialistischer Ethik und Ästhetik. Am Arbeitsplatz, in der gesellschaftlich vollzogenen Produktion entfalten sich

sowohl die Person und ihre eigentliche Menschlichkeit als auch die gesellschaftlichen Kräfte. Die fast totale Ausklammerung der Arbeitswelt, die Böll in der
westdeutschen Literatur beklagt, gibt der ostdeutschen Literatur das erhöhte
Gefühl, auf dem besseren Weg zu wandeln.[17] Darum werden drüben literarische
Formen möglich, für die es in der Bundesrepublik kaum Entsprechungen gibt.

Die Bitterfelder Bewegung, von westdeutschen Kritikern meist mit jener
fatalen Mischung aus Mitleid und Spott betrachtet, die vergiftet, anstatt zu
informieren, ist in ihrer Substanz ein Ausdruck des Willens, Arbeiter, Arbeitswelt und Literatur in eine möglichst intensive Symbiose zu bringen.[18] Andererseits läßt das Vorhandensein einer solchen Bewegung, die vom Mitteldeutschen
Verlag und der Staatsführung gemeinsam organisiert wurde, darauf schließen,
daß Anlaß bestand, so energisch und gezielt einzugreifen. Der Zusammenhang
mit der Tauwetter- und der Frostperiode, die dem ideologischen Ende der
Stalin-Ära folgten, ist nicht leicht zu übersehen. Doch wenn auch auf der 2. Bitterfelder Konferenz von 1964 die Hoffnung, industrielle und künstlerische
Arbeit könnten integriert werden, aufgegeben werden mußte, so waren inzwischen doch Folgen für das literarische Leben entstanden, die zum mindesten
die Distanz zwischen beiden Bereichen verringerten.[19]

Die Vorstellung des 19. Jahrhunderts, Bürgertum und Literatur bildeten eine
gegebene Lebensgemeinschaft, ist in der DDR durch die Vorstellung von der
Lebensgemeinschaft zwischen Arbeitertum und Literatur ersetzt worden — wenigstens, was den Anspruch angeht.

Woher kommen die Schriftsteller? Unter den Alten stehen neben den Bürger-
lich-Akademischen J. R. Becher, L. Renn, A. Seghers, F. Wolf, G. Maurer die

---

[17] E. Röhner: Der Arbeiter in der Gegenwartsliteratur der beiden deutschen Staaten, Berlin/O 1967.
Julian Lehnecke: Arbeitswelt und Arbeiterdichtung. Versuche in beiden Teilen Deutsch-
lands. Deutsche Studien 1963, Heft 2. Vergl. auch die von dem Romancier M. W.
Schulz 1971 hrsg. Sammlung *Kontakte*, in der 10 junge Autoren des Leipziger Lit.
Instituts zehn Angehörige eines Industriekombinats vorstellen, „Menschen, deren Be-
wußtsein und Persönlichkeit, deren Werdegang symbolisch für Millionen Bürger der
DDR ist."
[18] Greif zur Feder, Kumpel! Protokoll der Autorenkonferenz des Mitteldeutschen
Verlags, Halle am 24. 4. 59 in Bitterfeld, Halle 1959.
Hans Peter Gente: Versuch über Bitterfeld, Alternative 38/39, Berlin 1964.
[19] Zweite Bitterfelder Konferenz 1964. Protokolle. Berlin/O 1964.
Walter Ulbricht: Über die Entwicklung einer volksverbundenen sozialistischen Na-
tionalkultur. Rede auf der 2. Bitterf. Konf. 1964, Berlin/O 1964.
Aus der Welt der Arbeit, Anthologie. Berlin/O 1966.
Hans Koch: Bitterfeld und die Folgen (Unsere Literaturgesellschaft), Berlin/O 1965.
Franz Schonauer: DDR auf dem Bitterfelder Weg, Neue Dt. Hefte 1966, 1.
Ich schreibe. Anthologie schreibender Arbeiter a. d. Bezirk Erfurt, Halle 1960, 2 Bde.
Hinweise für schreibende Arbeiter, Wismar 1961.

Arbeiter B. Apitz, W. Bredel, J. Brežan, O. Gotsche, H. Marchwitza. Ähnliches gilt für die Jungen. Auf der einen Seite J. Bobrowski, G. de Bruyn, F. R. Fries, P. Hacks, H. Kant, auf der anderen unmittelbar aus dem Arbeitertum zur Literatur aufsteigend R. Bartsch, W. Biermann, W. Bräuning, H. Kahlau. Der Weg wurde den Jungen leicht gemacht. Die Gesellschaft bedarf ihrer, fördert sie in ihrer Fohlenzeit (vergl. das Leipziger Literatur-Institut) und nimmt sie als Arrivierte in ihre Obhut auf. Die Arbeiterdichter der älteren Generation hatten einen ungemein längeren und steinigeren Weg zurückzulegen. Und wenn in diesem Kapitel exemplarische Gestalten unter den Schriftstellern der DDR vorgestellt werden sollen, so wird bewußt Willi Bredel an den Anfang gestellt, ein Arbeiterdichter im zweifachen Sinne des Wortes, ein Stück der politischen und der geistigen Geschichte der Deutschen, eine Gestalt, die, wenngleich selbst schon Geschichte, von prägender Wirkung geblieben ist.

1901 in Hamburg geboren, Arbeitersohn, war er als Lehrling in einer Maschinenfabrik schon Mitglied der sozialistischen Arbeiterjugend, so selbstverständlich wie der Vater Mitglied der SPD war. „Ich hatte wohl einen Stuhl, hatte sogar ein eigenes Bett, aber keine Ecke, die ich mein eigen nennen konnte, geschweige denn ein eigenes Zimmer." Was an Zeit blieb zwischen dem zehnstündigen Arbeitstag und der Arbeiterjugend, verbrachte er mit Büchern, „denn der Literatur galt seit meiner Schulzeit meine brennende Liebe".[20]

Als Willi Bredel 1964 starb, war er ständiger Herausgeber der Neuen Deutschen Literatur, Präsident der Deutschen Akademie der Künste, Dr. h. c., Träger zahlreicher Literaturpreise und ein Autor, dessen Romane, in alle Sprachen des sozialistischen Ostens übersetzt, eine ungeheure Verbreitung gefunden hatten. Der Weg war lang, beschwerlich und abenteuerlich gewesen. Dennoch hätte sich jeder enttäuscht gesehen, der in Bredel das Bild des abgezehrten, heroischen und durch Leid vergeistigten Prolet-Dichters gesucht hätte. Stattdessen tritt uns ein weltoffener, zu breiter Behaglichkeit und zu Humor neigender, im Anekdotischen schwelgender, norddeutsch angelegter Mann entgegen, lebensfroh, amüsant und nicht ohne Würde.

Er hat sich immer dort eingestellt, wo politische Tätigkeit gefährlich war, und er hat immer geschrieben. Er begann, noch als Lehrling, mit Dramen über die Helden der französischen Revolution, mit wortreichen Versuchen, die außer dem Autor nie jemand gelesen hat. Nach dem Hamburger Oktoberaufstand 1923 fand er sich zum erstenmal im Gefängnis. Er fuhr ein paar Jahre zur See, wurde, zurückgekehrt, Dreher und Korrespondent der Hamburger Volkszeitung. Das wiederum führte ihn vor das Reichsgericht in Leipzig, welches ihn

---

[20] Die Zitate zum Lebensgang Bredels sind entnommen der Neuausgabe der 3 ersten Romane, Berlin und Weimar 1965, zu der Bredel ein Vorwort *Wie ich Schriftsteller wurde* schrieb.

wegen literarischen Hoch- und Landesverrats zu zwei Jahren Festungshaft verurteilte. Hier entstanden in rascher Folge die Romane *Maschinenfabrik N. u. K.*
und *Rosenhofstraße*. Sie erschienen in Berlin im Rahmen der Eine-Mark-Romane.[21] Der glückliche Autor borgte sich hundert Mark und feierte das Ereignis im Kreise der Mitgefangenen. Dann kam der Brief des Verlegers. „Dein
Autorenhonorar beträgt 1840 Mark ... wir wissen, du bist ein der Partei er-
gebener Genosse und zu jedem Opfer bereit ... wir sind einfach nicht in der
Lage, dir dein Honorar auszuzahlen. Damit du aber unseren guten Willen
siehst, schicken wir dir mit gleicher Post 50 Mark." Das dritte Buch der Festungs-
zeit war *Der Eigentumsparagraph*, dessen Schicksal nicht ohne Interesse ist.
Während 1933 die Druck-Matern von den Nationalsozialisten vernichtet wurden, erschien der Roman in russischer und ukrainischer Sprache. Die deutsche
Fassung wurde erst 1961 als Rückübersetzung aus dem Russischen gedruckt.

Was über die drei Erstlinge aus Bredels Feder gesagt werden kann und
gesagt werden muß, hat er selbst gesagt: „Sämtliche drei Bücher aus meiner
Festungshaft bilden als literarische Drillinge eine Einheit, sind ein Roman aus
dem proletarischen Alltag, wie der Untertitel des ersten Buches lautet, aus der
Zeit Ende der zwanziger, Anfang der dreißiger Jahre, und ihr dokumentarischer
Wert ist zweifellos größer als ihr literarischer."

Die Zerschlagung der KPD machte der kurzen Freiheitspause zwischen 1932
und 1933 und der politischen Agitation, nicht aber seiner Lust zu schreiben
ein Ende.

„Die Nazis erwischten 1933 in ihrem blutigen Hitlerfrühling nicht nur
meinen dritten Roman, sondern auch mich. In dreizehn Monaten Konzentra-
tionslagerhaft, in Einzelhaft und Dunkelhaft, in den Nächten, in denen ich
ausgepeitscht wurde, in den übrigen Nächten, in denen ich das Schreien, Stöhnen
und Wimmern meiner mißhandelten Genossen miterleben mußte, schrieb ich in
Gedanken an einem Buch über diese Todesstätte. Weder Papier noch Bleistift
hatte ich und wochenlang nicht einmal Licht, aber ich schrieb und schrieb,
schrieb vom Wecken bis tief in die Nacht. Einige Kapitel schrieb ich in verschiedenen Varianten und wählte dann die aus, die mir am gelungensten erschienen. Fertige Kapitel und Passagen wiederholte ich mir in Gedanken so oft,
bis ich sie beinahe auswendig kannte. Dreizehn Monate schrieb ich so ununterbrochen. Diesen Roman nahm ich, als ich durch das alte Zuchthaustor schritt,
als Konterbande mit mir in die Freiheit. Pfingsten 1934 schrieb ich das, was

---

[21] Für die Eine-Mark-Romane und ihre Einordnung in die Literatur der zwanziger
Jahre s. Franz Schonauer: Der rote Eine-Mark-Roman (Kürbiskern 1966, 3), ferner
die Ergänzungen dazu von Elisabeth Simons (DDR) in Kürbiskern 1967, 1.

Wort für Wort in seinem Ablauf in meinem Gehirn stand, in die Maschine. Im Herbst desselben Jahres erschien es bereits in Buchform bei Wieland Herzfelde im Malik-Verlag. In kurzer Zeit war es in siebzehn Sprachen übersetzt. In der Sowjetunion allein erreichte der Roman eine Auflage von über 1 Million Exemplaren. *Die Prüfung* zähle ich als mein erstes Buch; drei Dramen und drei Romane waren meine literarischen Vorarbeiten."

Die Stationen seiner mittleren Jahre hießen Emigration in die Tschechoslowakei und die Sowjetunion, Kampf bei den Internationalen Brigaden in Spanien, wiederum Rußland, schließlich Nationalkomitee Freies Deutschland.

In dem umfangreichen Werk Bredels (die Gesamtausgabe des Aufbau Verlags zählt 14 Bd.) nehmen zwei Trilogien den Hauptraum ein. *Verwandte und Bekannte* (Die Väter, Die Söhne, Die Enkel), zwischen 1941 und 1953 erschienen, gibt in drei Generationen der Arbeiterfamilien Hardekopf und Brenten die Entwicklung der deutschen Arbeiterbewegung von der Zeit Bismarcks bis zur Zeit Hitlers wieder. Alles Geschehen ist mit lebhafter Anschaulichkeit in epischer Breite ausgemalt, stärker im Anekdotischen als im Heroischen, ein Stück deutsche Volksgeschichte und Hamburger Heimatgeschichte, dargestellt aus der Perspektive eines Mannes, der auf eine schlimme Zeit zurückblickt wie auf eine Prüfung, deren Ausgang ohne Zweifel ist. Wenn das Wort Volkskunst einen Sinn hat, dann hier. Es ist nützlicher, aus diesen Büchern zu lernen, wie sich in Deutschland das Proletariat entwickelt hat, wie es mehr kleinbürgerlich als revolutionär, aber entschlossen, beharrlich und zu Opfern fähig um seine Emanzipation gekämpft hat, als sich über den Mangel an existenzieller Tiefe und ästhetischem Glanz zu mokieren.

Die zweite Trilogie *Ein neues Kapitel,* 1959 begonnen und mit dem Tode Willi Bredels im zweiten Band abgebrochen, handelt vom mühseligen Neubeginn nach 1945 und dem Weg zur sozialistischen Gesellschaft. Es ist nicht zu verkennen, daß die fehlende Distanz und die Verpflichtung zum Lob des Bestehenden diese Bände in eine bedenkliche Nähe zu einer Paraphrase des Parteiprogramms gerückt haben. Vielleicht wird man die Schönheit von Bredels einfacher, linearer, von Sinnlichkeit gesättigten Sprache am ehesten in einigen seiner Erzählungen entdecken wie *Der Kommissar am Rhein, Pater Brakel* oder *Frühlingssonate.*

Anna Seghers widmete ihm nach seinem Tode die Worte: „Nicht obwohl, sondern weil er ein Schriftsteller aus der Arbeiterklasse war, dem die Kulturgüter nicht vom Himmel herunterfielen, so daß er sie mit Achtung, mit Staunen, mit Gedankenarbeit erwarb, hat sich das Erworbene in ihm vereinigt mit seiner eigenen Lebenserfahrung. Als sehr junger Mensch, in Hamburg, hat er begonnen als schreibender Arbeiter, wie man es jetzt nennen würde. Dann wurde er ein schwer arbeitender Schriftsteller, der zugleich für sein Werk und für sein Leben geliebt und verehrt wird."[22]

Anna Seghers

Mit stetiger Ruhe, trotz des Exils in Frankreich und Mexiko mit einer gleichmäßigen und überzeugenden Konsequenz breitet sich das Leben von Anna Seghers aus. 1900 in Mainz geboren, in einer wohlhabenden, kultursättigten Familie aufwachsend, Universitätsstudium (Kunst und Geschichte), Promotion, frühe Heirat mit einem ungarischen Schriftsteller — und dann, überraschend, 1926 und 1927 die ersten Erzählungen, die offenbaren, welch andere Welt unter den bürgerlichen Konventionen herangereift war. Unmittelbar darauf die politische Konsequenz, der Eintritt in die Kommunistische Partei. Die Folgen mußten bald getragen werden: Emigration nach Frankreich (1933), eine Episode in Wien, Rückkehr nach Frankreich und (1941) Flucht nach Mexiko, von wo sie 1947 endgültig heimkehrte, nicht nach Mainz, sondern in den neu sich bildenden Staat, der ihr als geistige Heimat erschien, nach Ostberlin.

Und doch blieb Anna Seghers Mainzerin. Der Raum zwischen Main und Rhein, Flachland, Hügel, Straßen, Dörfer und industrielle Ballungen zwischen Taunus und Pfälzer Bergland blieb ihr gegenwärtig. So weithin sich ihre Welt vergrößerte — und ihre unglaublich reale Phantasie schuf Landschaften und Städte, die sie nie gesehen hatte, mit Geruch und Licht und Schatten und Geräuschen und Tieren und Menschen so konkret, als sei das alles erlebte Heimat — sie löste sich nie ganz von den Eindrücken der ersten drei Jahrzehnte. Noch in dem Roman *Das siebte Kreuz*, den sie, viele Jahre schon von Deutschland getrennt, in Mexiko schrieb, wurde die Mainzer Heimat wieder konkret sichtbar. Der Weg der Fliehenden geht durch kein Niemandsland. Menschen und Stätten sind mit einer Treue und Dichtigkeit gezeichnet, welche die nur naturalistische Ausmalung übersteigt.

In ihrem schönen Beitrag zum *Atlas deutscher Autoren* berichtet Anna Seghers von einer früh geplanten, nie ausgeführten Erzählung. „Dieser (der Mainzer) Dom über der Rheinebene wäre mir in all seiner Macht und Größe im Gedächtnis geblieben, wenn ich ihn auch nie wiedergesehen hätte. Aber ebensowenig kann ich ein anderes Denkmal in meiner Heimatstadt vergessen. Es bestand nur aus einem einzigen flachen Stein, den man in das Pflaster einer Straße gesetzt hat. Hieß die Straße Bonifatiusstraße? Hieß sie Frauenlobstraße? Das

---

[22] In „Sinn und Form" 1964, 6. In enger Nähe zu Bredel steht Theo Harych, 1903—1958, ehemaliger Landarbeiter; seine Romane sind *Hinter den schwarzen Wäldern* 1951, *Im Geiseltal* 1952 und *Im Namen des Volkes* 1958.

weiß ich nicht mehr. Ich weiß nur, daß der Stein zum Gedächtnis einer Frau eingefügt wurde, die im ersten Weltkrieg durch Bombensplitter umkam, als sie Milch für ihr Kind holen wollte."[23]

Die Mutter, die für ihr Kind Milch holen geht und dabei umkommt, das ist ein Ur-Motiv, der bescheidene, undramatische, alltägliche Mittelpunkt und Anfangspunkt von Anna Seghers epischem Werk. Sie hat ihr Werk ausgebaut, bis es eine ganze geschichtliche Epoche und die ganze geographische Weite unser heutigen Welt einschloß; sie hat ihr Werk zu einem bewußt politischen Werk fixiert; aber das Urmotiv, welches der Stein in der Mainzer Straße symbolisiert, ist das gleiche geblieben: Hilfe und Liebe, die einfache Menschen einander gewähren — Opfer und Tod — das Leben und die Aufgabe, die den Überlebenden weitergereicht wird: *Die Kraft der Schwachen,* wie sie einen ihrer letzten Erzählungsbände nannte.

Noch bevor sie 1928 mit *Aufstand der Fischer von St. Barbara* den Kleist-Preis erhielt und plötzlich im Licht literarischen Ruhms stand, hatte sie zwei Erzählungen geschrieben, die Anfang und Mitte ihres Werks erkennen lassen: *Grubetsch, Die Ziegler.* Eine engbegrenzte Welt wird erschaffen: die lichtlose Straße, der Regen, der Schmutz und die Kälte, die Kneipe, die Kinder, Treppenschluchten, enge Zimmer mit zerbröckelnden Wänden. Darin Krankheit, Tod und Liebe, einfache körperliche Liebe aus Einsamkeit und Angst, der Versuch, an einem geträumten glücklichen Leben teilzuhaben, das es in der Degradation dieses dunklen Winkels nicht gibt. Es ist ein winziger Abschnitt von Welt, ohne Hintergrund, ohne irgendetwas darum, als sei es allein da. Es gibt keine Handlung, keine Komposition, keinen Anfang und keinen Schluß, keine soziale Analyse, keine Kritik und keine Anklage. Doch ist es mehr als eine Studie in naturalistischer Sachlichkeit. Die sprachlichen Mittel erinnern mehr an Büchner als an Hauptmann. Politisches Pathos fehlt ganz, ein starkes, aber auch fast nüchternes Mitleiden ist an seine Stelle getreten.

Die politische Entscheidung der Anna Seghers, früh und eindeutig gefällt, unbeirrbar beibehalten, ist nicht anders als mit den Begriffen Marxismus und Kommunismus einzuordnen, aber ihre Quelle ist keine Theorie und keine Ideologie, weder Gesellschaftsanalyse noch Gesellschaftskritik, sondern ein menschliches Grunderlebnis und eine menschliche Grundhaltung. Hieraus entwickelte sich das Thema und die literarische Form. Nichts Neues kam hinzu. Ein Kern wuchs in die Breite, ein Keim entfaltete sich zu einem ganzen Baum.

In der frühen Erzählung *Auf dem Wege zur amerikanischen Botschaft,* die dem *Aufstand* folgte, gerät ein Fremder, soeben Angekommener in einen Demonstrationszug zur amerikanischen Botschaft (es handelt sich um den Pro-

---

[23] Atlas, zusammengestellt von deutschen Autoren, Berlin 1965, S. 222.

zeß gegen Sacco und Vanzetti), er weiß nicht, worum es geht, er ist in die Stadt gekommen, um allein zu sein, keinem verpflichtet und verbunden, er erwägt, ob es nicht besser sei, aus dem Zug auszubrechen. Aber er marschiert mit, „denn die anderen dauerten ihn, die drei in seiner Reihe, die dann ohne ihn allein waren." Der Demonstrationszug endet mit Chaos und Tod.

Niederlagen sind die Wegzeichen der Erniedrigten und Beleidigten, aber die Gewißheit des Sieges bleibt. Das gilt auch für den *Aufstand der Fischer von St. Barbara.* Es ist der balladenhafte Bericht von dem Aufstand der Hungernden gegen die Satten, konkretisiert in einem Fischerdorf irgendwo am Atlantik, in den Fischern auf der einen und den Reedern und Großhändlern auf der anderen Seite. Der Aufstand scheitert, doch er stirbt nicht. „Der Aufstand der Fischer von St. Barbara endete mit der verspäteten Ausfahrt zu den Bedingungen der vergangenen vier Jahre. Man kann sagen, daß der Aufstand eigentlich schon zu Ende war, bevor Hull nach Port Sebastian eingeliefert wurde und Andreas auf der Flucht durch die Klippen umkam. Der Präfekt reiste ab, nachdem er in die Hauptstadt berichtet hatte, daß die Ruhe an der Bucht wieder hergestellt sei. St. Barbara sah jetzt wirklich aus, wie es jeden Sommer aussah. Aber längst nachdem die Soldaten zurückgezogen, die Fischer auf der See waren, saß der Aufstand noch auf dem leeren, weißen, sommerlich kahlen Marktplatz und dachte ruhig an die Seinigen, die er geboren, gepflegt und behütet hatte für das, was für sie am besten war."

Die Gewißheit vom endlichen Sieg der Arbeiterbewegung war in Anna Seghers von Beginn an unverrückbar. Es bedurfte nicht der Auseinandersetzung mit der spätbürgerlichen Welt, die den thematischen Kern der Romane von Thomas und Heinrich Mann ausmacht. Der Standort der um eine Generation jüngeren ist von vorneherein ein anderer. Die Agonie der bürgerlichen Gesellschaft scheint für sie bereits Geschichte. Und auch von Brecht und Becher, die ihr den Lebensdaten nach näher stehen, unterscheidet sie sich darin, daß für sie der Weg durch den Expressionismus nicht mehr notwendig war. Sie begann mit einer Kunst des Realismus, in der sie bis heute verharrte.

So wurde sie zur Chronistin ihrer Zeit. Das persönliche Schicksal floß mit dem allgemeinen zusammen. Beide gingen in ihre Bücher ein. Der Sieg des Nationalsozialismus, die Zerschlagung der deutschen Arbeiterbewegung, Exil, Flucht, Verfolgung und Tod: das wurden die Themen ihrer Bücher in dem Jahrzehnt der großen Niederlagen. Ungarn, Polen, Italien, Bulgarien und China sind in den *Gefährten* die Schauplätze, auf denen sich die Schicksale der Revolutionäre bis zum schlimmen Ende abwickeln. Der Kampf zwischen Faschismus und Kommunismus wird in seinem weltweiten Ausmaß dargestellt. Mit dem Motiv des Leidens der Unterdrückten ist das Motiv helfender und opfernder Kameradschaft verschränkt. Der Stoff bestimmt die Form: kein alle

Teile verbindendes Netz von Handlungen, keine konstante Verknüpfung von Personen und Schicksalen, sondern, bei ständig wechselnder Perspektive, Episoden, die jeweils Variationen des einen Themas sind, nur lose miteinander verknüpft, jede für sich von großer Dichte und Intensität des Erzählens.

Der Kopflohn trägt den Untertitel „Roman aus einem deutschen Dorf im Spätsommer 1932". *Der Weg durch den Februar* stellt die politischen Kämpfe in Österreich dar. Der nächste Roman konnte, wie *Der Kopflohn* nicht mehr in Deutschland erscheinen. Anna Seghers nannte ihn *Die Rettung* (1937) und im Vorwort zur Neuauflage von 1955 schrieb sie: „*Die Rettung* stellt eine Epoche dar, die wir alle als Krise in böser Erinnerung haben. Die Menschen sind Menschen der Krisenzeit, ihre Leiden sind Leiden der Krisenzeit, ihre Liebschaften sind Liebschaften der Krisenzeit." Die Krise aber besteht darin, daß die überraschenden wirtschaftlichen Erfolge in den ersten Jahren des Hitler-Regimes in den breiten Massen einen ambivalenten Zustand zwischen Zustimmung und Widerstand erzeugten. Nicht der Widerstand ist das Thema des Romans, sondern der Zweifel. Mehr als an irgendeiner anderen Stelle tritt die Zerrissenheit des damaligen Deutschland nicht nur als Antagonismus zwischen dem Guten und dem Bösen in Erscheinung. Sie wird in das Innere eines deutschen Bergmanns gelegt, der stellvertretend für seine Klasse steht, der in der Unentschiedenheit verharrt. Wollte Anna Seghers auf eine Apologie des „Volkes" hinaus, das der Verführung des Brotes erlag? Auch als sie aus der Rückerinnerung um Deutung bemüht war, begnügte sie sich mit der Andeutung: „Ein Roman hat nichts mit einem Leitartikel zu tun. Er macht Handlungen und Regungen von Menschen unter verschiedenen gesellschaftlichen Zuständen bewußt, oft unbeachtete und unbeabsichtigte Handlungen, oft geheime und verkappte Regungen. Der Autor und der Leser sind im Bunde: sie versuchen zusammen auf die Wahrheit zu kommen."[24]

In dem Roman, der durch die Welt gegangen ist und ihren Weltruhm recht eigentlich begründet hat, den sie *Das siebte Kreuz* nannte, wird die aufgelockerte, Novellen aneinander reihende Komposition der *Gefährten* auf einen einzigen Punkt zusammengezogen, auf die Flucht von sieben Männern aus einem Konzentrationslager. Fünf werden wieder eingefangen, einer stirbt, einer entkommt. Doch nicht der Gerettete ist der Held, sofern dieses Wort überhaupt angemessen ist, sondern die zahlreichen Namenlosen, die dem Flüchtenden helfen, die so etwas wie Hoffnung lebendig erhalten. Die Verzweiflung der totalen Ohnmacht gegen den Apparat der Gewalt durchzieht das Buch. Der dunkle Untergrund, die Hoffnungslosigkeit drohen jeden Funken Licht zu ersticken. „Das war die Stunde, in der sich alle verloren gaben. Diejenigen unter

---

[24] Vorwort zur Ausgabe von 1955.

den Häftlingen, die an Gott glaubten, dachten, er hätte sie verlassen. Diejenigen unter den Häftlingen, die an gar nichts glaubten, ließen ihr Inneres veröden, wie man ja auch bei lebendigem Leibe verfaulen kann. Diejenigen unter den Häftlingen, die an nichts anderes glaubten als an die Kraft, die dem Menschen innewohnt, dachten, daß diese Kraft nur noch in ihnen selbst lebte und ihr Opfer nutzlos geworden sei und ihr Volk sie vergessen hätte." Die Rettung des siebten offenbart, daß die Kraft nicht tot ist. „Ein kleiner Triumph, gewiß, gemessen an unserer Ohnmacht, an unseren Sträflingskleidern. Und doch ein Triumph, der einen die eigene Kraft plötzlich fühlen ließ nach wer weiß wie langer Zeit, jene Kraft, die lange genug taxiert worden war, sogar von uns selbst, als sei sie bloß eine der vielen gewöhnlichen Kräfte der Erde, die man nach Maßen und Zahlen abtaxiert, wo sie doch die einzige Kraft ist, die plötzlich ins Maßlose wachsen kann, ins Unberechenbare." So konnte Anna Seghers den düsteren Roman mit einem Satz des Trostes beenden: „Wir fühlten alle, wie tief und furchtbar die äußeren Mächte in den Menschen hineingreifen können, aber wir fühlten auch, daß es im Inneren etwas gab, was unangreifbar war und unverletzbar."

Weil aus dem einmaligen, dem begrenzten historischen Fall ein Gleichnis für alle Orte und Zeiten und Menschen geworden war, konnte „Das siebte Kreuz" eines der Werke werden, die im Dunkel des zwanzigsten Jahrhunderts einen Schimmer Licht erkennen lassen.

Als Anna Seghers nach vierzehn Jahren zurückkehrte, brachte sie umfangreiche Vorarbeiten zu einem Roman mit, der das Stoffgebiet der früheren Arbeiten zusammenfassen und eine bereits vergangene Epoche in einem einzigen Werk überschauen und abschließen sollte. 1949 erschien *Die Toten bleiben jung*. Der Vorwurf: Darstellung eines geschichtlichen Ablaufs von drei Jahrzehnten in konkreten Gestalten und Ereignissen, in einem Roman, der bei aller gewohnten Streuung und Episoden-Komposition ein zusammenhaltendes Prinzip aufweisen muß — der Vorwurf scheint zuweilen die Kraft der Schriftstellerin zu überschreiten. Der Kreis der Personen erweitert sich ins Unübersichtliche, die Schauplätze des Geschehens sind zwischen Rhein und Wolga zerstreut, die fehlende eigene Anschauung für die Jahre nach 1933 macht die sonst so dichte Realität gelegentlich schemenhaft. Indessen gibt es Fixpunkte, auf die sich alles zuordnen kann. Das sind einmal die Jahre der Wende: 1918, 1933 und 1945. Das sind zweitens die geographischen Zentren: Mainz, Mannheim und Frankfurt auf der einen Seite, die Stätten der Rheinischen Großindustrie — Berlin und Potsdam auf der anderen Seite, die Stätten der politischen Führung und der militärischen Expansion. Wichtiger noch für die Komposition ist das Motiv des Titels und des Anfangs des Romans: der Tod eines jungen Soldaten im November 1918 in Berlin. Dieser Tod klammert die auseinanderstrebenden Teile zusammen. Er ordnet die Personen, indem er die am Tode Schuldigen und die Leidtragenden des Ermordeten gegeneinandergestellt, indem er so weit voneinander liegende Fakten wie die Ermordung des Vaters 1918 und den Kriegstod des Sohnes 1945 als Folgeerscheinungen des gleichen Kampfes auf einander bezieht. Er zieht alle Schichten der Gesellschaft in das Geschehen hinein und macht das Schicksal dieser Gesellschaft deutlich und deutbar, die zugleich zerstört ist und sich wie andere weiterhin zerstört. Darum gibt es keine Nebenfiguren und keine Nebenhandlungen. Vielmehr gewinnt der Roman durch die Vielzahl seines Personals und seiner Handlungen eben die Tiefe und Breite, die das Thema erfordert. Und auch die Teile, die höchst persönlich und individuell bedingte Ereignisse und Handlungsabläufe darstellen, enthalten Elemente der allgemeinen gesellschaftlichen Problematik, dienen damit deren Konkretisierung.

Wenn die ostdeutsche Kritik bemängelt hat, Anna Seghers habe es versäumt, die heldische Aktivität des sozialistischen Widerstandes genügend herauszuarbeiten, so geht eine solche Kritik insofern fehl, als das Thema Zerfall und Niederlage heißt, wenngleich der Titel die Verheißung der Zukunft andeutet. Eher darf man die Bedeutung dieses Romans gerade in seiner historischen Realistik sehen, in welcher die zwischen nationaler Sorge und imperialistischer Verführung schwankenden Bürger genau so sorgfältig porträtiert werden wie die Arbeiter und die graue Herde der Kleinbürger, die im Alten verharren möchten, die Faust in der Tasche ballen, um des Brotes willen mitmachen oder sich mit der pfiffigen Anpassungskunst Schwejks am Leben zu halten suchen.

Man mag *Die Toten bleiben jung* als ersten Band einer Trilogie betrachten, die mit *Die Entscheidung* (1959) und *Das Vertrauen* (1968) fortgesetzt wurde. Der Kreis der Personen, die Orte der Handlung und das geschichtliche Thema schließen die drei Romane zusammen. Sparsames, eher verlegenes Lob im eigenen Lande, scharfe Ablehnung in der westdeutschen Kritik haben die beiden letzten Bücher begleitet.[25] Es ist eine schwer zu beantwortende Frage, wie die literarische Qualität von Anna Seghers mit diesen Un-Romanen vereinbart werden kann.

Ist die zu maßlos gewählte Form der Komposition die Ursache des Mißlingens? 82 Personen werden in *Die Entscheidung* als Hauptpersonen genannt. Das Stahlwerk Kossin und das Glühlampenwerk Kossin-Neustadt in der DDR, Westberlin, das Rheinische Bentheim-Werk, New York, Paris und eine mexikanische Ranch sind die Orte der Handlung. Die Zeit reicht von 1945 bis 1953.

---

[25] Franz Schonauer in: Neue Dt. Hefte 1970, 2.
Sabine Brandt in: Der Monat 1960, Nr. 139.
Marcel Reich-Ranicki in: Die Zeit 1969, Nr. 11.
Hermann Pongs in: Dichtung im gespaltenen Deutschland, Bd. II, Stuttgart 1966, S. 415 f.

Mittelpunkte sind die im Aufbau begriffenen westdeutschen und ostdeutschen industriellen Großwerke. Aber weder gewinnen die weit zerstreuten Teile eigenes Leben, noch entsteht ein Ganzes. Zwar wird dem Leser zunehmend peinlich deutlich, daß die Schriftstellerin, nachdem sie die deutsche Entwicklung zwischen den beiden Kriegen nachgezeichnet hatte, nun den Aufbau der neuen Gesellschaft in der DDR darzustellen unternimmt und daß darum die Schauplätze, Personen und Handlungen außerhalb nur als kontrastierender Hintergrund verwendet sind; aber gerade diese kompositorische Absicht mußte zu einer unerträglichen Schwarz-Weiß-Malerei führen. Die Guten sind nicht gut, weil sie auf der richtigen Seite leben, sondern sie haben die richtige Seite gewählt, weil sie die Guten sind. Das verfälscht nicht nur die Wahrheit — denn die Teilung Deutschlands ist nur zu einem geringen Teil die Folge unserer Wahl —, sondern es hat auch zur Konsequenz, daß die Menschen Schablonen und ihre Gespräche ideologische Diskussionen werden. Durchbrechen dennoch einzelne das Schema, in das die Schriftstellerin sie sperrte, so werden sie umgehend in ihre Abteilung zurückgezwungen: die Bösen im Osten fliehen nach dem Westen, die Guten im Westen sehnen sich nach dem Osten.

Und doch gelingt es nicht, ein glückliches Bild von der Ankunft in der sozialistischen Heimat zu malen, nach der sich die Armen, Unterdrückten und Verfolgten, die Söhne und Erben der Toten, die uns aus Anna Seghers Erzählungen vertraut sind, so lange gesehnt haben. Das Leben im neuen Deutschland erscheint eher freudlos und grau. Es leidet unter dem permanenten Anspruch auf Arbeitsleistung und Gleichschaltung der Gedanken, unter Bürokratie und der Allmacht der Obrigkeit. Es mutet fast gespenstisch an, wenn das letzte Buch *Das Vertrauen* heißt, wenn in seinem Mittelpunkt der Aufstand des 17. Juni 1953 steht, wenn Vertrauen nicht etwas ist, das der Einzelne gegenüber seiner Gesellschaft und deren Führung empfindet, sondern eine Forderung von oben nach unten, wenn der Einzelne seine ganze Kraft daran geben muß, sich des Vertrauens der Obrigkeit würdig zu erweisen, wenn er unter Anklage steht, wenn seine Situation in der Tat eine schlimme Säkularisation der lutherischen Grundfrage ist: wie gewinne ich einen gnädigen Staat?[26]

Der Leser steht vor Fragen, die das Bild der Anna Seghers in seiner Vorstellung aufzulösen drohen. Er kann nicht umhin, nach Antworten zu suchen.

Wurde hier eine Pflichtarbeit abgeleistet, weil die Obrigkeit sie verlangte? Erlag die Autorin dem Unerwarteten, der totalen Umkehrung ihrer Situation, in der die Verfolgten nun die Herrschenden waren? Was sie bisher geschrieben

---

[26] Die Affinität zu religiösen Vorstellungen und Symbolen hat Jürgen Rühle im einzelnen herausgearbeitet, vergl. Literatur und Revolution, S. 199 f.

hatte, war ein einziges Plädoyer des Mitleids und des Zornes gewesen, ein mütterliches Eintreten für die Opfer der Gewalt und der Brutalität. Nun galt es, den Sieg zu feiern. Ist es ein Wunder, wenn die Gefährtin der Unterdrückten, welche ein Leben lang von der Kraft der Schwachen gedichtet hatte, an dem Auftrag — sei er selbst gewählt oder nur akzeptiert — scheiterte, die Macht der neuen Gesellschaft zu preisen?

Anna Seghers frühe Entscheidung für den Kommunismus war nicht das Ergebnis ökonomischer oder politischer Studien, sondern eine Entscheidung des Gefühls. Man ist genötigt, die Sprache der Religion zu bemühen, um den Vorgang, den wir im einzelnen nicht kennen, adäquat zu bezeichnen. Er kam einer Bekehrung, einem Glaubensakt nahe, ein Phänomen, das in ihrem Werk immer wieder dargestellt wird. Der Fremde, der sich in Paris dem Demonstrationszug anschließt, der nicht weiß und nicht zu wissen wünscht, worum es geht, folgt seinem Bedürfnis nach Solidarität, erlebt eine elementare Gemeinschaft, die ihm eine neue Lebensweise ermöglicht, der er sich ganz hingibt, für die er zu sterben bereit ist. Das alles geschieht in einer einzigen, mystischen Sekunde. Und der Tod („sein Herz verlangte danach") ist ein Rausch, der die Aufnahme in die Gemeinschaft besiegelt. Die neue Lehre wird als echte Glaubensentscheidung nicht durch Unterricht, Studium, Diskussion vermittelt und erworben, sie wird durch etwas wie ein säkularisiertes Sakrament übertragen. Beispiele dafür sind zwei Szenen aus dem Roman *Die Gefährten:* Im Gefängnis in Warschau legt der alte Kommunist Solonjenko dem jungen Janek die Hand auf den Kopf „und Luft und Helligkeit drangen von außen ein". Jahre später wiederholt sich der Vorgang, indem Janek, wiederum im Gefängnis, einem jungen Gefährten das gleiche tut. „Labiak wußte noch nicht, ahnte aber, daß die gleiche Kraft schon in ihm selbst drin war, während Janeks Hand noch auf seinem Kopf lag." Georg Heisler, auf der Flucht in den Mainzer Dom verschlagen, erblickt in den Wandbildern das eigene Schicksal, das für ihn vorbereitete Kreuz im Konzentrationslager. „Ja, das müssen die beiden sein, dachte Georg, die aus dem Paradies verjagt wurden. Ja, das müssen die Köpfe der Kühe sein, die in die Krippe sehen, in der das Kind liegt, für das es sonst keinen Raum gab. Ja, das muß das Abendmahl sein, als er schon wußte, daß er verraten wurde, ja, das muß der Soldat sein, der mit dem Speer stieß, als er schon am Kreuz hing."

Wurde der Kommunismus für Anna Seghers eine Entscheidung des Glaubens, so hieß die Konsequenz daraus Treue, eine Treue ohne Kritik und ohne Bedingungen, eine Treue, welche das Opfer der eigenen Person rechtfertigt und schon den Zweifel zum Vergehen macht. Damit wird die gesellschaftliche Prozeß-Situation ins Metaphysische überhöht und auf eine radikale Entscheidung zugespitzt. Jürgen Rühle (vgl. Anm. 26) zitiert ein Interview mit Anna Seghers, in dem sie den Tod von drei Menschen des Romans *Die Entscheidung* damit begründet, sie alle drei hätten geschwankt, gezaudert, sich zu spät entschieden, was allein der Tod sühnen könne.

Und weil die Kommunistin Anna Seghers ihrem Glauben und ihrer Kirche Treue schuldig zu sein glaubte, konnten die späten Romane entstehen, die verleugneten, was die Schriftstellerin bisher vertreten hatte: „Die scholastische Schreibart ist Gift, wie marxistisch sie sich auch gebärdet ... denn sie bewirkt Erstarrung statt Bewegung."[27]

Es ist ein schwer zu begreifendes Phänomen, daß zwischen den beiden „scholastischen" Romanen eine Novellensammlung entstanden ist, in der sich einige der schönsten Texte von Anna Seghers befinden: *Die Kraft der Schwachen* (1965).[28] Die neun Erzählungen, die in Deutschland, Ungarn, Rußland, Äthiopien und Mexiko angesiedelt sind und alle Zeiten der menschlichen Geschichte durchlaufen, sind einzelne, für sich stehende Einheiten, jeweils um einen Menschen herum und auf einen Menschen zu komponiert, und sie bilden zugleich einen Zyklus, den Zyklus von der Kraft der Schwachen.

Diese Kraft liegt in der Treue zu einer ganz und gar selbstlosen Aufgabe, in der tätigen Hilfe und selbstvergessenen Hingabe, die jeden persönlichen Glücksanspruch vergessen macht und, wenn nicht zum Tode, so doch zu einem verzichtenden Dienen führt.

Da ist, in der gleichnamigen Erzählung, Agathe Schweigert, eine kleine Frau in kleinen Verhältnissen, unscheinbar, schweigend, arbeitsam, deren Sohn vor Hitler fliehen muß, die dem Sohn aus mütterlicher Sorge folgt, nach Paris und Toulouse, nach Barcelona, ins Feldlazarett vor Madrid, die, als der Sohn fällt, mit dem Strom der Flüchtlinge nach Frankreich zieht und schließlich mit einer kleinen Gruppe Heimatloser nach Südamerika gelangt. Fremde Länder und Sprachen, Grenzen, Kontrollen, Gefahren, Enttäuschungen besteht die kleine Frau aus dem kleinen rheinischen Algesheim wortlos, unerschütterlich, unbesiegbar.

Die zweite, sie könnte ihre Schwester sein, ist Martha, unschön, mürrisch, rackernd wie ein Arbeitspferd, einsam in einem ländlichen Anwesen bei Berlin. Im Krieg nimmt sie einen flüchtigen jungen Mann auf, rettet ihn unter eigener Lebensgefahr, liebt ihn und lebt mit ihm. Doch als nach Kriegsende die Gefahr vorüber ist, verläßt er die Reizlose, beginnt einen ehrgeizigen Aufstieg, heiratet.

---

[27] Anna Seghers: Die große Veränderung und unsere Literatur, Berlin/O 1956 S. 19.
[28] Die vielfach zerstreuten Erzählungen sind zusammengefaßt am leichtesten greifbar in *Der Bienenstock*, 2 Bde., im Aufbau-Verlag Berlin und Weimar 1953 und *Erzählungen* 2 Bde., bei Luchterhand, Berlin und Neuwied 1964.

Martha bleibt allein, fällt in den grauen Alltag zurück, aber ohne Anspruch, ohne Vorwurf, ohne Verbitterung. Sie hat ihn gerettet. Sie hat sich einmal dienend nützlich erwiesen. Das genügt ihr.

Die dritte ist Luise Meunier in Paris, Frau eines Arbeiters in der Zeit der deutschen Besetzung. Ein deutscher Junge, verlorener Sohn von Verfolgten, wird ihr anvertraut. Und nun geschieht die Verwandlung der Frau, die Erhöhung ihres alltäglichen Daseins ins Exemplarische. „Die Meunier war bisher eine Mutter gewesen wie alle Mütter: Schlange stehen, aus nichts etwas und aus etwas viel machen. Heimarbeit zu der Hausarbeit übernehmen, das alles war selbstverständlich. Jetzt, unter dem Blick des Jungen, wuchs mit gewaltigem Maß das Selbstverständliche und mit dem Maß ihre Kraft." Sie überwindet die anfängliche Abneigung ihres Mannes gegen den Fremden und rettet den Jungen vor der Gestapo, ja, es gelingt ihr, dem mürrischen und abweisenden Mann genug von ihrer eigenen Liebe zu dem Jungen mitzuteilen, daß er bereitwillig das Amt des Vaters übernimmt.[29]

Diesen Frauen aufs engste verwandt ist, in der gleichnamigen Erzählung, Susi, das Bauernmädchen aus dem Taunus. Sie liebt einen jungen Franzosen und folgt ihm über die Grenze. Dann erfährt sie, der Geliebte habe bereits Frau und Kinder. Sie bleibt bei ihm. Jean beginnt zu trinken und zu spielen, verspielt das kleine Anwesen, verfällt und stirbt schließlich. Susi erträgt alles, hilft stumm und ohne Vorwurf. Das Leben geht weiter, sie muß arbeiten, heiratet endlich, aber ihre Treue gehört dem toten Jean.

Da ist als letzte die russische Mutter Pelageja in der Erzählung *Wiedersehen*, die sich und ihre Kinder durch das Chaos des zweiten Weltkrieges rettet. In der Gestalt der Pelageja, einer ganz anderen, ganz dienenden Mutter Courage wird das Menschliche zum Heiligen überhöht — sofern man dem Wort von Camus in der *Pest* zustimmen kann: es komme darauf an, heilig ohne Gott zu werden. Das Nüchterne, Hausbackene, ja zuweilen Banale dieser Gestalten und ihres Lebens gewinnt einen Glanz, den Anna Seghers mit den ihr aus der Kindheit vertrauten Farben der Religion ausmalt. Die Erzählerin sieht die alte Pelageja in einer kleinen, versteckten und vergessenen Kirche mitten im modernen Moskau. „Wer ist sie?" fragt sie sich, „Gottes Verwandte? Die Heilige Martha?" Sie streitet mit ihrem russischen Begleiter, der an die Existenz dieser kleinen Kirche in der ihm wohlbekannten Stadt nicht glauben will. Man findet die Kirche, in ihr die alte Russin und erfährt ihre Leidensgeschichte. Die Erzählung schließt mit den einfachen, doch nun bedeutungsvollen Worten des Begleiters: „Sie haben recht. Ich war noch nie drüben in diesem Hof. Hab' nicht geahnt, daß da eine Kirche ist, die ich nicht kenne."

---

[29] Es handelt sich hier um die Erzählung *Das Obdach* (1941), die nicht in dem Band *Die Kraft der Schwachen* enthalten ist.

Hier wie an vielen anderen Orten tritt das epische Subjekt gänzlich zurück, der Erzähler begnügt sich mit der Rolle des Chronisten, des namenlos Weiterreichenden, und wenn er sein Ich in das Bild bringt, dann mit der fast demütigen Bescheidung dessen, dem etwas anvertraut wurde, damit er es bewahre. Das Autobiographische ist in einem erstaunlichen Maße ausgespart. Die einzige Ausnahme bildet die Novelle *Der Ausflug der toten Mädchen,* die 1943 in Mexiko entstand.[30] Hier ist Anna Seghers nicht nur Instrument des Berichtens, sie ist eine der lebenden und handelnden Personen und enthüllt ein Stück ihrer Biographie. Die Komposition drückt die inneren Verhältnisse der Erzählung in vollkommener Weise aus, setzt sie in Form um. Die Erzählerin, aus weiter Ferne in ein kahles mexikanisches Dorf verschlagen, krank, müde und vereinsamt, begegnet in einem unwirklichen Rancho plötzlich zwei Mädchen, längst vergessenen Freundinnen aus der rheinischen Schulzeit. In diesem Augenblick verwandeln sich Zeit und Szene. Wir sind am Rhein, kurz vor dem ersten Weltkrieg, auf einem Schulausflug der Mädchen, zu denen auch die Erzählerin gehört. Die Fremdheit Mexikos verwandelt sich in die Geborgenheit der Heimat. „Bei dem bloßen Anblick des weichen, hügeligen Landes gedieh die Lebensfreude und Heiterkeit statt der Schwermut aus dem Blut selbst, wie ein bestimmtes Korn aus einer bestimmten Luft und Erde."

Aus einer langen Reihe von Einzelbildern wird das allen gemeinsame Schicksal entwickelt: der Krieg, die Republik, das Dritte Reich, der zweite Krieg, ein gesellschaftliches Schicksal, in dem jede von ihnen den Tod fand. Es geht um die Bewährung jedes einzelnen, nicht der Großen und Außerordentlichen, sondern der Kleinen und Alltäglichen. Alle Möglichkeiten, sich gegenüber den objektiven geschichtlichen Anforderungen zu verhalten, werden durchgespielt, jeweils bis zum Ende, bis zum Tode. Zwar werden eindeutige Maßstäbe gesetzt, von denen her das Verhalten seinen Wert erhält, doch handelt es sich nicht um ein Gericht, vielmehr bilden die Berichte in ihrer Gesamtheit eine Totenklage, ein Requiem.

Eine Erinnerungs-Novelle also, wie wir sie von Storm kennen? Das Zeitgefühl ist komplizierter und vielschichtiger. Rückkehr in eine vergangene Epoche, in die Jugend, doch gleichzeitig das Wissen von dem, was damals eine noch ungewisse Zukunft war, für den Erzähler aber überschaute Vergangenheit ist — ein Zeitgefühl, das durch den Erzähler, der unter den Toten und unter den Lebenden lebt, der weiter leben wird, der Gegenwart, Vergangenheit und Zukunft in sich beherbergt, in der Schwebe gehalten wird. So wird es möglich, daß Anna Seghers, mit den anderen von dem Ausflug in die Stadt Mainz zurückkehrend, von Angst erfüllt ist, da sie weiß: die Stadt ist zerstört und das Wiedersehen wird schlimm sein, daß sie erlöst ist, als sie den heilen Bau-

---

[30] Vergl. die Interpretation von Hans Mayer in: Ansichten, Hamburg 1962.

werken begegnet, und doch von Trauer erfüllt, da der Anblick des Unversehrten bloße Erinnerung bedeutet. Und wie der Klang ihres Mädchennamens Netty am Beginn der Novelle die Auferstehung des Vergangenen bewirkte, so ist es ein Klang, der die Rückkehr in das mexikanische Jetzt bewirkt. Vom Ausflug in das Mainzer Elternhaus heimkehrend, zögert das Mädchen Netty, von unerklärlichem Bangen befallen, in das Wohnzimmer einzutreten. „Man klapperte schon mit den Tellern zum Abendessen. Ich hörte hinter sämtlichen Türen das Klatschen von Händen auf Teig in vertrautem Rhythmus: daß man auf diese Art Pfannkuchen buk, befremdete mich." Es ist der Rhythmus der Tortillas, Mexikos, der Gegenwart. Aber die Verschränkung der Zeiten ist keine einmalige Episode und kein literarisches Kunststück. Sie erschließt erst eigentlich die Gegenwärtigkeit aller Zeiten, die das Signum des Erzählens von Geschichte ist. „Plötzlich fiel mir (in der Tienda, zu der sie zurückwanderte) der Auftrag meiner Lehrerin wieder ein, den Schulausflug sorgfältig zu beschreiben. Ich wollte gleich morgen oder noch heute Abend, wenn meine Müdigkeit vergangen war, die befohlene Aufgabe machen."

So nimmt diese Novelle im Werk von Anna Seghers eine zentrale Stelle ein. Sie verbindet die Kompositionsform des Zyklus mit der einer in sich geschlossenen, ihr ganz eigenes Schicksal erfüllenden Einzelgestalt. Sie erzählt auf diese Weise die Geschichte der Deutschen in unserem Jahrhundert, eine Geschichte des Sich-Bewährens, des Leidens, der Verfehlungen und der Kraft der Schwachen. Sie erhebt das Geschichtliche zur Gegenwärtigkeit, indem sie die Grenzen der Zeit überschreitet.

Stefan Heym

Bin ich ein Deutscher? das scheint die Frage zu sein, die Leben und Werk dieses Mannes bewegt, eine Frage, die ihm von seinem Schicksal aufgezwungen wurde, dem Schicksal der Emigration, wie es ein Jahrhundert vorher Adalbert von Chamisso geschehen war, der zwischen der alten französischen und der neuen deutschen Heimat nie ein Verhältnis der Harmonie gewinnen konnte. Anders als Anna Seghers, welche die Verbundenheit mit ihrer rheinischen Heimat weder in Mexiko noch in Ost-Berlin löste, ist Stefan Heym durch die Vertreibung in einem solchen Maße seiner deutschen Herkunft entfremdet worden, daß die Verwandlung bis in den innersten Bereich vordrang, in die Sprache.

1913 in Chemnitz geboren, 1933 als Kommunist zur Auswanderung nach den Vereinigten Staaten gezwungen, veröffentlichte der noch sehr junge Schriftsteller zwar 1935 und 1937 zwei Dramen in deutscher Sprache (*Die Hinrichtung — Gestern / Heute / Morgen*), schrieb aber seit 1942 Romane in der Sprache der neuen Heimat (*Hostages, Of Smiling Peace*). Es folgten *The Crusaders, The*

Eyes of Reason und *Goldsborough*. War er ein Amerikaner geworden? Die Krise der nationalen Identität brach aus, als er mit der Invasionsarmee durch Frankreich marschierte, gegen seine ehemaligen Landsleute kämpfte, mit den Siegern in Paris einzog und schließlich als Offizier der Besatzungsarmee in München regieren half, indem er zum Mitbegründer und Redakteur der Münchener *Neuen Zeitung* wurde. An der Oberfläche schien es nur eine Frage der politischen Richtlinien zu sein, die ihn in Konflikt mit dem amerikanischen Staat und Status brachte, so daß er 1952 wegen pro-russischer und pro-kommunistischer Publizistik in die USA zurückgeschickt wurde. Seine Antwort war ein überdeutlicher Brief an den Präsidenten, dem er seine Staatsbürgerschaft, sein Offizierspatent und seine Orden vor die Füße warf. Daß es um mehr ging, zeigt sein Roman *The Crusaders*, ein in der Substanz autobiographischer Roman.[31]

Gegenstand sind die zwei letzten Kriegsjahre auf dem westlichen Kriegsschauplatz und die amerikanische Besetzung Westdeutschlands. Im Mittelpunkt steht der Krieg von der Invasion in der Normandie bis zur Begegnung mit den Russen an der Elbe, beschrieben mit der Akribie, der kompromißlosen Härte und dem Pessimismus, die Norman Mailers *Die Nackten und die Toten* auszeichnen. Die innere Mitte aber, welche die weit gestreuten Personen, Landschaften und Handlungsabläufe verbindet, ist durch den Titel angedeutet. Sind wir Amerikaner in der Tat Kreuzfahrer? Führen wir in der Tat diesen Krieg, um Europa die Ideen zu schenken, die 1776 unsere Geburt als Nation bewirkten?

Der Autor bringt sich selbst in zwei Personen ins Spiel, er hat zwei Namen und zwei Funktionen, wie er zwei Sprachen hat. Der junge Sergeant Bing, aus Deutschland vertrieben, amerikanisch erzogen, haßt die Deutschen, die für ihn unterschiedslos Faschisten sind. Er ist gekommen, um einen Kreuzzug der Rache und Strafe zu führen. Aber je länger der Krieg währt, desto fraglicher wird ihm die Ideologie, für die er zu kämpfen glaubt. Wenn er an der amerikanischen Sendung zweifeln muß — mit wem sonst kann er sich identifizieren? „Er beschloß, wenn die Armeen jemals so weit gelangten, die kleine Stadt Neustadt aufzusuchen. Es war sein Geburtsort, dort hatte er seine Kindheit verbracht, und dort erst konnte er feststellen, ob er den Deutschen in sich abgestoßen hatte und ob die Wurzeln, die ihn einst in diesem vergifteten Boden gehalten hatten, zerstört waren." Das Wiedersehen mit Kindheit und Heimat — eines der bewegendsten Kapitel des umfangreichen Romans — bleibt zwiespältig, führt zu keiner Entscheidung. „Ich habe das Haus gesehen, in dem ich meine Kindheit verbracht habe. Und es ist nicht das Haus meiner Kindheit." Dennoch ist ihm klar, daß er das amerikanische Vaterland nicht mehr besitzt. Als er bald darauf

---

[31] The Crusaders, New York 1948 — Dt. als *Kreuzfahrer von heute* München 1950 — als *Der Bittere Lorbeer, Roman unserer Zeit*, München 1968, sämtliche Zitate folgen dieser Ausgabe.

fällt, erscheint sein Tod als die Bestätigung, daß er zwischen den Nationen nicht leben kann.

Der andere ist Yates, Leutnant, Professor für germanische Sprachen, mit Bing bis zu dessen Tode durch militärisches Schicksal und Gedankenwelt eng verbunden. Er überlebt und führt das zweite Thema weiter, die Frage nach der moralischen Integrität der Amerikaner. Seine Frage ist: wohin zielt die Politik der USA im besetzten Westdeutschland? Geht es etwa darum, die Geschäftsinteressen der Großindustrie zu wahren, mit den reaktionären Kräften in Deutschland und Frankreich zu kooperieren und den nächsten Krieg, den Krieg gegen den kommunistischen Osten vorzubereiten? Yates sieht die alten Kräfte in Deutschland sich vorbereiten, mit den Besetzern zusammen den Kreuzzug gegen den Osten zu inszenieren. Daraus ergibt sich für Yates die Erneuerung der bisherigen Kreuzzugsidee. Er findet Gleichgesinnte, erringt Teilerfolge. Ob er siegen kann, bleibt offen.

Bing und Yates — Stefan Heym hatte beide in sich. Seine geheimsten Wünsche aber versteckte er in einer dritten Gestalt, in Kellermann, der dem KZ entfloh, der von einer beglückenden Urgemeinschaft träumt, ohne Macht, ohne Ideologie, krank, verschmutzt, in Lumpen, der echteste aller Kreuzfahrer. Was er und die Seinen wollen, bleibt ein irrationales, politisch kaum definierbares Gefühl. „Sie hegten einen Groll gegen die Welt, wie sie war, wegen der allgemeinen Ungerechtigkeit, von der alle betroffen wurden; sie hatten keine bestimmte Vorstellung, wie die Verhältnisse geändert werden sollten, aber eine Änderung mußte eintreten. Sie glaubten an ein äußerst bescheidenes Paradies auf Erden als Belohnung für ihre Kämpfe: an ein Reich, in dem die Menschen die Früchte ihrer Arbeit in Ruhe und Gerechtigkeit genießen durften und in dem es für niemanden besondere Privilegien geben würde. Manche glaubten, dies wäre die Bedeutung des Wortes Republik; andere nannten es Freistaat oder Kommunismus oder Sozialdemokratie."

Es war der Traum Kellermanns, der Stefan Heym in die DDR führte. Aber auch dort blieb er im Zweifel. Sein Verhältnis zu Staat und staatlicher Führung wurde schnell fragwürdig. Anziehung und Abstoßung wechseln. Seine erste größere Arbeit war die Sammlung *Schatten und Licht*, Geschichten aus einem geteilten Land, wie H. P. Anderle zusammenfassend bemerkt, „wohl die makabersten Geschichten über die deutsche Teilung, die je auf deutschem Boden geschrieben wurden"[32]; ein Bekenntnis zur neu gewählten politischen Heimat und zugleich eine grimmige Kritik an ihrem Polizeisystem.

Als Heym die Ereignisse des 17. Juni 1953 in einem Roman *Der Tag X* darstellen wollte, wußte die Obrigkeit das zu verhindern. Der Autor rettete sich

---

[32] Hans Peter Anderle: Mitteldeutsche Erzähler. Köln 1963, S. 164.

in die Historie und hüllte den gescheiterten Aufstand von 1953 in das Gewand des gescheiterten Aufstands von 1849.[33] Sein erfundener Held, der Dichter und Volksführer Lenz flieht nach der Niederlage der Badischen Revolution nach Amerika und fällt dort in der Schlacht bei Gettysburg. Hier zum ersten Male bediente sich Heym der Waffe der literarischen Tarnung, die er in der *Schmäh-schrift* von 1970 zur Vollendung entwickelt hat. Es geht nicht um Geschichte. Heym nannte sein Werk *Lenz oder die Freiheit, ein Roman um Deutschland*, und sein Aufstand, national, demokratisch und vor allem sozialistisch, ist nicht der von 1849. Es siegen die Interessen und die Macht der Herrschenden; Schuld aber ist die Unentschlossenheit, die Ängstlichkeit, die Unfähigkeit zu radikalen Entscheidungen auf Seiten der Revolutionäre, die keine sein möchten, die klein-bürgerliche Misere, die dem Autor die deutsche Misere schlechthin zu sein scheint.

Am Ende stehen Verbitterung und Enttäuschung. „Er (Lenz) beabsichtigte nicht, ein Buch über diesen Bürgerkrieg oder was immer es war zu schreiben; wenigstens nicht, solange er noch schwankte, ob die ganze Angelegenheit als komische Operette aufzufassen war oder als die Tragödie, die gleichfalls darin steckte." Welche Funktion kann der Schriftsteller im politischen Geschehen übernehmen? „Und er ist ein Intellektueller! Ein Schriftsteller! Ein Mann, der die stummen, ungeformten Gefühle der Menschen in Worte fassen und sie dadurch zu einer Macht werden lassen kann, zu einer Gefahr, einem Spreng-stoff unter den Sitzen der Mächtigen." Doch scheiterte nicht Lenz, wie Stefan Heym scheiterte? „Was soll ich jetzt den Menschen erklären, daß wir gegen die Tyrannei gekämpft haben, um einer anderen zu verfallen?" Das elementare Erlebnis, das schon die *Kreuzfahrer* durchgezogen hatte, wiederholt sich. Der Schriftsteller kann nichts bewirken, er kann nur berichten. „Nun denn, was bleibt dem Dichter, dessen Schwingen gebrochen sind, dem Schriftsteller, der nicht mehr in der Lage ist, die Ereignisse zu beeinflussen? Die Rolle des Chro-nisten."

So wird Stefan Heym der Chronist der unerfüllten Hoffnungen, der großen Niederlagen. Auch sein Lassalle-Roman gleicht eher einer Totenklage als einem revolutionären Aufruf.[34]

Aber sein Sarkasmus, sein grimmiger Spott und seine radikale Liberalität ließen ihn nicht lange in der Rolle des Resignierenden verharren. Er schlug erneut zu, heftig, aggressiv, aber auch getarnt, aus voller Deckung. *Die Schmäh-schrift* erschien 1970 — in Zürich. Zwar hatte sich der Autor ein Gutachten geben lassen, daß der historische Inhalt, nämlich der Kampf der englischen

---

[33] *Lenz oder die Freiheit*, München 1963. *The Lenz Papers*, London 1965 und Ber-lin/O 1968.
[34] *Lassalle*, München 1969.

Regierung gegen den Schriftsteller Defoe und dessen Satire „Das kürzeste Verfahren mit den Abweichlern" (Dissenters) am Anfang des 18. Jahrhunderts, exakt den Quellen folge, doch lehnte der Ostberliner Eulenspiegel-Verlag die Publikation ab, weil „die Darstellung in zweierlei Sinn verstanden werden könne." In der Tat! Selten ist eine Satire so unangreifbar hinter Historie versteckt worden, selten greift die Satire so leidenschaftlich und offen an.

Der Autor umhüllt den bitteren Kern mit mehr als einer Schale. Er errichtet zuerst die literarische Fiktion, der Text sei ihm 1944 in London von einer Erbin des Verfassers übergeben worden, er, Stefan Heym, sei also nur Herausgeber und Übersetzer. Er wählt zweitens die literarische Form des Tagebuches, das Mr. Creech, Sekretär und unterwürfiger Gehilfe des Earl of Nottingham, in den Monaten des Verfahrens gegen Daniel Defoe verfaßt habe.

Was wird erzählt, kommentiert und reflektiert? Daniel Defoe hatte in seiner Schrift über das kürzeste Verfahren mit den Dissenters der Regierung vorgeschlagen, die politische und religiöse Opposition dadurch einfach abzuschaffen, daß man ihre Anhänger hinrichte. Die Regierung, die sich bloßgestellt sieht, versucht den Schriftsteller einzuschüchtern, zu bestechen — er bleibt standhaft. Schließlich stellt sie ihn vor Gericht. Er wird zum Pranger verurteilt, aber während der Exekution hört das Volk, anstatt den Gefesselten zu steinigen, jubelnd dessen soeben verfaßte „Hymne an den Pranger" von einem der Umstehenden vorgelesen. Die Polizei bleibt machtlos. „Da erhob sich eine neue Stimme, rissig, heiser, verzerrt, gespenstisch fast — die Stimme des Gefangenen: Sag an, wer ist's, der da am Pranger steht, / So schwer beschuldigt, doch so bar der Furcht? / Von dem Papier an seinem Hut / Laß alle Welt erfahren, was er tat. / Sag ihnen denn, er war zu kühn! / Er sprach gewisse Wahrheiten, die besser / Unausgesprochen! / Sag ihnen, daß er da erhöht steht, / Weil er verkündete, was wir nicht hören wollten! / Und so ward als Exempel statuiert, / Damit Angst herrscht vor jedem offenen Wort!" Das Volk greift ein, verjagt die Polizei und befreit den Schriftsteller.

Die Schmähschrift ist in ihrer Kürze und Geschlossenheit das literarisch vollendetste Werk Stefan Heyms. Sie ist eine Schatzgrube von Witz, Spott und Galle, aber auch ein geschliffenes Bekenntnis zur Freiheit und Verantwortung des Schriftstellers. Man kann ihren Gehalt nicht besser in Worte bringen als mit den Worten des Autors selbst. Die Besitzer der politischen Macht und Beherrscher des Polizei-Apparats formulieren ihre Position und lassen die der Öffentlichkeit gegenüber gebotene euphemistische Verhüllung fallen: „Mit der Papisterei auf der einen und den Spaltern und Abtrünnigen auf der anderen Seite ist die rechtmäßige Kirche von England zwischen zwei Schächern ans Kreuz geschlagen worden. Nun, laßt uns denn die Schächer kreuzigen." „Der liebe Gott hat im Garten Eden keine Druckerpressen aufgestellt, folglich muß es der Teufel gewesen sein, der das Alphabet erfand." „Habe ich Ihnen doch auseinandergesetzt, daß Literatur und Aufruhr in unserer Zeit ein und dasselbe sind, zwei Seiten der gleichen Münze, mit der man sich nichts einhandelt als Verdruß, und daß ich Grund habe zu dem Verdacht, daß Mr. Defoe mehr ist als ein Lieferant mehrdeutiger Worte, nämlich der Mittelpunkt einer Verschwörung." „Wir sind in ein Zeitalter geraten, da ... literarische Possenreißer zu einer rechten Plage zu werden beginnen, und da ein Staatsmann von einer scharfen Feder ebenso leicht gestürzt werden kann wie durch Schießpulver."

Dagegen steht die Verteidigung des Schriftstellers: „Der Schneider schneidet nach dem Kunden zu, aber Worte, obzwar viel leichter als jedes Tuch, lassen sich nicht so zuschneiden ... sie atmen das Leben, welches ihnen der Autor mit der Glut seines Herzens einhaucht; ohne das wären sie nichts als eine tote Schale, und keiner würde weiser durch sie. — Ihr heißer Atem aber, sagt mein Lord Nottingham, will nur in eine Richtung blasen, nämlich gegen Ihre Majestät." — „Oh nein, sagt der Gefangene, das leugne ich." — „Gegen wen sonst?" sagt mein Lord. — „Gegen Heuchelei", sagt der Gefangene, „gegen Unrecht und Unduldsamkeit." — „Kann Eure Lordship denn nicht verstehen", sagte der Gefangene verzweifelt", daß der freie Gedanke des Menschen nicht wie ein Stock ist, den der Hund auf seines Meisters Befehl apportiert? Oder ist Eure Lordship so festgefahren auf den Wegen der Orthodoxie, daß Ihnen jede nicht amtlich gebilligte Idee notwendig als Teil eines aufrührerischen Komplotts erscheint?"

Franz Fühmann

1942 veröffentlichte der Zwanzigjährige in einem Hamburger Verlag einen Gedichtband *Gefühle der Klage, Trauer, Ratlosigkeit*, Lieder eines empfindsamen und leidenschaftlichen Sudetendeutschen, der als gläubiger Nationalsozialist und Gefolgsmann Baldur von Schirachs seinen Gefühlen lyrischen Ausdruck gab. Die Erzählungen und Gedichte, die Franz Fühmann später schrieb und die sämtlich ein Bekenntnis zum Kommunismus enthalten, haben alle einen biographischen Bezug, haben stets mit seiner Herkunft aus dem Nationalsozialismus zu tun, der für den Jungen aus dem tschechischen Riesengebirge wie ein Heldenmärchen aus dem Norden herabgekommen war. Die Erzählung *Die Berge herunter* gibt darüber Auskunft.[35] Bald genug konnte er seine Begeisterung als Soldat bewähren. Rußland und Griechenland waren die Stationen, russische Gefangenschaft das Ende. Als er 1949 zurückkehrte, fand er in dem gerade gegründeten sozialistischen Staat eine neue Heimat. Denn er hatte umgelernt.

---

[35] In der Sammlung *Das Judenauto*, 1962. Zur Jugendgeschichte s. Günther Deicke: F. Fühmann — Wege einer Wandlung, Neue Texte 4, Almanach f. dt. Lit., Berlin/O 1964.

Und so unbedingt er dem Dritten Reich und dem Führer gedient hatte, so unbedingt diente er jetzt der DDR und ihren Führern.

Aber die Erinnerung an den ersten großen Irrtum ließ ihn nie los. Krieg und Nationalsozialismus wurden die Themen seiner Novellen und Gedichte. Die Auseinandersetzung mit der nationalen Geschichte war zugleich eine Auseinandersetzung mit der eigenen Geschichte. Sie erhielt ihren Stachel durch den Zwang, sich zu rechtfertigen. Immer wieder schlüpfte er in die Vorstellungen und Träume junger Soldaten der Kriegsjahre, immer von neuem lebte er nach, was er in der Erzählung *Das Gottesgericht* einen jungen Funker erleben läßt, als diesem die Entscheidung über ein anderes Menschenleben gegeben wird. „Wir richten! dachte er. Wir sind die Götter! dachte er. Wir! — Da sah er auf einmal das Meer, ganz grün wie Stein, und er sah weit über das Meer hinaus, und hinten, wo der Horizont hell war, sah er Land heraufkommen; es eilte herauf, immer höher, schräg, eine riesige Fläche: Dies Europa, auf dem sie standen, dies Europa mit seinen Bergen und Wäldern und Inseln und Küsten, und überall, so sah er, standen sie da, Menschen wie er, Söhne seines Volkes, und hatten das Gewehr angelegt auf die anderen Völker, die vor ihnen im Staub lagen, und überall waren sie die Herren über Leben und Tod."

Und noch in dem jüngsten Text, der von Franz Fühmann vorliegt, in dem traumhafte Erfahrungen seiner Kindheit wiedergegeben sind, wechseln maßlose Übersteigerungen von Führer- und Reichsbegeisterung mit ebenso maßlosen Verfluchungen.[36] Es ist, als ob ein geheimes Schuldgefühl den heute Fünfzigjährigen zwinge, sich immer wieder zu verantworten. „Ich habe mir oft schon über den Lauf meines Lebens Rechenschaft abgelegt, ich hatte darüber geschrieben und geglaubt, endgültig den Schlußstrich unter das letzte Kapitel gezogen zu haben; meine Reise an die See sollte diesen Schlußstrich noch besiegeln, aber nun hatte ich erfahren, daß es nicht in meinem Belieben lag, diesen Schlußstrich zu ziehen. Die Vergangenheit war noch nicht vergangen..." bekennt er in der Novelle *Böhmen am Meer*. Es ist das Schuldgefühl dessen, der nicht von Beginn an, wie die alten Kämpfer, dabei war, der nicht wie sie immer auf dem rechten Wege gegangen war und nicht wie sie dafür gelitten hatte.

Damals aber, als er aus der Kriegsgefangenschaft zurückkehrte, fühlte er sich als ein Bekehrter, glücklich in seinem neuen Glauben, glücklich wie Christopherus, einen neuen Herrn gefunden zu haben, unter einer Fahne, in einer Gefolg-

---

[36] *Mein letzter Flug* (manuskripte, Almanach neuer Prosa und Lyrik, Halle 1969). Kennzeichnend auch die Rückschau auf das Kriegserlebnis: „So war ich ein typischer Vertreter meiner Generation und Schicht geworden, doch die Gedichte, die ich Nacht für Nacht auf Packpapier, Schulungsbroschüren oder Frontzeitungsränder kritzelte, spiegelten weder Begeisterung noch Gläubigkeit, sondern Angst, Grauen, Ratlosigkeit und drohenden Untergang wider." (56 Autoren, S. 51).

schaft marschieren zu können. Wiederum wurden aus dem Glauben Verse (*Die Nelke Nikos — Die Fahrt nach Stalingrad,* beide 1953). Doch der neue Wein wurde in alte Schläuche gegossen. Rhythmus und Sprachwelt der national-sozialistischen Lyrik dienten unverändert dem veränderten Weltbild:

> Nimm unsere Hände, Deutschland, Vaterland, nimm das
> glühende Herz voll Liebe und Haß, vernimm die
> Stimme unbändigen Willens: Ja, wir
> kommen zu schaffen, zu kämpfen, zu tragen dich
> Deutschland, Land unserer Liebe, durchs Reifen der Zeit.

Später fand Franz Fühmann in Lyrik und Prosa eigene Ausdrucksformen. Doch die rhythmisierende, auf Steigerung bedachte Syntax und eine poetische, zuweilen gezwungene Metaphorik nahm er aus der alten in die neue Welt hinüber.

Seine Erzählungen zeichnen sich durch eine literarische Struktur aus, welche die Kunstmittel der Rückblende, der Zeitraffung und des inneren Monologs, die in den Vorbildern des sozialistischen Realismus nicht zu finden waren, westlichen Mustern entlehnte. Die Handlung, auf einen Ort und einen kurzen Ausschnitt der Zeit beschränkt, ist auf ein Minimum reduziert. Alles Gewicht wird auf die innere Bewegung der Handelnden gelegt. Das Ereignis hat primär die Funktion, das Selbstgespräch der Seele auszulösen. Von ihm her entfalten sich Erinnerungen und Reflexionen, seelische Bereiche, Träume und traumhaftes Wiedererleben des Vergangenen, die das eigentliche Spannungsgefüge der Prosa Franz Fühmanns ausmachen. Diese Technik führt zu sehr vielschichtigen, verschiedene Motive und Charaktere mit einander verknüpfenden Novellen und ermöglicht es, mehrere Zeit-Ebenen so übereinander zu lagern und sich ineinander schieben zu lassen, daß die Grenze zwischen Gegenwart und Vergangenheit aufgehoben wird. Das Vergangene bleibt nicht bloße Erinnerung oder Rückblende — es wird in das Gegenwärtige gänzlich integriert. Die literarische Struktur entspricht exakt dem thematischen Vorhaben: Nationalsozialismus und Krieg als wesentliche Teile der Biographie des Autors wie der Gesellschaft, die er anspricht, in das Jetzt hineinzubringen, so daß das Jetzt aus dieser Kontrastierung erst seine revolutionäre und heilbringende Wertung gewinnt.

Ein Beispiel ist die Erzählung *Ernst Barlach in Güstrow.*[38] Das Ereignis (Barlach erhält 1937 die Nachricht, daß auf Anordnung der Machthaber eines seiner bedeutendsten Werke, der schwebende Engel, aus dem Dom in Güstrow entfernt wurde) ist nicht mehr als der Auslöser von Meditationen Barlachs über das Thema von der Freiheit der Kunst und der Infamie eines die Kunst unterdrückenden Staates. Dem gleichen Baugesetz folgt die Erzählung *Das Gottes-*

---

[38] Ernst Barlach in Güstrow, Sinn und Form 1963, 1.

gericht. Aus der Situation (vier deutsche Soldaten in Griechenland stehen vor der Frage, ob sie einen als Partisanen verdächtigen Griechen erschießen sollen) entwickelt der Autor die geistige Herkunft und die Psychologie der vier Soldaten sowie des Griechen. Dadurch erhält der zufällige Augenblick geschichtliche Konsequenz, Perspektive und eine über das Geschehen hinausgreifende allgemeine Bedeutung.

Die für Fühmann typische Form kann am eindrücklichsten an der Novelle *Böhmen am Meer* verdeutlicht werden.[39] Die Handlung, insofern man davon sprechen darf, ist denkbar einfach: Der Verfasser begegnet auf einer Urlaubsreise an die Ostsee der Hermine Traugott, deren rätselhaftes Wesen ihn beunruhigt und deren Schicksal er zu ergründen sucht. In diesen Rahmen sind drei Bilder hineingemalt, deren jedes seine eigene Farbe hat, die sich aber gegenseitig überlagern: die Kindheit des Autors, das Leben der Hermine Traugott und Elemente aus Shakespeares *Wintermärchen,* dem die Vorstellung von Böhmen am Meer entnommen ist. Ihre Verbindung geschieht durch die mehrfache, traumhaft sich vollziehende Verwandlung des Fischerdorfes an der Ostsee in das Heimatstädtchen in Böhmen.

Der Erzähler sieht, wie eine Herde Kühe am Strand vorüber getrieben wird. „Die Herde trottete, von einem kläffenden Hund umkreist, an mir vorüber; ich ging in ihrer Mitte den donnernden Strand entlang, und es roch nach Kühen und Weiden und Dung und gekautem Gras, Gerüchen meiner Kindheit im Dorf. Böhmen am Meer! Das Vieh schnaubte; der Hütejunge klatschte mit dem Stecken auf die Flanke einer feisten Kuh. Böhmen am Meer! Ich sah auf die Düne; sie stand hoch vorm Himmel, hoch und rund, der Rand der Welt; ich sah auf die Düne, und sie wölbte sich, eine ungeheure Kuppe, begrünt, und der Weg wand sich hinab ins Tal, in dem ich ging und in dem die Viehherden Kruppe an Kruppe zogen. Der Himmel senkte sein nasses Grau, es lag den Bergen schwer auf dem Scheitel, die Berge waren zerklüftet, grün zerklüftet, die Hänge stürzten steil... Vom Berg herab kam die Herde, die Ställe waren nah, das Gras duftete: Böhmen am Meer. Der Raum zerfloß, die Zeit war zersprengt, ich trieb in der Zeit, wie eine Alge in der Flut treibt. Ich stand einen Augenblick ohne Bewußtsein, ich sah nichts und hörte nichts mehr, ich wußte einen Augenblick nicht, wo ich war, doch dann schwand meine Benommenheit, und ich stand wieder im Flur meines Elternhauses."

Das unbegreifliche Wesen der böhmischen Flüchtlingsfrau Hermine, der Wirtin des Erzählers an der Ostsee, die „mit toten Augen und leerer Stimme" in unbegriffenem Gegensatz zu der sommerlichen Urlaubsidylle steht, ein lastender Schatten aus der Vergangenheit, wird mit dem steinernen Bild der toten Königin

---

[39] Vergl. die Interpretation von Heinrich Ehler, Sinn und Form 1963, 3.

aus Shakespeares Drama verknüpft. „Ich las und hörte das Meer schlagen und den Wind durchs Dünengras gehn, da ich von Böhmen las, und ich las von einer Königin, verstorben vor sechzehn Jahren, und von einem Bild aus Stein, das ihr täuschend glich, und der Stein stand auf einem Sockel, und der König, der Schuldige am Tod der Königin, trat nach sechzehn Jahren der Reue heran und beugte sein Knie... und der Stein hob an zu reden, und da sah ich wieder die toten Augen der Frau."

Und der König des Wintermärchens ersteht aufs neue in dem Baron von L., dem ehemaligen Dienstherren der Hermine in der böhmischen Heimat, der die damalige Magd und ihr ungeborenes, uneheliches Kind ins Elend gejagt hatte.

Dieses äußerst kunstvolle Gewebe wird immer aufs neue durch Worte verknüpft, die zu Metaphern und Symbolen werden und deren Sinn sich wechselnd auf die verschiedenen Wirklichkeits-Ebenen bezieht, Worte wie Böhmen am Meer — das Steinbild — die toten Augen — die Tragbahre. Am Begriff der Tragbahre wird Fühmanns Verwendung von Assoziationen und Traumbildern evident. Das Bild erscheint zuerst in der Erinnerung, als der Junge im Elternhaus dem Baron begegnet und die gewohnte Umgebung plötzlich in den Traum umschlägt. „Plötzlich fuhr eine Tragbahre durch die Decke, da streckte der Mann die Hand aus und zeigte auf mich; er wuchs und wurde ganz gelb und steif, da er auf mich zeigte, und ich hatte plötzlich eine furchtbare Angst und wollte davonlaufen, aber meine Beine bewegten sich nicht... Es war die Stunde, da ich erfahren hatte, daß wir Deutschen bestimmt seien, die Welt zu beherrschen." Krieg, Verwundung, Tod sind die Assoziationen, die das Wort Tragbahre auslöst, die sich mit Angst und Triumph verbinden. Es ist die gleiche Tragbahre, auf der Hermine, von der Flut an den Strand gespült, ins Haus getragen wurde.

Als der Erzähler die Verknüpfung der Lebensfäden erkennt, das Schicksal der Frau Hermine deuten kann und seine eigene Rolle darin wahrnimmt, zieht er die Bilanz, die als Motto seinem Werk voranstehen könnte: „Ein Schauder packte mich. Wie viele solcher Höhlen mögen wir noch in unseren Hirnen tragen, wie viel solcher Höhlenerinnerungen, die zugedeckt sind und von denen wir nichts mehr wissen und die doch in uns sind, ein unbenutztes Stück unseres Seins!"

Damit ist zugleich die innere Lage beschrieben, die einer bestimmten Gruppe innerhalb dieser mittleren Generation gemeinsam ist. Hanns Cibulka (geb. 1920), Günther Deicke (geb. 1922) und Max Walter Schulz (geb. 1921) sahen sich vor dem gleichen Problem.[40] Während Cibulka in dem Zyklus *Steine und*

---

[40] Walfried Hartinger: Gestalt und Wertung einer Generation im lyrischen Zyklus. Zu den autobiographischen Dichtungen Cibulkas, Fühmanns und Deickes, Weimarer Beitr. 1970, 1. — Reinhard Weisbach: Der Dichter G. Deicke und seine Zeit, Sinn und

Brot, eine böhmische Chronik (innerhalb seiner Gedichtsammlung *Märzlicht*, 1954) die heimatliche Landschaft und ihre Verwandlungen durch die Kämpfe der Nationen zum Gegenstand seines selbstkritischen Rückblicks machte, wählte Deicke die literarische Form eines poetisierten Tagebuches (*Du und dein Land und die Liebe*, 1959), in dem er Jugend auf dem Gymnasium und in der Hitler-Jugend und Kriegsdienst als U-Boot-Kapitän im Sinne einer Abrechnung mit der eigenen Vergangenheit beschrieb. Das den drei Lyrikern Gemeinsame drückt stellvertretend Franz Fühmanns Gedicht *Im Nebel* aus. (In *Die Nelke Nikos*, 1953)

> Was du lange vergangen gewähnt:
> Im Herzen, in den Sinnen
> nistet sein Schatten noch. Grau
> wogt es heran. Was beginnen?
> Wenn der Nebel fällt,
> wenn die Höhen unkenntlich werden —
> das Leben, wie geht es weiter
> heut auf der Welt?
> Was an Gestern ist noch zu durchschreiten,
> um daheim im Heute zu sein?

*

Nicht Auseinandersetzung mit dem Phänomen des Nationalsozialismus, sondern Auseinandersetzung mit dem Nationalsozialismus in der eigenen Person und der eigenen Vergangenheit — das galt auch für Bodo Uhse als zentrales Thema, einen Schriftsteller der älteren Generation, der bereits in den dreißiger Jahren von der radikalen Rechten zur radikalen Linken herübermarschiert war. In vier Romanen hatte er versucht, seine politische Biographie verständlich zu machen, sie zu rechtfertigen und Anklage gegen die Verführung durch den Nationalsozialismus zu erheben.[42] Es ist erstaunlich, wie sehr sich die Motive und die Emotionen gleichen, stellt man nebeneinander, was vor und in dem ersten Weltkrieg und was vor und in dem zweiten Weltkrieg in jungen deutschen Intellektuellen vorging. Die Bekenntnisse des Älteren (*Wir Söhne*) und die Bekenntnisse der Jungen (Günter de Bruyns *Der Hohlweg* und Max Walter Schulz *Wir sind nicht Staub im Wind*) sind so verwandte Zeugnisse, daß man die zwanzig Jahre zwischen ihnen leicht vergißt, Zeugnisse von jener Anfälligkeit der deutschen Gebildeten gegenüber Mythen, die den Verführern ver-

---

Form 1970, 2. Georg Maurer: Die Lyriker F. Fühmann und H. Cibulka (Der Dichter und seine Zeit), 1956.

[42] *Söldner und Soldat*, 1935 — *Leutnant Bertram*, 1944 — *Wir Söhne*, 1948 — *Die Patrioten*, 1954.

teidigungslos entgegenkam und den Erfolg der Verführung überhaupt erst
ermöglichte.

Der Roman von M. W. Schulz, der drüben als exemplarisch gilt, mag helfen,
das Thema im einzelnen auszubreiten.[43] Der Autor, heute Direktor des Leipziger Literatur-Instituts, hat selbst den Maßstab zur Kritik seines Werkes
geliefert: „Meines Erachtens wird das Wertmaß, die Höhe des realistischen
Romans durch zwei Koordinaten bestimmt: durch die genannte poetisch-illu-
sionäre, den realen Abbildern treu bleibende Totalitätsempfindung oder Totali-
tätsvorstellung und durch eine gesellschaftsbildende rationale Idee. Formelhaft
ausgedrückt: durch intensive sensualistische Verdichtung bei extensiver ideeller
Spannung."[44] Wie weit hat der Autor den doppelten Anspruch: Verdichtung des
realen Gegenstandes, also der gewählten historischen Periode zwischen 1939
und 1945, und Klärung der kontrastierenden Ideen in literarische Wirklichkeit
umsetzen können?

Die Fabel ist auf den deutschen Zusammenbruch im Frühjahr 1945 konzen-
triert; andererseits wird durch Gespräche, Erinnerungen und Rückblenden
mannigfacher Art die Perspektive in die Jahre der Weimarer Republik, insbesondere in die Schulzeit der Männer verlängert, welche die Katastrophe als junge
Soldaten erleben. Die zentrale Figur, der Unteroffizier Hagedorn, gerät in die
Auflösung der Armee, wird in seinem Glauben an Führer, Reich und Sieg erschüttert, schwankt zwischen zwei Frauen und versucht vergeblich, in der unbe-
griffenen Realität des besiegten und besetzten Deutschlands eine Lebensmöglich-
keit zu finden. Erst am Schluß des Buches eröffnet sich für ihn die Aussicht, als
Neu-Lehrer in der sowjetischen Zone einen neuen Anfang zu gewinnen. Neben
der Hauptfigur, die der Autor mit viel Autobiographischem versehen hat, werden zahlreiche teils kontrastierende, teils variierende Nebenpersonen vorgestellt,
deren Entwicklung durch das Rückblättern ihrer Lebenschronik verdeutlicht
wird. Offenbar bemüht sich der Autor um ein Totalbild der deutschen Gesellschaft jener Tage. Die Fäden der Handlungen sind aber nur lose, zuweilen
zufällig mit einander verknüpft, so daß nicht eine eindeutige und zielstrebige
Fabel, sondern eher ein buntes und verworrenes Panorama entsteht.

Woran dem Autor in erster Linie gelegen scheint, ist die „rationale Idee",
nämlich die Frage nach der Schuld, der Schuld Hagedorns, seiner Generation,
der Schuld schließlich des „deutschen Geistes". Aus Diskussionen, Briefen und
inneren Monologen kristallisiert sich die Anklage heraus. Ihr mangelt es an
Rationalität und Eindeutigkeit, sie ist das Resultat von Emotionen, nicht von

---

[43] Max Walter Schulz: Wir sind nicht Staub im Wind. Roman einer unverlorenen
Generation. 1962.
[44] Stegreif und Sattel, Anmerkungen zur Literatur und zum Tage. 1968, S. 33.

Erkenntnissen; der anklagende Autor und sein angeklagter Held bewegen sich innerhalb der gleichen Gefühlsskala: das Verfallensein des deutschen Geistes an die dunklen Mächte des Emotionalen wird mit dunkler, der kritischen Einsicht unfähiger Leidenschaft verworfen. Unter Anklage steht das ewige, unbegreifliche „Es", ein vage zusammenkomponiertes Gebilde aus lateinischer Humanität, deutscher Mystik, christlicher Versöhnungslehre, griechischer Ästhetik und germanischem Todeskult — „die praktische Wehrlosigkeit eines Bildungshumanismus, die ohnmachtgeschützte Innerlichkeit deutscher Art, die in dieser jungen, durchgebeutelten, jetzt wie vaterlandslos dastehenden jungen Generation, bei sensiblen Naturen zumindest, den düsteren und zynischen Trieb zur Selbstzerstörung erzeugte." So bleibt es bei „schmerzhaften Entladungen der Gewissen in ein Erbarmen . . . , das zu nichts verpflichtet als zu nichts verpflichtender Reue."

Im Innersten der Fäulnis aber, wie ein Virus, der die geistige und moralische Erkrankung permanent mache, stehe das namenlose Gefühl, einem namenlosen Schicksal ausgeliefert zu sein. „Wenn der Wind ruht, muß der Staub liegen. Wenn der Wind geht, muß der Staub fliegen, der Erdenstaub, wir."

Doch wir sind nicht Staub im Wind! „Aber mit den jungen Deutschen, die der Apokalypse entrannen, fangen wir die deutsche demokratische Schule wieder an. Welches Unmaß an Hoffnung!" Das ist das letzte Wort des M. W. Schulz. Man fragt sich mit einiger Bestürzung, worauf sich solche Hoffnung gründe — selbst wenn der unbestimmte Begriff einer deutschen demokratischen Schule undiskutiert bleibt. Müßte der Schriftsteller eine solche Hoffnung nicht zuerst in seiner zentralen Gestalt begründen und sichtbar machen? Aber Hagedorn bleibt eine schwache, labile und passive Figur, voller Sentimentalität und Selbstmitleid, unfähig, die Glasglocke einer rein ästhetischen Bildung zu zerschlagen, die ihn von der Wirklichkeit trennt. Wollte der Autor, der auf die Fortführung des Themas in einem zweiten Band verweist, nur die Krankheit diagnostizieren und die Therapie nachliefern? Es fällt schwer, sich dem Urteil anzuschließen, mit dem die Kritik in der DDR den Roman aufgenommen hat: „Sie (M. W. Schulz und de Bruyn) zeigen im Chaos des Endes und seiner beginnenden Bewältigung die Kräfte, die die Wende in der nationalen Entwicklung herbeiführen, und die, die unfähig sind, zur Erneuerung beizutragen . . . Die Klärungen und Entscheidungen von damals sind die Keimform, der Kindheitszustand der Entscheidungen, die in unseren Tagen tausendfach fallen."[45]

---

[45] Silvia Schlenstedt: Variationen in Es-Dur, zu M. W. Schulz *Wir sind nicht Staub,* Weim. Beitr. 1964, 3.
M. W. Schulz: In eigener und nicht nur in eigener Sache, Junge Kunst 1962, Heft 5.

Erwin Strittmatter

Als der Krieg im Frühjahr 1945 zerrann, kehrte Strittmatter in das Dorf der Niederlausitz zurück, das er zehn Jahre vorher verlassen hatte. Er war nicht mehr jung und hatte aus dem Krieg nicht mehr gerettet als sein Leben. Was dieses Leben ihm bisher gebracht hatte, war ohne Glanz und Bedeutung für die Zukunft. Der Vater, Kleinbauer und Bäcker, hatte ihn auf das Gymnasium geschickt, damit er aufsteige, aber der Junge war ins Dorf zurückgelaufen und Bäcker geworden. Nicht lange, und es trieb ihn umher, er versuchte sich an vielen Orten und in vielen Berufen, ein Vagabund, in keiner Ordnung lange zu halten, ein Bursche mit viel Phantasie und wenig Sitzfleisch, der die Freiheit und die Veränderung liebte, bis man ihn in die Armee steckte und in den Krieg schickte. Er hatte sich durchgeschlagen wie Millionen andere und war im letzten Augenblick davongelaufen, so daß ihm die Jahre der Gefangenschaft erspart blieben. Er war hellwach und hatte viel gelesen, auch hier und da ein Gedicht versucht, aber er war weit davon entfernt, ein Schriftsteller zu sein. Er hatte die Klassenkämpfe und den Aufstieg Hitlers miterlebt, es war ihm schlecht genug dabei ergangen, aber es hatte ihn nur am Rande berührt. Er war ein kleiner Mann, keiner Gruppe und keiner Partei verpflichtet, kritisch beobachtend, nicht leicht zu täuschen, aber stets außerhalb.

Wie wurde dieser Unbekannte in wenigen Jahren zu einem Schriftsteller, der heute über sein Land hinaus bekannt und gelesen ist, der eine eindeutige und bedeutende literarische Physiognomie besitzt? „Erwin Strittmatter gehört zu den neuen Schriftstellern, die nicht aus dem Proletariat aufstiegen, sondern mit ihm", so urteilte Bert Brecht, und Strittmatter selbst bekannte: „Ohne die DDR wäre ich nicht, was ich bin, wüßte nicht, was ich weiß, könnte ich meine zukünftigen Bücher nicht schreiben."[46] Äußere Verhältnisse und innere Bereitschaft wirkten zusammen. Die erste Bodenreform gab dem Bäckergesellen Land, machte ihn über Nacht zum Kleinbauern. Er wurde Amtsvorsteher von sieben benachbarten Gemeinden, stürzte sich in die marxistische Literatur, trat in die Partei ein, schrieb Berichte für die lokalen Zeitungen, tummelte sich mit allen Kräften in dem neuen Leben und erwachte zu dem Bewußtsein, endlich mit dazu zu gehören, sich in einer ihm gemäßen Gesellschaft auswirken zu können. Man muß die Erzählungen lesen, die er zu dem Band *Eine Mauer fällt* zusammenfaßte, um zu begreifen, was es für ihn bedeutete, Land zu besitzen, wie er den Bauern in sich entdeckte, den er so lange hatte verleugnen müssen.

Auf Strittmatter kann das Wort „ein Bauerndichter" sinnvoll angewandt werden, wenn es auch nicht alle Aspekte seiner Produktion umgreift, und es ist

---

[46] Helmut Hauptmann: Wie E. Strittmatter Schriftsteller wurde. Neue Dt. Lit. 1959, 7, S. 122.

keine bloße Allüre, wenn der nun Sechzigjährige heute einen Hof bewirtschaftet und im *Schulzenhofer Kramkalender* ländliches Leben in Dichtung umwandelt. Betrachtung und Schilderung der Natur, Sehnsucht nach der Natur, Geborgenheit in ihr — das sind Motive der deutschen Literatur, seit Albrecht von Haller *Die Alpen* und B. H. Brockes sein *Irdisches Vergnügen in Gott* schrieb. Es gibt die bedeutende Naturdichtung unseres Jahrhunderts von Oskar Loerke bis zu Wilhelm Lehmann. Doch damit hat Strittmatter wenig zu tun. Das Mißverständnis, Naturdichtung und bäuerliche Dichtung seien Kinder gleicher Eltern, müßte zum Mißverstehen von Strittmatters Werk führen.

Unter den wenigen Gedichten, die der Erzähler Strittmatter geschrieben hat, findet sich eins, das er *Regen* nannte:[47]

> Nicht weil ich vom Lande bin,
> lieb ich den Regen.
> Dort in den Feldern
> reimt er sich
> nicht nur auf Segen.
>
> Regen der Kindheit,
> hoch oben im Heu,
> Dämmerdunkel von Märchen durchfunkelt.
> Später als Fuhrmann unter der Plache:
> Kiengeruch vom Holz
> der durchnäßten Fuhre,
> duftender Dampf aus den Pferdefellen.
>
> Landstreicher-Langtag
> im modernden Schober:
> vor jedem Weiterweg
> Schranken aus Regen.
> Mit den Mäusen an Körnern kauen.
> Fröstelnd nach Wurzeln
> **des Unrechts graben. . . .**

Hier zeigen sich Grundelemente der Schreibweise Strittmatters: der immerwährende autobiographische Bezug, die Hinwendung zum Selbsterlebten, die Sinnfälligkeit der Wörter und der heraufbeschworenen Situationen. Nicht Regen an sich, als Ereignis der Natur oder Gottes, sondern Regen als individuelle Betroffenheit dessen, der ihn erduldet oder herbeiwünscht. Die Möglichkeit, ins Sentimentale abzugleiten, wird durch ich-bezogene Konkretheit, durch eine Art praktischer Vernunft beiseite geschoben.

In der ersten Etappe seiner literarischen Entwicklung war Strittmatter vornehmlich mit dem beschäftigt, was für ihn und seine Umwelt neu in Erschei-

---

[47] Neue Dt. Lit. 1960, 12. Das Gedicht ist um das letzte Drittel gekürzt.

nung trat, mit der Umwandlung des bäuerlichen und dörflichen Lebens. Gleichzeitig hatte er aufzuarbeiten, was sich bisher in ihm aufgestaut hatte und was als Kontrast das Neue erst in die historische Perspektive rückte. 1951 erschien sein erster Roman *Der Ochsenkutscher,* an dem er seit seiner Rückkehr gearbeitet hatte, wie die ersten, in der *Märkischen Volksstimme* erschienenen Teile zeigen. Es ist ein Entwicklungsroman, in dem der Autor dem eigenen Werden nachspürt, aber es ist kein Bildungsroman. Lope, die zentrale Figur, unehelicher Sohn des Gutssekretärs und der Gutsmagd, gehört zu den geringsten des Dorfes zwischen Herrenhaus und Kohlengrube, sein Adoptivvater verkommt im Suff, seine Mutter im Irrenhaus. Die Entwicklung des Jungen führt im sozialen Bereich nicht weiter als bis zum Ochsenkutscher, dem niedrigsten unter den Knechten des Gutes, und bleibt im geistigen Bereich in der Sehnsucht nach anderem, Höherem stecken. Der Autor hat Lope das Erzählen übertragen. Wir sehen die Welt mit Lopes Augen, hören ihre Stimme in seiner Sprache, verstehen Anklage und Auflehnung aus seiner Perspektive. (Strittmatter hat das gleiche literarische Verfahren in *Tinko* und im *Wundertäter* wiederholt.) Indem der Autor den Arme-Leute-Jungen zum Erzähler macht, gewinnt er die Möglichkeit einer verfremdenden Optik, welche die Gefahr des Dorfromans, den platten Naturalismus, bannt, gewinnt er die Möglichkeit zu Kritik und Humor in gleichem Maße. Das Auseinanderfallen von Schein und Sein, die Diskrepanz zwischen Lopes Erwartung und Erfahrung erzeugen leidenschaftliche Anklage wie befreiendes Lachen.

Ein Beispiel für viele: Lope wird vierzehn, wovon niemand Notiz nimmt, doch glaubt er selbst, den Tag würdigen zu müssen. „Lope sitzt auf einem Hügel, der heißt vierzehn Jahr. Es kommen Leute, die holen ihn von diesem Hügel herunter. Der Vogt tadelt ihn, die Mitkonfirmanden prügeln ihn, der Pfarrer macht ihm Vorwürfe, Mutter schlägt ihn. Es ist alles wie früher. Sein Hügel ist nur eine Einbildung. Er sitzt in einem Sumpfloch."

In einem Sumpfloch sitzen sie alle, das Gesinde auf dem Gutshof, die kleinen Bauern und die Grubenarbeiter, der Polizist, der Gutsverwalter und der Sekretär, ja selbst der Baron und seine schöne Tochter, alle durch die Antinomien der Klassengesellschaft miteinander verknüpft, trostlos und ohne Zukunft. Es ist, trotz mancher Späße und viel Gelächter, ein galliger Roman, das Bild einer verfahrenen, zum Untergang bestimmten Lebensform, die zuende geht, nicht weil der Nationalsozialismus kommt und siegt, sondern weil ihm nichts Gesundes und Starkes entgegensteht. Aber es handelt sich um keine soziologische, noch weniger um eine marxistische Analyse. Es ist das Buch einer tief pessimistischen Erinnerung und es hat den einzig möglichen Schluß: Lope bricht auf in eine neue Welt, von der er nichts weiß, als daß sie ganz und gar anders sein muß als das Sumpfloch, das er verläßt.

Stellt man neben den *Ochsenkutscher* den späteren *Wundertäter,* so wiederholt sich zwar das Stoffliche, das Historische und das Autobiographische; der Wundertäter Stanislaus ist ein Verwandter des Ochsenkutschers Lope; wiederum wird die Geschichte des kleinen Mannes in schlechter Zeit erzählt; wiederum blicken wir in die dunklen Winkel; wiederum hellt der Autor das Dunkle durch das Komische auf; wiederum ist keine Einsicht in die Gesetze der kapitalistischen Gesellschaft auf dem Höhepunkt der industriellen Revolution zu finden, vielmehr geht es um Restbestände aus dem 19. Jahrhundert: Kleinbauerntum, Handwerkerschaft. Worunter der wandernde Bäckergeselle Stanislaus leidet, ist die Ausbeutung, die tausend kleinen Schindereien durch die Handwerksmeister und ihre Eheweiber. Und wie Lope bleibt auch der Wundertäter von den politischen Parteien der Zeit unberührt, ein Einzelgänger, mit dem die Linken und die Rechten gleicherweise nichts anfangen können. Aber der Typus, den Strittmatter anstrebt, ist der Typus des Schelmenromans. Die Komposition ist anekdotisch. Die Anekdoten oder Streiche oder Abenteuer, in sich abgeschlossen, sind durch die Figur des Helden verbunden und nur durch sie, so daß die Reihenfolge der Kapitel in gewissem Grade austauschbar wird. Der Reiz liegt nicht in der Entwicklung, sondern in der variierten Wiederholung. Der immer gleiche Held stößt auf wechselnde Menschen, aber er siegt durch Phantasie, Schlauheit, List. Seine Tumbheit erweist sich als die wahre Klugheit. Wenn Strittmatters Wundertäter öfter verliert als gewinnt, wenn er viel geschunden wird und nur selten die Lacher auf seiner Seite hat, so liegt darin allerdings ein wichtiges historisches Indiz. Die Klassenkämpfe des zwanzigsten Jahrhunderts sind nicht von der Art, daß ihr Eulenspiegel lachend triumphieren könnte. Und wenn sich der Autor auch entschloß, was er im *Ochsenkutscher* weinend gesagt hatte, nun lachend zu erzählen, so läßt doch der Schluß den pessimistischen Unterton der Melodie durchklingen: Als Stanislaus und sein Kumpel sich mit Hilfe von zwei griechischen Mädchen aus dem Krieg gerettet haben, fragt der eine: „wissen möchte ich doch, ob sie uns geliebt haben" und Stanislaus antwortet „so wie wir sind, ist das nicht zu verlangen."

Mit dem Roman *Tinko* und den Theaterstücken *Katzgraben* und *Die Holländerbraut* kehrte Strittmatter wieder zu den Problemen zurück, welche die Neuverteilung des Landes und das Einströmen der Vertriebenen aufwarfen. Er sah, wie das neue Glück neue Schwierigkeiten bereitete. Als Bauer, als Verwaltungsmann und als Journalist hatte er mit den Gegensätzen zwischen den großen und kleinen Bauern, den Eingesessenen und den besitzlos Hinzukommenden zu tun, und es waren diese Ärgernisse, mit denen er sich auch literarisch herumschlug. Durch die Zusammenarbeit mit Brecht, die zur Aufführung von *Katzgraben* durch das Berliner Ensemble führte, war der unbekannte Schriftsteller aus der Provinz zu schneller Anerkennung gelangt, was schon 1953 durch den Nationalpreis für Kunst und Literatur bestätigt wurde. Doch blieb er der Anfangsphase der kommunistischen Agrarpolitik treu und agitierte innerhalb ihrer Grenzen. „Er erzählt ein Stück Geschichte seiner Klasse als eine Geschichte der behebbaren Schwierigkeiten, der korrigierbaren Ungeschicklichkeiten, über die er lacht, ohne sie je auf die leichte Achsel zu nehmen" urteilte Brecht damals.[48]

Indessen bereitete sich die zweite Agrarreform vor, die Aufhebung des bäuerlichen Einzelbesitzes und die Schaffung von landwirtschaftlichen Produktivgenossenschaften nach sowjetischem Beispiel (LPG), ein Vorhaben, das hart umstritten wurde und die Betroffenen vor die bittere Notwendigkeit stellte, das kaum Erreichte wieder aufzugeben. Jetzt entstand *Ole Bienkopp*, der Roman, der Strittmatter erst eigentlich zu einer fest umrissenen, ja symbolhaften Figur im literarischen Leben der DDR gemacht hat. Auf beiden Seiten der Elbe ist über *Ole Bienkopp* so viel nachgedacht und geschrieben worden, daß es schwer ist, von allem, was ausgelegt und untergelegt wurde, abzusehen und nachzuzeichnen, was da schwarz auf weiß steht.

Der Roman stellt den Übergang vom ländlichen Privatbesitz zu Gemeinbesitz und von der Einzelwirtschaft zur Kollektivwirtschaft dar, einen historisch bedeutenden Gegenstand also, der in der deutschen Geschichte eine Parallele nur in den Steinschen Reformen findet. Doch hat er wenig mit den wirklichen Vorgängen zu tun, die ungleich härter und gewaltsamer waren. Strittmatter geht es um etwas anderes, nämlich um die parabolische Konkretisierung des Allgemeinen am Beispiel eines kleinen mitteldeutschen Dorfes. Die revolutionäre Änderung geschieht nicht durch Partei und Staat, sondern durch die ganz persönliche Arbeit eines einzelnen, der gesellschaftlichen Entwicklung vorauseilenden Mannes namens Ole Bienkopp. Die Kollektivierung gelingt, der Held aber bezahlt mit seinem Leben. Kein Bauernroman also als Preis bäuerlichen Lebens, kein Blut- und Boden-Mythos, sondern ein politischer Roman, dessen innere Bewegung aus dem Zusammenstoß individueller und gesellschaftlicher Kräfte erwächst.

Der Autor verlegt seine Parabel in das Dorf Blumenau. Das durch die Landverteilung geschaffene Glück gerade der bisher Landlosen, zu denen auch Bienkopp gehört, droht durch den Egoismus und die Besitzgier einzelner zu einer neuen Klassengesellschaft zu entarten. Keiner leidet darunter stärker als Bienkopp. Für ihn ist es nicht eine Frage der politischen Organisation, sondern des Verhaltens des Menschen zum Menschen. Man kann den anderen ausnützen, man kann ihn lieben. Ole und seine Frau verkörpern beide Möglichkeiten, und so ist es kein Zufall, daß die Realisierung von Oles Idee mit dem Auseinanderbrechen seiner Ehe zusammengeht. Es ist die Idee der Bauerngemeinschaft, ein sozialistischer Traum, für den zuerst nur die Armen und die Schwarmgeister

---

[48] Sinn und Form 1953, 3/4, S. 92.

gewonnen werden können, den Ole dann, kein Ideologe und kein Intellektueller, sondern ganz und gar praktischer Mensch, Stück um Stück praktisch verwirklicht. Das geschieht gegen die Großbauern und im Gegensatz zur Parteileitung, die von Kollektivierung noch nichts weiß und nichts wissen will. Die objektiven Unterschiede sind identisch mit den subjektiven. Die Reichen sind die Bösen und die Armen die Guten. Auch Oles Gegensatz zu der von der Partei, seiner Partei eingesetzten Bürgermeisterin Frieda Samson ist im Menschlichen begründet. Hier Ole, „das große Kind, stark, arbeitsfroh und lebenslustig", dort Frieda, „ein Schmalreh mit ewiger Jungfernschaft", ohne „mütterliches Gemüt", im Leben zu kurz gekommen, ehrgeizig, ohne Instinkt. Der Konflikt verschärft sich zum Bruch; Ole betreibt seine Bauerngemeinschaft auf eigene Faust.

Es erfolgt ein Zeitsprung von sechs Jahren. Inzwischen hat die Partei die LPG beschlossen. Ole ist gerechtfertigt und wird Leiter der dörflichen Produktionsgemeinschaft. Dennoch ergeben sich neue Gegensätze, zunächst technischer Art: es geht um Entenzucht, um Offenställe, um Viehfutter, um langsame oder schnelle Vermehrung des Viehbestandes. Entscheidend wird die Frage, wie Futter für das Vieh zu beschaffen sei. Ole hat unter den Wiesen Mergel entdeckt, will den Mergel fördern, um das Futter zu vermehren. Doch der bürokratische Apparat verweigert ihm die Maschinen. Ole, als Leiter der Genossenschaft beurlaubt, stürzt sich allein auf die Arbeit. Seine Geschichte, vordem breit und behaglich angelegt, eilt nun atemlos ihrem Ende zu. „Bienkopp steckt bis zu den Hüften in hohen Fischerstiefeln. Versteckt hinter Erlried zwischen Kuhsee und Kalbsee bohrt er sich in die moorige Wiesenerde. Er muß selber Bagger sein. Er schaufelt und scharrt wie ein Erdgeist, ist voller Zorn, doch geduckt und bedrückt ist er nicht. Er ist wie der Urmensch, der sich das Feuer suchte. Man hat ihn beurlaubt. Beurlauben kann ihn nur, wer ihn tötet." Als er den Mergel freigelegt hat, nach drei Tagen und drei Nächten, stirbt er. Er hat das Ziel nur im Traum gesehen: „Traktoren rumpeln über die Wiesen. Männer streun Mergel. Sauergräser und Binsen verschwinden. Klee sprießt, Luzerne und Honiggras. Mächtige Kühe, gescheckte Hügel, stehen bis zum Euter im hohen Gras." Die andern aber, durch seinen Tod einsichtig geworden, erfüllen seinen Plan.

Es ist eine Dorfgeschichte, aber Strittmatter hat ihr durch Anfang und Schluß eine umfassendere Bedeutung gegeben: „Was ist ein Dorf auf dieser Erde? Es kann eine Spore auf der Schale einer faulenden Kartoffel oder ein Pünktchen Rot an der besonnten Seite eines reifenden Apfels sein." Und es ist die Geschichte eines Mannes, der sich für ein Ziel bis zum Tode hingab — eine Parabel, die mehr enthält als das Erzählte, die der Übertragung aus der Wirklichkeitsebene in die Sinnebene bedarf. Wir wissen aus dem Urbild aller Parabeln, aus den biblischen Gleichnissen, wie sich die Tragkraft des Erzählten erst an der

Vielfalt der möglichen Deutungen erweist. Zunächst ist alles real. Viehzucht, Stallbau, Düngung — das sind die alltäglichen Dinge, aus denen sich die Zukunftsvision vom neuen Dorf in der alltäglichen Arbeit aufbaut. Es geht um eine chiliastische Hoffnung, auch wenn man die sachlichen Zusammenhänge von Oles landwirtschaftlichen Problemen mit Walter Ulbrichts „Perspektivplan für den genossenschaftlichen Aufbau der Landwirtschaft" vom VI. Parteitag im einzelnen nachweisen kann.[49]

Die Tragik in Ole Bienkopps Leben entsteht aus dem Widerspruch zwischen Traum und Wirklichkeit, aus der Begegnung des Träumenden mit dem „Sumpfloch" Wirklichkeit. Doch wäre das eine zu allgemeine, unhistorische und unpolitische Formel. Sie bedarf der Konkretisierung. Es ist für den sozialistischen Schriftsteller natürlich, das Wollen seines Helden an den „Verhältnissen" scheitern zu lassen. Doch trifft Ole auf die gleichen Verhältnisse, die den Ochsenkutscher und den Wundertäter bedrückten? Haben die Verhältnisse sich nicht geändert? Leben Ole und sein Dorf nicht in einem Staat, der die sozialen Ungerechtigkeiten beseitigt hat? Die Antwort ist zweifach und sie hat den Kritikern doppelt zu denken gegeben. Ole Bienkopp scheitert an menschlichen Unzulänglichkeiten, an denen auch der Sozialismus nichts zu ändern vermochte, und er scheitert an einer Gesellschaft, die noch nicht wirklich sozialistisch ist, in der doktrinäre Enge und Intoleranz, verständnislose Bürokratie und das kalte Machtdenken der Funktionäre gedeihen.

Es gibt auf unserer Seite der Elbe keinen Grund darüber zu triumphieren. Strittmatter hat den Auftrag erfüllt, der dem Schriftsteller von jeher gestellt ist: nicht zu bestätigen, sondern zu beunruhigen. Und die Einsichtigen in seiner Gesellschaft haben ihn verstanden. Dafür mag die gründliche Interpretation von Inge von Wangenheim stehen: „Der Konflikt, der entsteht, wenn die Sehnsucht nach Gerechtigkeit mit der Unvollkommenheit ihrer Verwirklichung in Widerspruch gerät, hat selbst dann, wenn die Gerechtigkeit schließlich triumphiert, nicht nur einen erhebenden oder komischen, sondern auch einen deprimierenden oder tragischen Zug... Wir selbst, wir Gerechten, sind unzulänglich... **Das Schicksal des untergehenden Siegers von Blumenau läßt keinen anderen Schluß zu als diesen: Zum Sozialismus auf dem Lande entweder mit Bienkopp oder überhaupt nicht!** Der Held ragt aus der Erscheinung Flucht mit gleichsam apodiktischer Endgültigkeit heraus; er ist wie ein Felsen, den man nicht umgehen kann. Man muß ihn erklimmen. Er ist maßstabsetzend. Entweder gelingt es uns allen gemeinsam, eine Republik zu schaffen, in der die Schöpferkraft dieses Menschentyps in Ganzheit freigesetzt ist, oder aber wir werden keinen richtigen Sozialismus haben — keine richtige Gerechtigkeit."[50]

---

[49] Hans Georg Hölsken: Jüngere Romane aus der DDR. Hannover 1969, S. 37.

[50] Inge von Wangenheim: Die Geschichte und unsere Geschichten, Halle 1966, S. 62 und 77.

In der Literaturbetrachtung der Gegenwart hat der Begriff Volkstümlichkeit wenig Respekt zu erwarten. Von der Trivialliteratur vorgetäuschte und vom Staat geforderte „Volkstümlichkeit" haben das Wort verdächtig gemacht. Dennoch: Strittmatters Romane sind volkstümlich. Das gilt für den Stoff: Umwelt und Lebensfragen des Volkes — einfache und gradlinige Menschen ohne geistige Problematik und ohne geistigen Anspruch — klare Scheidung in Gut und Böse — Derbheit, Lust am Fabulieren, eine simple und eindeutige Erotik. Das gilt auch für die Sprache. Die Sätze sind kurz und parataktisch aneinander gereiht bis zur Monotonie. Die Wörter sind gegenständlich, stellen die Gegenstände unmittelbar vor das Auge. Die Namen der Personen sind Schilder, die ihren Träger durch ein einprägsames Kennwort zeichnen: da gibt es den Lehrer Klüglich, den Professor Obenhin, den Gesellen Hohlwind, den Fabrikanten Drückdrauf, den Kanalarbeiter Modderpflug, den reichen Bauern Großmann und den armen Bauern Kleinschmidt. Die auf den Einzelfall bezogene Aussage wird ins Allgemeine erweitert und strebt nach der Bündigkeit des Sprichwortes. „Das Leben ist kein stinkender Teich, es ist ein Fluß." „Es regnet kein Futter vom Himmel, im Büro wird keines erzeugt." „In der Landwirtschaft haben die Tiere und das Wetter Stimmrecht." Beschreibung und Kennzeichnung eines Menschen werden zu Bildern verkürzt, wie sie über Gasthäusern hängen. Der zähe und unbeirrbare Lehrer Bienkopps, der Waldarbeiter Dürr ist „ein Kienzapfen, ein Kiefernzapfen" — seine zierliche und temperamentvolle Frau „eine flinke Zwerghenne" — Oles besitz- und liebesgierige Frau „eine einsame Wölfin" — Ole selbst „ein Baum, eine Wurzel, ein Stein, ein Fels." Der Zusammenhang zwischen einem Zustand und seiner Ursache gerinnt zu neuen, ausdrucksstarken Wörtern wie kümmerniswund, einspännertraurig, balzdumm, ehrgeizblaß, wassersatt.

Strittmatter setzt nicht Gedachtes in Bilder um. Er kann nicht anders als in Bildern zu denken. Wird die Sprache gezwungen, Abstraktes zu bewältigen, so sucht sie einen Weg zur Metapher. So erhält ein Essay gegen den Schematismus der offiziellen Literaturkritik die Überschrift *Ein Kind der dürren Dame Lebensunkenntnis*[51]; in einer Diskussion über Form und Gehalt steuert Strittmatter den Satz bei „Der Geigenkasten wurde erst um die Geige herumgebaut, das Klopfen an diesen Kasten ergibt noch keine Musik."[52] Die geistigen Fortschritte eines Mannes werden in dem Satz verdeutlicht „der Lehrer Klügler wächst von innen her über seine Ränder hinaus".

Das Wort bezeichnet die Dinge, und Strittmatter wäre kein bäuerlicher Mensch, wenn nicht seine Naturbilder die genauesten Bezeichnungen enthielten. „Es herbstelte. Am Morgen lagen Nebelfladen in den Wiesen. Im Walde tropfte

[51] Neue Dt. Lit. 1955, 10.
[52] Zitiert bei H. Hauptmann (Nr. 46), S. 126.

es. Die Butterpilze hatten schleimige Hüte. Mittags kam die Sonne und täuschte Frühling vor." Aber aus Wörtern entstehen auch Bilder, die das, was nur im Gedanken existiert, in die Gestalt der Dinge bringen. Wo hört die Bezeichnung auf, wo beginnt die Metapher? Ein Beispiel: es gilt, die tägliche Arbeit des Bäckers und zugleich seinen Kummer über die Kurzlebigkeit seiner Produkte ins Wort zu bringen. „Mehl wurde Teig. Teig wurde Gebäck. Das Gebäck verschlangen die Menschen. Am Abend waren Backstube und Laden leer. Neues Mehl mußte zu Teig, neuer Teig zu Gebäck geformt werden. Die Freude des Gärtners über Blumen und Sträucher währt ein Jahr und länger; die Freude des Bäckers über das Gebackene währt einen Tag."

Es scheint, als habe der alternde Strittmatter eine dritte Stufe seines Schaffens erreicht: kleine, sorgfältig gepflegte Prosa jenseits des politischen Engagements. Das sind einmal die *Sechzehn Romane in Stenogrammen*, zusammengefaßt unter dem Titel *Ein Dienstag im September*, vor allem aber der *Schulzenhofer Kramkalender*, Arbeiten heiterer und besinnlicher Natur, aus denen das derbe Lachen, die gesellschaftliche Anklage und der politische Vorsatz verschwunden sind, in denen der Stoff in hohem Grade in schöne Form verwandelt wurde. Der Kramkalender enthält zweihundert kurze Prosatexte über Tiere, Tageszeiten, Arbeitsvorgänge, alltägliche Erlebnisse, „Geschichten oder so was", wie der Untertitel sagt. Bewußt schiebt der Autor die Genauigkeit in der Schilderung des Wirklichen beiseite und läßt der Sprache ihr souveränes Recht. Keine theoretische Widerlegung der Theorie von der Abbildung, sondern ein Spiel, das spielerisch verteidigt wird.

„Als ich absaß und meine Stute am Waldrand grasen ließ, wurde im Fliegennachrichtendienst folgende Meldung verbreitet: Frisches Pferdeblut am Waldrand eingetroffen. Oder: Am Sonntagnachmittag ritt ich aus. Am Waldrand ließ ich meine Stute grasen. Die Fliegen nahmen den Pferdedunst wahr. Sie überfielen die Stute und zapften ihr Blut ab. — In beiden Fassungen, in der märchenhaften und in der naturwissenschaftlichen, erzählte ich den Vorgang meinem Sohn Matthes, und als ich ihn fragte, welche Fassung ihm gefiele, sagte er: Die zweite natürlich, sie ist naturrein."[53]

Dichtung rückt in die Nähe des Märchens. Was könnte solche Dichtung dem Leben gelten? Wieder antwortet Strittmatter mit einer Geschichte. Während die Familie auf dem Felde hart arbeitet, beginnt der Vater zu singen. Man ist unwillig, der Vater hat ein schlechtes Gewissen. Schließlich wird er um ein Lied gebeten. „Der kleine Vater erhob sich von den Knien und sang und sang mit den Lerchen zusammen, die bis über die Wolken stiegen, und wenn er aufhören und sich hinknien wollte, sagten die Schwestern: Nein, sing nur, sing! ... sie rupften und summten und rupften auch Vaters Anteil Spörgel mit. Da war der

---

[53] Schulzenhofer Kramkalender Nr. 175.

kleine Vater glücklich, weil seine Lieder nicht weniger galten als Spörgel-
rupfen."[54] Solcher kostbarer Kleinigkeiten enthält der Kramkalender viele,
anmutig, sinnlich und weltbejahend, späte Nachfahren der Anakreontik, aber
ohne jede Künstlichkeit und Romantik, nüchterne Idyllen, Weltbetrachtung
eines Bauern. Und immer wieder verdichten sich Beobachtungen und Meditationen zu Parabeln, in denen der Gedanke sich im Leib einer erzählten
Geschichte verbirgt.[55]

„Es begann zu regnen, und eine Mücke setzte sich auf die Unterseite eines
Birkenblattes. Dort saß sie und es regnete den ganzen Nachmittag, die ganze
Nacht und noch den halben Vormittag des nächsten Tages. In all der Zeit war
die Unterseite des Birkenblattes die Heimat der Mücke, und es war ein Glück
für sie, daß kein Wind aufkam, der die Blattunterseite nach oben kehrte und
die Mücke in den Regen und in den Tod trieb. Ja, das war das Glück der
kleinen Mücke, und es war vielleicht nicht geringer als unser Glück manchmal."[56]
Oder: „Der Wasserhahn tropft und tropft. Ich springe hinzu und ziehe ihn fest.
— Die Jugend mag nicht, wenn man ihr sagt: seid dankbar, seid dankbar, ihr
habt es gut, wir Alten ebneten eure Wege! — Ich mag nicht, wenn mir ein
Wasserhahn meine Lebenssekunden vorzählt."[57]

Bäuerliches Leben, der Kampf des Menschen mit der Erde, der Gewinn des
Lebens aus der Erde — da sind in der Tat keine Themen für den Schriftsteller
des 20. Jahrhunderts, und insofern erscheint das Spätwerk Erwin Strittmatters
wie eine Erinnerung. Bedeutsamer vielleicht ist, daß er einen fundamentalen
Vorgang im gesellschaftlichen Leben seines Staates exemplarisch dargestellt hat.
Was wir seinem großen Vorgänger Jeremias Gotthelf als geschichtlichen Wert
zuschreiben, gilt auch für ihn: aus der Erfahrung dörflichen Lebens aufweisen,
wie üble Zustände geheilt werden können. Wenn Josef Nadler über Gotthelfs
Doppelroman *Wie Uli der Knecht glücklich wird* und *Uli der Pächter* urteilt:
„Beide Bücher zeigten eine Lösung des drängenden gesellschaftlichen Vorwurfs,
wie aus Dienst Besitz werden kann"[58], so darf Analoges auch über Strittmatters
Hauptwerk *Ole Bienkopp* gesagt werden. Nur hatte sich, hundert Jahre später,

---

[54] A. o. O., Nr. 199.
[55] Vergl. Werner Brettschneider: Die moderne deutsche Parabel, Berlin 1971.
[56] A. o. O., Nr. 17.
[57] A. o. O., Nr. 90.
[58] Josef Nadler: Literaturgeschichte der deutschen Schweiz, Leipzig 1932, S. 344.
Die Entwicklung der Verhältnisse auf dem Dorfe ist vielfach literarisch dargestellt
worden. Die wichtigsten Werke sind: Otto Gotsche: Tiefe Furchen. R 1949 — Theo
Harych: Hinter den schwarzen Wäldern. R 1951 — Jurij Brežan: Auf dem Rain
wächst das Korn. En 1951 — 52 Wochen sind ein Jahr. R 1953 — Eduard Claudius:
Von der Liebe soll man nicht nur sprechen. R 1957 — Berngard Seeger: Herbstrauch.
R 1961.

der gesellschaftliche Vorwurf geändert. So ging es Strittmatter darum zu zeigen, wie aus Besitz Dienst werden könne.

Erik Neutsch

Wenige haben die Parolen von Bitterfeld so ernst genommen wie Erik Neutsch. Er begann, bislang als Journalist tätig, mit den *Bitterfelder Geschichten* und wurde durch den Roman *Die Spur der Steine* zu einer zentralen Gestalt in der Literaturgesellschaft der DDR — zu Recht, denn dieses über 900 Seiten umfassende Buch ist in der Tat ein Sammelbecken, in das zahlreiche Wässer eingeflossen sind, ein Kompendium, in dem die ganze Vielfalt und Breite der gesellschaftlichen wie der menschlichen Probleme der neuen Gesellschaft sich spiegelt, aber auch ein nur schwer durchschaubares Gebäude, dessen Strukturen sich eher verstecken also offen darbieten. Die in diesem Buch gestellten Fragen konnten so nur in dieser Umgebung gestellt werden. Die oft unzulänglichen literarischen Mittel, die dem Autor zur Verfügung stehen, befinden sich in einem merkwürdigen Mißverhältnis zu der Hartnäckigkeit und Intensität des Fragens, und das Porträt, das uns aufrichtig und unverschönt anblickt, trägt Züge der Sorge und der Trauer. Das Studium dieses Buches ist zuweilen mühselig, zuweilen ärgerlich, immer aber lohnend. Man möchte es jedem zur Pflichtarbeit geben, der durch die Literatur in das geistige Gefüge des anderen Deutschland einzudringen versucht.[59]

Daher auch die starke Reaktion der Obrigkeit: zuerst der Nationalpreis, dann die Absetzung des von der staatlichen DEFA hergestellten Films, da das „aufopferungsvolle Wirken der Partei" nicht genügend gewürdigt sei. Andererseits konnte Heiner Müller den Stoff unter dem Titel *Der Bau* dramatisieren und zur Aufführung bringen.[60]

Das Material, das der Autor verarbeitet, ist recht eigentlich Material für eine Reportage: der Aufbau eines chemischen Großwerkes in Mitteldeutschland, Fragen der Arbeitsorganisation, der Bautechnik (Betonieren, Verschalen, Maschinen-

---

[59] Vergl. Wilhelm Emrich: Was geschieht drüben in der Literatur? Die Welt der Literatur 1965. Nr. 1.
Das Fragment einer Erzählung *Warten an der Sperre oder Ein halbes Leben*, das in Hilde Brenners Anthologie *Nachrichten aus Deutschland* veröffentlicht wurde, sowie die neueste Publikation von E. Neutsch *Die anderen und ich*, 1971, zeigen, daß der Autor inzwischen weit souveräner mit seinen literarischen Mitteln umzugehen versteht.

[60] Die Diskussion über den Roman ist mannigfaltig. Der Autor selbst nahm Stellung in einem Essay *Literatur und Ökonomie* (Erkenntnisse und Bekenntnisse, Halle 1964). Die Neue Dt. Lit. 1964, Heft 10 und 12 diskutierte den Roman ausführlich. Ferner Siegfried Streller: Von Bitterfeld nach Schdona, Halle 1965.

einsatz, Stromversorgung) und des Zusammenwirkens von technischer, kaufmännischer und politischer Leitung. Der quantitativ größte Teil des Romans ist Sachfragen dieser Art gewidmet; die Genauigkeit im Detail erinnert an technische Lehrbücher. Parallelen zu dieser Art zu schreiben bieten sich an: in *Ole Bienkopp* die Anlage von Viehställen, in *Der geteilte Himmel* der Bau von Lokomotiven, in *Beschreibung eines Sommers* die Verarbeitung von Zement. Hinzu kommt das Bemühen, ein Kompendium aller relevanten Lebenserscheinungen der DDR zu geben, eine Bestandsaufnahme, zu der etwa der Aufbau einer LPG gehören, der Bau des Rostocker Hafens, Manöver von Werkschutztruppen, ein Radrennen, der 17. Juni 1953, die Arbeit in einer Frauenklinik, Weihnachtsfeiern, ein Streichquartett, eine Opernaufführung, ein Empfang bei Ulbricht, eine Reise nach Moskau und so fort. Der Totalitätsanspruch, den diese nur lose mit der Fabel verknüpften Stoff-Teile dokumentieren, wird ebenfalls im Bereich der Zeit verwirklicht, indem das Leben der handelnden Personen mit einer gewissen Automatik zurückgeblättert wird, damit nicht nur das Sein, sondern auch das Werden sichtbar sei. Solche stofflichen Informationen verführen den Autor zur Sprachform der bloßen Reportage, das heißt einer Erzählweise, in der die Übereinstimmung des Gesagten mit den Sachen oberstes Kriterium ist, und also zum Widerspruch mit der offensichtlichen Modell-Struktur des Romans. Denn wenn es auch keinen Zweifel gibt, daß es sich bei dem beschriebenen Großwerk (das der Autor Schdona nennt) um die Leuna-Werke handelt, so kommt Neutsch doch alles darauf an, den Einzelfall zum Modell zu überhöhen.

Die Spur der Steine ist in einem zweifachen Sinne Modell, denn erstens wird die Arbeitsstätte als Modell des Zusammenwirkens der gesellschaftlichen Kräfte insgesamt betrachtet, zweitens wird der Aufbau von Schdona als Modell für den Aufbau einer sozialistischen Gesellschaft dargestellt. Darum trifft die Kategorie „Industrieroman" nur einen Aspekt. Der Aufbau des Industrie-Werks ist nicht eigentlich das Thema, sondern nur das Objekt, an dem subjektive Verhaltensweisen und Entscheidungen demonstriert werden. Das beweist die Komposition. Am Anfang des Romans stehen und rauchen sechzehn Schornsteine, am Schluß sind es neunzehn, ein gewisser Fortschritt des Aufbaus, nicht mehr. Die Erzählung beginnt, als das Werk halbfertig ist, sie schließt, bevor es vollendet ist. Sie beginnt damit, daß zwei Menschen neu zum Werk kommen, Horrath und Katrin, die beiden Hauptpersonen, und sie schließt damit, daß beide Schdona verlassen. Die Fabel also handelt nicht von der Geburt, dem Wachsen und der Vollendung des Werks; sie handelt von Menschen, denen das Werk zum Schicksal wird.

Erziehung zur sozialistischen Gesellschaft durch den Arbeitsprozeß ist ein bedeutendes Motiv des Romans. Isoliert man es aber und spricht vom Typus des Erziehungsromans, so löst man die Gestalt Ballas aus dem Gesamtgeschehen, des einzigen, für den die Erziehungs-Struktur gilt. Er wird allerdings gewandelt. Der Zimmermann und Brigadier ist am Anfang durch die Formel „Frauen, Geld und Herrschersein auf dem Bau" und durch die Aussage „Deutschland, Vaterland, was ist das schon. Ulbricht oder Adenauer, SED oder Pfaffentum, Ausbeutung oder Bewußtseinsdruck. Eins so schlimm wie das andere. Wenn ich wählen müßte: keins von beiden" eindeutig gekennzeichnet: ein Kondottieri der Baustelle, eine äußerst vitale Variante des Fachmannes, der unentbehrlich ist, darauf pocht, aber jedes Engagement verweigert. An ihm geschieht die programmgemäße Änderung des Bewußtseins. Wir sehen ihn zum Schluß als Mitglied der Partei, als Helden der Arbeit, im Aufbruch zu neuen Großtaten der komplexen und industriellen Bauweise. Man mag füglich bezweifeln, ob diese Wandlung glaubhaft und überzeugend motiviert ist. Aber nicht Balla ist die zentrale Figur, sondern der Parteisekretär Horrath und die Ingenieurin Katrin. Die innere Spannung, die allein die Personen, Handlungsebenen und Sachgebiete des weitgefächerten Romans zusammenhält, ist nicht der Erziehungsvorgang an Balla (der spannungslos bleibt, weil das Ergebnis von Beginn an feststeht), sondern die Diskrepanz zwischen dem individuellen Glücksanspruch Katrins und Horraths und der im Werk manifestierten Forderung der Gesellschaft. Und da beide der Forderung nicht genügen, werden sie zur Rechenschaft gezogen und verurteilt. Die Struktur des Prozesses überlagert die Struktur der Erziehung.

Es werden drei Verfahren durchgeführt, die jeweils Schnittpunkte der Handlungslinien sind, das gegen Katrin, gegen Horrath und gegen den Bauleiter Trutmann, keine normalen Gerichtsverfahren, denn in keinem Falle handelt es sich um einen justifizierbaren Tatbestand. Organisationen der Partei sind Kläger und Richter. Die Anklagen gehen auf parteiunwürdiges oder parteischädigendes Verhalten. Die Schuldsprüche heißen Rüge, Zwang zur Selbstkritik, Parteiausschluß, Strafversetzung, Amtsentzug. Das erregendste und am eindeutigsten exemplarische Verfahren richtet sich gegen Katrin. Sie ist die Geliebte des verheirateten Horrath und erwartet ein Kind, weigert sich aber, ebenso aus Scham wie aus dem Wunsche, Horrath zu schützen, den Namen des Vaters zu nennen. Horrath, der Parteisekretär, Ankläger und Richter, verurteilt Katrin; und er bringt sich dazu, das Urteil als eine notwendige und heilsame Maßnahme der Partei anzusehen — eine Szene von hoher innerer und äußerer Dramatik, eine Schizophrenie, die dem westlichen Leser verständlich zu machen der Autor sich umsonst bemüht. Richter und Verurteilte verlassen den Schauplatz als gebrochene. Resignation oder Verzweiflung sind die einzigen ihnen möglichen Haltungen.

Wie eng auch die Welt des Romans an die Realität gebunden ist, ohne die sie nicht entstehen könnte, so bleibt sie doch fiktiv, und es steht dem Schriftsteller frei, seine fiktive Projektion einer nichtfiktiven Realität zur Rechtfertigung oder zur Verdammung seiner Helden zu formen. Es hängt vom Willen des Autors ab, unter welche Beleuchtung er die Welt seines Romans stellt, welche Funktion er dem von ihm erfundenen Prozeß zuerteilt. Der Versuch, die Prozeß-Strukturen im Werk Kafkas zu deuten, zeigt, wie behutsam Fragen gestellt und Antworten gegeben werden müssen. Es muß ein Gesetz existieren, ehe eine Handlungsweise zum Vergehen wird. Welches ist das Gesetz und welches ist das Handeln in dem Verfahren gegen Katrin? Sie selbst bringt ihr Handeln auf die einfachste Formel: „Ich habe geliebt und ich liebe. Ich bin mir keiner Schuld bewußt." Die Gedanken ihres Geliebten Horrath, der sich zwar nicht vor dem Gesetz, aber vor sich selbst zu rechtfertigen hat, gehen in die gleiche Richtung: „Ein Kollektiv hat Grenzen. Die Liebe übersteigt sein Urteilsvermögen, denn die Liebe ist nicht kollektiv. Sie betrifft zwei Menschen . . . sonst niemanden, keine Parteileitung und keine Partei." Dem steht das Gesetz gegenüber. Es heißt Disziplin, Gehorsam, Unterordnung; keine auf einen göttlichen Stifter bezogene und keine aus der Würde des Menschen hergeleitete Ethik, sondern eine Norm, eine relative Vorschrift, abhängig von der Frage, ob das Handeln in der konkreten Situation dem Kollektiv nütze oder schade. Das Vergehen entsteht demnach, wenn der Einzelne sein Handeln, anstatt es dem Interesse des Kollektivs unterzuordnen, aus der eigenen Person rechtfertigt. „Ich liebe!"

Es geht um den uralten Antagonismus zwischen dem Einzelnen und der Gesellschaft, und so banal diese Feststellung auch klingen mag, sie bezeichnet den Kern des Romans und verweist uns auf die Ebene, auf der wir die Deutung suchen müssen.[61]

Vergißt man, was der Roman an sachlichen Informationen und persönlichen Schicksalen mitgeteilt hat, versucht man sich darüber klar zu werden, was in distanzierender Erinnerung übrigbleibt, so ist es ein Gefühl der Bedrückung und Bedrohung. Das Thema: Aufbau eines großen, neuen Industriewerks erzeugt optimistische Erwartungen, aber die Summe aus allen Teilen sowie die Summe aus allen sprachlichen Elementen, mit deren Hilfe der Autor ein Gesamtbild gemalt hat, läßt die Erwartungen unerfüllt. Unter einem zukunftsfreudigen Plakat breitet sich ein düsteres Bild aus. Der Farbton wird bereits durch den Anfang des Romans festgelegt. „Sechzehn Schlote stützen den Himmel über der Stadt, höher aufragend als die höchsten Türme ringsum, sechzehn Fabrikschlote,

---

[61] Helmut Hauptmann hat in seinen Tagebüchern (z. T. veröffentlicht in Hilde Brenners Anthologie *Nachrichten aus Deutschland*) davon Kenntnis gegeben, wie die Begriffe Selbstbezichtigung, Abweichung, Sabotage, Verschwörung im totalitären Staate die Biographie des Einzelnen belasten. Man vergl. auch Walter Jens Roman *Nein. Die Welt der Angeklagten*, Hamburg 1949/68.

in einer Reihe, staubgrau, und steil, wie sie nirgends noch einmal in Deutschland zu finden sind. Tag und Nacht wälzt sich der Qualm aus den sechzehn Eisenschlünden, Tag und Nacht. Er schwärzt im Winter den Neuschnee auf den Äckern, rußt im Frühling über die weißen Blüten der Kirschbaumzeilen an den Chausseen, trübt sogar im Herbst noch die novemberdunklen Flüsse und umflort im Sommer die heiße gelbe Sonne. Wenn der Wind von Westen herüberweht, was nicht selten geschieht, dann drückt er den Rauch der Fabriken in die Straßen der Stadt, dann bringt er oft Regen mit, einen schmutzigen, klebrigen Regen, der den Ruß aufgesaugt hat und ihn auf das Pflaster, die Dächer, auf die Felder und die Baumkronen legt. Die Sonne brennt danach die Pfützen aus, die der Regen wie Blei in die Dellen schmolz, auf der Erde verdampft die Nässe, und der Ruß, der Schmutz bleiben. Alle Häuser tragen einen dunkelgrauen Putz, die Farben sind abgeätzt, die einstmals roten Dachziegel sind schwarz, die Fensterscheiben immer undurchsichtig wie Milchglas. Auch die Flüsse sind modrig, mit den Abwässern der Werke vollgepumpt, und die Weiße Elster ist nicht mehr weiß, sie ist von sumpfigen Teichen umufert, Überresten der Schneeschmelze, in denen sich die Zweige abgestorbener Bäume sperren.“

Eine optimistische Metapher gibt den Auftakt: die Schornsteine stützen den Himmel! Doch der helle Dur-Akkord wird sofort durch das Wort „Eisenschlünde“ zurückgenommen. Die Assoziation Kanonen, Krieg, Verderben stellt sich ein. Die folgenden Wörter bestätigen sie: Qualm, schwärzen, rußen, trüben, schmutziger, klebriger Regen, Regen wie Blei, Nässe, Ruß, Schmutz, schwarz, modrig, sumpfig, abgestorben. Alles, was die Schornsteine über Land und Menschen ausschütten, ist schlimm und verderblich. Die Sprache spricht eine Wahrheit, die stärker ist als das vorgenommene Programm. Es ist belanglos, mit welchem Grad von Bewußtheit oder Nichtbewußtheit die Wörter gesetzt sind. Sie suggerieren eine Welt nicht der Hoffnung, sondern des Bedrücktseins. Ist es nur ein Paradoxon, wenn in diesem Roman, der Neubeginn zu feiern vorgibt, am Schluß alle tragenden Personen das Werk verlassen? Der Bauleiter Trutmann wird gemaßregelt und strafversetzt, der Ingenieur Hesselbarth ins Ministerium delegiert, der Brigadier zu anderen Baustellen beordert, der Parteisekretär verurteilt, abgesetzt, zu niedriger Arbeit gezwungen, schließlich von der Polizei aus dem Werk verjagt, Katrin verläßt die Arbeitsstelle in tiefer Enttäuschung. Aber „das Leben in der Hauptstadt der Chemie, in Schdona, fand zu seiner Ordnung zurück. Bald war es wieder intakt, lief brav und gleichmäßig wie eine Maschine nach der Generalüberholung. Nur ein paar Teile waren ausgewechselt.“

Kann die Sprache die Entwürdigung des Menschen präziser beschreiben? „Kein Tod ist sicherer als die Selbstverachtung“ sagt Horrath einmal, jene Selbstverachtung, die entsteht, wenn der Mensch trotz guten Willens nicht genügt und nicht genügen kann, weil die Forderung zu hoch ist, weil er notwendigerweise unvollkommen und die Forderung mitleidslos ist.

Der Bauleiter Trutmann, von unten mit aller Anspannung geringer Kräfte aufgestiegen, unsicher in der erreichten Position, von Alter und Krankheit bedroht, ist seiner Aufgabe nicht gewachsen, er weiß es, hält den Anschein aufrecht, greift zu zweifelhaften Mitteln, ohne zu zweifeln, daß das Spiel bald zuende sein wird. Der aufstrebende, von seiner Sache begeisterte Parteisekretär, Jung-Siegfried, sieht sich zwischen den Anforderungen und Fehlplanungen von oben in hoffnungsloser Ohnmacht, er wird Glied um Glied gebrochen und am Ende von der großen Maschine ausgespuckt. Die junge Ingenieurin Katrin, eifrig sich zu bewähren, kann das Verlangte nur mit äußerster Anstrengung leisten, wird durch das Parteiverfahren wegen ihrer Liebe zu Horrath in Trotz und Bitterkeit getrieben und verläßt Schdona für immer. „Ich habe gekündigt, ich will fort von hier, nur fort!" „Sie wollte alle Fäden zerreißen, die sie mit Schdona verbanden. Hier hatte sie ein Leben vorgefunden, von dem sie enttäuscht worden war. Sie hatte sich gewehrt, gegen ihre Angst und gegen ihre Verzweiflung, mit aller Kraft zwei Jahre hindurch. Doch nun fühlte sie sich erschöpft..., ihr Widerstand war versiegt... Die Flucht, der Bruch mit allem, was gewesen war, erschien ihr als einzige Rettung."

Was für die Hauptfiguren gilt, stimmt auch für das Werk im ganzen. Harte Konkurrenz zwischen den einzelnen Brigaden, Streit zwischen den Brigadiers und der Bauleitung, Argwohn und Furcht zwischen der technischen und der politischen Führung, eine ständige gereizte Spannung, die zu Gewalttaten und Zusammenbrüchen führt. Der Bauplatz ist ein Kampfplatz, ein Kriegsschauplatz, eine Zerreißprobe, der keiner entgeht. Wer fordert so unmäßig? wer gibt ihm das Recht dazu? Horrath selbst gibt eine erste Antwort: „Die menschliche Gesellschaft strebt einem einzigen Ziel entgegen, dem Sozialismus. Niemand kann sich davor verschließen. Es ist ein Wettlauf um Meter und Sekunden, es reißt jeden mit. Man kann keine Pause einlegen, wenn man gewinnen will. Eine einzige Stunde, die ungenutzt verstreicht, kann über Sieg und Niederlage entscheiden, über ein sinnvolles oder ein verpfuschtes Leben." Aber genügt die Antwort? Nicht umsonst wird sie von Wörtern des Sportes und des Krieges geprägt. Der Kampf erhält seine letzte Schärfe erst durch den Bezug auf den Klassenfeind. „Die Arbeiterklasse wird nur dann siegen, wenn sie nach der Machtergreifung vermag, die Produktion so zu organisieren, daß die Arbeitsproduktivität höher ist als zu jener Zeit, da für den Nutzen der Kapitalisten gearbeitet wurde. Das ist das Entscheidende. Vorläufig aber haben die Arbeiter Westdeutschlands insgesamt noch eine höhere Arbeitsproduktivität als wir."

Selbst die mit dem Hauptstrang des Romans nur lose verbundene Nebenhandlung, die Entstehung einer LPG, wird durch die Erzählweise des Autors nicht zum Triumph eines neuen sozialen Gedankens, sondern zur Tragödie des alten Einzelbauern, der erbittert um sein Land kämpft, der sich, ein gänzlich verwandelter Ole Bienkopp, in seine Erde festkrallt, damit sie ihm nicht genommen wird, bis die Traktoren der Genossenschaft anrollen und ihn vernichten.

Es ist ein totaler Krieg und es gibt keine Alternative. „Der Kampf frißt den ganzen Menschen, selbst seine Liebe."

Will man den politischen Ort des Romans *Die Spur der Steine* bestimmen, so muß man als erstes stets im Bewußtsein behalten, daß er, im einzelnen wie im ganzen, ein Bekenntnis zu dem sozialistischen Staat namens DDR ist. Zweitens aber wird man den Anspruch auf Kritik und die Forderung nach einem menschlicheren Sozialismus nicht verkennen können, eine Forderung nicht nur des Schriftstellers Erik Neutsch, eine Forderung seiner Generation. „Die Männer und Mädchen meiner Generation (so heißt es in Brigitte Reimanns Roman *Die Geschwister*, 1964) haben neue Maschinen konstruiert und Wälder gerodet und Kraftwerke gebaut, sie haben Sumpfland entwässert und an den Grenzen auf Posten gestanden, und sie haben Bilder gemalt und Bücher geschrieben. Wir haben ein Recht auf Vertrauen. Wir haben ein Recht, Fragen zu stellen, wenn uns eine Ursache dunkel, ein Satz anfechtbar, eine Autorität zweifelhaft erscheint." Die Antwort der Partei ist zweideutig, wenn nicht zynisch: „Die Methode des Zweifels, der Negation, der Kritik und Selbstkritik ist ein wichtiger Bestandteil der marxistischen Dialektik." Dann aber: „Der wahre Skeptiker ... ist eigentlich unsere Partei, die den Überblick hat und weiß, woran zu zweifeln ist, woran nicht."[62]

Der Tod Ole Bienkopps, die Zerstörung Horraths, das zerbrochene Leben Katrins sind Parabeln der Diskrepanz, die sich zwischen dem Anspruch und der Wirklichkeit des Sozialismus in der DDR auftut, dichterische Metaphern, welche das Recht der Literatur, die Wahrheit zu sagen, und den Anspruch der Menschen auf Glück aufrecht erhalten.

*

Thematisch auf das Engste verwandt ist dem Roman von Erik Neutsch das Buch von Karl Heinz Jakobs *Beschreibung eines Sommers*, das 1961 erschien und beiderseits der Elbe einiges Aufsehen machte. Hier wie dort geht es um den Aufbau eines Chemie-Werkes, hier wie dort werden die menschlichen Beziehungen im Arbeitsvorgang aufgewiesen, hier wie dort erhält das Geschehen

---

[62] Zitiert nach Hans Georg Hölsken: Jüngere Romane aus der DDR, Hannover 1969, S. 17.

seine innere und äußere Spannung durch eine „unerlaubte" Liebe, greift die Partei ein und trennt die Liebenden. Es ist das Temperament und die Erzählweise des Schriftstellers K. H. Jakobs, was einen bedeutenden Unterschied zwischen den beiden Romanen erzeugt. Jakobs, 1929 geboren, gehört wie Neutsch zu der Generation, die zwar noch Erinnerungen an Nationalsozialismus und Kriegsjahre besitzt, doch ihr eigentlich bewußtes Leben in der neuen Gesellschaft erfuhr, in der neuen Gesellschaft zur eigenen Produktion heranreifte und die ersten Erfolge heimbrachte. Während Neutsch, ein treuer Schüler des sozialistischen Realismus, um eine möglichst genaue und totale Widerspiegelung der gesellschaftlichen Wirklichkeit bemüht ist und uns die Illusion des allgegenwärtigen und allwissenden Erzählers glaubhaft machen will, greift Jakobs ohne zu zögern nach den Mitteln der modernen Romantheorie und -praxis, mit denen eine zweite, fiktive Erzähler-Person geschaffen werden kann, die das Erzählte aus der Widerspiegelung heraushebt und in eine verfremdende und „interessante" Perspektive stellt.

Die *Beschreibung eines Sommers* ist eine Ich-Erzählung und zugleich ein Rückblick, ein Sich-Erinnern aus großer Distanz. Das Erinnerte steht in der Entfernung, manches ist halb vergessen, anderes wird scharf konturiert, der Erzähler ist inzwischen ein Wegstück seines Lebens weitergegangen, er kann mit Kritik auf das Erlebte zurückschauen, hell beleuchten oder im Dunkel lassen oder Erinnertes in Frage stellen. Er kann nur berichten, was er selbst erlebt hat. Wir erfahren nicht, was gewesen ist, sondern wir vollziehen nach, wie der fiktive Erzähler dieses oder jenes erfahren hat. Diese Erzählweise macht die Beleuchtung des Erzählten zu einer Funktion der individuellen Eigenschaften des Erzählers, der seinerseits ein Geschöpf des Autors ist.

Wer ist der Ingenieur Tom Breitsprecher, der seine Erinnerungen darlegt und kritisch kommentiert? Er hat einmal Träume und auf das Große gerichtete Zielvorstellungen gehabt. Der Krieg und sein Ende haben davon nichts übrig gelassen. Er hat sich auf die Mathematik geworfen, auf die am wenigsten emotionale oder wertbetonte Wissenschaft, ist ein guter Ingenieur geworden, betont im übrigen nicht ohne Stolz, außer der Arbeit seien „Saufen und Huren" alles, was er vom Leben erwarte. „Du bist unser bester Ingenieur, moralisch aber bist du ein Dreck" sagt sein Chef, der es wissen muß. Allem gegenüber, was Ideologie und also auch die Partei angeht, ist er ungläubig, skeptisch, im besten Falle tolerant — ein intellektueller Balla also. Dieser Haltung entspricht seine Sprache: zugreifend, plastisch, spöttisch, lässig, zuweilen arrogant, zuweilen salopp, nicht ohne Verspieltheit, mit starker Neigung zum Understatement. Die knappen Dialoge mit ihren Satzfetzen und ihren harten Kontrasten zeigen den Einfluß Hemingways. So wird leicht, was bei Neutsch schwer, und erträglich, was bei Neutsch unerträglich war. Zwar hat sich der Ingenieur in eine verheiratete Frau verliebt, zwar tagt auch hier ein peinliches Parteigericht und trennt die beiden, aber die Trennung wird akzeptiert, das Leben geht weiter, die Frage nach dem Recht des Einzelnen trotz des Anspruchs der Gesellschaft wird gestellt, aber die Antwort bleibt offen, weil der Autor sich entschied, das Schwere durch die Verwandlungskraft der Sprache leicht zu machen.

Die Vermutung liegt nicht fern, alles sei nur eine Komödie gewesen, eine Konstellation, die der Autor so zusammenfügen wollte, damit das Spiel nicht ohne das Gewicht der Ernsthaftigkeit bleibe. Er könnte sich auch entschließen, ein anderes Ende zu erfinden. Und so leitet Jakobs den letzten Abschnitt mit den Worten ein: „Und hiermit ist diese Geschichte zuende. Aber was hat der Schluß einer Sommergeschichte im Herbst zu suchen? Soll sie doch mitten im Sommer enden. Soll sie doch dort enden, wo sie in jenem Sommer am schönsten für uns war. So endete sie also." Und es folgt ein leichtes, beschwingtes Ende, ein happy end der Phantasie.

Zehn Jahre später erschien der zweite Roman von Karl-Heinz Jakobs *Eine Pyramide für mich.* Er bildet mit Hermann Kants *Aula* und Christa Wolfs *Nachdenken über Christa T.* eine Trilogie, deren Einheit sich auf die gleiche Grundstruktur gründet: kritischer Rückblick. Jene Generation, welche der Schrecken des Krieges gerade noch streifte, welche sich mit der gläubigen Begeisterung und dem Ehrgeiz der Zwanzigjährigen in das Abenteuer des Aufbaus einer neuen Welt stürzte, ist heute in mittleren Jahren. Sie haben zwei Jahrzehnte ihres bewußten Lebens hinter sich, sie haben Erfolg gehabt, was ihren Beruf und ihre gesellschaftliche Stellung angeht, und wissen, daß sie vor einer neuen Epoche stehen. Bevor sie weiter gehen, ziehen sie Bilanz, nicht ohne Stolz auf das Erreichte, nicht ohne Bedauern der Einsicht, daß Sturm und Drang nicht verlängert werden könne — so muß das Motto des Romans verstanden werden: „Mit einundvierzig Jahren besaß der Marschall immer noch die Haltung eines jungen Mannes" —, mit einer gewissen Sorge, wie es sich fortsetzen könne, nachdem das Abenteuer der Jugend vorüber ist. Eine solche Erkenntnis von der Eigenständigkeit der Lebensepochen ist unabhängig von gesellschaftlichen und historischen Gegebenheiten. Gleichwohl verbindet sie sich mit den gesellschaftlichen und historischen Gegebenheiten zu dem Selbstverständnis eines Staates, der den Anspruch erhebt, seine eigentlich revolutionäre Epoche abgeschlossen zu haben und im Sozialismus angekommen zu sein. In der ebenso individuellen wie repräsentativen Funktion dieser drei Romane liegt ihr bedeutender Erkenntniswert. Durch die Struktur der Konfession erhalten sie ihr Gemeinsames, durch die an die Person gebundene Qualität des Rückblicks und die Intensität der Kritik ihr Besonderes.

Karl-Heinz Jakobs organisiert sein erzählerisches Material in einer nicht ganz neuen, aber dem Zweck vollkommen angepaßten Weise: zwei Tage im

Leben des Geologen Paul Satie, Reise an den Ort, wo er vor zwanzig Jahren sein bewußtes Leben begann, wo er der Geschichte seines Lebens begegnet, ständiger Wechsel der Zeit und der Perspektive, ständiges Ineinander von Anfang und Ende, strenger Bezug des Gestern auf das Heute, Wechsel von Erinnerung und Konkretisierung des Vergangenen durch Zeitsprung. Das Werk, an dem Satie damals als Brigadier mitschuf, die Talsperre, liegt vollendet vor ihm; aus dem Bauarbeiter ist ein anerkannter wissenschaftlicher Spezialist geworden, doch es gelingt dem Zurückblickenden nicht, sich in jenem Gefühl zu sonnen, das auf den niederen Ebenen solcher Literatur so aufdringlich vorherrscht: Wie herrlich, was wir geschafft haben! Es geht um die Erforschung des Gewissens, um der Zerstörung der Illusion einer erfolgreichen Laufbahn, um die Einsicht der Fragwürdigkeit des bedenkenlosen Voranstürmens in jenen jungen Jahren, um die Entlarvung der Hybris jener Worte des Zwanzigjährigen: „Wir werden nicht die Fehler der Alten machen, wir haben mehr auf dem Kasten als die, wir sind eine neue Generation. Wir werden unser Leben nach unseren Maßen einrichten. Wir werden keinen Krieg zulassen und wir werden das Unglück zwischen den Menschen abschaffen."

Paul Satie wurde früh über andere Menschen gesetzt. Puritanische Enge, Blindheit gegenüber den Bedürfnissen der anderen, die Ungeduld sich auszuzeichnen, die Selbstgerechtigkeit des intellektuell Überlegenen führten zu Verhaltensweisen, gegen die kein Gericht, aber gegen die sein Gewissen Anklage erhebt. Wenn er, homo faber, Plus und Minus gegeneinander aufzurechnen sucht, bleibt ungewiß, ob nicht die Summe des Unheils die der Leistungen übertrifft. Die Pyramide, welche 1950 seine Brigade aus Beton geformt hatte, um ihren Ruhm unvergessen zu machen, auf der Saties Name an erster Stelle steht, ist die Metapher für beides: für den Stolz auf das Geleistete — für die Fragwürdigkeit einer Leistung, die den Menschen so viel Leid zufügte.

Ein Thema solcher Art kann zu Sentimentalität oder auch zu einer Apologetik führen, welche die Anklage zum Vorwand erniedrigt. Die Verführungen sind groß. Ob der Autor in sie ausweicht, ist eine Frage der literarischen Form. Die Sprache von Karl-Heinz Jakobs ist nüchtern, streng und exakt bis zur Pedanterie. Sie tendiert zur Analyse, nicht zur Erregung von Emotionen. Der Autor verhält sich bei der Erforschung des Gewissens wie der Geologe Satie bei der Betrachtung der Landschaft. „Es war falsch zu sagen, er betrachte die Landschaft. Landschaft war für ihn Schorf. Landschaft war für ihn böse Geschwulst, die nach dem Messer schrie. Landschaft war für ihn provisorisch zum Vegetieren hergerichtete Erde ... Landschaft, dachte Satie, ist Klippe, zu Tage tretendes Indiz der Struktur von Erdschichten, ihrer Falten, Risse und Sprünge, kaum zu fassen in ihrer Vielfalt und ihrem Formenreichtum, ein schwaches Indiz, undeutliche Projektion dessen, was wirklich war; ist Wald, Teil jenes komplizierten, sich selbst regulierenden Systems von steigendem Wasser, fallendem Wasser, fließendem Wasser, ein System, das von Störungen bedroht ist, anfällig und lebensnotwendig; ist Flur, hungernde und dürstende Erde, die hier und da eßbaren Pilz hervorbringt, und zwar in allzu bescheidenen Mengen. Möglichkeiten, Wald zu erhalten, Klippe zu erforschen, Flur zu verändern."

Indem der Roman ohne Entschuldigung oder Tröstung oder Zukunftserwartung endet, erhält er durch seine strenge Form die Würde eines Bekenntnisses, welches das Nur-Persönliche weit übergreift.

Christa Wolf

Blickt man auf die Literatur der DDR als auf ein Ganzes, wie man von einem mäßig entfernten Standort auf ein Waldgebiet blicken könnte, in dem sich aus niederem Buschwerk und den breiten Flächen mittelhoher Bäume einige herausragende Wipfel abzeichnen, so gehören die beiden Romane von Christa Wolf *Der geteilte Himmel* und *Nachdenken über Christa T.* zu diesen Wipfeln. In ihnen sind Motive und Lebenserscheinungen, die in der Landschaft DDR allenthalben bereit liegen, aufgenommen, zusammengefaßt und ausgeformt, Fragen von allgemeiner und für diese Gesellschaft typischer Art zur Darstellung gebracht worden. Das erweist sich unter anderem in der heftigen und langanhaltenden Reaktion sowohl der literarischen wie der rein politischen Kritik.[63] Und wenn überhaupt von einer beide deutsche Staaten umfassenden Wirksamkeit literarischer Werke gesprochen werden kann, so gehören neben der Lyrik Peter Huchels und Johannes Bobrowskis und den Romanen von Erwin Strittmatter und Hermann Kant eben diese beiden Bücher der Christa Wolf dazu.

1929 geboren, hatte die aus dem Wartheland in die DDR verschlagene, nach dem Studium der Germanistik, in der Redaktion der *Neuen Deutschen Literatur* gearbeitet, hatte zahlreiche Anthologien der Lyrik und Prosa ihrer literarischen Zeitgenossen und Freunde herausgegeben und als erstes eigenes Werk die *Moskauer Novelle* veröffentlicht. 1963 überraschte sie mit dem Roman *Der geteilte Himmel*, der seine Leser leidenschaftlicher bewegte als irgendein anderes Buch dieser Jahrzehnte und als ein sprachliches Symbol der deutschen Teilung in beiden Teilen begriffen und zu einem allgemeingültigen Begriff wurde; keine

---

[63] Die entsprechenden Arbeiten aus der DDR sind zusammengefaßt bei Martin Reso: Der geteilte Himmel und seine Kritiker, 365 S., Halle 1965. Von westdeutscher Seite vor allem G. H. Hölsken: Ch. Wolfs Der geteilte Himmel und H. Kants Die Aula (Deutschunterr. XXI, 5) und E. Klöhn: Ch. Wolfs Der geteilte Himmel zwischen sozialist. Realismus und kritischem Sozialismus (Deutschunterr. XX, 1). Ferner Hans Mayer zu „Nachdenken über Christa T." (Neue Rundschau Nr. 70, S. 180 f.).

Sensation unter Literaten, kein Manifest irgendeiner ästhetischen Schule, vielmehr die unerwartete Offenbarung einer nationalen Tragödie, die weithin erlebt, aber aus dem Bewußtsein verdrängt worden war.

Welche Antwort gibt die Fabel auf die Frage nach der ungewöhnlichen Wirkung des Romans? Das Erzählte fährt auf zwei Gleisen, es kombiniert zwei vorgeprägte Typen des sozialistischen Romans: den Typus des Ankunfts-Romans, der von der Ankunft eines zunächst Außenstehenden im Sozialismus berichtet, und den Typus des Trennungs-Romans, der von Liebenden berichtet, die durch den politischen Dualismus in Deutschland getrennt werden — wobei es kaum der Erwähnung bedarf, daß beide Geleise sich miteinander verschlingen, gegenseitig bedingen und an einem Schlußpunkt vereinigen. Rita, ein einfaches, sensibles und leidenschaftliches Mädchen auf der Suche nach einer Aufgabe, erhält durch die Partei die Möglichkeit, Lehrerin zu werden. Zu ihrer Ausbildung gehört die Arbeit in einer Waggonfabrik. Was sie hier in ihrer Brigade, in der Produktionsschlacht und unter dem Druck von Plan und Bürokratie erlebt, entspricht bis ins einzelne dem von Neutsch (*Die Spur der Steine*) und Jakobs (*Beschreibung eines Sommers*) Geschilderten: ein hektisches, grausames, das Letzte forderndes Schlachtfeld. „Die Erinnerungen an jene Wochen wird Rita immer mit brandroten Sonnenaufgängen verbinden, vor denen dunkler Rauch aufsteigt, mit zwielichtigen, unzufriedenen Tagen und bis in die Träume hinein herumirrenden Gedanken." Die Erziehung zum Sozialismus, die sie im Lehrerseminar erfährt, führt Rita zu einer ähnlichen inneren Unruhe und Ausweglosigkeit, schließlich zu einer Krise des noch ungewissen Glaubens, eines Glaubens, der sich nicht auf eine politische Lehre oder Ideologie bezieht, sondern der für sie sie eine sehr simple Frage des Vertrauens zum Menschen ist. „Sie hatte geglaubt wie ein Kind, wie sollte sie sich das verzeihen! Sie war auf dieses ganze Gerede hereingefallen — gerade, das war es! Der Mensch ist gut, man muß ihm nur die Möglichkeit dazu geben. Welch ein Unsinn! Wie dumm die Hoffnung, dieser nackte Eigennutz in den meisten Gesichtern könnte sich eines Tages in Einsicht und Güte verwandeln. Sie war gescheitert — ... und ihr blieb nichts, als sich wenigstens den Folgen zu entziehen. Es lohnte sich nicht. Ihre seelische Kraft war ganz plötzlich bis auf den Grund erschöpft." Die Krise wird überwunden. Rita findet den Weg zum Glauben zurück. — Da hineingeflochten die Liebesgeschichte mit Manfred, Dr. chem., Sohn aus großbürgerlicher, nur aus materiellen Interessen der sozialistischer Gesellschaft angepaßter Familie, eine fast idyllische Liebesgeschichte, deren Glück aber durch die Skepsis des Verlobten und dessen „Flucht" nach Westberlin in Frage gestellt wird. Rita, noch schwankend zwischen Liebe und politischer Überzeugung, folgt ihm, trennt sich nach schmerzhaftem innerem Kampf von dem unverändert Geliebten und kehrt in ihr Werk, ihr Lehrerseminar und damit in ihre Heimat zurück.

Es ist eine Fabel, die viel Konventionelles enthält, in der sich manches Vorgeprägte wiederholt, die in ihrer im Sinne der Partei eindeutigen Simplizität wenig originell ist, deren Ablauf weniger von rationaler Kritik als von Aufwallungen des Gefühls bestimmt wird, und wäre die Fabel der Roman, so könnte man sich versucht sehen, das Buch als Teil sozialistischer Erbauungsliteratur beiseite zu legen.

Daß es Christa Wolf um anderes geht und daß ihr Roman anderes leistet als Erbauung, das bringt die literarische Struktur zustande. Nicht der Autor erzählt, was anderen Menschen einmal geschah, sondern des Autors Geschöpf Rita erinnert sich an das Geschehen, zeichnet es auf, versucht es zu begreifen, ihm einen Sinn zu geben und daraus Mut für ein neues Kapitel ihres Lebens zu gewinnen. Ihre Erinnerung wird geprägt von dem Schmerz des Abschieds, von dem Bewußtsein „sehr naher Gefahren, die alle tödlich sind in dieser Zeit", dem Sichbesinnen im Krankenhaus, wo Rita unmittelbar nach der Trennung von Manfred und ihrer Rückkehr eingeliefert wurde, ohnmächtig, ganz und gar zusammengebrochen, zwar ohne Krankheit, aber auch ohne die Kraft zu weiterem Leben, stumm, sehr langsam nur genesend, sich verkriechend, nur mit dem Versuch beschäftigt, die zwei Jahre zurückzurufen, in denen sich die Fabel abgespielt hat, voller Angst, sie könnte die Hoffnungslosigkeit, welche die Trennung in ihr hinterließ, niemals überwinden.

Was ist geschehen, als sie in die Fabrik zurückkam? Die erste Antwort wird am Beginn ihrer langen Genesungszeit gegeben. „Sie sieht vor sich noch immer die beiden Waggons, grün und schwarz und sehr groß. Wenn die angeschoben sind, laufen sie auf den Schienen weiter, das ist ein Gesetz und dazu sind sie gemacht. Sie funktionieren. Und wo sie sich treffen werden, da liegt sie. Da liege ich." Es ist schwer, diese Metapher nicht zu deuten, gleichviel ob man in Politik und Liebe, Staat und Einzelner oder in irgendeiner anderen abstrakten Formel die Deutung findet. Wir erhalten die zweite Antwort am Ende ihrer langen Genesungszeit. „Sie sieht die zwei schweren, grünen Wagen noch heranrollen, unaufhaltsam, ruhig, sicher. Die zielen genau auf mich, fühlte sie und wußte doch auch: Sie selbst verübte einen Anschlag auf sich. Unbewußt gestattete sie sich einen letzten Fluchtversuch: Nicht mehr aus verzweifelter Liebe, sondern aus Verzweiflung darüber, daß Liebe vergänglich ist wie alles und jedes." Das Vergangene ist überwunden, das Leben ist stärker geblieben, es wird weitergehen und es muß bestanden werden, da es keinen neuen Fluchtversuch mehr geben wird. Die große Hoffnung ist dahin, doch die große Angst ebenfalls. „Das wiegt alles auf: daß wir uns gewöhnen, ruhig zu schlafen. Daß wir aus dem vollen leben, als gäbe es übergenug von diesem seltsamen Stoff Leben. Als könnte er nie zu Ende gehen."

Das sind die letzten Worte des Buches, eine zurückgenommene und verhüllende Sprache, Einsicht, Resignation, auch Tapferkeit — ist dies das Selbstverständnis der Menschen, die nach dem Bau der Mauer gelernt haben, mit dem Gegebenen zurechtzukommen?

Christa Wolfs zweiter Roman, fünf Jahre später entstanden, wird Antworten geben, die in *Der geteilte Himmel* nur in Andeutungen vernehmbar sind. Welche Opfer es Rita gekostet hat, die Entscheidung gegen die Liebe zu treffen und durchzuhalten, ohne der Verzweiflung oder der Anklage zu verfallen, das bestimmt den Grundcharakter des ersten Buches: Erschütterung und Trauer. Das Erlebnis selbst ist so unmittelbar gegenwärtig, daß es die Möglichkeit kritischer Distanz verdrängt. Alle Reflektion der sich erinnernden Erzählerin ist darauf aus, die Entscheidung als einen gewaltsamen, leidvollen Willensakt erscheinen zu lassen.

Die Tragödie eines geteilten Landes in der Tragödie der Trennung zweier Liebender zu konkretisieren, ist ein literarisches Unternehmen, das vielfach versucht wurde. *Der geteilte Himmel* gehört in eine Reihe verwandter Werke.[64] Und es ist von geistesgeschichtlicher Bedeutung zu erkennen, welche Wandlung das überlieferte Romeo-und-Julia-Thema in unserem Jahrhundert erfahren hat; wie nicht Zwietracht der Eltern oder die Kluft zwischen den Ständen die Liebe vereiteln, sondern die staatliche Sonderung, die die Diskrepanz der Ideen und Wertvorstellungen einschließt.[65] Und wenn es auch weniger politische Prinzipien als Emotionen sind, die Ritas und also auch Christa Wolfs Entscheidung hervorrufen, so bleibt doch bestehen, daß es um eine eindeutige politische Entscheidung geht.

Es spricht für den Ernst des Fragens, daß nicht eigentlich die Option Manfreds für Westdeutschland (von einer Flucht sollte bei den Bedingungen der Grenze vor dem Bau der Mauer, die vorausgesetzt sind, nicht gesprochen werden) den Entschluß Ritas herbeiführt, daß vielleicht eine solche dramatische Zuspitzung nicht einmal nötig gewesen wäre, denn die beiden entwickeln sich bereits vordem von einander fort. Der außerordentlich tüchtige und ehrgeizige Chemiker begegnet seiner Umwelt mit kühler Kritik, wo sich Rita naiv und vertrauend verhält; er verwirft mit aller Schärfe, was ihm an sturer Bürokratie, an ideologischer Dogmatik und Intoleranz entgegentritt, während sie sich von den menschlichen Qualitäten einiger Lehrer und der in der Brigade endlich gefundenen Nestwärme bewegen läßt; er kommt über die Enttäuschungen durch die neue Gesellschaft und die Ungerechtigkeit persönlicher Zurücksetzung nicht

---

[64] Der literarische Komplex „Republikflucht" ist in Kap. VII ausführlich behandelt.

[65] Vergl. H. J. Gesthardt: Das Thema der Nation und zwei Literaturen. Neue Dt. Lit. 1966, 6.

hinweg, wo sie sich bemüht, ohne persönlichen Anspruch in der Gemeinschaft aufzugehen. Er hat sich, bevor er seine Gesellschaft faktisch verläßt, bereits von ihr gelöst, und er kennt seine Braut so wenig, daß ihm der Gedanke fernbleibt, die Trennung vom Staate könnte auch die Trennung von ihr bedeuten. In der Tat ist ihre Fahrt in den Westen zu dem Geliebten nicht eine Geste des Abschieds, sondern der Versuch, durch die Begegnung den schon erwogenen Entschluß zur Trennung noch zurücknehmen zu können. So kommt alles auf die wenigen Stunden an, welche die beiden zusammen im Westen verbringen, und dieses letzte Kapitel, die letzte Begegnung der Liebenden in Berlin, im Hotel, auf den lärmerfüllten Straßen, im menschenwimmelnden Park, ihre Abschiedsgespräche, welche die unausgesprochene Gewißheit der Trennung schon vorausnehmen, die Melancholie des Verzichts — es ist das sprachlich dichteste, die bloße Realität übersteigende Kapitel des Buches. Bei sparsamster Verwendung der Versatzstücke der äußeren Welt zieht sich alle Kraft des Ausdrucks auf das innere Erlebnis zurück, das in einem sprachlichen Gebilde von der Unmittelbarkeit eines Symbols kulminiert.

„Sie gingen die Straße hinunter bis an einen großen runden Platz, der, fernab vom Verkehr, um diese Zeit fast einsam war. Sie blieben an seinem Rand stehen, als scheuten sie sich, seine Ruhe zu verletzen. Eine merkwürdige, aus vielen Farben gemischte Tönung, die über dem Platz lag, lenkte ihre Blicke nach oben. Genau über ihnen verlief, quer über dem großen Platz, die Grenze zwischen Tag- und Nachthimmel. Wolkenschleier zogen von der schon nachtgrauen Hälfte hinüber zu der noch hellen Tagseite, die in unirdischen Farben verging. Darunter — oder darüber — war Glasgrün, und an den tiefsten Stellen sogar noch Blau. Das Stückchen Erde, auf dem sie standen — eine Steinplatte des Bürgersteigs, nicht größer als ein Meter im Quadrat— drehte sich der Nachtseite zu. Früher suchten sich Liebespaare vor der Trennung einen Stern, an dem sich abends ihre Blicke treffen konnten. Was sollen wir uns suchen? ‚Den Himmel wenigstens können sie nicht zerteilen‘, sagte Manfred spöttisch. Den Himmel? Dieses ganze Gewölbe von Hoffnung, und Sehnsucht, von Liebe und Trauer? ‚Doch‘ sagte sie leise. ‚Der Himmel teilt sich zuallererst.‘“

Das Bild weist auf den Bereich des Glaubens. Wenn der Gläubige sich überzeugen muß, er könne dem Ungläubigen seinen Glauben nicht mitteilen, trennt er sich von ihm. Manfreds Entschluß ist ein Akt des Unglaubens, wie Ritas Entschluß ein Akt des Glaubens ist. Sie muß ihn aufgeben, weil er sich selbst aufgegeben hat. „Wer nichts mehr liebt und nichts mehr haßt, kann überall und nirgends leben. Er ging ja nicht aus Protest. Er brachte sich ja selbst um, indem er ging.“ Es geht nicht mehr um den Konflikt zwischen dem Glück des Einzelnen und der Forderung des Kollektivs; es geht auch nicht mehr um das Motiv des geteilten Deutschland, obwohl beide Elemente im Roman ihre Stelle und ihr Gewicht haben. Vielmehr wird die politische Frage zum radikalen Ja oder Nein einer Glaubensentscheidung, und man muß, um die extreme Konsequenz dieser Konzeption zu ermessen, in das 16. oder 17. Jahrhundert zurückgehen, als in der Tat Unterschiede des Glaubens nicht nur Völker, sondern die engsten menschlichen Beziehungen zerreißen konnten. Daß „Glauben" in Christa Wolfs Welt ein säkularisierter Begriff ist, ändert nichts an der Analogie. Nihilismus und Gläubigkeit werden der westdeutschen und der ostdeutschen Gesellschaft ohne Einschränkung und Differenzierung zugeteilt, die Abwendung Manfreds von seinem Staat ist die Folge seines Pessimismus und Negativismus, Ritas Trennung von Manfred der notwendige Akt der Selbstbewahrung des Gläubigen. In dem Christa Wolfs Roman eng verwandten Buch von Brigitte Reimann *Die Geschwister,* das im gleichen Jahre erschien und in dem es um die Flucht eines der Erzählerin innig verbundenen Bruders geht, steht die Stelle: „Ich dachte, während ich in der Küche hockte und weinte und zusah, wie meine Tränen auf den grauen Stoff fielen: es ist mir gleichgültig, ob mich jemand verurteilt. Ich will nicht noch einmal hören, wie meine Mutter ihrem Sohn Aufwiedersehen sagt, der wenige Stunden später die Grenze überschreiten wird, die nicht nur Stadt von Stadt, Landschaft von Landschaft trennt. Und ich will nicht noch einmal erleben, wie ein Bruder mich im Morgengrauen auf den Mund küßt und ‚alles Gute, Lies' flüstert und weggeht, aus meiner Familie, meiner Republik und — unerbittliche Konsequenz — aus meinem Leben weggeht." Der westdeutsche Leser kann solche Sätze nur mit Bestürzung registrieren.

Als Christa Wolf nach Jahren, in denen sie nur kleinere Erzählungen veröffentlicht, andererseits im öffentlichen literarischen Leben und in den Gremien der Partei energisch um die Freiheit des künstlerischen Schaffens gekämpft hatte[66], ihren zweiten Roman erscheinen ließ, zeigte sich, daß der Sonderfall Ritas in *Der geteilte Himmel* sich zu einem Thema von umfassender, weithin von gesellschaftlichen Bedingungen losgelöster Eindringlichkeit erweitert und vertieft hatte. Die Frage, die immer schon hinter den situationsbedingten Problemen verborgen gewesen war, tritt nun offen in das Zentrum, die Frage nämlich, welche die Autorin schon in ihrer Analyse von K. H. Jakobs *Beschreibung eines Sommers* formuliert hatte: „Hier stößt das Leben, eine große Leidenschaft, mit Normen der Gesellschaft zusammen — ein Hauptthema der Literatur."[67] Hat der gesellschaftliche Fortschritt, haben politischen Konstellationen überhaupt einen wesentlichen Bezug auf das Glück des Einzelnen? Gibt es Bezirke der Seele, die vom Engagement im Kollektiv, wie überzeugt und aktiv es auch sei, unberührt bleiben? Und schließlich: gibt es auch im Sozialismus Tragik?

---

[66] Vergl. die Diskussionen auf der 11. Plenartagung des Zentralkomitees der SED und Ch. Wolfs Eingreifen in die kulturpolit. Diskussion. Bericht der Frankf. Allgem. Zeitung vom 22. 12. 1965.
[67] Neue Dt. Lit. 1961, 10.

Nachdenken über Christa T. ist ein Werk hoher formaler Meisterschaft, eine der wenigen Erhebungen in der deutschen Literaturlandschaft nach dem zweiten Weltkriege. Alles, was an nur mitgeteilter Realität sich noch in *Der geteilte Himmel* vorfand, Unsicherheiten in der sprachlichen Konzeption, Passagen, die der politischen Agitation oder auch der Sentimentalität nahe kamen, ist ausgemerzt. Geblieben ist eine Elegie in Prosa, die man nach ihrer literarischen Physiognomie und ihrer thematischen Eigenart Werken wie dem *Werther* oder wie Hildesheimers *Tynset* zugesellen darf.

Wiederum zeigt sich, daß nichts für die Wirkung des Buches von größerer Bedeutung ist als die sprachliche Form. Christa Wolf hat sich eine Erzählerin geschaffen, die, nach Charakter und Lebensgang weniger eine Kontrastfigur als eine Variante der Heldin Christa T., in der Ich-Form berichtet, in ihrer Erinnerung suchend, nachdenkend, Briefe, Notizen, Manuskripte der Christa T. darbietend. Beide Frauen sind nicht mit der Dichterin identisch. Beide stellen Möglichkeiten der Dichterin dar. „Später merkte ich, daß das Objekt meiner Erzählung gar nicht so eindeutig sei, Christa T., war oder blieb. Ich stand auf einmal mir selbst gegenüber ... Die Beziehungen zwischen uns, der Christa T. und dem Ich-Erzähler, rückten ganz von selbst in den Mittelpunkt: die Verschiedenheit der Charaktere und ihre Berührungspunkte, die Spannung zwischen uns und ihre Auflösung oder das Ausbleiben der Auflösung."[68]

Ebenso wichtig für die Struktur des Romans ist die Behandlung der Zeit. Es wird vom Ende her, von Christas Tod her erzählt; insofern eine Parallele zu dem ersten Roman: die Katastrophe wird nicht erwartet, es wird keinerlei Spannung auf sie hin erzeugt; sie ist geschehen, bevor das Erzählen einsetzt. Zwar entwickelt sich alles Geschehen dem Ende zu, folgt also einem lose gespannten chronologischen Faden, aber das Ende ist stets gegenwärtig. Zwar entsteht aus vielerlei Farbtupfen das Bild eines Mädchens bis zu ihrem frühen Tode, doch werden alle Ereignisse dieser zwanzig Jahre aus dem Zeitgefüge Gegenwart, Vergangenheit, Zukunft herausgenommen, sind stets Gegenwart, Vergangenheit und Zukunft gleichzeitg.

Dem schwebenden Zeitbegriff entspricht ein schwebender Realitätsbegriff. Das Berichtete befindet sich entweder als Dokument auf der unbezweifelten Ebene der Wirklichkeit, es befindet sich auf der Ebene der vor Irrtum nicht geschützten Erinnerung oder es befindet sich auf der Ebene der Potentialität, des Vielleicht, des Vermuteten. Daher immer wieder das „würde, könnte vielleicht, es wäre vorstellbar", daher immer wieder der die Aussage-Struktur des ganzen Romans bestimmende Fragesatz. So gibt etwa die fiktive Erzählerin über sechs Seiten ein von ihr mit der früheren gemeinsamen Lehrerin geführtes Gespräch

---

[68] Ch. Wolf: Selbstinterview (Kürbiskern 1968, 4).

wieder, um am Ende hinzuzufügen: „Ich werde nicht zu ihr gehen." Die Gestalt selbst kann nicht definiert, sie kann nur anvisiert werden. „Darum kann man sich, leider, an die Tatsachen nicht klammern, die mit zuviel Zufall gemischt sind und wenig besagen. Aber es wird auch schon schwerer auseinanderzuhalten: was man mit Sicherheit weiß und seit wann; was sie selbst, was andere einem enthüllten; was ihre Hinterlassenschaft hinzufügt, was auch sie verbirgt; was man erfinden muß um der Wahrheit willen." Oder: „Soweit, um den Tatsachen Genüge zu tun, die Handlung. Die Wahrheit aber ist das nicht." Es ist Nach-Denken — Mutmaßungen würde Uwe Johnson vielleicht sagen. „In dem Strom meiner Gedanken schwimmen wie Inselchen die konkreten Episoden — das ist die Struktur der Erzählung" sagt die Autorin selbst.[69]

Natürlich ist trotzdem Realität vorhanden. Löst man aus den Vermutungen, Chancen und Erwägungen Christa T.s Lebensgang heraus, so ergibt sich eine durchaus durchschnittliche Wirklichkeit: Herkunft aus einem dörflichen Schulhaus, Schule und Universität, Lehrerin, Heirat mit einem Tierarzt, Kinder, ein Auto, das Haus, mittelständischer Wohlstand, mittelständische Sorgen, dann Krankheit und Tod. Doch wird das Stoffliche, das ohnehin jeder Besonderheit und jeder Spannung ermangelt, mit großer Lässigkeit behandelt." Sie hat sich treiben lassen. Noch dreizehn Jahre. Vier Wohnorte. Zwei Berufe, ein Mann, drei Kinder. Eine Reise. Krankheiten, Landschaften. Ein paar Menschen bleiben, ein paar kommen hinzu." Oder das äußere und das innere Geschehen gelangen zu einer vollkommenen Deckung, so daß die Trennung der Kategorien nichtig wird. „Sie machte sich auf den Weg nach Hause. Vor einem Blumenladen in der Innenstadt standen ein Dutzend Menschen, die schweigend warteten, daß um Mitternacht eine seltene, hell angeleuchtete Orchidee für wenige Stunden ihre Blüte entfalten sollte. Schweigend stellte Christa T. sich dazu. Dann ging sie getröstet und zerrissen nach Hause."

Wenn der Fragesatz die Haltung des Autors gegenüber seinem Gegenstand vorbestimmt, richtet sich die innere Spannung auf die Frage selbst. Wer ist Christa T.?, diese ganz und gar „unzeitgemäße", widerspruchsvolle, stets anders beleuchtete Frau, deren Leben immer neue Rätsel aufgibt und deren früher Tod ein Geheimnis bleibt? Sie lebt auf der Erde wie alle anderen, mit gutem Appetit, mit politischer Leidenschaft, Haß gegen Krieg und jede Gewalt, sie kann derb zupacken, begegnet Romantizismen mit schonungslosem Spott, aber sie lebt mit dem Bewußtsein, daß die Oberfläche, auf der sie so fest zu stehen scheint und stehen möchte, nicht verläßlich ist. „So dünn ist die Decke, auf der wir gehen, so dicht unter unseren Füßen die Gefahr, durchzubrechen in diesen Sumpf." Dazu stimmt, daß nichts sie festhalten kann, weder Menschen, noch Orte, noch der Beruf, wie heftig ihr jeweiliges Engagement auch sein mag. Sie kann nicht

---

[69] A. o. O.

anders als unterwegs zu bleiben. Unterwegs wohin? „Hinter sich lassen, was man zu gut kennt, was keine Herausforderung mehr darstellt. Neugierig bleiben auf die anderen Erfahrungen, letzten Endes auf sich selbst in den neuen Umständen. Die Bewegung mehr lieben als das Ziel."

Es kann nicht ausbleiben, daß ihr Verhältnis zu ihrer neuen, sozialistischen Gesellschaft, zu der sie sich eindeutig bekennt, ambivalente Züge erhält. Da steht auf der einen Seite das Geständnis: „Denn die neue Welt, die wir unantastbar machen wollten, und sei es dadurch, daß wir uns wie irgendeinen Ziegelstein in ihr Fundament einmauerten — sie gab es wirklich. Es gibt sie, und nicht nur in unseren Köpfen, und damals fing sie für uns an. Was aber immer mit ihr geschah oder geschehen wird, es ist und bleibt unsere Sache. Unter den Tauschangeboten ist keines, nach dem auch nur den Kopf zu drehen sich lohnen würde." „Das Anfangsgefühl, das geliebt wird" heißt es an anderer Stelle. Aber da stehen auch Zweifel. „Der Mechanismus, nach dem sich das alles bewegte — aber bewegte es sich denn? die Zahnräder, Schnüre und Stangen waren ins Dunkel getaucht, man erfreute sich an der absoluten Perfektion und Zweckmäßigkeit des Apparates, den reibungslos in Gang zu halten kein Opfer zu groß schien — selbst nicht das: sich auslöschen." Worte, die auch dem *Geteilten Himmel* entnommen sein könnten. Das „man" verweist auf das Allgemeine, auf das Gesetz.

Christa T. verhüllt sich. Schweigen, Spott und Ironie sind ihre Mittel; sie scheint zu spielen, wo andere auf Ernst drängen. Nichts aber verhüllt sie eifersüchtiger als ihr Dichten. Von ihrem Werk werden uns nur Entwürfe und Versuche mitgeteilt.[70] Sie ist, sofern man das sagen darf, zum Dichten verdammt. Der Satz „Daß ich nur schreibend über die Dinge komme!" wie ein Motto vielfach wiederholt, faßt ihre dreifältige Haltung gegenüber dem dichterischen Wort zusammen: „ihr Hang zu dichten, dichtzumachen die schöne, feste Welt — ihr Bedürfnis, sich gegen die Übermacht der Dinge durch die Form

---

[70] Eine gewisse Ausnahme bildet das Märchen von dem Lappen (S. 184), ein bemerkenswerter Bruder des Sterntaler-Märchens in Büchners *Woyzek:* „Ein gelber Lappen mit rotem Rand, der eine Mutter hatte wie jedermann, aber ihr Herz schlug auf einmal nicht mehr so sehr, da war sie tot. Da muß der Lappen die Mutter eingraben und muß alles alleine machen, sogar kochen. Dabei verbrennt er sich natürlich die Finger, dann kann er sich alleine nicht mal ein Lätzchen umbinden, kann sich nicht an den Tisch setzen, findet auch kein Bonbon in der Kammer — rein nichts kann er. Da flog er zum Fenster raus. Der Mond schien, die Eule stand schon am Himmel. Eine Katze ging da lang, die hatte in jeder Hand einen Eierbecher wie die Katzen in Berlin. Die Eule flog an die Lampe, der Lappen hinter ihr her, doch da kam noch ein Aschenbecher angeflogen, auf dem stand in weißer Schrift: das ist ein böser Aschenbecher. Da bekam der Lappen Angst und flog zur Mutter. Da fing ihr Herz wieder zu schlagen an, sie gingen zusammen nach Hause, und die Mutter hat aufgepaßt, daß keine Bösen mehr kamen."

zu wehren — ihr Verdacht und ihre Klage, sie sei nicht fähig zu dichten, die Dinge so zu sagen, wie sie sind." Sie besitzt die Scheu des echten Dichters vor den Namen, den Bezeichnungen, der Vergewaltigung durch das Wort, „das Brandmal, mit welcher Herde in welchen Stall man zu gehen hat".

Und wenn das Wort schon an den Dingen vorbeigeht, wie soll es imstande sein, das Ich auszudrücken! Daher spricht sie in ihren Fragmenten von sich vornehmlich in der dritten Person. Je intensiver sie dem Ich nachforscht, desto weiter entfernt es sich. „Die große Hoffnung oder über die Schwierigkeit ich zu sagen" ist eins ihrer Manuskripte überschrieben. So können ihre Versuche zu keinem abgeschlossenen Werk gerinnen. „Schreiben ist groß machen" lautet einer der Aphorismen, die sich wie Wendemarken im Strom der Meditationen behaupten. Verdichten, groß machen, zum Ich finden — sie ist zu sensibel und zu anspruchsvoll, als daß sie zu hoffen wagte, die drei Ziele zu verwirklichen. So bleibt die Klage: „dieser lange, nicht enden wollende Weg zu sich selbst!"

Damit ist der Bezirk bezeichnet, in dem die Frage nach ihrem Tod gestellt werden kann. Die Ärzte sagen Leukämie, der Krankheitsverlauf wird klinisch genau beschrieben. Aber die Wissenschaft reicht nicht aus. Als die Krankheit schon besiegt scheint, fehlt ihr die Kraft gesund zu werden. Was ist Ursache, was ist Wirkung? Es ist keineswegs so, als wünsche sie den Tod herbei. Sie versucht zu kämpfen, und ihr Tod ist keine friedliche Erlösung, sondern ein bitterer Verzicht. Aber der Leser weiß und sie weiß, daß ihr jung zu sterben bestimmt ist. Ihr Tod ist nicht nur das Ende des Buches, er ist in jeder Zeile gegenwärtig. Ein Geheimnis, eine ärgerliche Mystifikation? Christa Wolf vermeidet eindeutige Aufklärung bis zu dem Grade, daß sie Fehldeutungen vorausnimmt: „lebensuntüchtig, intelligent, nun ja, zu empfindsam, unfruchtbar grübelnd, ein skrupelvoller Kleinbürger" den Kritikern scheinbar recht gebend.[71] Wer lesen kann, muß sich an ihre Andeutungen halten, an das wachsende, schließlich drohende Gefühl „wie lange noch?" — an ihren Zweifel, ob ihre Kraft reiche, an ihre Furcht, ihrer Identität ungewiß zu werden. „Sie spürte,

---

[71] Vergl. Hermann Kählers: Ch. Wolfs Elegie (Sinn und Form, 1969, 1), ein durchaus verständnisvolle Analyse, doch kennzeichnen die Bedenken des Rezensenten den spezifisch politischen Gesichtspunkt, so daß sie im Kern wiedergegeben werden sollen: „Ist es wahr, daß der Schriftsteller von Beruf ein Mensch ist? Christa T. wollte in unserer arbeitsteiligen Gesellschaft nicht nur eine Rolle spielen, sei es als Lehrerin, als Dozentin, als Rezensentin, sie wollte sich nicht dem bis zu einem gewissen Grade standardisierten Status eines Berufes beugen, um die Fülle ihrer Persönlichkeit zu erhalten.... Eine autonome Persönlichkeit ohne soziale Funktion ist eine, im Falle Christa T. tragische Illusion." Schlimmer ist, daß Heinz Sachs, Leiter des Haller Mitteldeutschen Verlags, des Verlags der Ch. Wolf also, die Publikation des Romans öffentlich bedauerte, da er versäumt habe, die Autorin davon zu überzeugen, daß die Literatur in der DDR auf Lebensfragen spezifisch sozialistische Antworten geben müsse.

wie ihr unaufhaltsam das Geheimnis verlorenging, das sie lebensfähig machte: das Bewußtsein dessen, was sie in Wirklichkeit war." Erst vom Tode her kann das Wort J. R. Bechers, das Christa Wolf vor ihren Roman setzte, ganz verstanden werden: „Denn diese tiefe Unruhe der menschlichen Seele ist nichts anderes als das Witterungsvermögen dafür und die Ahnung dessen, daß der Mensch noch nicht zu sich selber gekommen ist. Was ist das: Dieses Zu-sich-selber-Kommen des Menschen?"

Hermann Kant, Günter de Bruyn, Fritz Rudolf Fries, Irmtraud Morgner

Hermann Kant gehört als Erzähler zu der Gruppe, die heute die Literatur der DDR recht eigentlich repräsentiert, deren Werke und Urteile eine gewisse öffentliche Gültigkeit haben. Sie, die heute etwa Vierzigjährigen — Christa Wolf und Günter de Bruyn und Günter Kunert sind im engeren Sinne dazu zu rechnen — sind und fühlen sich in ihrer Person nicht durch den National-Sozialismus belastet, aber sie haben ein Stück National-Sozialismus und ein Stück Krieg als Jugenderlebnis in sich aufgenommen und jeder von ihnen hat in seinem Werk in Klage und Anklage davon Zeugnis abgelegt. Sie tragen Geschichte mit sich, während die Jüngeren, zwischen 1930 und 1940 Geborenen reine Gegenwart sind, fern den Klassenkämpfen der großen Alten und fern den bitteren Erfahrungen des Krieges, beides als bloße Geschichte mit Abstand betrachtend. Doch auch für Kant und seine Gruppe ist die Auseinandersetzung mit der Geschichte kein zentrales Thema mehr.[72] Ihr Gegenstand ist das Leben heute, ihr eigenes Leben in der DDR, in der sie zu schreiben begonnen haben, der sie ihren Aufstieg und ihre Positionen verdanken, mit der sie in Konflikte geraten, die sie bewußt repräsentieren und interpretieren.

Hermann Kant, Hamburger der Herkunft nach und nicht ohne Stolz darauf, wurde, als er aus dem Krieg zurückkehrte, Elektriker, gelangte durch die Arbeiter- und Bauern-Fakultät in Greifswald zum Studium, durch jene typische Einrichtung einer geplanten Bildungsrevolution, die das „Bildungsprivileg des Besitzes" aufheben und den hellen Köpfen, die von unten kamen, die Tür zu akademischen Berufen aufstoßen wollte.[73] Kants erster Roman *Die Aula* machte die Arbeiter- und Bauern-Fakultät (ABF) zu seinem Gegenstand, und wenn der

---

[72] Wenn G. Kunert mit *Im Namen der Hüte*, R. Schneider mit *Die Tage in W.* und *Der Tod des Nibelungen* und *Prozeß in Nürnberg* in die deutsche Geschichte vor 1945 zurückgreift so sind dies polemische Darstellungen des „Faschismus", die nicht der geistigen Überwindung dienen, sondern dem kalten Krieg gegen Westdeutschland, dem das Erbe angelastet wird, von dem man selbst nicht betroffen zu sein vorgibt.

[73] Die Arbeiter- und Bauernfakultäten bildeten zwischen 1949 und 1962/63 über 30 000 junge Menschen für die Universität vor.

Blick zurück, um den es dem Schriftsteller geht, auch ironisch und seine Sprache auch skeptisch ist, so ist das Buch dennoch eine Laudatio und die Bilanz positiv.[74] Der Stolz einer Pionier-Generation, die verklärende Erinnerung an die revolutionäre Epoche des Staates und des eigenen Lebens — denn immer gehen Geschichtsforschung und Gewissenserforschung zusammen — an eine abenteuerliche, hoffnungsträchtige Zeit, in der alles möglich schien, überlagern die kritische Reflexion. Und doch wird die Preisrede auf die alte Schule nicht gehalten, die dem Roman den Titel und das Leitmotiv gegeben haben.

Als prominentes und arriviertes Produkt der ABF wird der fiktive Erzähler Robert Iswall — der in Wahrheit Kant selbst ist, wenn auch ein sich selbst nicht ohne Ironie und Kritik abmalender Kant — aufgefordert, bei der Schließung seiner alten Schule die Festrede zu halten. Er sucht eine Konzeption, er sucht Stoff, forscht in Archiven, besucht einige der alten Kameraden, geht seiner Erinnerung nach. Der Roman erhält die Struktur einer Recherche, er nähert sich dem Typus des Kriminalromans, er bereitet das Material vor, um die Frage beantworten zu können: was hat die ABF für unsere neue Gesellschaft geleistet? Der Autor sammelt, vergleicht, reflektiert, beginnt zu zweifeln, die Festrede wird zum Rigorosum — und noch ehe sich der Autor über seinen Auftrag schlüssig werden kann, erhält er die Mitteilung, seine Rede sei überflüssig, sie werde durch eine programmatische Litanei ersetzt werden. Ein fruchtbarer Einfall, der nicht nur das Schema der Komposition liefert, sondern auch die gesellschaftliche Kritik im Ansatz bereits enthält.

Aus der Technik der Recherche ergeben sich mit Leichtigkeit die Formen der Erinnerung, des Interviews, der Dokumentation, der Rückblende, des Zeitsprungs und des inneren Monologs, alle zusammen dazu geschaffen, den Zusammenhang einer chronologischen Entwicklung aufzulösen zugunsten eines Gitterwerks, an dem Bruchstücke des Vergangenen wie des Gegenwärtigen befestigt werden, so daß der Ablauf der Zeit in die Präsenz aller Zeit verwandelt wird und damit die Möglichkeit entsteht, was war und was ist als Kontinuität und Kausalität oder als Differenz und Kontrast unmittelbar nebeneinander sichtbar zu machen.

Das vollzieht sich in einer Sprache, deren auffallendstes Merkmal die Distanz zum Stoff und, daraus resultierend, die Verkleinerung der Dimensionen ist, eine Distanz, die zur Ironie wird, und ein bewußtes understatement, das zum Abschleifen der Kontraste führt, die Kritik entschärft und den schließlichen Konsensus vorbereitet. Kant ist ein außerordentlich geschickter Meister des witzigen, pointierenden und parodierenden Wortes, er beherrscht die überraschenden Attaken, die satirischen Übertreibungen, das Jonglieren mit Slang und

---

[74] Vergl. H. Kähler: Die Aula — Eine laudatio auf die DDR, Sinn und Form 1966, Sonderheft.

Doppelbodigkeit, und er weiß, ja er genießt es. Seine Sprache ist selten geistreich, immer voller Einfälle, gelegentlich schnoddrig, auch den Kalauer nicht verschmähend. In einer Literatur, die das Pathos des Bekenntnisses liebt, aber auch, in ihren mittleren Schichten, sich in den verwaschenen Grauton des Alltags kleidet, den sie offensichtlich für realistisch hält, ist Kants Brillanz für die einen eine Erholung, für die anderen ein Ärgernis, zumal es augenfällig ist, wie sehr er dem „harten Stil" der Amerikaner von Hemingway bis Chandler (beide werden zitiert) verpflichtet ist.

Die Haltung des Autors gegenüber seinem Gegenstand, der Gesellschaft seines Staates und seiner Zeit, ist ambivalent. Das Wort ist bewußt gesetzt, denn es handelt sich nicht um eine dialektische Spannung, wozu die Leidenschaft und der Tiefgang des Fragens nicht reichen, es handelt sich um eine Einerseits-Andererseits, um ein skeptisches Achselzucken, das in der Mitte verharrt. So steht neben dem revolutionären Sturm und Drang der ABF-Studenten die Satire auf die nichts begreifenden und verstaubten Fachgelehrten. So erscheinen neben den Mitschülern, die sich zu großartigen Leistungen entwickelt haben, diejenigen, die in den Alltag zurückgesunken oder durch Erfolg und Wohlstand korrumpiert sind. Der Autor selbst, dessen Gewissenserforschung in die Darstellung der Gesellschaft verflochten ist, pendelt zwischen Eigenlob und Selbstkritik.

Der Roman bliebe ohne innere Spannung — von einer Spannung durch die Konstruktion der Fabel kann ohnehin nicht gesprochen werden — begnügte er sich mit der ironisierenden Abschilderung des *juste milieu*. In das laue Wasser modifizierter Zustimmung fallen zwei Gifttropfen und machen es zu einer scharfen Lauge, die imstande wäre, das Wohlgefallen in Anklage zu verwandlen, zwei Fehlabläufe, die das Funktionieren der Maschinerie gefährden. Das eine ist der Fall Gerd Trullesand, des engsten Freundes Iswalls, den er mit einer anderen Frau nach China expedierte, da er ihm in der eigenen Brautwerbung im Wege stand. Es ist ein altes Spiel und als solches schlimm genug, „aber neu war die rote Fahne über der Szene und neu war es und für Robert Iswall fast unerträglich, daß die Schlußmusik zum letzten Vorhang ... zu den Worten ging: tragt über die Länder, tragt über die Meere die Fahne der Arbeitermacht!" Ist Iswalls Verrat nicht die Voraussetzung sowohl seines Eheglücks wie seiner Karriere geworden? Beruht nicht seine ganze Existenz auf einer Schuld, die er nie eingestanden hat? Das andere ist der Fall Quasi, des intelligentesten, am reinsten begeisterten und des zukunftsreichsten unter den Studenten der ABF, der nach Westdeutschland geflohen ist, der verloren ist, „nicht gestorben, aber verdorben, fort und verdorben und also doch gestorben". Die Frage nach dem Warum hält die lose gefügten Episoden erst eigentlich zusammen. In ihr sammeln sich alle Fragen — und diesmal ist es die Gesellschaft, welcher der Prozeß gemacht wird. Es gibt keine Antwort. Auch eine Begegnung Iswalls mit dem als Kneipenwirt in Hamburg lebenden enthüllt das

Geheimnis nicht. Was die anderen vermuten, das in solchen Fällen übliche Klischee der Diffamierung, wird verworfen — und wieder liefert der Autor ein Paradestück seiner parodierenden Sprache: „Klarer Fall — bei uns gelernt, auf unsere Kosten, abgehauen, Kneipier geworden, Mollenhändler, Schnapspanscher, Linie gegen Eichstrich eingetauscht, Perspektive gegen Polizeistunde, klaren Himmel gegen Bierdunst, Kumpel gegen Kunden, war Klempner und jetzt klaut er, ist ein Schuft und war immer schon ein Schuft ... War er aber nicht, war ein Kerl wie keiner sonst." Die Frage bleibt offen, „ein Rätsel, eine Niederlage, ein böses Wunder", das offenbart, wie brüchig das Fundament ist, auf dem sich das gepriesene Gebäude erhebt.[75]

Halten wir uns an den Tatbestand: Glück und Karriere des Einzelnen, hier des Robert Iswall, wachsen auf dem fragwürdigen Grund des Verrats eines Freundes — die Sicherheit und die Rechtfertigung der Gesellschaft werden permanent in Frage gestellt durch die Flucht eines der Besten, durch ein Phänomen, das um so bedrohlicher wird, da sein Grund unbekannt bleibt. (Wobei sich die Frage aufdrängt, ob dieses Unbekanntbleiben eine Ausflucht des Autors oder eine auf das Ganze zielende Anklage ist.) In der Tat ein Material, aus dem der Schriftsteller ein Buch der radikalen Besinnung und der Erschütterung machen könnte. Hermann Kant hat das nicht getan. Er hat sich entschieden, den Verrat an dem Freund in dessen endgültiges Glück auslaufen und die Frage nach Quasi auf sich beruhen zu lassen. Er hat eine sprachliche Form gewählt, die vermittelt, anstatt anzugreifen, die Konflikte glättet und Leidenschaften durch Ironie neutralisiert. „Ja, mein Traum ist es nicht, aber es hat doch einen Sinn" antwortet einer der Ehemaligen auf die Frage, wie sich das Erstrebte zu dem Erreichten verhalte. „Maßvoll" und „vernünftig" sind Schlüsselworte des Autors, Worte einer Generation, die auf Dogmatismus und enthusiastische Futurologie nüchtern reagiert, die einmal die Pioniergeneration war, aber heute sich mit dem Erreichten zu arrangieren sucht, nicht ohne Kritik, auf die Sicherung der individuellen Möglichkeiten bedacht und den freien Spielraum innerhalb des Kollektivs verteidigend. Hermann Kants Roman zeigt eine Möglichkeit des Verhaltens. Sie heißt Ironie, das Mittel der Sensiblen, die Erfahrung der Realität erträglich zu machen.

✳

Günter de Bruyns Roman *Buridans Esel* erschien 1968 im Mitteldeutschen Verlag Halle und 1969 im Kindler Verlag München. Es wird eine recht alltägliche, in der Literatur hundertfach verwandte Geschichte erzählt, eine Liebes-

---

[75] Es gibt zahlreiche Erklärungsversuche der ostdeutschen Kritik, die den von Kant leer gelassenen Raum ausfüllen versuchen. Aber Quasis Flucht ist nicht isoliert. Iswalls Schwester geht in den Westen, weil ihre Liebe zu einem russischen Soldaten politisch unerwünscht ist, seine Mutter, weil sie im Apparat der Parteibürokratie nicht ihr Recht findet.

geschichte, eine Ehegeschichte, eine Dreiecksgeschichte. Ein Motiv ist niemals banal und niemals verbraucht, solange nicht seine Behandlung banal und verbraucht ist. Zunächst die Fabel: Karl, Bibliothekar in Ostberlin, liebt seine junge und schöne Kollegin, doch da ist seine Frau Elisabeth, da sind die Kinder, das Haus, das Auto, die Stellung — dem gegenüber die neue Liebe, das neue Leben. Nach einigem Zögern wagt er den Sprung in den Ehebruch, schwimmt einige Zeit mit geschlossenen Augen im Glück. Doch dann türmen sich die Schwierigkeiten, und da er kein Held ist, sondern ein Mann mit Pensionsberechtigung und Bauchansatz, gerät er ins Pendeln wie Buridans Esel, der zwischen zwei Heuhaufen nicht zu wählen wagt. Von der Geliebten zur Entscheidung gezwungen redet er sich die üblichen gutbürgerlichen Gründe ein, an die weder er noch der Leser glauben, und geht demütig zu Weib und Haus zurück. Doch Elisabeth, die gezwungen war, allein mit dem Leben fertig zu werden, ist keineswegs begeistert, sie akzeptiert ihn mit niederschmetternder Skepsis. Die Ehe wird weitergehen, aber nichts wird sich wiederholen. Der Roman schließt mit der lächelnden Nüchternheit Fontanes: „Irgendwo muß man schließlich Schluß machen, wenn die Helden nicht sterben. Vielleicht dachte sie auch noch: scheußlich, einen Fremden im Haus zu haben! oder: warum soll sich ein Mensch nicht ändern können! konnte ich es nicht auch? Vielleicht. Wer kennt sich in Elisabeth aus!"

Damit sind Sprachform und Struktur des Romans bereits angedeutet. Durch sie verwandelt der Autor den literarisch verbrauchten Stoff zu einem funkelnden, intelligenten und stets interessanten Stück Prosa. Man tut gut sich an das Wort von Joseph Conrad zu erinnern: „Die Art meines Schreibens läuft häufig Gefahr von der Art meines Stoffes verdunkelt zu werden." Günter de Bruyn arbeitet mit den gleichen, so lange als westliche Dekadenz diffamierten Mitteln wie Hermann Kant. Er hält den Stoff auf Distanz und gewinnt aus dem Abstand die Möglichkeit des Humors. Nichts wird heroisiert, nichts in den Schmutz gezogen. Die Liebe bleibt und der Alltag bleibt. Der Held muß sich entscheiden, aber der Autor richtet nicht, er läßt das Urteil offen. Er steckt nicht in seiner Geschichte drin, er ist nichts als der Berichterstatter, doch er berichtet nicht über Geschehenes, sondern über Erfundenes, er bleibt der Schöpfer und Herr seiner Geschichte. Er läßt den Leser am schriftstellerischen Akt teilnehmen, indem er den Autor immer wieder in die Schilderung einschaltet. Ein Beispiel für viele: „Es wird Zeit, Elisabeth genauer ins Bild zu bringen. Aber wie? Nichts in dieser Geschichte ist schwieriger. Vielleicht so: auf Kommoden von Großmüttern liegen manchmal bizarr gezackte Muscheln. Legt man ihre Öffnung ans Ohr, rauscht es. Man schüttelt: Nichts. Man sieht hinein: Dunkel. Aber das geheimnisvolle Rauschen dauert an. So war Elisabeth."

Auch hier geht es um Gesellschaft und die Spannung zwischen der Gesellschaft und dem Einzelnen. Aber wenn man sich an die Katastrophe erinnert, die der Ehebruch in *Die Spur der Steine* verursachte, ermißt man den Unterschied. Hier wird das Modell des Prozesses unbrauchbar. Niemand steht unter Anklage. Der Schuldige hat keine Möglichkeit zu irgendeinem Heroismus, denn die Gesellschaft — und das ist die Partei — verhält sich anders, als er und als der Leser erwartet haben. Man fährt auf weichem Nach-Stalin-Kurs: milde Kritik, gute Ratschläge zu einer „vernünftigen" Lösung, und der Autor kommentiert: „Wenn es stimmt, daß Größe durch Widerstände entsteht, wäre unsere verständige Gesellschaft kein Boden für große Liebesgeschichten. Möglich. Aber das spricht für die Gesellschaft."

Vernünftigkeit, Verständigkeit sind Leitbegriffe Günter de Bruyns wie Hermann Kants, der „die Kunst vernünftig miteinander umzugehen" preist. Beide geben sich den Anschein, nur milde beteiligte Chronisten zu sein, wobei Kant die Ironie, de Bruyn der Humor zuzuteilen wäre. Aber die Unerbittlichkeit der Entscheidungen, die Anna Seghers und Erik Neutsch und Christa Wolf aufzeigen, die vernichtenden Folgen der „Fehlentscheidung" lassen sich in der Fabel von Buridans Esel nicht einfangen und durch die Verkleinerungen Kants nicht wegironisieren. Man muß zum anderen erkennen, daß die Attitude des Chronisten bei beiden ein Teil der literarischen Form ist, daß sie nicht feststellen, sondern eine Forderung vorbringen und ein Maß aufrichten wollen. Nur so kann das Wort de Bruyns verstanden werden, mit dem er *Buridans Esel* selbst kommentiert: „In einer Gesellschaft, die dem persönlichen Glück des Einzelnen keine unüberwindlichen Hemmnisse entgegenstellt, kann jeder sich frei entscheiden, er muß es sogar, was zur Folge hat, daß die Größe einer Liebe nur durch die Größe der Liebenden bestimmt wird."[76]

*

Fritz Rudolf Fries, 1935 in Bilbao geboren, hat in der DDR nur einige Erzählungen veröffentlicht, während sein bisher einziges größeres Werk, der Roman *Der Weg nach Oobliadooh* im Frankfurter Suhrkamp-Verlag erschien. Legte man den Maßstab der literarischen Form an, so müßte in der Gruppe Ch. Wolf, H. Kant, G. de Bruyn und F. R. Fries der letzte den ersten Rang einnehmen. Was hier in und mit der Sprache geschieht, ist die virtuose Umwandlung des Beschreibens und Erzählens in eine teils lyrische, teils satirische Wortmontage. Die Sprache emanzipiert sich weithin vom Gegenstand; der Schriftsteller wird zum Artisten. So entstehen eine verführerische Musikalität neben verhaltener Melancholie und eine bissig packende, böse Aggressivität neben frechen und leichtfertigen Spielereien. Mit ungehemmter Lust werden die von der Gesellschaft gesetzten Werte angefallen, ohne eine Ausnahme, die in einer eigenen, spezifischen Wertewelt begründet wäre, ohne den bei H. Kant und G. de Bruyn sichtbaren grundsätzlichen Konsens mit den Fundamenten

---

[76] Neue Dt. Lit. 1968, 6.

dieser Gesellschaft, so daß es nicht wundern kann, wenn der Roman drüben weder gedruckt noch auch nur diskutiert wurde. Westdeutsche Analysen haben sich bemüht darzulegen, daß die totale Negation eine Antwort auf die besonderen Bedingungen des SED-Staates sei. Es scheint, als seien diese Kritiker allzu eifrig in die Falle hineingelaufen, welche die Formel „das Sein prägt das Bewußtsein" offen hält, sofern sie nicht dialektisch verstanden wird. Die Frage muß gestellt werden, ob es sich bei Fries um eine Antwort auf die Gesellschaft der DDR oder um eine Antwort auf Gesellschaft an sich handle. Dennoch bleibt das Phänomen erstaunlich: in der Landschaft der sozialistischen Literatur ein wie zufällig dorthin verirrter, fremder, exotischer, bunt schillernder Vogel, den man wohl für einen Märchenvogel halten würde, enthielte sein Lied nicht so viel Gift.

Es geht zuerst einmal um Leipzig, die Heimat des Autors und den Ort der Handlung, und in seinen schönsten Partien ist der Roman ein dichterisches Portrait der Stadt. Hier bewegt sich eine kleine Gruppe von jungen Intellektuellen, die, sensibel, ästhetisch anspruchsvoll und nicht ohne Snobismus, zwar um des reichlich benötigten Geldes willen einen Pakt mit der Gesellschaft geschlossen haben und ihr den Tribut des Berufes nicht vorenthalten, doch bewußt die gänzliche Trennung von dieser Gesellschaft suchen, die eine esoterische Insel bilden, sich selbst genügend, ihre Formenwelt, ihren zigeunerhaften Lebensstil kultivierend. Ihr führender Geist ist Arlecq, was Harlekin bedeutet, dem Autor in seinen biographischen Bezügen verwandt, ebenso romantisch wie zynisch, ebenso verträumt wie schonungslos rational, verliebt in die Liebe, die Musik und die Sprache, dem Rausch der Schönheit und des Alkohols in gleicher Weise hingegeben. Musik heißt Jazz und zwar in einem solchen Maße, daß man den Roman als Paraphrase des Jazz bezeichnen könnte. Und das heißt auch: Ausweichen in eine künstliche Welt, in primitive Emotionen und raffinierte Artistik, Flucht in Traumländer, die jenseits des Erreichbaren liegen — wie Arlecq und seine Freunde, skeptische, erfahrene, lebesgewandte Nachkriegsjugend, allzu genau wissen. Das verhindert nicht die Flucht in den Traum. I knew a wonderful princess in the land of Oobliadooh.

Das Buch vermittelt in vollkommener Übereinstimmung der Sprache mit dem geistigen Habitus dieser jungen Männer nicht eine Handlung, sondern einen Zustand, nicht Gedanken, sondern eine Gestimmtheit. Darum ist sein Kompositionsprinzip nicht das der Entwicklung, sondern das der Modulation und Variation. Selbst das einzige Kapitel, in dem Elemente einer Handlung unentbehrlich werden, die Flucht der jungen Männer nach West-Berlin, erweist sich als bloßes Zwischenspiel, das nichts ändert, vielleicht nicht mehr als eine Schnapslaune. Zwar sind sie dem Westen geistig zugeordnet — spanische, französische, englisch-amerikanische Sprache, Literatur und Musik erweisen das Seite für Seite — doch da der Westen ebenso wenig wie der Osten dem gesuchten Ooblia-

dooh gleicht, kehren sie nach kurzem zurück, erfinden die Lüge von der Ent-
führung durch westliche Agenten, lassen sich als Opfer und Helden feiern. Aus
der Tragödie der Christa Wolf ist die Posse geworden!

Die Rückkehr nach Leipzig heißt aber auch Unterschlüpfen im verhaßten Beruf, in der als Last ertragenen Ehe, sich Anpassen, sich Tarnen, das verachtete
Spiel der anderen mitspielen. Es ist nicht ohne Logik, daß sie sich am Ende in
das Irrenhaus einschmuggeln, eine sprechende Metapher für den Nihilismus, der
sich selbst ad absurdum führt und in Gelächter auflöst. Oder ist es die alte
Formel aus den Tagen Shakespeares und des Simplizissimus, wenn in einer när-
rischen Welt nur der Narr die Wahrheit weiß und sagen darf?

Fries gibt keine Lösungen, er entläßt uns mit offenen Fragen. Was hat diese
Resignation, diese bittere Melancholie erzeugt? Ist es in der Tat der politisch
determinierte Widerstand gegen die Gesellschaft der DDR, deren Totalitätsanspruch die immer und überall bestehenden Forderungen von Gesellschaft exal-
tiert? Das Hinüberwechseln in irgendeine anders geartete politische Realität
würde keine echte Veränderung bewirken, wie die Berlin-Episode erweist. Die
in der Sammlung *Fernsehkrieg* 1969 veröffentlichten Erzählungen von Fries
zeigen ihn als einen scharfen Beobachter der politischen Szenerie und einen
ganz im Sinne des Ostblocks orientierten Kritiker. So scheint sich die Erklärung
anzubieten, es sei hier eine Utopie literarisch bis zur letzten Konsequenz durchgespielt, die sich den empfindsamen und gebildeten Söhnen einer hochentwik-
kelten Gesellschaft immer wieder anbietet, die als Verführung und Versuchung
in ihre Phantasie eindringt: die Möglichkeit des Rückzugs auf die Robinson-
Insel, des Exodus aus der fordernden, zum Kompromiß zwingenden und also
kompromittierenden Gesellschaft, des Wegs nach Oobliadooh, gleichviel ob die
Helden solcher Gedankenspiele nun Werther, der Taugenichts, Leonce und
Lena oder Arlecq heißen.

Wir sind berechtigt, die Interpretation des Autors ernst zu nehmen, wenn er
Arlecq reflektieren läßt: „Mein Sinn steht auch nicht nach den Wundern der
Chemieindustrie. Und die automatischen Lösungen halten nie lange vor. Viel
wichtiger wird es sein, einmal Ideale gehabt zu haben (welche im einzelnen?
dachte er), jung gewesen zu sein und sein Leben dann bei der Beobachtung des
dialektischen Umwandlungsprozesses zu verbringen, bei dem aus Idealen Enttäuschung wird, Anpassung, ich weiß nicht was." Dazu gehört die Antwort:
„Eine Anpassung ist kein Stillstand, sondern vielleicht der Übergang zu einer
neuen Qualität." Und das würde bedeuten, daß die hier konkretisierte Variante
des Verhaltens einer neuen Generation als Zwischenzustand aufzufassen ist, als
Übergang zu einer neuen Qualität. Diese deutet sich in einem neuen, illusions-
losen Realitätsbegriff an. „Arlecq, an seinem Schreibtisch, notierte sich nicht-
gelebte Biographien, um zu sehen, was dann noch übrigbliebe. Also: keine

psychologischen Konflikte großen Stils; die Generationsfrage hatte den Krieg nicht überdauert; wo gab es den jungen Mann, der sich bildend die Welt bereist; die jähen Untiefen der Liebe; die große metaphysische Frage; der Klassenkampf; der Sturm auf die Barrikaden; die Apotheose der Fortschrittsgläubigkeit; und er hat nicht für umsonst sein Leben gegeben."

Noch regiert die Negation. Wir sind der Welt des späten Büchner sehr nahe: Analyse statt Aktion. Aber ist das nicht die allen Schriftstellern heute gemeinsame Situation? „Der Schreibende wird sich also Masken besorgen müssen. Er wird am Hof des Absoluten Fürsten als Narr auftreten, weil die Gesellschaft, die das Wort der offenen Vernunft unter Strafe stellt, nur auf Umwegen zu beeinflussen ist."[77]

*

Das Ungenügen an den notwendigerweise fragwürdigen Realitäten des Alltags einer bestimmten Gesellschaft bedeutet keine Absage an die dieser Gesellschaft zugrundeliegenden Prinzipien. Es kann sich durchaus auf eben diese Prinzipien berufen, aus diesen Prinzipien den Ansatz seiner Kritik gewinnen. Seine Form ist vielfältig. Sie reicht von Wolf Biermanns volkstümlich vereinfachenden *Buckower Balladen* — er ist für den Sozialismus / und für den neuen Staat / aber den Staat in Buckow / den hat er gründlich satt — bis zur Flucht nach Utopia *(Oobliadooh)*. Auch Irmtraud Morgner, der gleichen Generation wie Biermann und Fries angehörig, geht von der Divergenz zwischen täglicher Wirklichkeit und utopischer Erwartung aus, freilich auf einer unpolitischen und, zum mindesten dem ersten Blick nach, privaten und persönlichen Ebene. Nach einigen frühen Versuchen, die über exakte Milieuschilderungen im Bereich der Klein- und Mittelbürger nicht hinauskamen *(Das Signal steht auf Fahrt*, 1959, und *Ein Haus am Rand der Stadt*, 1962), sind ihre beiden jüngsten Arbeiten kunstvolle und eigenwillige Variationen zu dem Thema: wie kann in der normierten, auf profitable Leistung ausgerichteten Gesellschaft der einzelne den Reichtum seiner individuellen Phantasie bewahren? In beiden Romanen *(Hochzeit in Konstantinopel*, 1968, und *Gauklerlegende*, 1971) wird die genannte Antithese zum strukturbildenen Element des Kunstwerks. Beide Romane sind in gleicher Weise komponiert, indem Realität und Imagination kapitelweise einander abwechseln und derart ihre Konturen scharf voneinander abheben. In *Hochzeit in Konstantinopel* bilden die Reise eines jungen Paares nach Jugoslavien und die Fragwürdigkeiten des Tourismus wie der Vergnügungsindustrie die reale Folie, in der *Gauklerlegende* ist es eine internationale Konferenz von Physikern. In beiden Büchern herrscht die gleiche Rollenverteilung: er ist Physiker, ehrgeizig, ungemein tüchtig, ganz der wissenschaftlichen Rationalität hin-

---

[77] Gerhard Zwerenz in: Schwierigkeiten heute die Wahrheit zu schreiben, München 1964, S. 175.

gegeben — sie, vornehmlich Liebende und Geliebte, unterwirft sich des Tags den Forderungen des Tages und flieht des Nachts in die Abenteuer ihrer Phantasie und ihrer nichterfüllten Wünsche, Abenteuer, in denen die Gesetze der Logik und der Kausalität aufgehoben sind, sich in Spuk, Zauber und Traum verwandeln. Das Reich des Schönen und der Liebe breitet sich aus, die freigesetzte Phantasie schlägt ihre zuweilen zarten und versponnenen, zuweilen boshaften, witzigen und skurrilen Kapriolen.

Märchen entstehen, welche die Dingwelt beibehalten, jedoch in surrealistischer Manier in ein Spiel der Möglichkeiten umwandeln — das alte Mittel also, sich der Wirklichkeit und ihren Pflichten zu entziehen? Romantik? Irmtraud Morgners Schwindeleien und Träume sind nicht nur ein bewußt eingesetztes Medium gesellschaftlicher Kritik, in ihnen deutet sich zugleich eine Poetologie an, die nichts mehr mit dem sozialistischen Realismus zu tun hat. „Die Dichter ... wenden an ihre Gedichte und Geschichten mindestens ebensoviel Gehirnschmalz wie jene, die sich die eleganten Computer ausdenken. Wer seine Zeit mit der Nachbildung von Lokomotiven und der soziologisch repräsentativen Widerspiegelung von Bedienungspersonal vergeudet ..., wird von der Konkurrenz der Datenverarbeitungsmaschinen aufgefressen werden. Behaupten wird sich nur der Dichter, der der imposanten Erfindung einer elektronisch gesteuerten Lokomotive eine ebenbürtige, das heißt nicht vergleichbare, mithin gleichberechtigte Erfindung entgegenzustellen hat ... Eine technisierte Welt wird den Künstlern abzwingen, was ihre Maschinen und Formeln repräsentieren: Phantasie." (*Reise nach Konstantinopel*, S. 154.)

Exkurs über die mittleren Regionen der Prosa

Eine Literatur, die bewußt und programmatisch volkstümlich ist, ein integrierter Teil der „Arbeiter- und Bauernmacht", die jede Exklusivität oder Esoterik ablehnt, die, insbesondere seit den Bitterfelder Konferenzen, den Auftrag hat, sich auf das engste mit dem Produktionsprozeß zu verbinden — eine solche Literatur entwickelt zwischen dem Hohen und dem Platten eine breite mittlere Region des Schrifttums. Sie gibt Anfängern und Dilletanten Möglichkeiten ungewöhnlichen Ausmaßes. Wenn ferner Verlagswesen und Buchhandel nicht an Rentabilität gebunden sind und statt des Zwanges der Gewinn-Kalkulation der Erziehungsauftrag der Obrigkeit die Publikation bestimmt, können zahlreiche Arbeiten gerade anfangender oder noch nicht profilierter Autoren veröffentlicht werden. Ihre Chance wird vermehrt durch die ungleich geringere Konkurrenz der eindeutigen Unterhaltungs- und Trivialliteratur[78], während die Verlockung durch Illustrierte, erotische und pornogra-

---

[78] Vergl. Hans Friedrich Feltin: Die Unterhaltungsliteratur der DDR, Troisdorf 1970.

phische Literatur fast gänzlich ausgeschaltet ist. So entstehen für die erzählende Literatur des Alltags, und das heißt der mittleren Qualität, ungemein günstige Voraussetzungen.

So vage die Begriffe sind und so wenig eine exakte Grenzlinie zwischen hoher, mittlerer und niederer Literatur gezogen werden kann, so erscheint doch der Terminus „wertbetonte Unterhaltungsliteratur" praktikabel, wobei „wertbetont" keinen objektiven Maßstab darstellt, sondern eine Bedingung, die durch die subjektive Intention des Autors erfüllt oder nicht erfüllt wird.[79] Wertbetonte Unterhaltungsliteratur kann also als das Bemühen definiert werden, nicht Unterhaltungsmittel, sondern eben Literatur zu schaffen, wobei der Mangel künstlerischer Qualität, worin er auch immer begründet sei, das Zurückbleiben in der „mittleren Region" zur Folge hat.

Die Themen und Motive liegen in einer weithin adäquaten und zahlenmäßig kleinen Gesellschaft in der Luft; sie werden zudem von der Obrigkeit unter dem Motto der „Parteilichkeit" gefordert. Das Ergebnis ist bei Schriftstellern von geringer Sprachkraft und nicht geprägtem Profil jene programmierte Mittelmäßigkeit, die zum Beispiel Inge von Wangenheim, eine der klügsten Kritiker des Jahrzehnts nach Paul Rilla, folgend kennzeichnet: „Leider gibt es auch eine Fülle von billigen Forderungen, denen sich so mancher unkluge Schriftsteller besser entzöge, als ihnen zu folgen. Denn in dem Verlangen, es keineswegs nur so ungefähr und wie der Pfarrer auch zu sagen, fällt die Antwort mehr als programmatisch aus. Sie wird zum Leitartikel. Es entstehen jene im pietistischen Sinne erbaulichen Geschichten, die nicht ergötzlich sind."[80]

Das Schema ist allzu offensichtlich, die Varianten sind geringfügig. Der in der DDR geläufige Typus der „Konfliktsliteratur" liefert die Basis. Der Konflikt kann eine technische Katastrophe sein: die Menschen bewähren sich und meistern sie, woraus folgert . . . Schuld kann aber auch der Klassenfeind sein, der aus dem Westen kommt oder sich in den Westen absetzt, woraus folgert . . . Der Konflikt kann in persönlicher Unzufriedenheit, in Ungerechtigkeit und Unfrieden offenbar werden, die von menschlich unzureichenden Funktionären hervorgerufen werden, aber andere, vorzügliche und vorbildliche Funktionäre stellen die Lage wieder her, woraus folgert . . . Auch Hans Koch, der anerkannte Primus der ostdeutschen Literaturwissenschaft, erkennt die Schwäche solcher Argumentation: „Das Grundschema der Konfliktgestaltung vieler Werke der kleinen Form, aber auch einer Reihe von Dramen und Fernsehspielen, sieht etwa folgendermaßen aus: es bildet sich ein Kollektiv dieser oder jener Art. Einer stellt sich aus diesem oder jenem Grund dagegen, verrennt sich in seinen Irrtum. Dann tritt irgendein Ereignis ein, das ihn eines besseren belehrt. Er

---

[79] Vergl. Studien zur Trivialliteratur, hrsg. von H. O. Burger, Frankfurt 1968.
[80] Inge von Wangenheim: Die Geschichte und unsere Geschichten, alle 1966, S. 67.

gibt seinen Irrtum auf, und alles kommt zum guten Schluß. Der wirkliche Konflikt wird ersetzt durch den bloßen subjektiven Irrtum."[81] Doch wie soll der Schriftsteller der Falle ausweichen, die ihm der gleiche Professor auf den vorangehenden 200 Seiten gestellt hat, als er bewies, es könne in der sozialistischen Gesellschaft echte, das heißt antagonistische Konflikte platterdings nicht geben!

Anstatt vieler sei ein Roman herangezogen, der, durchaus lesbar und im naturalistischen Detail stellenweise überraschend frisch, mehrere Merkmale der Erzählweise der mittleren Region vereinigt: Kurt Steinigers *Der Schöpfungstage sind nicht sechs,* 1965. Der Held, aus dem Krieg zurückkommend, von allen Idealen enttäuscht und verbissen um die Existenz kämpfend, wird zur Partei erzogen, ein Vorgang, der in der Passage gipfelt: „Du bist in das Proletariat gestürzt, jawohl, hinabgestürzt. Das verstehst du. Die Wirtschaft ist futsch, die ökonomische Basis hat sich verändert. Deshalb mußt auch du dich verändern. Das Sein bestimmt das Bewußtsein. Und weil jetzt dein Sein ein proletarisches ist, muß auch dein Bewußtsein proletarisch werden." Die Bösen, die Saboteure der Dorfgemeinschaft, fliehen nach Westdeutschland; einige der Parteiführer sind der Aufgabe nicht gewachsen, es entstehen Mißstände, aber die Tüchtigen mit der richtigen Gesinnung triumphieren am Ende; die Auseinandersetzung mit den anderen Deutschen, in die Form von Begegnungen innerhalb der Familie gekleidet, wird eindeutig entschieden. „Sollte dies Land ewig getrennt bleiben? Nein. Aber wo gab es den Ausweg? Konnte man keine Brüder entdecken? Ach, Autos und Ideen lassen sich nicht vereinigen. Ebensowenig Korpsbrüder und Arbeiter, Playboys und Bauern, gesundes Brot und hartkarätigen Glanz. Vieles liegt zwischen Deutschland und Deutschland, zwischen dem Beamten und dem Funktionär, zwischen Söhnen und Söhnen." Der 17. Juni beschließt die Fabel, zeigt dem noch zweifelnden Helden, welcher Tücke der Westen fähig ist, und vollendet seine Erziehung zur Partei.

Romane und Erzählungen dieses Typus erscheinen zahlreich. Die Anzeigen der Verlage werben für sie in einer schon zum Klischee erstarrten Sprache. „Durch die Menschen an seiner Seite findet der umhergetriebene und sich treibenlassende Außenseiter in der für ihn völlig neuen Welt des Sozialismus eine neue Heimat und menschliche Wärme." (Zu Herbert Otto *Zum Beispiel Josef,* 1971.) Es gibt keine Untersuchungen darüber, wie sie aufgenommen werden und welche Bedeutung sie für die Bildung des politischen Bewußtseins haben. Auch sind die methodischen Schwierigkeiten solcher Untersuchungen zu groß, als daß relevante Ergebnisse zu erwarten wären, doch besteht kein An-

---

[81] Hans Koch: Unsere Literaturgesellschaft, Berlin/0 1965, S. 270.

laß, ihre Wirkung auf das Entstehen klischeehafter Vorstellungen zu unterschätzen.[82]

Der literarische Nachwuchs, die zwischen 1930 und 1950 Geborenen, präsentiert sich in einigen Anthologien, die, nimmt man sie als Ganzes, gewisse gemeinsame Züge erkennen lassen:[83] 1. Das gemeinsame Thema heißt Gegenwart in der DDR. „Wer heute zur Feder greift, begreift sich und weiß sich als Teil vom Ganzen ... alle Geschichten dieses Bandes konnten nur in dieser Gesellschaft, für diese und eben jetzt geschrieben werden."[84] 2. Die Personen sind die gewöhnlichen Leute, deren tägliche Arbeit, undramatische Konflikte und namenlose Siege den Fortschritt der Gesellschaft ausmachen. „Ich will nur sagen, daß wir uns oft so benehmen, als ob Kierkegard recht hätte. Haben wir es denn nötig zu warten, bis eine Tat uns den Charakter eines Mannes enthüllt? Müßten wir nicht mehr wissen und es vor allen Dingen vorher wissen? Das Gold im Unscheinbaren, das Große im Alltäglichen erkennen?"[85] 3. Ihre Konflikte sind nicht in der conditio humana, sondern in der Gesellschaft bedingt; sie entstehen aus dem Widerstreben, sich der Gesellschaft einzufügen; ihre Überwindung geschieht durch Selbstüberwindung und Beispiel. Die Einsicht in den sekundären Wert der Individualität entscheidet. „Also geht es überhaupt nicht darum, anders zu sein als die anderen, sondern darum, für alle mehr Möglichkeiten zu schaffen."[86] 4. Gestützt auf die Überzeugung von der unanfechtbaren Wissenschaftlichkeit der Lehre und auf die Erfahrung des materiellen Erfolgs prägt sich ein betontes Selbstbewußtsein aus. 5. Damit verbindet sich ein Zeitgefühl, das Bewußtsein, einen neuen Anfang zu setzen, das sich aus dem Kontrast zu dem im Alten verharrenden Westdeutschland verstärkt.[87] 6. Fragen der Form sind zweitrangig, die Mitteilung selbst steht im Mittelpunkt, die naive chronologische Erzählweise herrscht vor. Im Gegensatz zu dem als revolutionär empfundenen gesellschaftlichen Pionierdasein steht das bewußte Anknüpfen an die literarische Tradition. „Es gehören zu dieser Literatur die erzählerischen Traditionen eines H. von Kleist, G. Keller, Th. Storm, Th. Fontane, H. Mann, Th. Mann, L. Frank, L. Feuchtwanger, A. Zweig und einer A. Seghers, deren

---

[82] Zu den bedeutenderen Vertretern der hier skizzierten Literatur gehören Hans Joachim Knappe, geb. 1929, mit dem Roman *Mein namenloses Land* 1965 und der Trilogie *Die Birke da oben*, deren 1. Bd. 1970 erschien. Ferner Werner Bräuning, geb. 1934, insbesondere sein Sammelband *Gewöhnliche Leute* 1969.

[83] Begegnung. Anthologie neuer Erzähler, Rostock 1969. Zeitzeichen, Prosa vom Tage, Berlin/O 1968. Wie der Kraftfahrer Karli Birnbaum seinen Chef erkannte. Neue Prosa — neue Namen. Berlin/O 1971. Manuskripte. Almanach neuer Prosa und Lyrik, Halle 1969.

[84] Zeitzeichen S. 1 und 6.

[85] A. o. O., S. 16.

[86] Werner Bräuning: Gewöhnliche Leute, S. 134.

[87] Vergl. Elisabeth Simons: Das Andersmachen von Grund auf. Die Hauptrichtung der jüngsten erzählenden DDR-Literatur. Weim. Beitr. 1969, Sonderheft.

Name mit denen von B. Brecht und J. R. Becher, F. Wolf und W. Bredel zeigt, daß diese Literatur auch ihre eigene, unverwechselbar sozialistische Traditionslinie hat."[88] 7. Dennoch begegnet dem westdeutschen Leser auf Schritt und Tritt eine Sprache, die bereits im Wortschatz neue, gesellschaftsbedingte Formeln aufweist. So beginnt eine Erzählung von Erich Neutsch folgend: „An einem Sonnabend im Dezember war es. Der P a r t e i s e k r e t ä r des K o m b i - n a t s kam in die C h l o r b r i g a d e und sagte zu uns: ... jetzt brauchen wir einen von euch, der sofort auf die Baustelle geht. Dort hapert es mit der P l a n e r f ü l l u n g. R ü c k s t ä n d e gibt es dort, Teufel noch mal, vor allem hier oben. Er tippte mit dem Zeigefinger an die Stirn: Also wer? Horst Stahmer, unser G r u p p e n o r g a n i s a t o r, meldete sich. Die B r i g a d e stimmte seinem Entschluß zu." (*Erfahrungen*, S. 457.) 8. Die Autoren bilden eine homogene Gruppe. „Er (der Sammelband *Begegnung*) ist eine Gabe von jungen Autoren — fast die Hälfte übrigens sind Frauen —, die in unserer sozialistischen Gesellschaft herangewachsen sind, in ihr beruflich an verantwortungsvoller Stelle fungieren, aber auch im literarischen Engagement ihrer unaufhörlichen Realisierung und Vervollkommnung dienen wollen." Das Resultat ist eindeutig und einhellig. „Anknüpfend an die besten Traditionen deutscher humanistischer Literatur und sie schöpferisch in sich aufnehmend hat sie ein eminent aktives Wirklichkeitsverhältnis, bekennt sie sich als ganz parteilich und mitverantwortlich für die vonstattengehenden Wachstumsprozesse in Individuum und Gesellschaft."[89]

---

[88] Erfahrungen. Anthologie, Halle 1969, S. 569.
[89] A. o. O., S. 571.

V. Das Drama

1. Stücke der Affirmation

Dramatische Literatur besteht aus Texten, welche auf der Bühne verwirklicht werden oder doch verwirklicht werden sollen. Dabei wird der Terminus „Drama" im folgenden ohne Rücksicht darauf verwendet, ob der Text mehr oder weniger „Dramatisches" aufweist oder ob er ernster oder heiterer Natur ist. „Wir haben ein Drama vor uns, wenn auf einem besonderen Raum von Rollenträgern ein Geschehen agiert wird."[1] Der Text aber verhält sich zum Agieren, das heißt zum Theater, wie die Partitur zur Musik. Die Betrachtung der Texte ist also nur in Verbindung mit der Anschauung des Theaters sinnvoll; das Drama darstellen bedeutet, das lebendige Theater in die Darstellung mit hineinnehmen. Damit wird die methodische Schwierigkeit eines kritischen Beobachters deutlich, der keine umfassende Kenntnis des Theaters der DDR hat, weil er keine haben kann, weil ihm das Theater der DDR bis zu einem hohen Grade verschlossen ist. Rezensionen und beschreibende Darstellungen sind nützlich, füllen aber die Lücke fehlender Anschauung nicht aus.[2] Nicht einmal die Texte sind vollständig erreichbar, da sie häufig nur als Probenexemplare vervielfältigt sind.

Zu diesem methodischen Verzicht kommt die Einsicht, daß die dramatische Produktion der DDR in geringerem Maße spezifische Züge der Gesellschaft ausdrückt als die epischen und lyrischen Formen. Das erscheint zunächst paradox, denn keine Gattung der Litaratur ist stärker an die Gesellschaft gebunden als das Drama, dessen Vollzug auf dem Theater immer ein gesellschaftlicher Vorgang ist. Es kann kein Zufall sein, daß — immer abgesehen von Bert Brecht — die beiden einzigen ostdeutschen Dramatiker, die als solche ein unverwechselbares Profil besitzen, stärker im westlichen als im östlichen Teilstaat auf den Bühnen realisiert wurden: Peter Hacks und Heiner Müller.

---

[1] Wolfgang Kayser: Das sprachliche Kunstwerk. 5. Aufl., Bern 1959, S. 366.

[2] Hilfreich sind die westdeutsche Zeitschrift *Theater Heute* und die ostdeutsche *Theater der Zeit,* ferner die Beiträge von Heinz Kersten und Klaus Völker in *Theater hinter dem Eisernen Vorhang,* Basel, Hamburg, Wien 1964. Wie schwer es aber ist, den Stand der gegenwärtigen Dramatik zu erkennen, zeigt der Bericht von Rolf Michaelis: Die Lust am Denken (Theater Heute, Febr. 1970), in dem von 6 neuen Stücken und Autoren die Rede ist, die dem westlichen Beobachter sämtlich unbekannt sind und von denen nur einige gedruckt vorliegen. (In: Neue Stücke, Berlin/O 1971.).

Für die relative Schwäche des Dramas in der DDR scheinen zwei ganz verschiedene Faktoren verantwortlich zu sein. Der eine ist die herrschende Gestalt
Bert Brechts. Sie hat zwar eine gewisse Einheitlichkeit der Texte wie der theatralischen Verwirklichung zuwege gebracht und unter seinen Nachfolgern, insbesondere seiner Witwe Helene Weigel, im Berliner Ensemble eine Bühne geschaffen und lebendig erhalten, deren Prägekraft von einzigartiger Bedeutung
ist, sie läßt aber auch durch ihre absolute Prädominanz andere Dramatiker allzu
leicht als bloße Schüler und Epigonen erscheinen. Während in Westeuropa sowohl Pirandello als auch Thornton Wilder, sowohl Samuel Beckett als auch
Christopher Fry Schulen und Stile entwickelten, erhielt das Vorbild Brechts
drüben eine monopolartige Stellung, die nur durch russische Vorbilder einge-
schränkt wurde. Der russische Einfluß aber hat vornehmlich auf die Kantate
und das Oratorium hingewirkt, ja diese Formen geradezu hervorgebracht.[3]

Der zweite Faktor ist die Dialektik des Verhältnisses zwischen Theater und
Gesellschaft. Zwar ist es eine Binsenwahrheit, daß Theater nur in der Gesellschaft realisierbar ist und daß es von den Bedingungen und Lebensformen der
Gesellschaft mitgeformt wird, doch ist ebenso wahr, daß die Beziehung zwischen
beiden erst durch Spannung und Widerspruch zum Leben kommt. Das Drama
hat mit den epischen Formen die drei Grundelemente der Handlung, der Figuren und des Raumes gemeinsam, aber es wird erst zur Gattung sui generis,
wenn als unterscheidendes Merkmal ein Erlebnis der Welt und ein Gebrauch der
Sprache hinzukommen, die mit dem Wort „dramatisch" nur sehr unzureichend
bezeichnet sind. Doch sind die Erlebnisweisen und Gestaltungsweisen des Ge-
gensatzes, der Spannung, des Aufeinanderprallens, der Konfrontierung immer-
hin angedeutet. Eindeutiger ist die Besinnung auf die eigentliche Sprachform
des Dramatischen, auf den Dialog: Dialog nicht als Plauderei, nicht als Bekenntnis mehrerer zum Gleichen, nicht als Variation der Meinungen Gleichge-
sinnter und nicht als Interpretation eines vorgegebenen Dogmas, also als Leh-
rer-Schüler-Gespräch, sondern Dialog als der adäquate Ausdruck von echten
Antinomien, als die Sprachform dessen, der die Welt als Konflikt erlebt, als
einen Konflikt, welchem die Möglichkeit der Tragödie stets innewohnt.[4] Wenn
aber Drama und Theater nicht mehr sein wollen als Bestätigung der Urteile und
Vorurteile, der Meinungen und der Lebensformen einer Gesellschaft, in welche
das Drama und das Theater nach dem Willen der Obrigkeit und mit der Zustimmung der Literaten integriert sind, entsteht im Zusammenleben beider weder Spannung noch Dynamik, weder Haß noch Liebe. Das Theater wird lang-

---

[3] Die wichtigsten dieser Oratorien sind das *Mansfelder Oratorium* von St. Hermlin,
Eisenhüttenkombinat Ost von H. Marchwitza, *Wir freun uns auf den Wind von
morgen* von R. Kirsch, *Denkmal für einen Flieger* von G. Kunert, *Halm und Himmel stehn im Schnee* von R. Kunze, *Ein Denkmal für Dascha* von P. Wiens, *Weltli-
che Hymne* von L. Fürnberg.
[4] Emil Staiger: Grundbegriffe der Poetik, Zürich 1946.

weilig — das Verhängnisvollste, was ihm begegnen kann. (Die Konflikte des Theaters mit seinen Geldgebern, Kommunen oder Staaten, in unserer westdeutschen Theater-Gesellschaft, weisen auf die ständige Notwendigkeit hin, das Theater aus der ihm empfohlenen Rolle der Akklamation zu befreien, und sind insofern auch für die ostdeutschen Erscheinungen aufschlußreich).

Darum droht in der DDR eine wachsende Entfremdung zwischen dem Publikum und der Bühne, eine Parallele zu gleichartigen Entwicklungen in Westdeutschland, wenngleich die Ursachen fundamental verschieden sind. Im Westen hatte die moderne, das heißt experimentelle und esoterische Dramatik zur Folge, daß die Entfernung zwischen Theater und Publikum immer größer und schließlich unüberwindlich wurde, unüberwindlich in dem Sinne, daß nicht Protest, sondern Resignation die Antwort war. Wenn die Gesellschaft keine Möglichkeit mehr findet, sich mit dem Geschehen auf der Bühne zu identifizieren oder auseinanderzusetzen — was ebenfalls eine Form der Identifikation ist —, so bleibt ihr nur übrig, das Theater sich selbst zu überlassen. Das Theater seinerseits muß sich entweder mit seiner Isolierung von der Gesellschaft abfinden und Trost in seiner Esoterik suchen oder es rettet sich, um zu überleben, in ein eklektisches, historisches Repertoire, wenn nicht in den gehobenen Unterhaltungsbetrieb. Dieser simplifizierende Exkurs macht deutlich, wie völlg anders die Schwäche der gesellschaftlichen Rolle des Theaters drüben begründet ist. Denn was geschieht, wenn die Identifikation von Bühne und Publikum von Beginn an angestrebt wird, wenn sie total ist, wenn es keine Alternative gibt?

Je stärker das Theater sich den gesellschaftlichen Bedürfnissen anpaßt, je genauer es sich an die ihm von der Obrigkeit gestellten Aufgaben hält, desto eindeutiger müssen seine darstellerischen Mittel darauf abgestellt sein, das zu Sagende in der gewohnten, leicht- und allgemeinverständlichen Weise zu sagen, das heißt, die realistische Darstellung zu bevorzugen. Sollte nicht daraus das Theater der DDR gegenüber dem Westdeutschlands und Westeuropas den Vorteil gewinnen, daß die formale Ursache der Entfremdung des Publikums wegfällt, da eben die dramatischen Techniken wegfallen, die das Publikum nicht mehr nachvollziehen kann? In der Tat gibt es auf den Bühnen Ostberlins, Rostocks, Dresdens oder Magdeburgs kein „Absurdes Theater", Beckett und Ionesco, Arrabal und Audiberti beunruhigen niemand, und die gemäßigten Experimente von Peter Hacks und Heiner Müller werden zurückgedrängt. Was vorherrscht, ist eine in der Form konservative, in der Aussage affirmative Dramatik. „Sie nennt deutlich die Fehler, aber zeigt auch die Überwindung der Fehler. Sie schildert die Lage, wie sie ist, aber zeigt auch die Verbesserung der Lage. Sie bringt keine Behauptungen, sondern arbeitet mit Argumenten. Sie beweist. Sie verlangt Aufmerksamkeit und Mitdenken. Ihre eilige Kunstlosigkeit wird ersetzt durch die Nützlichkeit."[5]

---

[5] Sozialistische Dramatik, Berlin/O 1968, S. 632.

Je stärker sich das Drama vom gesellschaftlichen Auftrag der Zustimmung emanzipiert, je eindeutiger es seine Funktion in der Kritik, und das heißt im Sichtbarmachen der Spannungen erblickt, desto weiter entfernt es sich von der Abbildung der Realität und also auch von der realistischen Darstellungsweise. Eine solche Gruppierung, schematisierend und darum nur mit allen gebotenen Einschränkungen verwendbar, entspricht in einem gewissen Grade auch der geschichtlichen Entwicklung, indem das realistische und affirmative Drama der frühen, das verfremdende und kritische Drama der neueren Periode in der Literatur der DDR eigentümlich ist.

Was den Stoff angeht, so darf man drei Gebiete von einander scheiden: erstens die eben erst vergangene Geschichte, also Krieg und Nationalsozialismus. Beide erscheinen in der Dramatik der DDR nicht als Schichten des eigenen Seins, von denen sich zu lösen und die aus sich herauszulösen eine notwendige Aufgabe wäre, sondern als Abgetanes, das seine Berechtigung nur der Aufgabe verdankt, den schwarzen Hintergrund zu bilden, vor welchem die sozialistische und humane Gegenwart um so strahlender leuchtet. Das gilt für Alfred Matusches Trilogie *Das Lied meines Weges — Der Regenwettermann — Die Dorfstraße*, für J. R. Bechers *Die Winterschlacht*, für Hedda Zinners *Der Teufelskreis* und für Rainer Kerndls *Die seltsame Reise des Alois Fingerlein* sowie Rolf Schneiders *Der Prozeß in Nürnberg*. Zweitens die Umwandlung des ländlichen Lebens und die aus ihr resultierenden Konflikte. Hier steht am Anfang Erwin Strittmatters *Katzgraben* (1953), es folgt *Die Holländerbraut* des gleichen Autors. Rainer Kerndls Schauspiel *Seine Kinder* (1962) scheint das Thema abzuschließen. Alle diese Stücke leben aus der Kontrastierung des neuen Lebens, entweder der freien Bauern oder der sich bildenden Kollektivwirtschaften, mit den schlimmen Zuständen der gutsherrlichen Zeit; sie vermeiden nach Anlage der Fabel und der Charaktere den eigentlich dramatischen Konflikt; sie sind Preislieder auf das Erreichte, die sich der Bühne lediglich als eines wirksamen Mediums bedienen. Für sie gilt der Satz des Herausgebers der *Sozialistischen Dramatik* von 1968: „Ihr gemeinsames Thema ist der Aufbruch des Menschen, der sich von barbarischen, antagonistischen Lebensverhältnissen befreit, der Lebensangst und Individualismus überwindet, der eine selbstbewußte, schöpferische Haltung zur Welt findet und, im Kollektiv arbeitend, kämpfend ein anderes, schöneres Leben nach neuen Gesetzen aufbaut." (S. 621)

Drittens der Aufbau industrieller Großwerke unter den Bedingungen der sozialistischen Organisation und Produktion, ein Stoffgebiet, das nach der breiten epischen Form verlangt und, wenn es dramatisch verarbeitet wird, dazu zwingt, die technischen und politischen Probleme in solche menschlicher Gegensätze umzuwandeln, aber gleichzeitig die Arbeitsvorgänge und die Technik selbst, von der die Arbeitsvorgänge abhängen, dramatisch zu bewältigen;

denn immer geht es diesen Stücken nicht nur darum, den neuen Menschen als den sozialistischen Menschen, sondern auch den neuen Menschen als homo faber sichtbar zu machen; der sozialistische Rausch und der technische Rausch durchdringen sich und steigern sich gegenseitig zu einem neuen „Heldentum".

Kuba (Kurt Barthel) unternahm in seinem Dramatischen Poem *terra incognita* von 1964 den der Absicht nach kühnsten Versuch, dieses Heldentum in dramatischer Form zu bewältigen und auf der Bühne darzustellen. Zu Grunde liegt die erste Gewinnung von Erdöl bei Renkenhagen im Jahre 1961. Aber es gelingt weder, die technische Leistung überzeugend darzustellen, noch die Konfliktsituationen der Menschen zu konkretisieren, der Arbeiter, Wissenschaftler und Organisatoren, die einmal mit den Naturgewalten, zum anderen mit ihren persönlichen Bedürfnissen in Kampf geraten. Der Dialog, das eigentlich dramatische Mittel, verzettelt sich zu Streitereien kleinen Formats. So haftet auch dem endlichen Sieg über die Natur wie über die menschlichen Fehler und Erbärmlichkeiten etwas Papierenes an, und was als stärkster Eindruck übrigbleibt, ist nicht der Triumph, sondern das Leiden aller. Wiederum ist die Arbeitsstelle ein Schlachtfeld. Aber nicht das Erdgas, das vernichtend auszubrechen droht, ist der Feind, sondern die gnadenlose Forderung des Erfolgs. Sie verlangt von jedem das Äußerste, in Wirklichkeit nicht mehr Mögliche, erzeugt eine Atmosphäre gefährlicher Überreiztheit und gegenseitigen Mißtrauens, in der jeder anklagt und angeklagt wird. Das äußerst „poetische" happy end bleibt ohne Motivation und Kraft, und das Lied der Bohrarbeiter, mäßig gereimt und von naiver Zukunftsgläubigkeit, steht in einem schlimmen Mißverhältnis zu der Realität der dramatischen Szenen, macht aber auch das Problem der sprachlichen Form deutlich. Welche Sprache verlangte das Vorhaben Kubas? Die Überhöhung der historisch-realen Vorlage legte dem Autor nahe, auf die naturalistische Abbildung der Wirklichkeit zu verzichten. Er wählte eine Art von Knittelvers, teils reimend, teils nur rhythmisierend, eine Form, die zu Lyrismen, zu Banalitäten und zu pathetischen Steigerungen führte, immer aber dem Gegenstand unangemessen blieb. Wenn es zum Schluß heißt: „Da wird ein zähes Wort Musik: / Geologie! / Wenn man das Blut der Erde zwischen seinen Fingern greift. / Und ein Politbürobeschluß wird Poesie! / Da ist ein schönes junges Paar herangereift...", bleibt die Erinnerung an das Verhältnis der Erhabenen zum Lächerlichen unvermeidbar.[6]

---

[6] Um so erstaunlicher das Urteil von Walter Ulbricht: „Das ist wirklich ein Schauspiel mit sozialistischem Inhalt, das unserer Zeit entspricht. Es ist ein echtes Stück des sozialistischen Realismus". Zitiert nach Europäische Begegnung, Februar 1966, S. 109. Hermann Kähler widmet diesen Stücken unter dem Titel „Zur Dramatik des sozialistischen Frühlings auf dem Lande" ein ganzes Kapitel, in dem er zahlreiche Stücke zum Thema Landreform analysiert (Gegenwart auf der Bühne. Die sozialistische Wirklichkeit in den Bühnenstücken der DDR von 1956—1964. Berlin/O 1966).

Daß der Konflikt dem Dramatischen innewohnt, daß er seine unabhandelbare Bedingung ist, leugnet auch die Theorie des sozialistischen Realismus nicht, aber sie handelt den Konflikt herunter, sie verkleinert ihn zum Scheinkonflikt, da sie im Zwang des Dogmas darauf angewiesen ist, Lösungen darzustellen. Helmut Baierl, Dramaturg am Berliner Ensemble, formuliert das folgend: „Unter unseren Verhältnissen ist der große Widerspruch zwischen dem Interesse der einzelnen und den Interessen der Gesellschaft generell aufgehoben."[7] So bleibt nur übrig, Gegensätze aufzuspüren, die sich nicht ausschließen, den Dialog als die sprachliche Form der Antagonismen zur Diskussion herabzumildern und harmonische Schlüsse vorzubereiten, die trotz kritischer Ansätze im einzelnen dem Ganzen zustimmen. Dabei verändert die gesellschaftliche Entwicklung den Charakter solcher Gegensätze. Handelte es sich noch bei dem 1904 geborenen Kuba um Dämonisierung und Verherrlichung der Technik, ein den Jungen bereits fremder Aspekt, und um die Restbestände einer bürgerlich-individualistischen Denkart, so konkretisieren sich etwa bei dem eine Generation jüngeren Horst Kleineidam die Gegensätze zur Konfrontation der Generationen. Sein Schauspiel *Von Riesen und Menschen* stellt in einem Industriebetrieb Vater und Sohn gegenüber, den im Dienst ergrauten, nüchternen und pragmatischen Routinier und den gerade von der Hochschule gekommenen, kühnen, völlig unkonventionellen Neuerer. Beide kämpfen um die Führung in dem Betrieb; sie prallen ein bißchen aufeinander, aber sie arrangieren sich schließlich, indem der Jüngere einsieht, daß Erfahrung und Maßhalten notwendig sind, der Ältere lernt, daß Möglichkeiten, die ihm utopisch erscheinen, ins Auge gefaßt werden müssen.

Nach dem gleichen Schema sind die Stücke Helmut Baierls gebaut. Das Lehrstück *Die Feststellung*, streng in der Manier Bert Brechts, handelt von der Frage, ob das Neue besser überzeuge, wenn es von der Macht durchgesetzt und verwirklicht wird oder wenn es sich in Frage, Diskussion und Rationalität als notwendig erweist. Eigenwillig und theatralisch wirksam in der Form (der zu diskutierende Vorgang der „Republikflucht" wird dreimal unter verschiedenen Aspekten auf der Bühne gespielt und reflektiert) erscheinen am Schluß Macht und Überzeugung nicht als Gegensätze, sondern als dialektische Ergänzungen, die eine Lösung durch Verständigung ermöglichen. Aber die Lösung welchen Problems? Baierl suggeriert uns, die Flucht des bäuerlichen Ehepaaars sei durch das Fehlverhalten eines Funktionärs verursacht worden und sonst durch nichts, mangelnde Überzeugungskraft des Gemeindevorstehers habe das Fehlverhalten der Bauern erzeugt, Einsicht und daraus resultierende bessere Überzeugung könne daher den Schaden wieder gut machen. Aber die Realität ist anders, und der Autor konnte darüber keinen Zweifel haben. Der Bau der

---

[7] Wirklichkeit und Theater (Sinn und Form 1966, Sonderh. 1 S. 742).

Mauer kann durch keinerlei „Dialektik" zum Beweis für die Macht der Überzeugung gemacht werden.

Die Komödie *Frau Flinz* versetzt in die Zeit des Wiederaufbaus aus Trümmern. Frau Flinz mit ihren fünf Söhnen ist eine neue Mutter Courage, neu nicht nur, weil sie in einer neuen Zeit lebt, sondern weil sie im Neuen trotzig am Alten festhält und derart, ohne es zu wollen, aber auch ohne es verhindern zu können, zum Sieg des Neuen beiträgt, ein legitimes komödiantisches Motiv, eingebaut in eine sozialistische Heilsgeschichte, in der auch der Irrende, der noch in der alten Unwahrheit Verhaftete im Dienste des Heils steht. Frau Flinz, in ihrer Sorge für die Kinder, in ihrer geschäftstüchtigen Schlauheit und ganz auf das Praktische und den Augenblick gerichteten Tatkraft, ist eine durchaus lebendige Variante zu Brechts großer Muttergestalt, wenn sie auch nichts von deren Vitalität und pessimistischen Hintergründigkeit besitzt. Sie will ihre Kinder für sich behalten, mißtrauisch gegen die Verführung der großen Ideen. „Ich habe keine Zeit für den Sozialismus, ich muß mich um Arbeit kümmern." Sie verliert ihre Söhne, welche die neuen Chancen ergreifen und vorankommen, während sie schließlich allein und krank zurückbleibt. Und nun geschieht das große Wunder: Frau Flinz sieht weiter als ihre Zeitgenossen, sie erkennt die Notwendigkeit der Kollektivierung, als die Obrigkeit noch auf dem bäuerlichen Einzelbesitz besteht. Am Ende der Komödie, fünf Jahre später, erscheint Frau Flinz als Vorsitzende der ersten LPG! Der Leser ist überrascht, fühlt sich übertölpelt und unfähig, die Frage zu beantworten, ob solche Wendung ernst zu nehmen sei oder als bloßes komödiantisches Element aufgefaßt werden dürfe. Der Typus des Bekehrungsdramas ist indessen in der Theater-Gesellschaft der DDR soweit akzeptiert worden, daß er sich selbst ironisieren kann, wie etwa Horst Salomons Komödie *Ein Lorbaß* (1967) zeigt.

Das bisher letzte Stück Baierls *Johanna von Döbeln* gehört in die lange Reihe der Johanna-Dramen, und nichts läge näher, als es in Bezug zu Brechts *Johanna der Schlachthöfe* zu setzen.[8] Indessen bewirkt die veränderte historische Situation eine völlige Veränderung des Themas. Nicht mehr die Perversion der kapitalistischen Ausbeutung im Amerika der zwanziger Jahre, sondern ein volkseignes Werk in der sozialisierten DDR bildet die Umwelt. Nicht mehr die Bekehrung der alle Hilfe von Gott erhoffenden Johanna zum Sozialismus ergibt die Struktur der Handlung, sondern der Versuch Johannas, in den scheinbar so perfekten Mechanismus des Großbetriebs ein Stück Menschlichkeit einzubringen. Nicht mehr der harte Schluß, der Tod der Bekehrten, die der Schwere ihrer Aufgabe erliegt, sondern ein versöhnlicher Ausgang. Zwar kommt es bei Baierl zur eindeutigen Konfrontation der Werte: hier

---

[8] Werner Brettschneider: Die Jungfrau von Orleans im Wandel der Literatur. Hollfeld 1969.

Qualität und Quantität der Produktion — hier menschliches Verständnis, menschliche Hilfe und menschliches Glück — aber die abschließende Gerichtsverhandlung führt Johanna zu der Einsicht, daß anarchische Eingriffe in den Prozeß der Produktion kein nützliches Mittel seien, und führt die Werkleitung zu der Einsicht, daß die Produktion ihr Ziel verfehle, wenn sie menschliche Bedürfnisse vernachlässige.

Der Lohndrücker, das erste Drama von Heiner Müller, dessen spätere Produktion uns noch beschäftigen wird, unterscheidet sich in der theatralischen Form wie in der sprachlichen Verwirklichung deutlich von den eben genannten, es läßt die Prägnanz und Lapidarität des *Herakles* und des *Philoktet* zum mindesten vorausahnen. Der Dialog ist kurz, hart, aphoristisch, auf jeden poetischen Effekt verzichtend, nicht individualisierend, sondern die Perspektive auf das Allgemeine, das gesetzhaft Gültige öffnend.

> Parteisekretär: Ohne Norm keine Butter.
> Arbeiter: Ohne Butter keine Norm.
> Parteisekretär: Die Arbeiterklasse schafft neue Tatsachen.
> Arbeiter: Ausbeutung ist keine neue Tatsache.

Das Stück geht in die erste Periode des industriellen Aufbaus zurück. Die Arbeitsbedingungen sind hart, der Kampf um konkurrierende Löhne rauh, der „sozialistische Wettbewerb" führt zu Neid, Sabotage, Unfrieden. Die Opfer des Plansolls sind zahlreich. Zu dieser weithin inhumanen Welt sagt der Held, der Maurer Balke, ja. Er arbeitet das Doppelte, produziert das Doppelte, wird damit zum Stein des Anstoßes, zum Lohndrücker. Er setzt sich durch, zieht die anderen nach, ein Mann von wenigen Worten, fern der Ideologie, aber erkennend, daß nur erhöhte Produktion ein besseres Leben vorbereiten könne: ein tätiger Pionier der neuen Wirtschaft.

*

Folgt man der rein formalen Bestimmung Wolfgang Kaysers: „Wir haben ein Drama vor uns, wenn auf einem besonderen Raum von Rollenträgern ein Geschehen agiert wird", so sind alle oben genannten Texte Dramen. Hält man sich dagegen an Emil Staigers Lehre vom „Dramatischen" als einer Haltung der Sprache, die einem Lebens- und Weltgefühl entspricht und zur Darbietung auf der Bühne zwingt, so muß man zweifeln, ob die Grundstrukturen, welche alle diese Stücke bestimmen, ihrem Wesen nach überhaupt der dramatischen Gattung entsprechen, ob epische und didaktische Formen das Gewollte nicht weit adäquater verwirklichen könnten. Die Frage Lessings ist neu zu stellen: „Wozu die saure Arbeit der dramatischen Form? wozu ein Theater erbauet, Männer und Weiber verkleidet, Gedächtnisse gemartert, die ganze Stadt auf einen Platz geladen? wenn ich mit meinem Werke, und mit der Aufführung desselben, weiter nichts hervorbringen will, als einige von den Regungen, die eine gute Erzählung, von jedem zu Hause in seinem Winkel gelesen, ungefähr auch hervorbringen würde?"[9]

Drei Grundstrukturen treten hervor: das Lehrstück, das Lösungsstück und das Bekehrungstück. Es hängt untrennbar mit dem Selbstverständnis einer Gesellschaft zusammen, die sich als im Sozialismus bereits angekommen begreift, wenn sie einmal alle menschlichen Probleme als gesellschaftliche oder zum mindesten von der gesellschaftlichen Ordnung bestimmte Probleme versteht und zum anderen sich im Besitz der Lösung glaubt. Da Widersprüche, die trotzdem erscheinen, nicht übersehen oder geleugnet werden können, bleibt nur übrig, sie unter der bequemen Formel der nicht-antagonistischen Widersprüche als versöhnbar darzustellen und ihre Lösung überzeugend sichtbar zu machen. Der amtierende Kultusminister Klaus Gysi hat das Problem, sofern man zwischen den Zeilen zu lesen gelernt hat, deutlich genug ausgesprochen: „Wir verkennen nicht, daß nach dem Sieg der sozialistischen Produktionsverhältnisse, wo Sozialismus nicht mehr nur als Ziel vor uns liegt, sondern zur täglichen Tat und zur Selbstverständlichkeit wird, eine neue Prägung des Verhältnisses von Ideal und Wirklichkeit, die an die Stelle der Entgegensetzung einen fruchtbaren Spannungsbogen setzt, zu einer ebenso dringlichen wie schwierigen Aufgabe für den Künstler wird."[10] Insofern geht der Typus des Lösungsdramas leicht in den Typus des Bekehrungsdramas über. In beiden Fällen wird die Katastrophe vermieden, in beiden Fällen greift eine über den Personen waltende Macht ein und verhindert den tragischen Schluß, und der Unterschied ist gering, ob es wie im Drama Lope de Vegas eine göttliche oder im *Prinz von Homburg* eine menschliche Macht ist. Aber man muß bis ins 17. Jahrhundert zurückgreifen, will man der unangefochtenen dogmatischen Sicherheit begegnen, welche die Voraussetzung für Lösung und Bekehrung ist. Es war das Jesuiten-Theater im Zeitalter der Gegenreformation, welches sich die Aufgabe der propaganda fidei stellte und in seinen lateinischen Schuldramen eine zwar variable, doch in der Struktur gleichbleibende Form des Bekehrungsstückes prägte: Der Held, an sich guten Willens, wird ohne sein Mittun und gegen seine wahre Natur in Täuschung und Verwirrung geführt, aber durch den Verlauf der Handlung und vorbildliche, lehrende Menschen zur Erkenntnis des Richtigen — und das heißt hier der religiösen Wahrheit — gebracht. Was aber in letzter Instanz die Bekehrung und Lösung erwirkt, ist, im Gegensatz zum Lehrstück Brechtscher Art, nicht die Anstrengung der Vernunft, sondern der Glaube selbst.[11]

Es erübrigt sich, die analogen Bezüge im einzelnen auszuführen.

---

[9] Hamburgische Dramaturgie. Achtzigstes Stück, 1. Absatz.
[10] Zitiert nach Theater Heute, Febr. 1970, S. 18.
[11] Heinz Kindermann: Theatergeschichte Europas. Bd. III, 2. Aufl., Salzburg 1967. Vergl. die Darstellung von Jacob Masen, S. 450 f.

2. Stücke der dialektischen Kritik

Peter Hacks schrieb 1960: „Es gibt zwei Grundtypen des Theaterstücks, zwei, das aristotelische und das nicht aristotelische. Das aristotelische hat die Funktion, bestehende und also veraltete Zustände zu konservieren . . ., das nichtaristotelische will die Gefühle des Zuschauers aufregen und vermehren. Es zeigt die Welt als widersprüchlich und jeden Widerspruch als Hebel zur Veränderung der Welt."[12]

In diesem Sinne sind die Dramen der eben besprochenen Gruppe aristotelisch; doch erweist sich die klare Zweiteilung des Essays als eine polemische Forderung und Herausforderung, da sich zwischen Zustimmung — und damit Konservierung — und Kritik — und damit Ruf nach Veränderung — ein beträchtliches Zwischenfeld erstreckt. Prinzipien solcher Art, die ihrer Natur nach politisch sind, können nur dann mit Nutzen in die literarische Betrachtung hineingezogen werden, wenn sie zu literarischen Folgen führen, wenn sie eine andere dramatische Sprache hervorbringen und wenn der Zusammenhang zwischen dem politischen Moment und der dramatischen Form sichtbar gemacht werden kann. Daher bleibt der Versuch, eine Gruppe von Dramatikern unter der Kennziffer der dialektischen Kritik herauszusondern, fragwürdig. Man darf Peter Hacks, Heiner Müller und Hartmut Lange zweifellos dieser Gruppe zurechnen, aber gilt das für ihr gesamtes Werk? Und wie verhält es sich mit Helmut Baierl und Volker Braun? Baierls *Die Feststellung* geht zum mindesten formal neue Wege, und Brauns *Kipper Paul Bauch* sprengt in Sprache und gesellschaftlichem Anspruch die Fesseln obrigkeitlicher Normierung. Wenn die Gruppe um Hacks ihre dramatische Produktion als „sozialistische Klassik" begreift[13], und wenn auf der anderen Seite die offizielle Kritik innerhalb der DDR eine Anzahl von Stücken, die um 1960 erschienen, unter dem Begriff „didaktisches Theater" zusammenfaßte, so entspricht solchen Termini eine literarische Realität insofern, als beide dramatischen Formen sich dem Dogma des sozialistischen Realismus widersetzen und die Gegenwirkung der Obrigkeit herausfordern.

Daher die Ablehnung des didaktischen Theaters auf dem 4. Plenum des ZK der SED im Januar 1959 unter dem Hinweis auf seine „sektiererischen Tendenzen"[14], doch scheinen die theoretischen Begründungen des „realistischen

---

[12] Peter Hacks: Versuch über das Theaterstück von morgen. Zitiert nach Hilde Brenner: Nachrichten aus Deutschland., S. 197.

[13] Der Begriff taucht, soweit ich sehe, zuerst in dem oben genannten Essay von P. Hacks auf.

[14] Heinz Kersten: Theater und Theaterpolitik in der DDR (Theater hinter dem Eisernen Vorhang, Basel, Hamburg, Wien 1964), S. 35.
Hermann Kähler: Gegenwart auf der Bühne. Die sozialistische Wirklichkeit in den Bühnenstücken der DDR von 1956—1964. Berlin/O 1966. Das Buch, hrsg. vom ZK der SED, darf als offizielle Stellungnahme der Partei angesehen werden.

Theaters" durch Peter Hacks[15] den Unwillen der zu dieser Zeit noch auf die Doktrin vom sozialistischen Realismus eingeschworenen Dogmatiker stärker zum Widerspruch gereizt zu haben als die Stücke selbst. (Es handelt sich um *Die Feststellung, Der Lohndrücker, Die Korrektur* und *Die Sorgen und die Macht*.)

Literarische Querelen solcher Art, in anderen Gesellschaftsformen auf den Kreis der Literaten beschränkt, in der DDR politica, wogen leicht im Vergleich zu der Herausforderung einiger Stücke jüngerer Schriftsteller, denen der Rückfall in Individualismus und Anarchismus vorgeworfen wurde.[16] Volker Braun, bisher als Lyriker bekannt, aber durch seine Arbeit am Berliner Ensemble mit dem Theater verbunden, erregte mit seinem Schauspiel *Kipper Paul Bauch* Anstoß.[17] Ort, technisches Milieu und Objekt aller Handlungen ist die Kippe, eine enorme Sandhalde vor Kohle, die mit primitiven Arbeitsmitteln weggeschafft werden muß, eine erniedrigende und stumpfsinnige Arbeit, ein Modell für unzulängliche Planung und des Menschen unwürdige Schinderei. In diese stagnierende Umwelt stößt der Kipper Paul Bauch wie ein elementares Unwetter. Sein erster Auftritt ist von anarchischer Gewaltsamkeit und bierseliger Komik. Er fährt mit einem gestohlenen Motorrad in die Kneipe, stiftet unter den Arbeitern ein wüstes Gelage und macht sich nach einem grotesken Zweikampf mit dem Brigadier zu dessen Nachfolger. Ohne Rücksicht auf die Bauleitung, Vorschriften und die Arbeitskraft seiner Kumpel steigert er die Produktion, ein Berserker der Arbeit wie des Saufens, des Fressens und der Liebe. Es kommt zur Katastrophe, Paul Bauch wird bestraft und verläßt die Kippe, ein Wanderer zwischen Baustelle und Baustelle, auf der Suche nach „dem Ort, an dem uns keiner vorschreibt, wie wir sein sollen", im Zusammenprall mit den festgefügten Ordnungen unterlegen, aber nicht gescheitert, notwendig, die erstarrten Gesetze aufzubrechen, ein fruchtbarer Katalysator. Er wird wiederkommen. Das Stück endet mit dem lakonischen Kommentar des Gastwirts: „Er ist weg, den seid ihr hier nicht los." Denn er ist der Mensch der Zukunft. „Nicht ihn überschreitet die Zeit, er überschreitet die Zeit. Er ist, der wir sein werden."

Welche Qualitäten hat dieser Mann, der als Prognose des Neuen in die graue und reglementierte Arbeitswelt der Kippe, also der sozialistischen Arbeitswelt der Gegenwart einbricht, der in ihr nicht bestehen kann, da er ihr voraus ist, der aber die Ahnung kommender Größe erzeugt? Für ihn gilt das Wort von Peter Hacks: „Jede Zeit hat die Lieblingsfigur, die sie verdient; die

---

[15] Peter Hacks: Das Theater der Gegenwart, Neue Dt. Lit. 1957, Heft 4. Das realistische Theaterstück, Neue Dt. Lit. 1957, Heft 10.

[16] Vergl. die Kritik von Wilfried Adling, Theater der Zeit, 1967, Heft 2.

[17] Der Text wurde zuerst im Ostberliner *Forum* 1966 publiziert. Die Zitate folgen der Ausgabe in Deutsches Theater der Gegenwart, Bd. II, Frankfurt 1967.

Lieblingsfigur des sozialistischen Dramatikers ist der Riese. Der Riese, das ist der nicht durch die Fehler der Welt eingeschränkte Mensch.“[18] Er ist ein Genie an Kraft und Vitalität, zugleich ein Träumer und Dichter, den Helden des Sturm und Drang verwandt, ein Bruder von Brechts Baal und Puntila, unwillig zum Kompromiß, ungeduldig mit der Gegenwart und jedem Mittelmaß, ungebärdig die Tür zu einer utopischen Zukunft aufstoßend. „Es darf nicht eins zwei drei gehen wie in Preußen, sondern eins, vier, fünfzehn, siebzig!“ Seine Vision der Zukunft ist die einer grenzenlosen Freiheit. „Wir stehen ganz am Anfang. Es wird ein Überfluß an materiellen Gütern dasein, ein Überfluß an Gedanken und ein Überfluß an Gefühlen. Es wird gar keinen Grund mehr geben, einen Menschen nicht zu lieben. Die Liebe wird keine Tragödie mehr abgeben. Die Konflikte werden zart und duftend wie Pfirsiche vor uns liegen, ein Frühstück. Ich sage, der Mensch des neuen Jahrtausends wird leben, wie es angenehm ist. Es gibt keine Sitten, es gibt keine Normen. Es gibt nur den Tag, er ist immer neu. . . . Kämpfen wir für eine Idee und nicht für unser Fleisch? Soll das Jahrtausend, weil wir gegen Blutvergießen und Schweißauspressen sind, ohne Blut und Schweiß sein? Ist das eine Renaissance für Spießer? Das Aufbrechen der Kirschblüten ist ansehnlicher als die Geburt unseres sanften Anfängerjahrhunderts!“ Die Utopie der Gesellschaft ist nichts anderes als die Übertragung seines individuellen Lebensgefühls auf das Allgemeine. „Mensch, ich paß nicht ins Konzept! Ja, ich lebe mit allen Fasern, mit dem Kopf und mit dem Arsch. Ich will nach der ungeheuren Enge ungeheuren Raum. Ich will ganz gebraucht sein. Ich möchte mich vervielfältigen.“

Paul Bauch ist keine Figur aus der sozialistischen Gesellschaft der sechziger Jahre, er ist die dichterische Verwirklichung einer Erwartung, eines Traumes. Dem entspricht die dramatische Form: keine strenge Komposition, sondern kurze, nicht auf einander bezogene Szenen, greller Wechsel von Rüpelszenen, geschliffenen Dialogen und lyrischen Passagen. Statt psychologischer Vertiefung und Differenzierung holzschnittartige Figuren, die auf einander prallen. Dem entspricht auch die Sprache, eine Kunstsprache, die auf jeden Naturalismus verzichtet, eine poetische Proletensprache, die ganz und gar die Sprache des Autors ist, die Kraft, Kürze, Sensualität und ein Maximum an Ausdruck anstrebt.

Hartmut Langes *Marski* ist *Kipper Paul Bauch* eng verwandt.[19] Die Nachfolge Brechts ist evident, die Figur Puntilas als Vorbild stets sichtbar, Bühneneinrichtung und didaktische Spielweise bekennen sich zu dem großen Lehrer, die zu großen Teilen rhythmisierte Sprache hebt die Vorgänge auf der Bühne

---

[18] In: Über Hartmut Langes Komödie Marski. Theater Heute, 1965, Heft 6.
[19] Geschrieben 1962/63, in der DDR nicht gedruckt. Die Zitate folgen der Ausgabe in der Edition Suhrkamp Nr. 107 von 1965.

vom realen Leben ab und macht den artistischen Charakter der Komödie
ständig bewußt. Der Prolog gibt das Thema und seine Dialektik. „Unser Held
weiß, daß Arbeit und Genuß / ein Tugendpaar sind, das man ehren muß."
Der Großbauer Marski, ein Riese im Arbeiten wie im Genießen, als Exempel
der Tugend? So könnte es sein, „müßt er nicht mit einer bösen Krankheit
leben, die alle Tugenden ins Gegenteil verkehrt". Die Krankheit heißt Besitz,
die Therapie ist einfach, sie heißt Gütergemeinschaft, Produktionsgemeinschaft,
LPG, Sozialismus, wie man will. Ein sozialistisches Lehrstück also, angesiedelt
auf dem Dorfe in der Periode des Übergangs von der bäuerlichen Privat-
wirtschaft zur Kollektivwirtschaft des Dorfes, wie Langes erstes Lehrstück
Senftenberger Erzählungen oder die Enteignung in der Stadt angesiedelt war
und die Umwandlung einer Fabrik zum Gegenstand hatte. Beide Stücke wurden in der DDR nicht gespielt, *Marski* nicht einmal gedruckt. Was stimmte
nicht?

Marski ist ein Esser von großen Gnaden und unbändiger Phantasie. Er
bringt die sonst knappe und epigrammatische Sprache zum Blühen. „Aber ich
habe einen Traum gehabt. Das war ein Traum! Soviel delikate Kultur ist noch
niemandem eindeliriert worden. Mir ist ganz rammdösig davon. Das war der
Garten Eden. Das war die Verheißung. Das war unvergleichlich! Das war
groß! Kerls, glaubt mir, ich bin nie so ungern erwacht wie eben. Mein Herz
schreit, mein Gehirn rebelliert, aber das entscheidende Wort kommt mir aus dem
leeren Magen. Ich habe einen Appetit, ich bedaure, daß ihr keine Hähnchen
seid, ich würde eimerweis saure Sahne über euch herkippen, damit ihr meinen
Magen kennen lernt. Er ist ein Wolf! In diesem Traum ist er gewachsen...
Ich werde ihm ein Weltreich Rinder zu Delikatessen verarbeiten, ich werde
sie ihm mit einem Ozean Wein hinunterspülen, ein Kontinent gemästeter Säue
wird nicht ausreichen um seinen Bedarf an Schinken in Rahm zu decken." Die
Kleinbauern sind die Kumpane seiner Gelage, denn zwischen ihnen besteht
eine Interessengemeinschaft: sie brauchen seine Pferde und Maschinen, er
braucht ihre Arbeitskraft, aber auch ihre Gesellschaft, ohne die ihm das Essen
keine Freude bereitet. Darum gerät das kulinarische Idyll in Gefahr, als der
Gedanke der Genossenschaft unter den Bauern lebendig wird und sie den
Willen zum Eigenbesitz als Krankheit erkennen. Vereinsamt denkt Marksi ans
Sterben. Seine Freunde überzeugen ihn von der neuen Idee, Bauern unter
Bauern, nüchtern, listig, fern jeder Ideologie. „Am besten, Sie lassen Ihren
privaten Krempel liegen und treten der Kooperative bei... Sie sind ein
totalitärer Mensch, Herr Marski, und zu schade für das Privateigentum. Für
Sie ist der größte Hof zu eng. Barhaupt hat mir erzählt, es sei Ihre besondere
Leidenschaft, Gebirge in gebratene Puten und Horizonte in Rahm zu verwandeln. Nun, die Kooperative hat genügend Gebirge... und Horizonte...,
wenn Sie die in Geflügelklein und Tunke verwandeln wollen, hätten Sie zu

tun." Und Marski lernt schnell. „Ich bin doch nicht blöd / und halte fest am eigenen Herd, / wenn er mich einsam und / verhungern läßt. Ich sterbe nicht / am eigenen Vieh. Eher teil ichs auf / und eß es in Gesellschaft." Die Komödie endet in einem gigantischen Gelage nun in Wirklichkeit Gleicher.

Daß *Marski* ein Bekenntnis zur sozialistischen Agrarreform ist, kann nicht bezweifelt werden, aber predigt Hartmut Lange nicht auch von der Befriedigung der Bedürfnisse, träumt er nicht wie Volker Brauns Paul Bauch von einem Paradies des Genießens, preist er nicht die Sozialisierung als den Weg zu größerem Genießen, anstatt Essen und Trinken als notwendig für die Restauration der Arbeitskraft zu verstehen? Stört er also nicht eine Produktionsphase, deren Motto Sich-hoch-hungern heißt? Zwar erweist sich Lange als echter Schüler Bert Brechts, bei dem es in den Flüchtlingsgesprächen heißt: „Jedenfalls stimmen wir ein darüber, daß Genußsucht eine der größten Tugenden ist. Wo sie es schwer hat oder gar verlästert wird, ist etwas faul."[20] Als aber auch sein drittes Stück in der DDR totgeschwiegen wurde, das Doppeldrama *Hundsprozeß / Stalin als Herakles*, in dem er sowohl mit dem Stalinismus wie mit den Feinden Stalins abrechnete, ging er nach Westberlin, ein sozialistischer Autor im Exil, dessen bisher letztes Drama *Die Gräfin von Rathenow* zeigt, daß der Ortswechsel des Autors keinen Wechsel der Gesinnung bedeutete.

3. Peter Hacks, Heiner Müller und der sozialistische Klassizismus

Peter Hacks, der im letzten Jahrzehnt auf das Theaterleben Westdeutschlands mit ungewöhnlicher Lebendigkeit eingewirkt hat, scheint nach Herkunft und Bildungsgang zu einer vermittelnden Rolle zwischen den beiden Literatur-Gesellschaften prädestiniert, was ihm allerdings in der gewählten ostdeutschen Heimat mancherlei Mißtrauen eingetragen hat. 1928 in einer bürgerlichen Familie Breslaus geboren, wohnte er seit Kriegsende in Bayern, studierte in München, promovierte über das Theater des Biedermeier und siedelte 1955 nach Ostberlin über, ein programmatischer und bewußter Schritt in der Nachfolge Brechts. Vorangegangen waren die drei historischen Stücke *Eröffnung des Indischen Zeitalters* — *Das Volksbuch vom Herzog Ernst* — *Die Schlacht bei Lobositz*. Der Form nach handelte es sich um die Rezeption Brechts, der politischen Tendenz nach um die marxistische Neuinterpretation der Geschichte.

„Im Anfang war die Welt poetisch". Es gibt kaum ein anderes Wort von Hacks, das die unverwechselbare Eigenart seiner Sprache prägnanter begründet. Gerade in den Parerga seines dramatischen Opus, etwa in den Kinderbüchern wie *Der Schuhu und die fliegende Prinzessin*, tritt das Poetische, von der Schwere

---

[20] Flüchtlingsgespräche, Werkausgabe bei Suhrkamp. XIV, S. 1483.

politischer Gedanken entlastet, am reinsten zu Tage. Und das „Poetische" ist nach unseren Maßen und nach des Autors Selbstverständnis nicht schlechthin das Dichterische; es ist etwas mit rationaler Helle und Leichtigkeit Erzeugtes, etwas Kunstvolles und Artistisches, zu dem nicht der Gang zu den Müttern, vielmehr Studium und ein bewußter Kunstsinn geführt haben. Hacks hat wiederholt versucht, eine neue Ästhetik des Theaters zu entwickeln, die zwar die Lehre Brechts nicht verleugnet, aber insofern neu ist, als Brechts Werk auf die Gesellschaft vor der sozialistischen Revolution zielte, Hacks aber ein Theater schaffen will, das der entwickelten sozialistischen Gesellschaft entspricht.[21] In den Mittelpunkt seiner theoretischen Überlegungen stellt er den Begriff des Poetischen. Damit sichert er die Autonomie der Literatur gegen die Ansprüche der Politik. Da das Poetische ursprünglich das formende Prinzip der realen Welt gewesen sei, aber in der industriellen Welt, auch in der sozialistischen, seine elementare Bedeutung verloren habe, sei es die Aufgabe der Kunst, Poesie als Gegenwelt herzustellen. Das Mittel ist die Artifizierung des Realen. Um die Welt in Kunst verwandeln zu können, muß man in der Lage sein, sie zu durchschauen. Die Voraussetzung der Durchschaubarkeit ist die marxistische Sehweise. „Die Welt, durchschaut, wird anschaulich, mithin kunstfähig." Der Gegenstand des Dramas ist das Universum der Geschichte und der Literatur, damit an großen Beispielen die Gesetze menschlichen Verhaltens exemplarisch demonstriert und in Bühnenleben umgeformt werden können. Nicht die geringfügigen Kalamitäten des kleinen Mannes von heute seien der Gegenstand des sozialistischen Dramas. „Das bürgerliche Drama arbeitet mit Mäusen, das sozialistische mit Elefanten."[22] Realismus heißt demnach, die Größe aufspüren, die der historischen Kategorie zukommt.

Die Form der Darstellung wird bestimmt von dem Rückgriff auf Shakespeare (und man darf hinzufügen auf Nestroy). „Die Geschichte des realistischen Theaterstücks in Deutschland ist die Geschichte der Aneignung Shakespeares."[23] Und das heißt „Artistik, Glanz, Phantasie". Das alles bedeutet, sieht man es zusammen, zwar die Übereinstimmung mit dem marxistischen Weltbild, aber auch die Absage an die Ästhetik des sozialistischen Realismus.

Die erste Verwirklichung solcher Überlegungen war das Schauspiel *Die Eröffnung des Indischen Zeitalters* (1954): Columbus als ein Galilei der Politik und der Wirtschaft, der das Zeitalter des Glaubens ad absurdum und zuende führt. Es folgte *Das Volksbuch vom Herzog Ernst.* Der Untertitel „Der Held und sein Gefolge" deutet die neue Perspektive an: die Analyse der gesellschaftlichen Beziehungen im Zeitalter des Feudalismus, und man kann

---

[21] Vergl. den Essay *Das Poetische*, Kürbiskern 1966, Heft 4, dem auch die Zitate entnommen sind.

[22] Versuch über das Theater von morgen (H. Brenner: DDR Literatur S. 192).

[23] Zitiert nach: Theater hinter dem Eisernen Vorhang, S. 70.

den Abstand zu Ludwig Uhlands romantisch-heroisierender Bearbeitung der gleichen Vorlage kaum überschätzen. Das Ziel ist Entlarvung und das literarische Mittel ist Ironie, die Methode nämlich, das Alte sich durch übertreibende und vereinfachende, ja banalisierende Sprache selbst entlarven zu lassen. Kaiser Otto interpretiert die mittelalterliche Sozialordnung: „Ihr Herren, was unsere Zeit zur Blüte der Zeiten macht, das ist der Gedanke fortwährender Untertänigkeit oder der ordo-Gedanke... Schauet, an der Spitze, da bin ich. Sodann als zweite folgen die Herzöge und Grafen und meine Verwandten, die Bischöfe. Die wiederum geben von ihrer Macht an die Barone und die Klöster. Sodann die treuen Ritter und die Bürgersleute, die ich sehr liebe. Die freien Bauern, welche, irre ich nicht, das nützliche Brot und die kleinen Eier herstellen, die Halbfreien und die Hörigen... Kurz, wer etwas hat, hat es von einem, und der hat es wieder von einem dritten zum Lehen, und es gibt keinen außer der Ordnung und kein Wetzen und Drohen, kein Geklirr und Geraufe, und ist eitel Eintracht in unserer Zeit."

Wortwitz und Wortspiel steigern die Ironie zu ebenso prägnanten wie amüsanten Formulierungen, deren Vorbild Spruch und Sprichwort sind: Die Liebesfähigkeit läßt nach: „Neigung geht zur Neige" — die Herzogswitwe Adelheid steht vor der Alternative, zu heiraten oder ins Kloster zu gehen: „Betgenossin der Frommen oder Bettgenossin des Großen" — das Verhältnis der Bauern zu ihren Grundherren: „Wir haben einen guten Herrn. Der Herr hat uns."

Griff Hacks im Herzog-Ernst-Drama auf das Volksbuch des 16. Jahrhunderts zurück, so schöpfte er in der Komödie *Die Schlacht bei Lobositz* aus Ulrich Bräkers *Lebensgeschichte und natürliche Abenteuer des armen Mannes im Tockenburg* von 1789, der ersten Autobiographie eines Arbeiters, die in der Tradition volkstümlicher deutscher „Arbeiterdichtung" eine so große Rolle spielt. Ulrich, durch Betrug zum Dienst im preußischen Heere verführt, erkennt in der Schlacht, daß er einer Machtpolitik geopfert werden soll, die ihn nichts angeht, und desertiert. Sein letztes Lied faßt die Lehre des Stücks kompromißlos zusammen. „Fürcht den Tod, besonders den der Helden, / Krieger-Tod auch preußisch Tod genannt. / Eh sie dich von dieser Welt wegmelden, / Meld dich doch weg vom Soldatenstand. / Und häng dein Flint, / Wo schon viele blanke Flinten sind. / Und häng dein König auch dazu. / Eja, dann ist Ruh."

Der Müller von Sanssouci, nach der Übersiedlung in die DDR geschrieben, ist eine grimmige Satire auf den Mythos des Fridericus Rex. Aber anstatt den Quellen nachzugehen, die den Rechtsstreit zwischen dem Müller und seinem Patrimonialherren sowie das Eingreifen des Königs zu Gunsten des Müllers und zum Schaden der Adelsclique dokumentieren, verwandelt der

Autor die sentimentale Anekdote in eine bösartige Blasphemie. Die Gerechtigkeit Friedrichs wird in eine raffinierte Kabale umgemünzt, welche die Ungerechtigkeit des Königs zu demonstrieren hat.

Die Sorgen und die Macht erschien 1962, stieß auf heftige Ablehnung, wurde
trotzdem aufgeführt, aber nach kurzem wieder abgesetzt.[24] Zum erstenmale
machte Peter Hacks die Gegenwart seiner Gesellschaft zum Gegenstand eines
Dramas. Die Fabel beruht auf dem Konflikt zwischen einer Brikett-Fabrik
und einer Glas-Fabrik, welche die Briketts für ihre Produktion braucht. Dem
Plansoll, vor allem aber ihren materiellen Interessen folgend liefern die Brikett-
Arbeiter (B) hohe Quantitäten, die ihnen hohe Löhne und Prämien einbringen,
während die Glas-Arbeiter (G) infolge der miserablen Qualität der Briketts
nur zu ärmlichen Löhnen kommen. Der ökonomische Konflikt wird durch den
Aufbau der dramatischen Szenen schematisiert: schlechte Briketts bringen
hohe Löhne für die einen (B) und niedrige für die anderen (G) — gute und
weniger Briketts bringen hohe Löhne für die einen (G) und niedrige für die
anderen (B). Die wirtschaftlichen Gegensätze werden ins Private hinüberge-
spielt, indem der Arbeiter B und die Arbeiterin G sich lieben, ihre Liebe aber
in Gefahr gerät, da B durch seine guten Briketts G reich und sich selbst arm
macht. Beides, die Schematisierung der Fabel und die Übersetzung in ein
Liebesspiel, sind theatralische Mittel, eine gesellschaftliche Kontroverse ins
Spiel aufzulösen. Zum Schluß erweist sich, daß der Streit zwischen Kohle und
Glas wie der zwischen den Liebesleuten lösbar ist, was durch ein fröhliches
happy end gefeiert wird. Doch bleibt die Lösung ohne Überzeugungskraft, und
die Moral ergibt sich keineswegs mit Logik aus der Führung der Handlung.
Es ist die Dialektik von Utopie und Wirklichkeit, ein Grundthema des Autors:
„Arbeitermacht, das wußten wir, kommt vor / Arbeiterglück. Glück hat Macht
nötig. / Und dem allein, der zäh zur Macht beiträgt, / Erwächst der Tag, wo
Macht in Glück umschlägt.“

1965 folgte die Komödie *Moritz Tassow*. Wiederum nahm Hacks seine
Fabel aus der selbstgewählten politischen Heimat. Der Schauplatz ist ein
Dorf, die Zeit 1945, die Handlung entwickelt sich aus dem Gegensatz zwi-
schen den Bauern und Landarbeitern auf der einen, dem Feudalherren auf der
anderen Seite. Soweit wäre das Stück ein später Nachfahr der zahlreichen
Landreform-Dramen von Strittmatters *Katzgraben* (1953) bis zu Sakowskis
Steine im Weg (1960). Nach der Vertreibung des Gutsbesitzers machen die
verschiedenen Ansichten über die Bodenreform den dramatischen Konflikt aus.
Es geht also um ein durchaus politisches Problem, um das Verhältnis nämlich

---

[24] Über die Entstehung des Textes vergl. das Programmheft des Deutschen Theaters in Berlin 1962/63, Heft 1. Die wichtigsten kritischen Ausführungen in Theater
der Zeit 1962, Heft 11 und 1963, Heft 3. Vergl. L. von Balluseck: Literatur u. Ideologie, Godesberg 1963, S. 22.

zwischen einem revolutionären Willen, der absolut ist, und einer revolutionären Politik, die gebunden ist, das im Augenblick Mögliche zu verwirklichen, und folglich relativiert. Die Landreform ist nur das Modell, an dem die grundsätzliche Diskrepanz aufgezeigt wird. Aber da der Dichter kein Essayist und der Stückeschreiber kein Journalist ist, verwirklicht Hacks das Thema auf der Bühne durch lebendige Menschen. Im Zentrum, so daß alle anderen Personen an den Rand gedrängt werden, steht Moritz Tassow.

Es ist ein überraschender Tatbestand: in einer Gesellschaft, die das Kollektiv feiert, die dem Einzelnen Unterordnung unter das Kollektiv abverlangt, in welcher der notwendigerweise überall und zu jeder Zeit vorhandene Interessenkonflikt einseitig zu Gunsten des Kollektivs entschieden zu werden droht, werden dichterische Gestalten lebendig, die nicht mehr und nicht weniger darstellen als durch Sprache gestalthafte Träume vom unabhängigen, in totaler Freiheit schaltenden Einzelnen: Der Kipper Paul Bauch, der Großbauer Marski, der Schweinehirt Moritz Tassow. Zu ihnen gesellt sich der Herakles des Heiner Müller. Vier junge Autoren, Hacks und Müller 1928 und 1929, Lange und Braun 1937 und 1939 geboren, werfen ihrer von Reglementierung und Zwang zur Anpassung bedrohten Gesellschaft die Gestalt des unbändigen Helden entgegen — Ärgernis und Herausforderung nicht nur für die spezifische Lebensform der DDR, in der sich die Provokation ereignet, sondern für alle Industriegesellschaften, die, wenn auch unter anderen Bedingungen, unter dem Gestrüpp verordneter Ordnungen leiden und darum kämpfen, oder doch kämpfen sollten, dem Weg zum Ameisenstaat zu entgehen.

Die Komödie[25] bringt vier Personengruppen in wechselnde Konstellationen. Aus dem Gegensatz und den Kombinationen der Gruppen gewinnt das Geschehen seine Dramatik. Der Schweinehirt Tassow, die amouröse und trinkfeste rote Rosa und der Landstreicher Dziomba vertreten die gewalttätige, anarchische Revolution — die kleinen Bauern und Landarbeiter verhalten sich den Neuerungen gegenüber vorsichtig und mißtrauisch — der adlige Gutsherr und seine Kreaturen kämpfen um ihre alten Positionen — die Beauftragten der Partei versuchen, deren politische Richtlinien durchzusetzen. Alle aber überstrahlt die Vitalität und Sprachgewalt des geringsten unter ihnen, des Schweinehirten Moritz Tassow. Durch den Umsturz aller Verhältnisse im Sommer 1945 aus seiner Einsamkeit und Stummheit erlöst, führt er sich mit den Worten ein: „In einem Orte wohnen, heißt, alle Weiber / Vögeln und mit den Männern allen saufen." Wie Paul Bauch und Marski ist der maßlose Genießer zugleich Dichter und Philosoph. „Er riecht nach Schweinemist und in ihm wohnen / Die schwierigsten Geheimnisse der Welt." Er verkündet seine Heilslehre in der Prophetensprache dessen, der nach Mist stinkt. „Zwölf Jahr ging ich ver-

---

[25] Der Text in Sinn und Form 1965, Heft 6.

schlossenen Munds im Finstern / Und hab entdeckt, daß dieses Finster wird / Von euch gemacht und seinen Ursprung hat / Allein darin, daß ihr die Augen zudrückt. / Und wenn ihr sie noch zudrückt, und wenn ihr / Sie noch nicht öffnet, bleibt das Finster noch. / O brecht den Nebel auf, schiebt weg die Wolken: / Sie dampfen nur in euch, Wolken und Nebel. / Seht! Seht, daß alles allen zugehört. / Daß das, wonach ihr greint und barmt, das Land, / Vor euren tauben Augen strahlend daliegt, / Daß, die euch fehlt, die Wohnung, offen steht, / Von euch gebaut für euch, ihr wußtets nur nicht, / Daß da ein dicker Ausbeuter den Thron drückt: Mit einem Hintern, den Gott wachsen ließ, / Hinein zu treten, fett und unverfehlbar." Und nachdem der Gutsherr verjagt ist, geht Tassow an die Verwirklichung der Kommune. „Keiner schafft für sich selbst, Alle für alle. / Und ohne Zwang, äußern wie innern, sondern / Nach Laune, freiem Gutheißen und glücklich." Ihm treten die Politiker entgegen, denn nicht die Kommune, sondern die Überführung des feudalen Eigentums in bäuerliches heißt die taktische Linie. Tassow wird als Vorsitzender der Dorfgemeinde abgesetzt. Er verläßt die Bühne mit den Worten: „Ich werde Schriftsteller. / Das ist der einzige Stand, in dem ich nicht verpflichtet bin, kapiert / Zu werden oder Anhänger zu haben." An seine Stelle tritt der ideenlose Funktionär Blasche, dessen Schlußwort dem Stück ein Ende von schwärzester Ironie setzt: „Das Alte stirbt oder verkrümelt sich. / Der neu Mensch bleibt auf dem Plane. Ich."

Aber der Schluß darf die dialektische Struktur des Spiels nicht verdunkeln.[26] Nicht Blasche ist der Gegenspieler Tassows, sondern Mattukat. In der Diskrepanz von Wollen und Müssen vertritt Mattukat das Müssen, und das heißt die praktische Politik und ihre Sachzwänge. Er begreift den Schweinehirten; er weiß, daß der Gedanke der dörflichen Genossenschaft Zukunft hat; er führt die vorgeschriebene Politik nicht ohne Zweifel und Bitterkeit durch; er ist sich der dialektischen Beziehung zwischen seinem Handeln und Tassows Idee bewußt. „Ich will, was menschlich ist. / Das ist der Anfang meines Wollens und / Zugleich sein Ende. Von dem Punkt an wechselt / Wollen den alten Namen und heißt Müssen. / Und aufgehoben nur in diesem Müssen, / Versteckt, doch, hoff ich, nie vermindert, lebt / Es fort, dies freie, menschliche: ich will."

Die These von Peter Hacks, die sozialistische Literatur der Gegenwart habe das Verhältnis von Utopie und Wirklichkeit darzustellen, gilt für den *Moritz Tassow* und die oben angezogenen Dramen von Volker Braun und Hartmut Lange in gleicher Weise. Dabei erhält die sich grenzenlos ausbreitende Sinnlichkeit der Helden eine doppelte Funktion: sie wirkt als vorausgenommene

---

[26] Vergl. die Aufsätze von J. Fiebach und M. Nossig in Theater der Zeit 1965, Heft 20 und 22.

Utopie und als Provokation der erstarrenden Gesellschaftsordnung. Damit wird sie ein Mittel, die Umsetzung der Utopie in die Wirklichkeit voranzu-treiben. Darum muß sich die sprachliche Form dieser Stücke von jeder, wie auch immer gearteten Nachahmung der Wirklichkeit entfernen, darum die märchenhaften und komödiantischen Züge, darum die Übersteigerung ins Groteske und Clownische, darum vor allem der eine neue Dimension schaf-fende Vers.

Wenn Peter Hacks nach dem *Moritz Tassow* sich teils an die Bearbeitung bereits vorhandener Stücke gemacht, teils sich wieder in die Geschichte begeben hat, so stellt sich die Erinnerung an das Abschiedswort Moritz Tassows ein: „Ich werde Schriftsteller. / Das ist der einzige Stand, / In dem ich nicht ver-pflichtet bin, kapiert / Zu werden oder Anhänger zu haben."[27]

Für Hacks dramatische Produktion hat die Ablehnung der Kunstkritik und der höchsten ideologischen Instanzen der DDR offensichtlich Folgen gehabt.[27a] Ein Autor, der sich bewußt eine Gesellschaft wählt, in der er eine geistige Heimat zu finden glaubt, muß eine solche Abweisung doppelt empfinden. Ist es eine Verlegenheit, eine Zwischenstufe, eine Flucht oder vielleicht die bewußte Nachfolge Nestroys, wenn Hacks ins Historische, in die Bearbeitung fremder Stücke und in die Operette ausweicht? Zu den Historien gehört *Mar-garete in Aix,* ein parodistisches Königsdrama, *Amphitryon,* eine geistreiche und poetisch glanzvolle Bearbeitung des klassischen Themas, die jeder darin verborgenen tragischen Möglichkeit ausweicht, ein Preislied auf den vollende-ten, an Körper und Geist schönen Menschen, schließlich *Omphale,* eine iro-nische Verherrlichung der Liebe unter Königen und Heroen. Zu den „Stücken nach Stücken" gehören H. L. Wagners *Kindsmörderin,* des Aristophanes *Frieden,* Offenbachs *Die schöne Helena* und John Gays *Polly oder die Bataille vom Blue Water Creek.* Hacks breitet eine rein artistische und komö-diantische Welt aus, in der das gesellschaftliche Engagement hinter Pomp, Glanz und Spaß sich entweder versteckt oder zum bloßen Reizmittel herunter-gespielt wird. Die Parodien der Operette, des Westerns und des Musicals lassen zwar die geheime Sehnsucht nach einem Bezirk reiner Form und Schön-heit spüren, aber es handelt sich auch um eine Ersatzwelt, die das Theater gänzlich von der gesellschaftlichen Wirklichkeit entfernt und zum bloßen Genußmittel macht.

∗

---

[27] Zu dem ganzen Komplex s. Theater Heute, Oktober 1969, insbes. Henning Rischbieter: Auf dem Wege ans Ende einer Utopie.

[27a] Der Chefideologe der SED Kurt Hager faßte seine Kritik in die Worte zusam-men: „Hacks läßt also absichtlich nicht zu, daß sich der Zuschauer emotionell mit den Gestalten, die die Partei und die Arbeiterklasse verkörpern, identifiziert. Die kriti-sche Distanz ersetzt die sozialistische Parteilichkeit." (Neues Deutschland, 30. 3. 1963). Vergl. dazu insbes. Hans Mayer: Zur Literatur der Zeit, S. 382 f.

Heiner Müllers Werk, mehr noch als das von Peter Hacks, steht in der es umgebenden Dramatik der DDR wie ein Fremdling. *Der Lohndrücker* und *Die Korrektur* wurden mehr getadelt als gelobt, der *Klettwitzer Bericht* weder gedruckt noch gespielt, *Die Umsiedlerin oder das Leben auf dem Land* wurde nach einer Studio-Aufführung verboten, *Der Bau,* dramatische Szenen nach Erik Neutsch *Die Spur der Steine* mußte nach Probenarbeiten am Berliner Deutschen Theater abgesetzt werden, *Philoktet* wurde in München und *Prometheus* in Zürich uraufgeführt. Nur die Zeitschrift *Sinn und Form,* auch nach dem Ausscheiden Peter Huchels und unter der Leitung von Wilhem Girnus noch das Organ der literarisch Unorthodoxen und Anspruchsvollen, nahm sich des unbequemen Dramatikers an, und das westdeutsche Theater führte seine Stücke zu ungewöhnlichen Erfolgen.

Wie aus einem breit und zerstreut angelegten epischen Werk ein ganz auf Konzentration und Ausdruckskraft angelegtes Drama wird, dafür ist das Fragment *Der Bau* ein überzeugendes Zeugnis.[28] Was bei Neutsch Abbild war, ist hier Modell. Der Vers gibt den Vorgängen auf der Baustelle eine neue Dimension, er steigert das an Zeit und Raum gebundene reale Geschehen in das Gesetzmäßige und Allgemeine. Die politischen und ethischen Probleme, in der Vorlage als Reflexion und Diskussion gegeben, schießen zu großen Monologen zusammen, deren Essenz zu knappen, einprägsamen Sentenzen verkürzt wird. Brechts Forderung, dramatische Texte sollten zitierbar sein, findet in der plastischen und lakonischen Sprache Heiner Müllers ihre Erfüllung. „Der Partei kommt und geht, wir arbeiten — Die Welt ist ein Boxring und die Faust hat recht — Was sind die Ehebrüche der Vorzeit gegen den Beischlaf mit der Bombe! — Zeig mir den Bau, der ein Geborenes wert ist! — Was ist ein Kühlturm? Morgen steht ein neuer / Die Welt ist billig und der Mensch ist teuer. — Kein anderer wollt ich sein als ich und ich / Seit ich das Und kenn zwischen mir und mir / Mein Lebenslauf ist Brückenbau, ich bin / Die Fähre zwischen Eiszeit und Kommune."

Das Hohe Lied auf den arbeitenden Menschen, das über einem dunklen Grundakkord erklingt, stellt sich selbst in Frage. Die Opfer wiegen schwerer als der Gewinn. „Du bist der Bagger und du bist der Baugrund, auf dich fällt der Stein, den du aufhebst, aus dir wächst die Wand, auf deinen Knochen steht der Bau, noch den Strom ziehen sie aus dir, mit dem die Turbinen das Land unterhalten ... Fleisch wird Beton, der Mensch ruiniert sich für den Bau, jedes Richtfest ein Vorgeschmack auf die Beerdigung, wenn du dir ein Hemd kaufst, wer kauft wen, du kannst kein Brot essen, es kostet dein Fleisch, du mußt die Kiefer bewegen dazu, Arbeit, Arbeit. Und morgen ist wieder ein Tag, und übermorgen, ein Tag kraucht dem andern nach, ein Jahr

---

[28] Der Text in Sinn und Form, 1965, Heft 1/2.

stürzt ins andre und keine Uhr, die rückwärts geht, Zeit." Das ist die Sprache des Woyzek und des Herakles und des Prometheus, aber es ist auch Barka-Ballas Richtfest-Rede, zu der die Kapelle „Brüder zur Sonne zur Freiheit" spielt. Der Dramatiker, der die Welt als Kampf erlebt, kann die Vorstellung des Untergangs aus seinem Bewußtsein und also auch aus seiner Sprache nicht entfernen.

Losgelöst von jedem Bezug auf die Gegenwart nimmt Heiner Müller das Motiv der Arbeit erneut in dem dramatischen Spiel *Herakles 5* auf.[29] In zwei radikal verkürzten Szenen stellt er die fünfte Arbeit des Herakles vor, die Reinigung des Augias-Stalls. Die Thebaner brauchen das Fleisch der Rinder, aber das Fleisch ist an das Gras, das Gras an das Fressen, das Fressen an das Verdauen und das Verdauen an den stinkenden Mist gebunden. Arbeit ist die Voraussetzung des Lebens — Arbeit ist unendliche Mühe. „Der Kot ist die andere Bedingung des Fleisches." Herakles, der Arbeiter — notwendig, damit die Menschen überleben, doch unerlöst. Die Klage der Richtfestrede wiederholt sich. „Von jeder Tat verstrickt in eine nächste / Von jeder Freiheit in ein neues Joch geschirrt." Herakles trotzt den Thebanern, seinen Arbeitgebern, verspottet den Augias und fordert Zeus heraus, indem er den Fluß in den Stall lenkt. Der homo faber zwingt sich die Natur zur Hilfe. Und als Zeus ihm seine Ohnmacht beweisen will, indem er den Fluß gefrieren macht, ruft ihm Herakles lachend zu: „Hab ich dich zu fragen vergessen? Gestatte, daß ich die Welt verändere, Papa!", reißt die Sonne aus dem Himmel, die seinen Arm verbrennt, zwingt sie, das Eis zu schmelzen, und vollendet sein Werk. Am Schluß des Spiels holt er den Himmel herunter, rollt ihn zusammen und steckt ihn in die Tasche. Das Duell zwischen Mensch und Gott war nur eine Metapher, der Himmel nur eine Theaterkulisse, der Gott nur eine Theaterfigur. Übrig bleibt der Mensch, allein auf der Welt ohne Götter, auf der Welt, die Kot ist, die ihn in den Kot drückt, über deren Kot er triumphiert — aber mit welchen Opfern!

Setzt man Müllers Szenen in Bezug zu Dürrenmatts Komödie *Herakles und der Stall des Augias* (1954), in der alle Anstrengungen des Helden mißlingen, so wird das bejahende Ethos Müllers markant. Stellt man den Bezug zu dem Optimismus der linientreuen Literaten her, gleichviel ob solcher Optimismus aus naivem Nichtdenken oder trotz des Denkens zustande komme, hält man Müllers Szene etwa neben Kubas dramatisches Poem *Terra incognita,* so wird der heroische Pessimismus markant, der Müller näher an Camus als an seinen Genossen Kuba rückt. Wenn es in *Terra incognita* heißt: „Da wird ein zähes Wort Musik: Geologie / wenn man das Blut der Erde zwischen seinen Fingern greift. / Und ein Politbürobeschluß wird Poesie!" so steht dagegen der Schrei

---

[29] Der Text in Edition Suhrkamp, Frankfurt 1966.

des Herakles „Der Misthaufen bin ich, die Stimme aus dem Kot ist meine Stimme, unter der Maske aus Kot mein Gesicht!"

Müllers Prometheus-Text, einer Umdichtung näher als einer Übersetzung, rückt die stellvertretenden Gestalten des Herakles und des Prometheus brüderlich aneinander. Während Herakles zwar der unter der Last der Arbeit Leidende ist, aber zugleich auch der Täter, der die Welt verändert, formt Heiner Müllers Sprache das Prometheus-Drama zu einer Elegie auf das endlose Leiden des Menschen, der die Menschen vom Leiden erlösen will.[30]

Heiner Müllers Werk, soweit es heute vorliegt, gipfelt in der Tragödie *Philoktet*.[31] Die Geschichte des Philoktet aus der Ilias, die Sophokles seinem letzten Drama zugrunde legte, erfährt entscheidende Veränderungen. Der Held, den die Griechen auf Lemnos aussetzten, da der Gestank seiner Beinwunde ihnen unerträglich war, soll zehn Jahre später in den Kampf um Troja zurückgeholt werden, denn sein Bogen, ein Geschenk des Herakles, und seine Truppe, die ohne ihn wenig Kampflust zeigt, sind für den Sieg unerläßlich. Odysseus und der junge Neoptolemos versuchen, dem Auftrag durch Überredung gerecht zu werden. Philoktet aber weigert sich. Die Lösung kommt durch göttliches Eingreifen zustande. Herakles erscheint und befiehlt Philoktet die Rückkehr nach Troja. Müller änderte den versöhnlichen Schluß des Vorbildes. Philoktet bleibt unerbittlich, es kommt zum Kampf, Odysseus und Neoptolemos bringen die Leiche auf das Schiff, damit die Lüge von Philoktets Heldentod den Zweck der Expedition dennoch erfülle.

Bei Sophokles wie bei seinen Nachahmern[32] ist es die Standhaftigkeit, das Sich-selbst-treu-Bleiben, was die Größe des Helden und den eigentlichen Gehalt des Dramas ausmacht. Die pragmatische Entscheidung durch die Gottheit stellt eher eine theatralische Notlösung dar, die aber von der weltanschaulichen Voraussetzung ausgeht, daß der Mensch sein Schicksal weder erkennen, noch über es frei entscheiden könne. Will er sich fremder Gewalt nicht beugen, so gibt ihm das die Qualität des Helden. Diese Qualität kann zum tragischen Ende führen, wenn nicht, wie Sophokles es will, die Götter einen harmonischen Ausgang bewirken. So wenig wie Goethe sich mit dem Eingreifen der Gottheit in das Schicksal Iphigenies und Orests bescheiden konnte und wollte, so wenig konnte und wollte das Heiner Müller für seinen Philoktet. Was hat seine Umwandlung der Fabel zu bedeuten?

Der Krieg, für den die Griechen Philoktet brauchen und der in der antiken Welt als gegebene menschliche conditio eingesetzt wird, als nicht zu diskutie-

---

[30] Vergl. die Arbeitsnotizen H. Müllers in Theater Heute, Okt. 1969 S. 32 f.

[31] Text in Sinn und Form 1965, Heft 5. Edition Suhrkamp, Frankfurt 1966.

[32] Deren bedeutendste sind Herder (1775), A. Gide (1899) und B. von Heiseler (1948). Vergl. E. Schlesinger: Die Intrige im Aufbau von Sophokles Philoktet (Rhein. Museum 1968, S. 97—156).

render Hintergrund, der Krieg macht in dem modernen Spiel den Kern der Streitgespräche aus. Der „Dienst", zu dem Odysseus überreden will, stellt für Philoktet keinen Wert dar. Nicht nur, daß ihn ein wütender Haß vergiftet gegen jene, die ihn vor zehn Jahren ausstießen und jetzt wieder verwenden wollen, nicht nur, daß er den Zweck-Patriotismus und die Sentimentalität des Odysseus durchschaut, daß die griechische Sache nicht mehr seine Sache ist, daß er sich von seinen Landsleuten lossagt, daß er sich nach den Jahren unendlicher Leiden von den Menschen als Menschen lossagt — Philoktet hat in der Not der Einsamkeit das Phänomen Krieg durchschauen gelernt. An der Aufgabe verzweifelnd, den Krieg vernichten und den Frieden herbeiführen zu können, bleibt ihm nur die Hoffnung, daß die Kriegführenden sich gegenseitig vernichten, daß der Krieg sich selbst auffresse.

> So will ich säumen, bis der letzte Grieche
> Auf Leichenbergen, griechischen, gehäuft
> Auf was eine Stadt war, Troja mit Namen oder
> Genannt mit anderm Namen, griechischem
> Dem Sitz des Donners näher als dem Boden
> Sein Schwert zerbrochen und sein Schild zerhaun
> Sein Helm verbeult vom Umgang der Gestirne
> Geschlachtet wird den letzten Troer schlachtend
> Vom letzten Troer auf troischem Leichenberg
> Und nur die Toten noch unter der Schlacht
> Sich schlagen, faulend, um den Platz zum Faulen.

Sein Ohne-mich ist von einem rücksichtslosen Pathos getragen, es ist unabdingbar, es zwingt ihn zu kämpfen und es führt zu seinem Tod. Hier setzt die zweite Neuerung Müllers ein, die aus dem Trauerspiel vom Opfer eines Kriegsdienstverweigerers die Satire der Politik macht. Odysseus, der Pragmatiker, der politische Geschäftsmann, der Zyniker der Macht und Verächter der Ideen, gekennzeichnet und sich selbst kennzeichnend durch die Worte: „Spuck aus dein Mitgefühl, es schmeckt nach Blut / Kein Platz für Tugend hier und keine Zeit jetzt / Frag nach den Göttern nicht, mit Menschen lebst du / Bei Göttern, wenn die Zeit ist, lern es anders," Odysseus weiß auch jetzt Rat. Man wird den Toten nach Troja bringen, und die Lüge, die Trojaner hätten den Standhaften ermordet, da sie ihn nicht für sich gewinnen konnten, wird größeren Nutzen für die griechische Kriegführung stiften, als es der lebende Philoktet je hätte tun können. Und damit die Nachbildung des antiken Stoffes auf dem Theater nicht zur Historie werde, sondern zur Katharsis der Theatergemeinde, will der Autor, daß Projektionen aus der Kriegsgeschichte vom Trojanischen bis zum Japanischen Krieg den Tod des Philoktet begleiten.

Welche Intentionen im einzelnen die Form des Spiels bestimmten, hat Heiner Müller selbst in drei Punkten dargelegt.[33] 1. Nicht um die Vorgänge geht es,

---

[33] Spectaculum XI, S. 306.

sondern um die Reflexion der Vorgänge durch die Personen. Die Vorgänge sind nur das Modell, da die Schaubühne eine sichtbare Realität benötigt. Die Zielrichtung auf die Gegenwart muß ständig nacherlebt werden. „Der Kessel von Stalingrad zitiert Etzels Saal." 2. Es gilt, die Armee als Mittel der Politik sichtbar zu machen, aber auch den Privatbesitz von Waffen (Hektors Bogen) zu entlarven. Damit werden Armee und Waffen aus Requisiten zu Elementen der Handlung. 3. Das Wesen der Kriegführung wird durch die Übersteigerung ins Groteske (die Verwendung von Philoktets Leiche) diffamiert. „Nur der Clown stellt den Zirkus in Frage."

Über derartige Bezüge hinaus, die den Vordergrund beleuchten, steigert Heiner Müller das Spiel von der Standhaftigkeit des leidenden Helden zur Tragödie des Menschen, der am Menschsein leidet, vertieft den Konflikt des Menschen mit Menschen zu dem Schmerz des Menschen über seine Existenz.[34] Dieser Philoktet, von seiner unverdienten, unheilbaren, stinkenden Wunde geplagt, von seinen Freunden ausgesetzt auf einer kahlen Insel unter einer erbarmungslosen Sonne, den Tieren zum Fraß hingeworfen, um das nackte Leben kämpfend ohne Hoffnung, zerrissen von dem Willen des Körpers zu leben und dem Willen des Geistes zu sterben, ist ein erschütterndes Sinnbild der Fragwürdigkeit der Existenz. Der zynische Mißbrauch seines Leichnams bestätigt sein Leid über den Tod hinaus. Keinerlei Trost kommt ihm und uns zu Hilfe, nicht von den Menschen und nicht von den Göttern. So reiht sich Philoktet in die kurze Reihe echter Tragödien deutscher Sprache ein.

Die Kardinalfrage des Anfangs meldet ihren nun unabweisbaren Anspruch an: ist die echte Tragödie im Gefängnis des sozialistischen Realismus möglich? Der Theoretiker des deutschen sozialistischen Dramas, Werner Mittenzwei, sagt eindeutig nein, er fordert das Nein im Namen seiner Lehre.[34] Stellt man die Frage in Bezug auf die Möglichkeit der christlichen Tragödie, so ermißt man die Bedeutung des Neins. Selbst die hausbackene Heilslehre eines gevissen Amerikanertums bietet sich hilfreich an, jenes naive Ja zum Bestehenden, das Eugene O'Neill den Stoßseufzer abpreßte: „Wenn aber die Amerikaner glauben, es gebe keine unlösbaren Fragen, dann können sie keine tragischen Fragen stellen. Und wenn sie glauben, es gebe Strafe nur für Unkenntnis oder unzulängliches Bemühen, dann können sie keine tragischen Antworten geben."

---

[34] Lessing schon erkannte die tragische Grundkomponente des Themas. „Wir erblicken nichts als die Verzweiflung in ihrer schrecklichen Gestalt vor uns, und kein Mitleid ist stärker, keines zerschmelzet mehr die ganze Seele als das, welches sich mit Vorstellungen der Verzweiflung mischet." (Laokoon, Erster Teil, IV). Der ausgezeichnete Essay von Werner Mittenzwei (Sinn und Form 1965, Heft 6) erkennt das tragische Element, glaubt es aber im Namen einer Lehre, die das Tragische nicht zuläßt, monieren zu müssen. Das O'Neill-Zitat in Dramatiker des Welttheaters, Bd. 3 S, 45, Velber 1965.

VI. Die Lyrik

1. Fragen der Methode

Es gibt zwei im methodischen Ansatz verschiedene Wege, sich der Lyrik der DDR betrachtend zu nähern: den historischen, entwicklungsgeschichtlichen Weg, der zu einer Bestandsaufnahme führt, und den phänomenologischen Weg, der das Panorama der Formen sichtbar macht. Die Phänomenologie ist das beherrschende Prinzip der modernen Gattungslehren, wie sie Paul Böckmann, Hugo Friedrich, Wolfgang Kayser und Emil Staiger entwickelt haben, gleichviel ob sie primär anthropologisch oder primär morphologisch orientiert sind. Mit Rücksicht auf den besonderen Gegenstand dieser Untersuchung, nämlich der spezifisch gesellschaftlichen Bedingungen und gesellschaftlichen Ziele der Lyrik in der DDR, werden beide Wege begangen, beide Möglichkeiten genutzt werden. In beiden Fällen gehen wir von dem Grundelement der lyrischen Gattung aus: von der Sprache, welche die innere Situation des Dichters zur From bringt; und diese innere Situation ist die Erregtheit. „Es kommt darauf an, die im lyrischen Sprechen wirksamen Kräfte zu erkennen und das Kunstwerk als von ihnen geformtes Gefüge zu verstehen."[1] Damit ist die Frage nach den Denkformen und Erlebnisweisen gestellt und mit der Frage nach den sprachlichen Strukturen auf das engste verklammert.

Gottfried Benns Formel von dem monologischen Charakter der Lyrik bietet der Erkenntnis wertvolle Hilfe, aber sie erweist sich als zu eng, denn Lyrik — auch die Benns — ist in Wahrheit nicht nur auf das Ich bezogen, ist nicht nur das Aussprechen der inneren Bewegtheit des Ich, sie ist auch Aufruf. Das Ich oder die Welt als Gegenstand des Gedichts — das scheint eine überzeugende Alternative, aber erst Ich und Welt zusammen machen den Gegenstand aller großen Lyrik aus. Brecht meinte nichts anderes, als er formulierte: „Der Hut, unter den sie gemeinhin gebracht werden, ist der Hut des Verfassers, in meinem Falle die Mütze. Aber dies ist auch gefährlich, die vorliegenden Gedichte mögen mich beschreiben, aber sie sind nicht zu diesem Zweck geschrieben. Es handelt sich nicht darum, den Dichter kennen zu lernen, sondern die Welt und jene, mit denen zusammen er sie zu genießen und zu verändern sucht."[2] Auch wenn Lyrik sich als Begegnung des Ich mit seinem Selbst begreift, zielt

---

[1] Wolfgang Kayser: Das sprachliche Kunstwerk. 5. Aufl., S. 345.
[2] Zitiert nach Georg Maurer: Welt in der Lyrik. Sinn und Form 1968, Heft 1 S. 133.

sie auf Welt. Warum sonst würde sie publiziert! Sie ist weder weltentrückt noch neutral. „Lyrik ist das Anti-Neutrale schlechthin."[3] So bedeutsam die Antithese Brecht — Benn für die deutsche Dichtung der Gegenwart geworden ist, so hat die poetische Wirklichkeit sie überwunden. Sofern das Gedicht aber ein Ruf ist, richtet sich der Ruf auf die Zukunft. Und wenn Lyrik ihren Gattungscharakter verleugnen muß, um die gesellschaftliche Gegenwart abzubilden, so kann sie ihrem Gesetze nur treu bleiben, indem sie zukünftige gesellschaftliche Wirklichkeit verkündet.

Es gehört zum Selbstverständnis der ostdeutschen Lyrik, daß sie bemüht ist, sich in Übereinstimmung mit der Ästhetik des sozialistischen Realismus zu bringen. Seine Forderung, die Gesellschaft in ihrer Entwicklung zu zeigen, wird zur Brücke, auf der die Dichter nicht ohne Gefährdung wandeln. Es ist gleichzeitig ihr Bemühen, sich so markant wie möglich von der Dichtung Westdeutschlands abzuheben. Wir dürfen hier Georg Maurer folgen, der zwar der älteren Generation der Lyriker angehört, aber als Lehrer am Leipziger Literatur-Institut und als Essayist einer der anerkannten Erzieher der jungen Literaten ist. „Es ist die große Entscheidung: Hier Weltveränderung und Kollektivbewußtsein, dort Suche, aus Geschichte und Gesellschaft das lyrische Ich in einer Ewigkeitsvorstellung, sei sie mythischer, christlicher oder ästhetischer Art, zur Ruhe kommen zu lassen."[4]

Was hat es mit der so definierten Andersartigkeit der westdeutschen Dichtung auf sich? Der ausschließlich auf Benn gerichtete Blick erfaßt bestenfalls die Situation zur Zeit von Benns berühmter Marburger Rede *Probleme der Lyrik* (1951). Aber Benns Position war kein Zukunftsprogramm, sondern weit eher die Aufnahme und der Abschluß einer Tradition, die mit Baudelaire und Valéry, mit Hofmannsthal und Rilke begonnen hatte.[5] Schon wenige Jahre später deutete sich ein neues Kapitel der Entwicklung an, das durch Walter Höllerers Anthologie *Transit* und die Sammlung *Mein Gedicht ist mein Messer* dokumentiert wurde und den Willen zu öffentlicher Wirkung proklamierte. Wenn auf der anderen Seite Begriffe wie Einsamkeit, Verlust der Wirklichkeit, Reduzierung des Menschenbildes, Zersetzung der Sprache, Hermetik und Esoterik bedeutende Aspekte benennen, so steht dem eine gesellschaftlich engagierte Welt entgegen, wie sie Klaus Wagenbachs *Quarthefte* und *Tintenfisch* oder Hilde Domins Anthologie *Nachkrieg und Unfrieden* von 1970 unter anderen verkörpern.[6]

---

[3] Hilde Domin: Wozu Lyrik heute? München 1968, S. 18.

[4] Vergl. Anm. 2.

[5] Vergl. Hans Schwerte: Die deutsche Lyrik nach 1945. Deutschunterr. 1972, Heft 3.

[6] Auch ein so guter Kenner der westdeutschen Literatur wie Gerhard Wolf unterliegt dem allgemeinen Irrtum der ostdeutschen Kritik, wenn er in dem Essay *Menetekel und Schattengefecht* (Kürbiskern 1966, Heft 2) das Schweigen, den Verzicht und die Verzweiflung als die typischen Gehalte nennt.

Das Gegensatzpaar gesellschaftlich indifferent — gesellschaftlich engagiert leistet wenig für die Frage nach der Identität der west- und der ostdeutschen Dichtung. Fruchtbarer ist es, die Kräfte aufzusuchen, die als verpflichtende und stilbildende Überlieferung hier wie dort wirksam wurden und sind. Denn entscheidend war es für die Literatur diesseits und jenseits der Elbe, daß 1945 neu begonnen werden mußte. Hier wie dort war der Anfang mit der Besinnung auf das Überlieferte verbunden. Und hier begann die Zweipoligkeit der deutschen Literatur. Die Vorstellung von der Stunde Null oder der Situation des Kahlschlags ist irrig. Was in Wahrheit 1945 neu war, zeigte sich im Westen als die bis dahin gewaltsam verhinderte Rezeption der Moderne. Das galt für die literarischen Formen wie für die ethischen Werte, die das Abendland zu überliefern hatte. Dem standen in Ostdeutschland Traditionsströme gegenüber, die zwar keinen ausschließenden Gegensatz konstituieren, aber das neu Entstehende doch in anderer Weise befruchteten. Man empfand die Verbindung mit der revolutionären Literatur der zwanziger Jahre und der Emigration sehr lebendig und man nahm, teils wegen der politischen Verwandtschaft, teils als Ergebnis eben der Emigration, die russische wie die südamerikanische Dichtung und darüber hinaus die „revolutionäre" Weltdichtung in die eigene Welt auf: Wladimir Majakowski, Sergej Jessenin, Pablo Neruda, Rafael Alberti, Louis Aragon, Garcia Lorca und Nicolas Guillén. Dem stehen im Westen Sartre und Camus, Joyce und Beckett oder, innerhalb des deutschen Sprachbereichs Musil, Kafka und Broch gegenüber. Daraus entstehen unterschiedliche geistige und künstlerische Orientierungen, wie sie auch der älteren deutschen Literaturgeschichte nicht fremd sind. Ob sie Bereicherung, Ausweiten der Perspektive, einen Gewinn an Welt bedeuten werden oder Elemente des Auseinanderwachsens, kann nicht der Historiker, sondern nur die Geschichte selbst entscheiden. —

Für die Anlage der Untersuchung gilt folgendes: die geschichtliche Entwicklung und die formalen Strukturen werden in einem dargestellt, indem repräsentative Lyriker im Zusammenhang der Generationen aneinander gereiht werden. So kann die Wandlung des gesellschaftlichen Bewußtseins innerhalb einer Periode von über zwanzig Jahren in der Wandlung der dichterischen Formen zur Anschauung gebracht werden. Daß das so entstehende Bild nicht mit dem Selbstbild identisch ist, das die Lyrik der DDR von sich entwirft, ist dem Verfasser bekannt. Die großen verbindlichen und öffentlich gültigen Anthologien wählen nach anderen Leitlinien aus: „Die Subjektivität der Lyrik bewährt sich nach unserer Ansicht in ihrer Wahrheit und Notwendigkeit. Auch das Schöne eines Gedichtes ist nur schön, wenn es zugleich wahr und gut ist, das heißt zur Verwirklichung des historisch Notwendigen beiträgt."[7] Und das

---

[7] Lyrik der DDR, Berlin und Weimar 1970, hrsg. von zwei so anerkannten Lyrikern wie Uwe Berger und Günther Deicke, S. 4.

bedeutet „die Orientierung auf volksverbundene, realistische, aktiv parteiliche Gedichte" — so heißt es in der jüngsten Anthologie von 1970, und so kommt eine Selbstdarstellung zustande, die vielleicht obrigkeitlichen Wünschen, aber nicht der Wirklichkeit entspricht. Wie könnte es anders sein, wenn etwa so bedeutende Gestalten wie Peter Huchel und Reiner Kunze weggelassen wurden, von Wolf Biermann ganz zu schweigen.

Ein quantitatives Verfahren, das die große Menge der gereimten Deklamationen und der bloßen Agitprop-Gedichte als typisch, weil statistisch führend erwiese, müßte zu Fehlurteilen führen, die denen der obrigkeitlichen Wertungen verdächtig verwandt wären. Die Grenzlinie aber, die Propaganda und Lyrik trennt, kann nicht a priori festgelegt werden. Sie von Fall zu Fall zu bestimmen, wird eine der schwierigsten methodischen Aufgaben sein. In dem gleichen Zusammenhang, in dem Georg Maurer dem Gedicht Weltveränderung aufträgt, muß er sich zu der Einschränkung verstehen: „Die Qualität des Lyrischen muß bei aller Erweiterung seiner Grenzen möglichst erhalten bleiben." In dem Wort „möglichst" liegt die Divergenz zwischen der „parteilichen" und der um Erkenntnis bemühten Betrachtung verborgen.

2. Tradition und Revolution

Johannes R. Becher

Für das literarische Selbstverständnis der DDR ist Johannes R. Becher die schlechthin große und repräsentative Gestalt geworden, heute schon fast in legendäre Ferne gerückt, eine Gestalt mehr der Verehrung als der Nachfolge, ein Symbol der Kontinuität, der Verzahnung von Vergangenheit und Gegenwart, der bürgerlich-humanistischen Tradition und der sozialistischen Revolution. In dem Nachrufe Günter Kunerts, eines der Jüngeren, denen die Jahre zwischen 1910 und 1930, die Jahre der Wandlungen Bechers, bloße Geschichte sind, heißt es: „So finden im großen Kunstwerk sich Vorwärtsbringendes und Beharrung, Übermorgen und Vorgestern, gemischt wie in der Zeit sie gemischt erscheinen."[8] Das stimmt zu dem Bild, das der späte Becher, rückschauend, von sich selbst entwarf:

Mein Leben

Mein Leben kann euch als ein Beispiel dienen,
Und darum ist mein Leben lebenswert.
Euch ist in mir ein solcher Mensch erschienen,
Der maßlos hat vor Zeiten aufbegehrt.
Und Höllen waren, und er fand in ihnen
Einlaß und ist in allen eingekehrt,
Und hat vernichtet und sich selbst verheert
Und riß sein Leben nieder zu Ruinen.

---

[8] J. R. Becher: Lyrik, Prosa, Dokumente. Wiesbaden 1965, S. XXXVI.

Ein Schlachtfeld lag ihm mitten in der Brust.
Danieder lag er. Welche Niederlagen!
Zerschlagen hörte er die Leute sagen:
Den Hoffnungslosen laßt verlorengehn!
Und aus Verlorensein und aus Verlust
Ergab sich Wandlung und ein Auferstehn.[9]

Bechers Weg führt durch die Literaturrevolte, um nicht in einem literarischen Programm, sondern in einer sozialen Ordnung ans Ziel zu gelangen. Vita und Werk dokumentieren einen durchlaufenden Prozeß, dessen Gesetz Wandlung heißt. In seinem Roman *Abschied*[10] hat der Autor gezeigt, wie in den Wirren der Jugend der Ausbruch des jungen Menschen aus der großbürgerlichen Welt der Vorkriegsepoche entstand, wie alle Kritik und alle Erwartungen sich zu dem Motiv des Anderswerdens verdichteten.

In dem ersten Jahrzehnt seines Dichtens vor und nach dem Ersten Weltkrieg stürzte sich Becher mit heftiger Leidenschaft in das Getümmel des Expressionismus. Sprachzertrümmerung, Aufstand der Gefühle, Menschheitsdämmerung, Weltwende und Weltende waren die Themen. Die Sprache verwarf den Anspruch des Maßes und der Schönheit, sie wurde zum Schrei. Der Anfang des Gedichtes *An Europa* (1916) wurde ein Leitsignal für die Becher umgebenden jungen Expressionisten: „Der Dichter meidet strahlende Akkorde. / Er stößt durch Tuben, peitscht die Trommel schrill. / Er reißt das Volk auf mit gehackten Sätzen." Aber die Forderung „O Trinität des Werks: Erlebnis, Formulierung, Tat!" wurde nicht zur Wirklichkeit. Zwar jubelte er der Revolution Lenins zu, doch das Ende des Krieges, die Misere der deutschen Revolution und die Enttäuschung über die umsonst erwartete Weltwende lähmten seinen Entschluß zur politischen Tat und warfen ihn in die Ahnung des totalen Untergangs. Er ging mit sich selbst zu Gericht, wie er es später immer wieder tat, und kam in dem umfangreichen Gedicht von 1921 *Denn wenn ich mich prüfe* zu dem Urteil:

In den Himmel wächst nicht mein Turm.
Felsen zerbröckeln
Und auf meinen Schultern: da schwanken die Pfeiler.
Kein Fluß erbarmt sich.
Morast nicht noch Schilf.

---

[9] Zitiert nach der Anthologie *Die Liebe fängt erst an*, Berlin/O 1967.
[10] 1940 in Moskau veröffentlicht, 1965 im Aufbau-Verlag neu herausgegeben, mit einer Einleitung von Georg Lukacs 1968 bei Rowohlt.

Kein Messer fand mich,
Das Meer spie mich aus.
Aber ach, vielleicht
Begrüben mich doch bald
Wolke und Wald —
Gottes Angesicht schaute ich — nicht![11]

Erst die erneute Begegnung mit dem Marxismus, man darf das Jahr 1923 ansetzen, und die Entscheidung zur politischen Aktion innerhalb der Kommunistischen Partei führten aus dem drohenden Nihilismus und brachten die Wendung, die dem zweiten Abschnitt in Bechers Werk eigentümlich ist. In seinem programmatischen Brief an die Frankfurter Zeitung (1923) heißt es: „Es gibt heute kein kollektivistisches Gedicht. Denn es gibt keine Gemeinschaft. Das große kollektivistische Gedicht, das Volks-Epos, die Gemeinschafts-Hymne, kann erst wieder in einem ganz bestimmten geschichtlichen Moment verwirklicht werden. Die Zeit dieser Verwirklichung ist — nahe."[12] Bechers „volkstümliche" Dichtung kündigt sich an, zweifellos auf politische Wirkung gerichtet, Absage an jede ästhetische Selbstgenügsamkeit, aber auch ganz in der Tradition der Romantik, der Vorstellung von einem Volks-Körper, der, mythisch und schöpferisch, in einer Volks-Dichtung Stimme wird. Und es muß Becher wie eine Erfüllung erschienen sein, als Jahrzehnte später sein Lied „Auferstanden aus Ruinen" zur Nationalhymne der DDR wurde. Welche Gefahr für die literarische Form diese Wendung mit sich brachte, wie unausweichlich sie den Betrachter des Gesamtwerks zu der Frage zwingt, ob die erreichte „Volkstümlichkeit" und unmittelbare politische Wirkung mit dem Verfall der sprachlichen Originalität und Kraft erkauft wurde, muß Becher zum mindesten geahnt haben, denn er ist ein durchaus sentimentalischer Dichter im Sinne Schillers, stets sich selbst als Objekt seiner Reflexion setzend, wie die Tagebücher (*Auf andre Art so große Hoffnung*, 1951) und die theoretischen Schriften (*Verteidigung der Poesie*, 1952 und *Poetische Konfession*, 1953) beweisen. Und wenn seine Gedichte nach seinem Tode unter dem Motte *Vom Verfall zum Triumph* gesammelt wurden, so stehen dem Selbstbekenntnisse entgegen, die den billigen Optimismus solcher Formulierungen vernichten.

In den zwanziger Jahren führte das nun eindeutige politische Engagement zu den Gedichtbänden *Maschinenrhythmen* und *Die hungrige Stadt* wie zu dem Roman *Levisite*, aber auch zu dem Prozeß wegen Hochverrats vor dem Reichsgericht in Leipzig.

Die Emigration, die Becher in Rußland verbrachte, führte zu neuen Formen und Inhalten seiner Dichtung. Trauer über das, was in Deutschland geschah, und

---

[11] Vergl. Anm. 8, S. 52.
[12] Ibd., S. 59.

Heimweh erfüllen den Band *Der Glücksucher und die sieben Lasten,* der für diese Jahre repräsentativ ist. Der Begriff nationales Pathos darf hier zurecht stehen. Gedichte wie *Tränen des Vaterlandes Anno 1937, Die Heimat,* das Bekenntnis zu Hölderlin und Goethe, Grünewald und Bach, die Erinnerung an die deutsche Landschaft, an den Rhein, den Neckar, die Schwäbische Alb, Tübingen und Heidelberg machen es verständlich, daß ein anderer, der gleicherweise am erzwungenen Exil litt, daß Thomas Mann damals aus Princeton an Becher schreiben konnte: „Ich halte es für ein großes Buch — wahrscheinlich ist es das repräsentative Gedichtbuch unserer Zeit und unseres schweren Erlebens und wird einmal als das lyrische Zeugnis dafür angesehen werden."[13]

Seit der Rückkehr nach Berlin ging der Weg Bechers gradlinig über zahlreiche hohe Ämter bis zum Kultus-Ministerium, und das bedeutete für seine Dichtung radikale Abkehr sowohl von der eigenen literarischen Vergangenheit wie von den „modernen" Formen, deren Rezeption in den gleichen Jahren für die Literatur Westdeutschlands so charakteristisch wurde, und bewußte Anerkennung des Prinzips der Breitenwirkung und der politischen Agitation. Formale Glätte, Rückgriff auf historische Muster wie Lied und Sonett, eine gewollte Einfachheit, die bis zur Banalität gehen konnte, und, neben bloßen Paraphrasen des Parteiprogramms, eine redselige Allerwelts-Philosophie füllen die zahlreichen Gedichtbände bis zu seinem Tode im Jahre 1958. „So auch markiert sich das Nicht-Erreichte: Die trockenen Äste des Baumes künden von Mangel an Grundwasser." (Vergl. Anm. 8) Man muß die Technik Günter Kunerts kennen, will man ermessen, was ein solches, durch die Metapher getarntes Urteil an entlarvender Kritik sowohl enthält als auch verbirgt.

So entstanden Gedichte, die ganz der spätromantischen Lied-Tradition anzugehören scheinen, wie etwa *Weihnacht:*[14]

> Es blüht der Winter im Geäst,
> Und weiße Schleier fallen.
> Einsam erfriert ein Vogelnest.
> Wie vormals läßt das Weihnachtsfest
> Die Glocken widerhallen.
> Es neigt sich über uns der Raum,
> Darin auch wir uns neigen.
> Es glänzt der Kinder Sternentraum.
> Ein Tränenstern blinkt hoch am Baum.
> Das Licht weint in den Zweigen.

Aber es ist auch ein leichtes, Strophen zusammenzustellen, die nicht mehr als Agitprop sind, in denen die Sprache zur Phrase und der Gedanke zum

---

[13] Ibd., S. XV.
[14] Vergl. Anm. 9.

Klischee wurde. Als Beispiel stehe das *Planetarische Manifest* mit den Strophen:[15]

> Des Menschen Stimme ertönt im Gesang der Äonen.
> Was vormals erschien als kühnste der Utopien,
> Erfüllt sich und siehe: Weltraumstationen —
> Und eine im Sternbild des Bären nennt sich: Berlin!
>
> Es war das Herz einst des Menschen von Ängsten beklommen,
> Von der Angst vor der Not und der Angst vor der Sterblichkeit:
> Es wurde dem Menschen die Angst vor der Not genommen,
> Nun wurde er auch von der Angst vor dem Tode befreit.

War es das Alter, das einen solchen Verfall der dichterischen Potenz bewirkte, oder war es der Zwang der Ideologie und des Amtes? Der Autor hat sich die Frage nicht nur gestellt, er hat sie auch beantwortet. Was in seinem letzten Bekenntnis-Buch *Das poetische Prinzip* an Selbst-Analyse und Selbst-Anklage nachzulesen ist, bleibt ein erschütterndes Zeugnis der Zerrissenheit eines sensiblen Geistes.[16] Deutlich wird die Diskrepanz zwischen dem hohen Amt und den Ehren, die sein Staat auf ihn häufte, einerseits und dem Bewußtsein andererseits, daß die schöpferische Kraft erloschen sei. Deutlich wird auch das Unvermögen, die Freiheit des Dichters und die auferlegten Aufgaben des Funktionärs in Einklang zu bringen. Deutlich wird vor allem die Angst eines Menschen, der vor dem eigenen Spiegelbild an der eigenen Identität zu zweifeln beginnt. „Wie von einem Fremden geschrieben, liegen Gedichte vor mir, deren Verfasser ich selber bin. Es sind teils schlechte, teils gute. Mit keinen von beiden vermag ich mich ohne weiteres zu identifizieren. Wenn ich die schlechten durchsehe, so erscheint es mir unglaublich, daß ich je solche geschrieben habe. Wenn ich dagegen von den guten Kenntnis nehme, erscheint es mir ebenfalls nicht glaubhaft, daß ich ihr Verfasser sei. ... Was also bedeutet das? Daß ich ein Pendel bin, das sowohl nach der einen wie nach der anderen Seite ausschlägt und wenig gediegene Mitte besitzt?"[17]

Es deutet sich die Tragödie des revolutionären Dichters an, der nach dem Siege des immer nur eschatologisch Erhofften in einer Wirklichkeit verhaftet und beamtet ist, die der Erwartung widerspricht, und der keine Kraft zu einem neuen Ansatz mehr in sich findet. Tief verwurzelt in den Überlieferungen der deutschen Bildung, die auf das engste mit der bürgerlichen Lebenshaltung verbunden war, empfand Becher Haß und Liebe zugleich gegenüber dem, was

---

[15] Zitiert nach Deutsche Lyrik unter dem Sowjetstern, Frankfurt 1961.
[16] Vergl. Jürgen Rühle: Literatur und Revolution, München 1960, insbes. das Kap. „J. R. Bechers poetische Konfession", in dem die Selbstzeugnisse Bechers in großer Breite dargelegt und analysiert sind, so daß die Wiederholung überflüssig ist.
[17] S. Anm. 8, S. 175.

er einst so gewaltsam von sich gestoßen hatte. Wie anders wäre der maßlose Haß zu erklären, von dem noch, mehr als zwanzig Jahre später, der Rückblick auf die Münchener Jugend in dem Roman *Abschied* vergiftet ist! Aber auch das Bild des aufbegehrenden, Gesellschaft und Sprache zerschlagenden Expressionisten hat der späte Becher zu vernichten gesucht, indem er das eigene Frühwerk verleugnete: „Die unmenschliche Fratze, die wir in der Vergangenheit darstellten, können wir den jungen Menschen von heute nicht mehr zumuten" heißt es in der *Verteidigung der Poesie* — oder durch Retouschieren entstellte. So bleibt dem Dichter wie dem Leser auf seiner Suche nach der Identität Johannes R. Bechers nur die eine Gewißheit: das stete Sich-Wandeln, das Nie-sich-selber-Finden und die daraus resultierende Melancholie sind das einzig Bleibende in den wechselnden Erscheinungsformen dieses Mannes, der sich umsonst von seinen Ursprüngen zu lösen suchte. Das Sonett *Melancholie* aus der Sammlung *Volk im Dunkel wandelnd* von 1947 bildet die innere Mitte von Bechers Dichtung:

> Melancholie, du dunkle Sängerin,
> Du, deren Stimme dunkel mich durchblaute;
> Du mir seit früher Kindheit anvertraute
> Gefährtin, du in jedem Widersinn
>
> Mich tröstende, du heilige Trösterin,
> Du, in der Einsamkeit, die mich umgraute,
> Die einzige, die blieb bei mir und in
> Mir sang ein letztes Lied auf ihrer Laute ...
>
> Du mich Durchzitternde! Du, mein Verschweben!
> Was ist es, du mein wandelreiches Leben,
> Das bleibt unwandelbar und ist von Dauer?
>
> Im Zeitenwandel bleibt bestehn nur sie:
> Die Elegie, die unsagbare Trauer ...
> O Urlaut des Gedichts: Melancholie!

Erich Arendt

Überblickt man das Werk Erich Arendts, das durch die Sammlung von 1968 *Aus fünf Jahrzehnten* einen gewissen Abschluß erfahren hat, so werden deutliche Zäsuren sichtbar, welche die Einheit zwar nicht gefährden, aber jeweils neue Bezirke des Lyrischen eröffnen. Die erste solche Zäsur, ja in Wahrheit eine Krise, fällt mit dem Jahr 1928 zusammen, als der junge Lehrer und Lyriker sich dem von J. R. Becher geleiteten „Bund proletarisch-revolutionärer Schriftsteller" anschloß. Er hatte bereits in der Zeitschrift *Der Sturm* eine Anzahl von Gedichten veröffentlicht, welche die Nachfolge August Stramms und die Sprachversuche des Dadaismus dokumentierten: geballte Wortfetzen, jenseits von Logik und Erfahrung, esoterische Versuche, die dem nicht Eingeweihten unzugänglich blieben.[18] Hier setzte Becher seine Kritik an, verlangte eine einfache, massenwirksame Sprache und politische Anwendbarkeit. Erich Arendt antwortete mit Schweigen.

Erst die erzwungene Emigration, zuerst in die Schweiz, dann Spanien und Frankreich, schließlich Kolumbien, erweckte in ihm den fortan unverkennbaren, den eigenen lyrischen Ton: die Verschmelzung eines eindeutigen politischen Gehalts mit sprachlichen Formen, die ihre Dichte aus den Gegenständen und Wirklichkeiten gewinnen, das heißt aus Landschaft und geschichtlichem Ablauf. Der politische Gehalt aber heißt Eintreten für die Gequälten und Gepreßten — gegen die Grundherren, Fabrikherren und Kriegsherren. Das Gegenständliche ist Arendts neue Erfahrung, der spanische Bürgerkrieg, an dem er von 1936 bis 1939 in der Division Carlos Marx teilnahm, später Südamerika mit seinen Klassen- und Rassenkämpfen. Landschaft, Geschichte und Gegenwart sind nie getrennt. Sie werden zu einer einzigen sprachlichen Erscheinung zusammengefügt. Die drei Gedichtbände *Trug doch die Nacht den Albatros*, *Bergwindballade* und *Tolú*, wenn auch erst nach der Rückkehr zwischen 1951 und 1956 zusammengestellt, enthalten die Frucht dieser Jahre. Ihr Grundelement ist das Erlebnis der Fremde: Himmel, Luft und Meer, Menschen und menschliche Schicksale, aber auch die neue spanische Sprache, eine bis dahin unbekannte Literatur, eine fremdartige Ausprägung des Menschlichen. Das bedeutende Übersetzungswerk des Dichters weist darauf hin, daß das Pathos der spanischen Sprache und die Erbarmungslosigkeit des südlichen Himmels in Arendts Gedichte eingegangen sind.[19]

Die Zeugnisse aus dem spanischen Bürgerkrieg, der ersten Erfahrung einer realen sozialen Revolution, im Anfang noch der Gemessenheit der überlieferten Sonettform verpflichtet, zeigen, wie die unmittelbare Nähe des Geschehens und die Brutalität des Kampfes die geschlossene Form aufbrechen und auf die romanische Ballada hindrängen.[20] Reale Vorgänge liegen den Gedichten zu-

---

[18] Die Anthologie *Unter den Hufen des Windes*, Hamburg 1966, bringt einige der *Sturm-Gedichte*. Das Vorwort von Volker Klotz analysiert das Gesamtwerk. Gregor Laschen (Lyrik in der DDR, Frankfurt 1971) weist nach, wie genau Arendt die Sprachweise von August Stramm nachbildet: die Aufgabe des Satzes und die Tendenz zum „Total-Wort", das Bewegung und Gehalt des Gedichtes trägt.

[19] Arendt übersetzte, zum Teil gemeinsam mit Katja Hayek-Arendt, Nicolas Guillén, Pablo Neruda, J. Zalamea, Rafael Alberti, Vicente Aleixandre und Miguel Hernandez. Die Sammlungen *Aufethalt auf Erden* (Hamburg 1960) und *Gedichte* (Frankfurt 1963) von Neruda erschienen auch in Westdeutschland.

[20] „Die Form wird einer Wirklichkeit ausgesetzt, die sie zu sprengen droht. Die Form wird durch den Anspruch des Stoffes aktualisiert, ihre rhythmische Qualität erheblich gesteigert, während der Stoff in der Konfrontation mit ihr eine Dynamisierung erfährt." G. Laschen, S. 21. Vergl. Anm. 18.

grunde, aber sie werden ins Mythische überhöht und ins Parabolische erweitert. *Die Arena,* in die scharf kontrastierenden Hälften „Oben" und „Unten" mehr zerrissen als gegliedert, gibt das Ereignis, das Blutbad in der Stierkampfarena von Bajadoz am 4. August 1936, indem es es in das Bild des Stierkampfes verwandelt: oben die lüsternen Damen, die Priester und die Offiziere — unten das Opfertier, das Volk. Jeweils schließt ein Zeilenpaar die drei Strophen der Teile ab, kein ruhiges Ausschwingen oder zusammenfassendes Besinnen, wie es das Sonett verlangt, sondern Engführung des Themas in harten Kürzungen:

> Oben. Ein Damenlachen schwillt hysterisch zum Gekreisch;
> die Augen glühen hassend zum gebundenen Fleisch.
> Unten. Wehrloses Fleisch zerfetzt. Blut unermeßlich floß.
> Also geschehn in Francos Namen einst in Bajadoz.

Die Ballade *Die Hände* berichtet von dem Bauern, dem die Soldaten die Hände abschlugen. Dem knappen Bericht folgt die Steigerung in das Nichtmehr-Wirkliche, aus der Anklage wird die Drohung:

> Tot lag im Acker er. Und weit von ihm die Hände.
> Sie schlossen sich zur Nacht. Im Dorfe hörten sie
> die Fäuste kommen und an alle Fenster blutig klopfen.

Die *Ballade von der Guardia Civil,* 1950 geschrieben, erweist die fortwirkende Kraft jener spanischen Erlebnisse bis in eine ganz andere Epoche im Leben des Autors. Der gesamte Komplex des spanischen Faschismus wird in ein einziges Emblem gefaßt: Dreispitz aus Todesglanz und Leder. (Der schwarze, dreieckige, glänzende Lederhelm, den die Guardia Civil noch heute trägt.) Das Entsetzen des Kampfes wird nicht mehr als Faktum geschildert, sondern in synästhetisch kühnen Wortfolgen beschworen: des Lichtes blaue Fahnen — ein Himmel aus Dornen, aus Stricken und Blei — Dreispitz, dein Krötenherz bläht sich — Dämmerung jagt nach erddunklen Händen. Die letzte Strophe leugnet die Niederlage der Bauern, setzt an die Stelle der Verzweiflung die Prophezeiung des Sieges. Das Emblem des Helmes, jetzt ins Konkrete zurückverwandelt, zerfällt, der Schrecken weicht der Hoffnung:

> Über euch knirscht der Sterne hartrollendes Schiff,
> unten im Berg reißt der Erze rotes Geäder:
> Schüsse der Freien! Ihr trefft sie mit tötendem Griff!
> Dreispitze fallen. — Am Weg, den die Hufschar schliff,
> zerfällt der Todesglanz schon auf zertretenem Leder!

Nach der Niederlage und der Flucht aus Spanien fand Arendt für eine kurze Zeit Zuflucht in Frankreich. Das räumliche Überall, zu dem er die spanischen Vorgänge ausgeweitet hatte, wurde jetzt zu einem zeitlichen Immer, zu einer Synopse der Freiheitskämpfe, in der Villon, Ulenspiegel, Goya, Breughel und

Rembrandt stellvertretend figurieren. Es war ein nur geborgter Moment des
Zurückschauens, der Entfernung von der kaum zu ertragenden Gegenwart, eine
Zwischenzeit, Geschichte und Bildung bis in die Form hinein, die nun wieder
fest gefügte Strophe. Nur das Thema bleibt das gleiche: „die hoffnungslose
Kreatur" und ihr Schrei nach Erlösung.

Kolumbien, das bis 1950 Erich Arendts neue Lebensstation wurde, brachte
neue Motive und lyrische Strukturen. Die wildere Natur und die maßlosen
Kämpfe der Klassen erzeugten große, oft wuchernde Formen, freie Rhythmen
oder, sofern das Lied beibehalten wurde, Anklänge an die Lieder der Neger
und der Indios. Die einmal getroffene Entscheidung für den Kommunismus
blieb unverändert, sie floß in jedes Gedicht ein, aber zunehmend wurde die
rote Farbe des Aufruhrs durch das Schwarz der Klage verdunkelt. Dem entspricht die Aneignung der erlebten Natur: nicht tropische Fülle, nicht Sich-
Verlieren in Rausch und Exotik, sondern das Betroffensein von Leere und
Fremdheit. Das Gedicht *Verlorene Bucht* bildet die Mitte in einem Zyklus verwandter.

> Aus Asche das leblose Land.
> Sand,
> ein meergraues Aschenland.
> Kakteen im lichtlosen Licht
> tragen
> das schwere Eisengewicht:
> des Himmels bleichender Wand;
> Wand
> aus gestorbenem Licht.
>
> Am Meer gespensternder Tod:
> Dornen,
> erstarrend zum Schreckensgesicht.
> Eine einzige Blüte blüht rot,
> welkt
> im Stechen der Dornen am Hang.
> Stacheln sperren Atem und Sicht.
> Wind
> irrt verloren entlang.
>
> Knochen, vom Meer angeschwemmt:
> Stamm
> an Stamm, urgewaltig und fremd,
> aus Wäldern von Sonnenglutfluß.
> Stämme,
> die standen, holzharter Guß,
> Jahrtausende tief in der Glut.
> Holz,
> nur zum Untergang gut.

Wogengang, rollend und schwer.
Furcht
durchzittert die mondkalte Bai,
schwimmt die Todesflosse des Hai.
Wolken
werfen noch Schatten ins Meer.
Seit Jahren kein Vogelschrei.
Meer
und sein Himmel sind leer.

Aus Asche das leblose Land.
Sand,
ein meergraues Aschenland.
Sprießt kein Halm in der Welt,
aber
oben am Hang, ein Neger. Der hält
den hölzernen Pflug in der Hand.
Wägt
jede Scholle, die fällt!

Aber auch hier bleibt die Natur nicht allein, geht es um kein Landschaftsbild, so sehr die Darbietung auch durch die Monotonie der Reime, den gewaltsamen Atemwechsel von kurzen und langen Zeilen und durch die verfremdenden Adjektive aus der bloßen Abschilderung herausgehoben ist. Das „aber" der letzten Strophe setzt eine Zäsur, die den Menschen ins Spiel bringt. Der pflügende Neger am Hang ist mehr als eine zufällige Beobachtung oder eine Staffage. Er ist das Bild des Gegenthemas, das Sinnbild einer Hoffnung, die elementar genug ist, um unabhängig von politischen Programmen eine für alle gültige Lösung anzuleuchten.

Dennoch herrschen die dunklen Klänge vor. Nicht der Tag, sondern die Nacht evoziert den Dichter. Nicht die Sonne, sondern der Mond beleuchtet die Szene — nicht der sanfte Mond der Romantik, sondern ein feindlicher Mond, den das Gedicht in immer neue Sprachgewänder kleidet: Mondwolken streuen Asche — Schattenatem des Mondes — schuppenkalter Mond — grüner Mond im frierenden Himmel — das harte Messer, schmal wie Verrat — grün und fremd / schwimmt oben der Mond / dünn wie ein Blatt. Dem Mond benachbart und verwandt erscheint der Tod als prägendes Motiv. Man lese *Nacht in Tolù:* Tanz, Musik, Gelächter, Trunkenheit und Conchita mit nacktwellenden Schultern — und wiederum führt das „aber" des Schlusses zu einer jähen Wendung:

Salzwarmer Meerwind im Dorf. Conchita küßt.
Heiß duftet der braune Rum, Conchita! aus
den Mündern der Neger. Die Klageweiber aber — aya yai! —
beten.

Aus Palmen fallen schwarze Kokosnüsse
in den leeren Schoß des Todes.

Ganz ineinander verschlungen sind die Motive der Öde, der Nacht, des
Mondes und des Todes in dem Gedicht *Leer,* dessen Name allein eine poetische
Kürzung von großer Ausdruckskraft bedeutet.

Nah schmiegte
des Buschmonds Blick
vor deinem
nächtlichen Fleisch.

Das Dunkel
lachte mit
gebogenem Mund.

Leergeblutet hing später
der Mond
im Knochengeäst.
Wehende Haut einer Wolke
überm Fluß
der Kaimane.

Und nieder senkte
seine sandige Helle
der Morgen.
Flüchtende Schatten! Wir
fühlten den kurzen Atem
der Nacht
im roten Gebüsch der wehrlosen
Tiere vergehn.

Erschrocken
hinter dem Bleibarren
des Horizonts
die Sonne stand.
Ein toter Vogel, fiel
dein Blick
aus meinem . . . im
Spiegelhauch der Frühe
ragten vom Weg
der weißen Büffel
die Bambushütten
hölzerner.

Frost
in des Reihers
einsam
hartem Auge.

Die Vaterschaft Hölderlins wird offenbar. Aus der Welt fremder Natur, fremder Sprache und fremder lyrischer Formen steigt die Erinnerung an die große deutsche Tradition auf. Die letzte Stufe, die der bisher letzte Gedichtband *Ägäis* repräsentiert, deutet sich an.

Nachdem Arendt 1950 nach Deutschland zurückgekehrt war und sich in der DDR niedergelassen hatte, ruhte seine dichterische Produktion für fast ein Jahrzehnt. Das Sammeln und Sichten der Gedichte aus der Emigration, die Übersetzungen und einige Bildbände mögen ihn beschäftigt haben. Dem Tagesbetrieb der Politik wie der Literatur blieb er fern, nur dem einen Menschen eng verbunden, mit dem er sich durch das Werk verwandt fühlte, Peter Huchel, wofür insbesondere das Gedicht *Orphische Bucht* zeugt.

Die Namen, denen der Autor in dieser Epoche viele seiner Gedichte widmete, bezeichnen den Raum, in dem er geistige Freundschaft spürte oder suchte (Exupéry, Einstein, Chagall und Celan) und lassen etwas von der Isolierung ahnen, der er sich, gleich Peter Huchel, in der Literaturgesellschaft der DDR ausgesetzt sah.[21]

Das Spätwerk (*Flugoden* und *Ägäis*) verzichtet auf das Geschehen, auf den konkreten Vorgang in der Zeit; es deutet gesellschaftliche Bezüge nur in dem Aufspüren von Urgesetzen an. Ode und Elegie sind die neuen Formen, die Urzeit des Griechentums und die Inselwelt des Mittelmeers die Themen: Medea, Empedokles, Sapho, Odysseus und Homer — Chios, Delos, Lemnos und Troja. Alles Historische und Geographische ist ausgemerzt. Es entsteht eine trotz der Namen unwirkliche, rein imaginäre Welt. Meer und Himmel sind leer und kalt, erfüllt von den tragischen Schicksalen der großen Einsamen des Altertums. Kaum zu deutende Metaphern, kühne syntaktische Verkürzungen und das Zusammenzwingen von feindlichen Adjektiven und Nomen beschwören eine Schattenwelt, in der alles Gegenständliche durch den Gedanken, die Erinnerung und das vorherrschende Gefühl einer totalen Trauer aufgehoben wird. Es scheint, als bliebe dem Dichter, der in der von ihm geschaffenen Einsamkeit einsam bleibt, nur das Schweigen übrig oder eine alogische Reihung von Wörtern und Wortgruppen, welche die existentielle Klage mehr ahnen als erkennen lassen.[22] So heißt es in *Delos:*

---

[21] Besonders deutlich ist die Nähe zu Paul Celan, dem er das Gedicht *Prager Judenfriedhof* widmete und dem er in der Sprachform des „Total-Worts" am verwandtesten erscheint.

[22] Gerade in den späten Gedichten deutet sich das Anknüpfen an den Anfang an, an die *Sturm-Gedichte:* Reduktion der Sprache auf Groß-Wörter, sprachliche Ballungen, welche die gemeinte Welt konkretisieren: Himmel — Erde — Tag — Nacht — Meer — Sand — Asche — Stein — Licht — Zeit — Tod.

Die Tage zählend,
daß wir uns vergeuden an
die Vergänglichkeit,
Unbeweinte
im Salzruf der Felsen,
wir geben, Ader
um Ader, das Schweigen
zurück.

In der Peter Huchel gewidmeten Ode, die entstand, nachdem Huchel aus
der Zeitschrift *Sinn und Form* entfernt wurde und verstummte, deutet sich
das Gemeinsame der dichterischen Existenz an: der Schritt von der Maske des
Wortes zum Schweigen:

Auch dein Schritt, ins
Leere gemalt, Freund,
versinkt, und das Licht
steht, ein Dorn,
unter dem Lid mir. —
Sprach einer
den Morgenröten, fallenden
Rinden, hier? — Es
schweigt nur, Helle
durchschweigt
das Meergehöhlte.
So wirf dein Netz,
blutrot, durchs Licht, das
der Schrei grauen Salzes
speist: Auf Welle
und Stein offen die
Maske des Worts: morgen die
schreckende Stille.

Peter Huchel

Rhin-Luch und Havelländisches Luch, Neuruppin und Potsdam, Alt-Langer-
wisch, Caputh — das ist die gleiche Landschaft, die märkische Landschaft im
Osten Berlins, in die Huchel wie Arendt im gleichen Jahre 1903 geboren
wurden. Beide schrieben in den zwanziger Jahren ihre ersten Gedichte, aber
Arendt ganz der Zeit hingegeben, der literarischen Modeströmung, Huchel
älteren Traditionen folgend. Beide begrüßen sich heute als literarische Gefährten, bekennen sich zu der großen Tradition der deutschen Dichtung, greifen
in Lebensgang und Offenheit des Geistes weit über die Grenzen der deutschen
Kultur hinaus (Huchel hat lange in Frankreich gelebt und die Zeitschrift *Sinn
und Form* zu einem europäischen Blatt gemacht), aber beide sind auch in ihrem

Werk und in dessen geistigen Grundlagen von einander geschieden, jeder nur innerhalb seines Kosmos begreifbar. So weit am Rande Erich Arendt in der von ihm gewählten DDR-Gesellschaft auch stehen mag, er ist, seit er 1926 der Kommunistischen Partei beitrat, bei seinem politischen Bekenntnis geblieben, und seine Lyrik kann anders nicht verstanden werden. Peter Huchel ist seinem Lande, und das heißt dem Havelland, auf eine ganz ungewöhnliche Weise verbunden; viele seiner Gedichte sind nichts anderes als der Ausdruck dieser fast schmerzhaften Verbundenheit; seine späten Gedichte sind politische Mahnungen; aber sein Verhältnis zum Sozialismus ist durch Schweigen gekennzeichnet, und er hat die Verpflichtung auf sozialistische Bekenntnisse stets energisch von sich gewiesen. „Nicht jedem Dichter liegt die politische Deklamation, aber ein Gedicht, das ein sehr persönliches Erlebnis in der Sprache wirklich macht, kann weit mehr von der Bewegtheit der Zeit durchweht sein als eine Reimerei, die sich politisch gibt."[23] Und während Arendts Lyrik von den achtzehn Jahren seiner Emigration entscheidend geprägt wurde, hat Huchel tiefe Wirkungen durch den Krieg erfahren, den er als einfacher Soldat in Rußland erlebte.

Huchel ist, seit die Partei ihn aus der Redaktion von *Sinn und Form* ausschloß, in einem solchen Maße in die innere Emigration gezwungen worden — oder hat in solchem Maße die innere Emigration gewählt —, daß seine letzten bedeutenden Gedichte zwar noch in seiner Zeitschrift erschienen, solange sie die seine war, als Buch aber nur in Westdeutschland veröffentlicht wurden, daß die zur Zeit neueste repräsentative Anthologie seinen Namen nicht mehr kennt und nennt.[24] Er gehört zu dem kleinen Kreise deutscher Dichter, der sich selbst als verwandt begreift und der ihm zu seinem 65. Geburtstag eine Ehrung bereitete, zu der unter anderen Ernst Bloch, Paul Celan, Heinrich Böll, Nelly Sachs, Marie Luise Kaschnitz, Walter Jens und Karl Krolow beitrugen.[25] Er erhielt den ostdeutschen und den westdeutschen Fontanepreis; so viel oder so wenig derlei bedeuten mag, in einer getrennten Nation kann es zu einem Zeichen werden.

Huchels lyrisches Werk liegt in zwei schmalen Bänden vor: *Gedichte* (1948 in Berlin und Weimar, 1949 in Karlsruhe), enthaltend die Gedichte bis 1947, auch die schon 1932 unter dem Titel *Der Knabenteich* erschienenen, und *Chausseen, Chausseeen* (Frankfurt 1963).

Die frühen Gedichte, Erinnerungen an Kindheit und Jugend in der Havellandschaft, berühren den Gegenstand dieser Untersuchung nur am Rande, indem sie die Herkunft des Menschen und des Lyrikers Peter Huchel er-

---

[23] Neue Deutsche Literatur, 1953, Heft 9.
[24] Lyrik in der DDR. Weimar und Berlin 1970.
[25] Hommage für Peter Huchel. München 1968.

schließen. Der Name des an den Anfang gestellten Gedichtes *Herkunft* ist in der Tat das Schlüsselwort. „Einst" und „Damals" treten dazu, Wörter des Rückblickenden. Dazu gesellt sich das „Noch", das Zeichen der Sehnsucht nach Vergangenem, Unwiederbringlichem.[26] *Kindheit in Alt-Langewische, Wendische Heimat, Die Magd, Der polnische Schnitter, Am Beifußhang, Krähenwinter,* sind bezeichnende Titel. Reim und Strophe, die Liedform, die Nachfolge Rilkes und Hofmannsthals, Bindung an die Tradition nennen die literarische Umwelt. Ein junger Dichter in aufgewühlter Zeit, in einer turbulenten Großstadt, die in die Wirtschaftskrise und die blutigen Kämpfe zwischen Nationalsozialisten und Kommunisten um das Erbe der sterbenden Republik gestürzt ist, die ein anderer, Alfred Döblin, in *Berlin Alexanderplatz* in ihrer chaotischen Explosivität dargestellt hat — ein junger Dichter spricht in überlieferten Formen von dem Idyll seiner Kindheit, erfindet Gedichte reiner Form und trauriger Schönheit, nicht weil er das Chaos nicht wahrnahm, sondern um ihm die geschlossene Gestalt gegenüberzustellen. „Das Schöpferische, ja selbst das Eruptive in der Lyrik lebt nur selten ohne Regel, es braucht ein Gefäß, eine Form, um nicht zu zerfließen. Quellwasser auf den Boden geschüttet hat nur geringen Glanz — in ein Glas Wasser gegossen ist es voll Licht" heißt Huchels künstlerisches Selbstbekenntnis.[27]

Man kann Huchel unter den Begriff der Naturlyrik stellen und ihn zu Oskar Loerke, Wilhelm Lehmann, Karl Krolow und Günter Eich gesellen. Doch kann „Naturlyrik" sehr Verschiedenes bedeuten. In Huchels Gedichten findet sich nichts von dem Sich-Auflösen in die Natur, wie es Novalis und wie es Loerke ausgesprochen hatten; auch nicht das liebevolle, detaillierte Ausmalen eines Mikrokosmos von Blumen, Gräsern und Tieren, das so leicht zur Idylle entartet; auch nicht das Überschreiten des Kreatürlichen ins Mythische, mit dem sich die fragwürdige Absage an Stadt, Technik und Gesellschaft fast zwangsläufig verbindet; sondern Natur als heimatlicher Lebensraum, auf eine genau bestimmte, erfahrene Welt bezogen, konkret und realistisch. Das Wirkliche ist genau benannt, die Metaphern bleiben vollkommen sinnlich.

> *Frühe*
> Wenn aus den Eichen
> der Tau der Frühe leckt,
> Knarren die Türen, rädern die Speichen
> vom Schrei der Hähne geweckt.

---

[26] Das belegen folgende Gedichtanfänge: Damals ging noch am Abend der Wind — Einst waren wir alle im glücklichen Garten — Noch nistet die Sonne im Duft — Daß du noch schwebst, uralter Mond — Noch webt die Spinne an der Wand.

[27] Zitiert nach Werner Wilk: Peter Huchel. Neue Dt. Hefte 1962, Heft 90, S. 81.

Noch unterm Laken
des Monds schlafen die Wiesen, kühl und hell.
Die Sumpffeuer blaken,
die Frösche rühren ihr Paukenfell.

Mondhörnig schüttelt
sein Haupt das Rind
und weidet dunkel am Bach.

Der Habicht schüttelt
im stürzenden Wind
die Helle der Lerchen wach.

Der Dichter weiß, daß die so beschworene Welt nicht bewahrt werden kann. Noch bevor der Krieg ihm neue Themen aufzwingt, gewinnt das Motiv des Abschieds an Bedeutung.

Von Nacht übergraut
Von Nacht übergraut
von Frühe betaut
so zogest du fort.

Du winkst und es wehn
die dämmernden Seen
im Traum noch dein Wort.

Im Sande verrollt
die Woge aus Gold.

Und winkt es auch her:
Du bist es nicht mehr.

Der Krieg, in dem Zyklus *Deutschland* vorausgeahnt, überlagerte alle anderen Motive. Peter Huchel enthält sich jeder Abschilderung der Ereignisse. Er erfindet Bilder, die, von sichtbarer Realität erfüllt, gleichwohl den Charakter von Gleichnissen haben, Sinnbilder von Niederlage, Rückzug, Auflösung und Tod.

Der Rückzug. I
Ich sah des Krieges Ruhm.
Als wärs des Todes Säbelkorb,
durchklirrt von Schnee, am Straßenrand
lag eines Pferds Gerippe.
Nur eine Krähe scharrte dort im Schnee nach Aas,
wo Wind die Knochen nagte, Rost das Eisen fraß.

Stalingrad, ein Ereignis, dessen Ungeheuerlichkeit die Möglichkeiten der Sprache überschreitet, sofern sie nicht das nicht Darstellbare, das einmalig Historische durch den Bezug auf ein zeitlos Gültiges in eine neue Dimension stellt. In der einfachsten lyrischen Form, in zweizeiligen, sich reimenden Strophen erzeugt der Rhythmus, der Wechsel zwischen fließenden Daktylen und den wuchtig betonten Endworten einerseits, den sich jeder Rhythmisierung widersetzenden lateinischen Zeilen andererseits die innere Bewegung des Gedichts. Die Sachwörter des Alltags (Lehmwand, Stall, Tor, Stein, Beutel, Sonnenblumenkern, Gehöft, Krähe, Hund, Öl, Ruß, Chaussee) geben der kühnen Zusammenziehung von Weihnachtswunder und Massentod die Nüchternheit, die notwendig ist, damit ein so großartiger Vorwurf sich nicht ins Phantastische auflöst:

> *Dezember 1942*
> Wie Wintergewitter ein rollender Hall.
> Zerschossen die Lehmwand von Bethlehems Stall.
>
> Es liegt Maria zerschlagen vorm Tor,
> Ihr blutig Haar an die Steine fror.
>
> Drei Landser ziehen vermummt vorbei.
> Nicht brennt ihr Ohr von des Kindes Schrei.
>
> Im Beutel den letzten Sonnenblumenkern,
> Sie suchen den Weg und sehn keinen Stern.
>
> Aurum, Thus, Myrrham offerunt . . .
> Um kahles Gehöft streicht Krähe und Hund.
>
> . . . quia natus est nobis Dominus.
> Auf fahlem Gerippe glänzt Öl und Ruß.
>
> Vor Stalingrad verweht die Chaussee.
> Sie führt in die Totenkammer aus Schnee.

Die Gruppe dieser die deutsche Katastrophe ins Bild fassenden Gedichte ist klein an Zahl: *Chausseen, Bericht des Pfarrers vom Untergang seiner Gemeinde, Der Treck, Der Vertriebene* und *Heimkehr,* schließlich der Zyklus *Der Rückzug* — aber jedes einzelne wiegt schwer. Man muß bis ins 17. Jahrhundert zurückgehen, als der Dreißigjährige Krieg die Menschen einer analogen Situation aussetzte, zu Andreas Gryphius etwa, will man die große Sprachgebärde und das Pathos jener Strophen wiederfinden, die beginnen: „O Nacht der Trauer, Nacht April, / die ich im Feuerdunst durchschwamm." Das sonst ganz ausgesparte persönliche Erlebnis der Flucht erweitert sich zu der Klage, deren barocker Klang nicht Nachahmung, sondern die formprägende Auswirkung gleichschweren Geschehens auf einen verwandten Dichter ist:

> O Grund der Welt, noch ungebunden,
> o Pflug, der Gräber nicht verletzt,
> o Mensch, verloren und gefunden,
> auf morschem Floß noch ausgesetzt,

o öder Anhauch bleicher Lippen,
mit Blut und Regen kam der Tag,
da auf des Flusses steingen Rippen
das Morgenlicht zerschmettert lag.

Als Huchel aus russischer Gefangenschaft in die Heimat zurückkehrte, blieb die Grundmelodie seiner neuen Gedichte weiterhin die gleiche. Kein Jubel über das in dem neuen Staat Erreichte und kein Preis der neuen Ordnung[28], sondern ein tiefer Pessimismus, der aus der Erkenntnis kam, daß das Schießen zuende sei, der Krieg aber fortgehe. Das „Noch" der frühen Gedichte, Wort der Freude über das noch nicht zerstörte Alte und Vertraute, erhält jetzt den Klang der Anklage, des Aufrufs, der Warnung:

Noch nistet Traum bei Spuk.
Die Schuld blieb groß im Haus.
Wer trinkt den Rest im Krug,
die bittre Neige aus?

Am Herd der Schatten sitzt,
der sich an Asche wärmt,
die Tür klafft blutbespritzt.
Die Schwelle ist verhärmt.

Noch baut ihr auf Verrat,
hüllt euch in Zwielicht ein.
Wer gibt das Korn zur Saat?
Die Hungerharke klirrt am Stein.[29]

In seiner Zeitschrift *Sinn und Form* erscheinen die letzten Gedichte, die wir von Peter Huchel haben, und zwar im XIV. Jahrgang, in einem Moment also, als die Kritik der Obrigkeit bereits so feindselig wurde, daß das Ende vorauszusehen war.[30] Diese Gedichte sprechen von den letzten Themen dieses Mannes, von der Vereinsamung und Hoffnungslosigkeit des Mahners und Propheten in einer Gesellschaft, die dem Geiste allmächtig entgegentritt, — von der Drohung des totalen Untergangs einer Welt, in der die Macht zum höchsten Gesetz wird. *An taube Ohren der Geschlechter* und *Der Garten des Theophrast* variieren das erste Thema. Jeweils schreiten wir in entfernte Geschichte zurück, scheinen wir eine Geschichte aus alter Vergangenheit zu hören: im ersten Gedicht ist von Karthago, Scipio und Polybios die Rede, im zweiten von Theo-

---

[28] Die aufgetragene Dichtung über die Bodenreform *Das Gesetz* blieb Fragment, von dem einiges in Sinn und Form 1950, Heft 4 abgedruckt ist.

[29] Es muß befremden, daß in der Sammlung des Piper-Verlags München *Die Sternenreuse* zwar der Deutschland-Zyklus erscheint, aber ohne den hier zitierten IV. Teil. Sollte der mögliche Bezug auf die Bundesrepublik der Grund sein? Zweifellos bezieht sich die Kritik des Gedichtes auf weit größere Zusammenhänge.

[30] Für die Gründe und die Art von Huchels Entlassung aus der Redaktion von *Sinn und Form* vergl. die Artikel von H. Mayer und Willy Haas in „Hommage".

phrast, dem Schüler des Aristoteles, dem bedeutenden Botaniker. In beiden Gedichten steht neben der erzählenden Form des Verbs, Präsens und Präteritum, die auffordernde, der Imperativ, der den Bericht zum Spruch umformt, zur Verkündigung einer Erfahrung und der Mahnung, sie zu nutzen. Polybios berichtete von dem Untergang Karthagos an taube Ohren der Geschlechter. Das Wort des Propheten ist vergeblich. Theophrast, alt in seinem sterbenden Garten, weiß, daß sein Werk vernichtet werden wird. „Sie gaben Befehl, die Wurzeln zu roden. / Es sinkt dein Licht, schutzloses Laub." Was übrig bleibt, ist allein die Mahnung an den Sohn: „Gedenke ... bewahre die Stunde."

Beschworen die Gedichte des ersten Themas die Geschichte und damit die europäische Tradition des Rückgriffs auf die Antike, so verwenden die Gedichte des zweiten Themas Worte der christlichen Überlieferung.

> *Psalm*
> Daß aus dem Samen des Menschen
> Kein Mensch
> Und aus dem Samen des Ölbaums
> Kein Ölbaum
> Werde,
> Es ist zu messen
> Mit der Elle des Todes.
>
> Die da wohnen
> Unter der Erde
> In einer Kugel aus Zement,
> Ihre Stärke gleicht
> Dem Halm
> im peitschenden Schnee.
>
> Die Öde wird Geschichte.
> Termiten schreiben sie
> Mit ihren Zangen
> In den Sand.
>
> Und nicht erforscht wird werden
> Ein Geschlecht,
> Eifrig bemüht,
> Sich zu vernichten.

Nicht mehr Rilke und Hofmannsthal, sondern Hölderlin wird als Meister erkennbar; größte Nüchternheit, vollkommen sinnliche Bilder, ein Urteil, das, wie eine wissenschaftliche Formel, keinen Zweifel mehr zuläßt.

> *Winterpsalm*
> Da ich ging bei träger Kälte des Himmels
> Und ging hinab die Straße zum Fluß,
> Sah ich die Mulde im Schnee,

Wo nachts der Wind
Mit flacher Schulter gelegen.
Seine gebrechliche Stimme,
in den erstarrten Ästen oben,
Stieß sich am Trugbild weißer Luft:
„Alles Verscharrte blickt mich an.
Soll ich es heben aus dem Staub
Und zeigen dem Richter? Ich schweige.
Ich will nicht Zeuge sein."
Sein Flüstern erlosch,
Von keiner Flamme genährt.

Wohin du stürzt, o Seele,
Nicht weiß es die Nacht. Denn da ist nichts
Als vieler Wesen stumme Angst.
Der Zeuge tritt hervor. Es ist das Licht.

Ich stand auf der Brücke,
Allein vor der trägen Kälte des Himmels.
Atmet noch schwach,
Durch die Kehle des Schilfrohrs,
Der vereiste Fluß?

Drei Teile: Bericht, Meditation und wieder Bericht, der in der Meditation, der Schlußfrage endet.[31] Doch schon der erste Teil, der Gang des Dichters durch die erstarrte Winterlandschaft, verwandelt sich unvermutet, indem der Wind die Gedanken des Gehenden ausspricht, in eine Besinnung. „Der Text ist ein Monolog, der in die Stimme des Windes eingeht", so hat Huchel selbst erläutert. Was, ebenfalls nach den Worten des Autors, ursprünglich das Gedicht hervortrieb, „Bildvisionen, auf kein Thema hingeordnet" (träge Kälte des Himmels — die Mulde im Schnee — der Wind mit flacher Schulter gelegen — weiße Luft — die Kehle des Schilfrohrs), wird einem Gespräch zugeordnet. Der zweite Teil, die vier Zeilen des Psalms, der Anruf und die Beschwörung des Lichts antworten auf den Ich-Monolog, aber sie verändern ihn nicht. Das Ich bleibt allein, der trägen Kälte des Himmels ausgesetzt. Zwar bringt der Psalm den Glauben ins Gespräch, aber es ist ein Winterpslam: Das Ich und der Glauben bleibt getrennt. Nur soviel leistet die Verkündigung, daß der Tod nicht das letzte Wort ist, daß die Schlußfrage offen gehalten wird, daß dem Leben eine geringe Chance erhalten bleibt, so wie es im „Garten des Theophrast" hieß: „Und ist noch Stimme im heißen Staub". Größeren Trost hat der Dichter Peter Huchel nicht zu geben.

---

[31] Vergl. die Interpretation von H. Mayer in: Zur deutschen Literatur der Zeit und die Selbstinterpretation von Huchel, der die Zitate entstammen, in: Doppelinterpretation von Hilde Domin, Bonn 1967.

Am Ende eines langen dichterischen Weges steht der Zweifel an dem, was die einzige Möglichkeit des Dichters bedeutet, an der Sprache, am Zeichen aus Buchstaben und Silben, an der Metapher, die mehr ist als bildliche Umschreibung, die eine Beschwörung und ein Signal sein möchte.[32] Das Gedicht *Das Zeichen* leitet den Band *Chausseen, Chausseen* ein: „Baumkahler Hügel, / Noch einmal flog / Am Abend die Wildentenkette / Durch wäßrige Herbstluft." Ein Stück Natur, ein Stück Realität, doch die folgende Zeile „War es das Zeichen?" enthüllt das scheinbar zeichnende Wort als Zeichen-Wort, genauer als Versuch, ein Zeichen zu geben. Die zweite Strophe bringt Worte, die nichts anderes wollen und vermögen als zu zeichnen: Widder, Klaue, Stoppelhinke, Kannen, Tagesgemelk. „Nichts war zu deuten. / Es stand im Herdbuch." Und doch ist in den Dingen mehr als das Dingliche. Nur die Toten sehen „den eisigen Schatten der Erde". Was der Dichter, der Lebende, sieht: „das Kreuzotterndickicht" — bleibt Geheimnis. „Wer schrieb / Die warnende Schrift, / Kaum zu entziffern? / War es das Zeichen?"

Das Fragende und Schwebende in Huchels Sprach-Zeichen ist kein Ausweichen und keine Undeutlichkeit der Sprache; vielmehr der sprachliche Ausdruck eines tiefen Zweifels, durch Sprache die Welt erhellen zu können.

Georg Maurer

Revolutionen haben ein doppeltes Verhältnis zur Geschichte: sie erheben den Anspruch, einen ganz und gar neuen Anfang zu setzen, und sie sind bemüht, sich eine Tradition zu schaffen, kontinuierliche Verbindungslinien zu einem zeitlichen Vorher zu ziehen. Die Literatur der DDR begreift sich selbst zum einen als das Neue schlechthin, vor allem mit dem Blick auf die anderen Deutschen, denen sie das Verharren im Überlebten anlastet, zum anderen als Fortsetzung einer großen deutschen Tradition, die in dem Begriffe Weimar gipfelt. Das Spannungsfeld zwischen Revolution und Tradition ist das eigentliche Medium, in dem zum mindesten die Literatur der älteren Generation allein begriffen werden kann. Dazu kommt ein Zweites. Daß der Dichter ein Gebildeter sei, daß er aus dem Eingebettetsein in die Geschichte schaffe, daß er Geschichte nicht leugne oder abbreche, sondern weitergebe, das ist eine alte und bei Nationen mit ununterbrochener Kontinuität selbstverständliche Vorstellung. Traditionsbewußtsein und das Programm, das kulturelle Erbe zu bewahren, können nicht gegen eine Literatur ins Feld geführt werden, auch dann nicht, wenn diese zugleich den Anspruch erhebt, Stimme einer Revolution

---

[32] Eine kleine Gruppe von Gedichten, die nach *Chausseen, Chausseen* entstanden sind, findet sich in Heft 1., 1968 der *Neuen Deutschen Hefte*. Die Frankfurter Allgem. Zeitung brachte unter dem 2. Juli 1971 die Nachricht, daß Huchel in Italien wohne.

zu sein. Doch liegt der Vorwurf des Epigonentums stets verwendungsbereit, wie die Gefahr des Epigonalen stets droht, und es ist nicht mehr als eine Binsenwahrheit, daß nur die Kraft der dichterischen Persönlichkeit, die Kraft nämlich zu eigner Prägung der Sprache und zu umformender Aneignung, der Gefahr begegnen kann, daß also jedes pauschale Urteil nichts als ein Vorurteil ist, daß nur die Einzelanalyse untersuchen kann, was original und was epigonal sei.

Georg Maurer, 1907 in Siebenbürgen geboren, Literaturhistoriker, Übersetzer rumänischer Dichtung, Essayist und Lyriker, hatte in der Nachfolge Rilkes Gedichte geschrieben, die das Christentum als seinen geistigen Raum auswiesen.[33] Krieg und Gefangenschaft zerstörten die Geborgenheit im Überlieferten und ließen ein Trümmerfeld zurück. Als zwölf Jahre später Maurers zweiter Gedichtband erschien, wurde er das Zeugnis eines Mannes, der vom Grauen des Krieges so überwältigt war, daß ihm nichts übrigblieb, als das Erlebte in seiner unverminderten Maßlosigkeit wiederzugeben, realistisch, sinnlich und direkt. Aber da es seiner von der Theorie geprägten Art entsprach, sich an historisch Gegebenes zu halten, sprach er jetzt die Sprache des Barock, wie er voher die Sprache Rilkes gesprochen hatte.[34] Auf die Fragen, denen die Kriegsgedichte nicht ausweichen konnten, die Fragen nach dem Warum, nach der Schuld und der Möglichkeit, sich aus der Schuldverflechtung zu befreien, erhielt Maurer erst eine Antwort, als er sich dem Marxismus zuwandte, und da es zu seinem geistigen Habitus gehört, daß die Reflexion stets die Produktion überwacht, deutet er in der Rückschau die Entscheidung für den Marxismus als den Beginn einer neuen Periode seiner Dichtung. Indem Marx ihn aus Pessimismus und Agnostik befreit habe, habe er seinem Leben wie seiner Dichtung einen neuen Wert gegeben. Marxismus also nicht eigentlich als Kritik der Gesellschaft und ihres Wirtschaftsystems, sondern Marxismus als „Einsicht in das Wesen und das Verhältnis von Mensch und Natur"; denn um Natur, nicht um Gesellschaft war es den frühen Gedichten Maurers gegangen. Die Entfernung des Kreatürlichen — Mensch und Natur zusammen genommen — von Gott und die widerspruchsvolle Doppelrolle des Menschen zwischen Natur und Gott hatte ihn nicht zur Ruhe und nicht zur Harmonie kommen lassen. Empfand er unter den neuen philosophischen Aspekten die heidnische Natur als wesenseins mit dem heidnischen Menschen? Gewann er Lebensbejahung und Lebensfreude?

Georg Maurers neue Natur- und Liebeslyrik demonstriert den neuen Status in einer Form, die von gewollter Naivität bis zur Didaktik reicht.

---

[33] Ewige Stimmen. Gedichte, 1936.
[34] Gesänge der Zeit. Gedichte, 1948.

13

Froher Morgen
Streckt euch, Zweige, erwacht!
Ich habe ein Ei gegessen und weißes Brot.
Mein ganzer Leib lacht.
Die Nachtsorgen sind tot.

Ich bin aus den Nachtsorgen gekrochen
wie ein Vogel aus dem Ei.
Ich habe die Schale durchbrochen
und spaziere jetzt frei.

Ich weiß jetzt, was die Hühner wissen,
wenn sie picken.
Ich weiß, wen die Raben grüßen,
wenn sie mit dem Kopfe nicken.

Dem steht die Lehrdichtung entgegen: Meditationen, Essays in notdürftig rhythmisierten Gebilden, die sich als Lyrik geben, aber anstatt Bilder zu schaffen, Bildung demonstrieren, so in dem zwölfteiligen Zyklus *Bewußtsein*, in dessen neuntem Stück es heißt: „Die Dichter wollen ihre Hochzeiten verkünden, / Tausend Hochzeiten mit Nymphen, Sylphen, Sibyllen, / mit Laura, Beatrice, Kätchen und Gretchen. / In den grünlichen gruseligen Grund steigen sie ohne Taucherglocke, / die Meerjungfrau zu freien mit den Mondaugen, / mit den algenumwimperten unhäuslichen Blicken, / drin die Siriuspyramiden stehen wie Zuckerhüte ..." und so fort.

Auch in der Gegenwart einer industrialisierten und sozialistischen Gesellschaft, zu der er sich nachdrücklich bekennt, bleibt Georg Maurer in einem Maße der Geschichte verhaftet, daß ihm die Identität seiner Person und also auch seiner Sprache fraglich wird:

Das Unsere
Durchschneit ist mein Haupt, durchsommert. Wie durch Fenster
fliegen herein die Sterne, der Mond. Ein See,
darin die Berge auf Gipfeln stehn,
ist meine Seele.
Ein Mädchen, geht die Vergangenheit durch mich
in die Zukunft. Wo beginnt Welt, wo ich?
Wer ist aufgelöst in wem?
Aber meine Stimme hör ich. Welche Mischung
von Sinn und Luft?
Wie ist das Wort ein Zusammenprall,
eine Berührung von Brust zu Brust,
ein Getöse vergangener Schlacht![35]

---

[35] Zuerst in Neue Dt. Lit. 1962, Heft 8.

Die Gegensatzpaare bilden das Grundelement der gedanklichen wie der sprachlichen Struktur: durchschneit, durchsommert — Vergangenheit, Zukunft — Welt, ich — Sinn, Luft. Die unbeantworteten Fragen drücken die ungewisse, schwebende Lage eines seiner selbst nicht gewissen Bewußtseins aus; die Metapher des Eingangs stellt die Individualität in Frage, denn sie macht sichtbar, daß die Seele nicht die Dinge, sondern ihr Spiegelbild empfängt.

In den *Variationen* von 1965 hat Maurer seine Kunstfertigkeit, Vorbilder abzuwandeln, bewiesen, indem er von Wolfram von Eschenbach über Shakespeare, Goethe, Schiller und Hölderlin bis zu Brecht hin fremde sprachliche Formen variierte. Es scheint, also ob der Alternde die Unmittelbarkeit zur Realität verliere. Dafür spricht die Metapher vom Spiegelbild. Dafür spricht die Lehrdichtung aus der Sammlung *Stromkreis:* „Nichts als Nachrichten der Sachen / kann ich jetzt nur noch empfangen, / so als wenn Motoren, Bäume, / Sterne an mich schrieben." Oder:

> *Künstlerrat*
> Die Vogelkralle ringt
> sich um den Leitungsdraht.
> Schwanzfeder wippt und schwingt.
> Ein Gleichgewicht, ein Rat:
> So wie der Vogel sitzt,
> erkenne die Funktion!
> Begriff der Sache blitzt
> aus meines Liedes Ton.

Das Spiegelbild, die Nachricht, der Begriff der Sache, drei Wörter für das gleiche: Schwund der Realität, Angewiesensein auf das Sekundäre, und das heißt für den Schreibenden Verlust der eigenen Sprache, Zwang zur Imitation. Auch wenn Maurer sich der ihn umgebenden gesellschaftlichen Wirklichkeit zuwendet, bleibt er lehrhaft, läßt er das literarische Vorbild durchleuchten. Arbeit als Mittelpunkt und Maßstab sozialistischen Lebens wird nicht sprachlich verwirklicht, sondern diskutiert:

> Arbeit ist die große Selbstbegegnung des Menschen.
> Wüßte er sonst, wer er ist?
> Sammelt er das Wasser am Staudamm,
> so sammelt er sich.
> Läßt er sich gehen,
> so ist er nur Wasser, das verrinnt . . .

Auch die Versuche, die moderne Technik lyrisch zu bewältigen, ein Hauptmotiv sozialistischer Lyrik, insbesondere des Meisters der späten Gedichte, Majakowskis, laufen auf Poetisierung hinaus. Die technischen Vorgänge werden durch eine künstlich gehobene Sprachstufe und durch Metaphern, die aus anderen Zusammenhängen stammen, veredelt und ästhetisiert, ja mythologi-

13*

siert. So beginnt das Gedicht *Schreitbagger:* „Auf den Höhen erscheint er. Über dem riesigen Haus seines Leibes / neigt sich gleich dem stürzenden Turm einer Kathedrale / sein beweglicher Hals. Auf Zylinderfüßen, / mächtig beschuht, schreitet er langsam und hebt dem Leib / geduldig nach. Über die gelbe Weide unfruchtbarer Steppe / blickt er hin — vor der blauen Einsamkeit des engenden Himmels..." Oder: „Dem Kosmonauten ist wieder hyazinthen das Meer der Griechen / und eine schimmernde Muschel die Welt, aus der Venus stieg. / Denn von den Eltern kommen wir immer. Und ein Strom der Schönheit, / stürzt sich das Menschengeschlecht in das regenbogenfarbene All..." Da ist Klopstock und Goethe und Hölderlin und Georg Heym und da sind die russischen Hymniker, aber die Stimme Georg Maurers verliert sich in fremden Klängen. Die Kritik aus den eigenen Reihen hält sich im Rahmen der Verehrung, die ihm vor allem seine Schüler am Leipziger Literatur-Institut schuldig sind; doch wenn einer der bedeutendsten unter ihnen, Heinz Czechowski, schreibt: „Man versteht das Anliegen Maurers sicherlich nicht falsch, wenn man ihn zu jenen Dichtern zählt, denen die Verwaltung des Erbes der Klassik nicht nur eine Sache schöntönender Bekenntnisse ist", so muß im Lob die Einschränkung mitgelesen werden.[36]

Stephan Hermlin

Stephan Hermlin verbrachte die Zeit von 1936 bis 1945 in der Emigration: Ägypten, Palästina, England, Spanien, Frankreich und die Schweiz. Die Eindrücke, die er aus nichtdeutschen Literaturen empfing, haben den noch Unfertigen und Empfängnisbereiten vielfältig bewegt und seine künstlerische Welt sichtbar geformt. Übersetzungen und Nachdichtungen bezeugen seine Fähigkeit des Nachempfindens und eine überraschende Anpassungsfähigkeit der Sprache.[37] Sein Werk, Erzählungen und Gedichte, ist nicht umfangreich, aber es ist um Auserlesenheit bemüht, und da die Inhalte stets zeitbezogen sind (Krieg und Revolution), wird der Gegensatz zwischen dem Stoff und der Form um so markanter; ja er stellt für die kritische Betrachtung das eigentliche Problem dar. Dieser Gegensatz ist der andere Aspekt einer geistesgeschichtlichen Situation zwischen Tradition und Revolution und eines Mannes, der die Spannung zwischen beiden überwinden oder doch mildern will, indem er die harten Konturen von Krieg und Revolution mit einem Schleier schöner Formen überzieht. Das Prinzip heißt Poetisierung, die literarischen Mittel sind zu einem großen Teil durch Bildung erworben, vorgeprägt und ornamental. Das gilt für Hermlins Prosa wie für seine Gedichte.[38]

---

[36] Heinz Czechowski: Bekenntnis zur Klassizität. Sinn und Form 1971, Heft 1.
[37] Zusammengefaßt in „Nachdichtungen", 1957.
[38] Vergl. Hermlins Beitrag zur Budapester Pen-Diskussion des Themas Tradition und Moderne in Sinn und Form 1965, Heft 5.

Die Novellen und Erzählungen stellen den Widerstand sozialistischer Revolutionäre gegen den Faschismus dar, indem sie extreme Situationen schildern, in denen Kampf und Gegenkampf zur Kulmination kommen. Verhör, Folter und Tod bestimmen das konkrete Geschehen, Gefahr und Angst sind die vorherrschenden Elemente, Niederlagen verdrängen die seltenen Triumphe, die Helden sterben *In einer dunklen Welt,* wie Hermlins letzte Erzählung genannt ist.

Schon die früheste seiner Erzählungen *Der Leutnant Yorck von Wartenburg,* 1945 in der Schweiz entstanden, enthält die Merkmale von Hermlins Erzählweise. Der erste Absatz gibt die Ausgangssituation. „Im schwach erleuchteten Frühnebel des Augustmorgens sahen die zum Tode Verurteilten erblassend das Gestänge des Galgens inmitten der von Mauern umschirmten Sandfläche. Es waren einige jener Offiziere, die am 20. Juli des Jahres versucht hatten, die Diktatur, welche ihr Land seit langer Zeit in immer unerträglicher gewordene Fesseln geschlagen und es dazu schließlich in einen Vernichtungskampf gegen die ganze Welt gestoßen hatte, in jäh losbrechender und verzweiflungläubiger Auflehnung zu stürzen. Einer der Verschworenen, Oberst Graf von Stauffenberg, hatte den Tyrannen selbst, der dem ganzen Regierungsgefüge den Namen gegeben, beseitigen wollen..." Die historische Authentizität wird einerseits in Anspruch genommen, andererseits in eine allgemeine und unscharfe Anonymität verwandelt, das heißt, zur Allgemeingültigkeit hochstilisiert. Hält man den Anfang des literarischen Vorbildes dagegen, Ambrose Bierce berühmte Erzählung aus dem amerikanischen Bürgerkrieg *Eine Begebenheit an der Owl-Creek-Brücke,* so wird der Unterschied evident: „Ein Mann stand auf einer Eisenbahnbrücke im nördlichen Alabama und blickte hinunter in das schnellfließende Wasser zwanzig Fuß unter ihm. Die Hände des Mannes waren auf den Rücken gelegt und an den Handgelenken mit einem Strick zusammengebunden. Ein Seil umschloß eng seinen Hals. Dieses Seil war an einem dicken Querbalken über seinem Kopf befestigt und hing schlaff bis zu seinen Knien herab..." Harte, genaue, sachliche, in ihrer Sachlichkeit vielleicht pedantische Prosa gegenüber bewußter Poetisierung.

Die Hinrichtung Yorcks bildet indessen nur den Rahmen der Erzählung, während ihr Kern eine Vision ist, welche die letzten Sekunden des Sterbenden erfüllt: Rettung, Rückkehr ins väterliche Schloß, Aufbruch zu dem antifaschistischen Komitee der deutschen Offiziere in Moskau. Daß diese Komposition Ambrose Bierce entlehnt wurde, darf als legitim gelten, fragwürdig bleibt ihre Durchführung in der Sprache. Das Schloß des Vaters ist gekennzeichnet durch den schwarzen Flügel, „die Kerzen, die edlen Vasen, den treuen alten Diener — „die Braut ist von edler und schwacher Schönheit" — „die Dörfer lagen im Rauch des Abends, aus den offenen Türen duftete das neue Brot, im Schatten der Scheunen hämmerten die Knechte die Sensen für den morgigen Tag, und

hinter den Gardinen lächelten scheu und verloren fremde Mädchen" — das
Meer ruht „in ungeheurer, alter, verschleierter Schönheit . . . am späten Nachmittag, wenn ein feierlich scheinendes Licht die eisernen Verzierungen an den
Landungsbrücken verzauberte und die ferne Musik von Kurkapellen ins Er-
habene wuchs." Dem entsprechen die politischen Gespräche. Der Freiherr,
illusionsloser Vertreter der von Hitler bedrohten feudalen Oberschicht, darf
in der Tat sagen: „Überall erblicke ich Abgründe, schon einmal habe ich gesehen, wie sie Knaben schlechtbewaffnet gegen Feuerschlünde schickten." Und
der junge Leutnant, im Begriffe, nach Moskau zu gehen, darf meditieren:
„Vielleicht ist Anna nur die Verkörperung eines Lebens, von dem ich für immer
Abschied nehmen muß. Entrinnen und wieder entrinnen — nur das ist die
Zukunft: Verwandlung und Vergessen."

Die Wahl der Wörter, das kostbare Dekor, die ständigen literarischen
Bezüge, Musik, die Bilder von kaum erträglicher Vornehmheit (nur die Diener
haben Gesicht und Kopf, die Oberen aber Antlitz und Haupt), Dialog und
Monolog in vorzüglichster klassisch-romantischer Manier — alles dient dem
einen Zweck: Vornehmheit, Erlesenheit, Ästhetik. Geht es darum, den absoluten Gegensatz zwischen der brutalen Grausamkeit der Hinrichtung und der
edlen Welt des Rilkeschen Cornetts künstlerisch auszudrücken? Oder bedeutet
das Poetisieren die Flucht vor der Wirklichkeit? Um sich mit dem Leutnant
Yorck von Wartenburg identifizieren zu können, mußte der Autor ihn zu
einem lyrischen Jüngling, der von Dichtung und Musik erfüllt ist, umwandeln
und den politisch Naiven gleichzeitig das Heil in Moskau suchen lassen, was
in der Erzählung keine rationale politische Entscheidung, sondern eine romantische Gefühlsaufwallung ist; mußte er durch Wort-Dekorationen eine Wunsch-
welt um ihn bauen, die manches von den Sehnsüchten des Autors, wenig von der
Realität verrät. Ebenso wie Hermlin dem historischen Phänomen des 20. Juli
1944 auswich, ging er dem historischen Phänomen des 17. Juni 1953 aus dem
Wege, indem er, in der Erzählung *Die Kommandeuse*, nicht die Ereignisse gab,
sondern ihre mögliche Spiegelung im Gehirn einer aus dem Gefängnis befreiten
Verbrecherin, die den Aufstand der Arbeiter als Signal für die Wiederkehr
Hitlers begreift, das heißt als eine Perversion, an die auch Hermlin nicht
glauben konnte, die er aber brauchte, um den Aufstand hassen zu können.

Wenn Adorno den „Jargon der Eigentlichkeit" als „Kennmarke vergesell-
schafteten Erwähltseins, edel und anheimelnd in eins" definiert[39], so darf
geschlossen werden, daß Hermlin sich mit den Menschen der revolutionären
Tat dadurch verbinden möchte, daß er sich mit ihnen auf den gleichen erhabenen Sprachfeldern bewegt; aber ebenso wird die geheime Sehnsucht deutlich,

---

[39] Th. W. Adorno: Jargon der Eigentlichkeit. Zur deutschen Ideologie. Frankfurt
1968, S. 9.
Gregor Laschen spricht von „dekorativer Gestik" (S. 60).

zu der Welt des „Erwähltseins" zu gehören, welche die revolutionäre Tat zerstört. Die sprachliche Verwirklichung also stellt den revolutionären Anspruch von Stephan Hermlins Werk in Frage.

Die Gedichte bestätigen den Zweifel. Da sind die feierlichen Formen der Sonette und Balladen, die kunstvollen Terzinen und Triolette, die so leicht zu Sprachspielen verleiten, da sind die gehäuften Bildungselemente: griechische Mythologie, die Literatur Westeuropas, das Lexikon der Musik, da ist die Beschränkung auf jeweils das edelste Wort und die ungewöhnlichste Metapher, da ist die unendliche Länge, der Rausch der Worte, der sich immer wieder an sich selbst berauscht — da ist die gefährliche Nähe der Sprache zur Musik und zum Kunsthandwerk. Die unvermeidliche Frage nach dem Sinn so großer Veranstaltung erhält nur dürftige Antworten. Der Autor ist sich seiner Lage nicht ganz unbewußt, wie es eins seiner programmatischen Gedichte zeigt:

Forderung des Tages

Sage, Sprache des Dichters, herber du als Holunder,
Tagstimme, Nachtflöte, unendlicher Flug
Unenträtselter Vögel, verwundendes Wunder,
Sag den Schrei und die Stille, den Durst und den Krug.

Daß erblindet ich schaue, daß im Strom der Toccaten
Betäubt ich vergehe, im Schatten der Schrift,
Machst du. Nimmermehr mag ich deiner entraten,
Bis am schattenden Turm die Lanze mich trifft.

Ich vergeh, vergehe . . . Daß ihr niemals verschwindet,
Daß ihr Stachel in eurem Fleisch mich nennt,
Daß für ewig sich Reue und Schuld an euch bindet,
Daß der weitesten Völker Qual in euch brennt.

Ich vernehme des Kommenden süßeste Geigen.
Die Oboen der Toten bezaubern mein Blut.
Weiße Städte! Ihr Schwäne der Zukunft! Du Reigen
Gemordeter, nimm mich in deine Hut!

Es scheint, als wolle er seine Sprache zu einem härteren und rationaleren Instrument machen — herber als Holunder —, aber sofort stellen sich ein „Nachtflöte", „unendlicher Flug unenträtselter Vögel", der Dichter erblindet, ist betäubt, vergeht. Zwar kommt das alte Gegensatzpaar in Erscheinung: Vergangenheit und Zukunft, die Toten und die Kommenden, die Ermordeten und die Städte der Zukunft, aber die anspruchsvollen Metaphern verdichten nicht, vermitteln kein Bild, sondern sie verschleiern die Aussage bis in die Nähe der Blasphemie.

Johannes Bobrowski

Peter Huchel aus der Mark, Günter Grass aus dem Weichselland, Siegfried Lenz aus Masuren, Johannes Bobrowski aus dem Memelgebiet, so baut sich die ostdeutsche Landschaft in der Dichtung der Gegenwart auf, vier Autoren, deren Herkunft ihr Werk unverkennbar durchdringt, welche die ostdeutschen Länder, die verlorenen und die nach wie vor deutsch besiedelten, mit den Mitteln der Sprache vor uns heraufbeschwören. Keiner von ihnen greift so weit in den östlichen Raum aus wie Bobrowski. Das Land Sarmatien — mehr als eine geographische Bestimmung, eher ein Zauberspruch wie Atlantis oder Orplid, und gleichzeitig eine Realität, die osteuropäische Tiefebene bis nach Rußland hinein und nach Rußland offen, von Deutschen, Polen, Litauern, Balten und Juden bewohnt, ohne Grenzen der Natur, wie die Völker ohne Grenzen dort lebten, mit einander, gegen einander, sich mischend und sich bekämpfend, nicht nur ein Heimatbezirk, sondern ein Stück Welt und ein Stück Geschichte, durch die Kraft der Dichtung zu einer Einheit zusammengezogen, die unabhängig von wechselnden staatlichen Grenzen ist. So scheint der augenfälligste Aspekt, unter dem die Dichtung Bobrowskis begriffen werden kann, die Landschaft zu sein, durch das Wort Sarmatien verdichtet, von dem Autor als Heimat, als Kriegsschauplatz und als Ort der Gefangenschaft erlebt, eine geographische und historische Realität und ebenso ein Gebilde der erinnernden Phantasie.

Dazu stimmt die Biographie: 1917 in Tilsit geboren, wo Litauer und Deutsche zusammen lebten, Studium in Königsberg und Berlin, Kriegsdienst und Gefangenschaft in Rußland, 1949 Rückkehr nach Berlin, wo er 1965 starb. Das Erlebnis des Landes Sarmatien und das Erlebnis des Krieges in diesem Lande brachten seine ersten Gedichte hervor, die er 1943 in der Zeitschrift *Das Innere Reich* veröffentlichte. Bliebe aber unser Blick auf das Thema Landschaft begrenzt, wie komplex das Wort auch aufgefaßt sein möge, so beschränkten wir uns auf das Stoffliche einer Dichtung, die, wenn auch vielfach dunkel und rätselhaft, doch genaue geistige, seelische und gesellschaftliche Wirklichkeit existentieller Art enthält und mit Heimatkunst wenig zu tun hat. Andernfalls hätten wir uns mit der Feststellung zu begnügen, hier spreche ein Dichter, der zwar durch Geburt und Lebensgang ein Bürger des ostdeutschen Staaates war, aber unser Thema, die Literatur nämlich, die aus der politischen Teilung Deutschlands entstanden ist, kaum berührt, eine Interpretation, die sich darauf stützen könnte, daß Bobrowskis Werk vollständig auch in Westdeutschland publiziert ist, daß er in den vier Staaten Literatur-Preise erhalten hat, in denen deutschsprachige Literatur lebt: In Österreich den Alma-Johanna-König-Preis, in der Schweiz den Charles-Veillon-Preis, in der Bundesrepublik den Preis der Gruppe 47 und in der DDR den Heinrich-Mann-Preis.

Man darf, ohne Bobrowski damit politisch determinieren zu wollen, sagen, daß er kein Marxist war. Er kam religiös von der Bekennenden Kirche her, aber es bedürfte einer sehr genauen Werkanalyse, wollte man ein triftiges Wort über die Art seines Christentums sagen.[40] Sein Verhältnis zu dem Staat und der Gesellschaft, die ihn umgaben, war zweifellos sehr komplexer Natur, doch wäre es bloßes Wunschdenken, wollte man ihn für eine imaginäre „gesamtdeutsche Dichtung" reklamieren und außer acht lassen, daß er sich, wenn es ihm nötig schien, zu seinem Staat bekannte. Bobrowskis politische Haltung und Ideenwelt kann nicht a priori bestimmt, sondern nur, soweit das überhaupt möglich ist, aus seinem Werk abgeleitet werden. Zunächst ist es nützlich, sich an die Schlußsätze der Sammlung *Der Mahner* zu halten: „Es ist . . . eine Vielzahl sozialistischer Staaten entstanden. Ich lebe in einem solchen, täglich also mit Kommunisten, und also Atheisten, zusammen. Ich teile ihre Besorgnisse. Ich sehe den Antikommunismus, in unterschiedlichsten Formen. Und vergesse — über Zügen, die vielleicht als hysterisch abgetan werden könnten — nicht die tödlichen Gefahren, die er am Leben erhält und die er erweckt."

Das schwierigere methodische Problem stellt sich aus den zwei Gattungen, die Bobrowskis Werk ausmachen, den Gedichten und den Erzählungen. Es kann nicht das Ziel sein, den Autor primär als Epiker oder primär als Lyriker zu erweisen, vielmehr die Einheit in beiden Weisen des Sprechens sichtbar zu machen. Sie liegt im Gegenstand wie in der Sprache beschlossen. Und wenn das Wort Sarmatien den Gegenstand andeutet, gilt es, der Beschwörungsformel ihre volle Bedeutung abzugewinnen. Das Zeugnis des Autors mag dazu helfen: „Zu schreiben habe ich begonnen am Ilmensee 1941, über russische Landschaft, aber als Fremder, als Deutscher. Daraus ist ein Thema geworden, ungefähr: die Deutschen und der europäische Osten. Weil ich um die Memel herum aufgewachsen bin, wo Polen, Litauer, Russen, Deutsche miteinander lebten, unter ihnen allen die Judenheit. Eine lange Geschichte aus Unglück und Verschuldung, seit den Tagen des deutschen Ordens, die meinem Volk zu Buche steht. Wohl nicht zu tilgen und zu sühnen, aber eine Hoffnung wert und einen redlichen Versuch in deutschen Gedichten."[41]

Die sich selbst auferlegte moralische und politische Aufgabe seines Schreibens ist eindeutig und widerlegt alle vordergründigen Einordnungen wie Heimat- oder Naturdichter. Aus ihr ergibt sich auch die doppelte Form. Die beiden Gedichtbände, die er noch vor seinem frühen Tod selbst zusammenstellen konnte, *Sarmatische Zeit* und *Schattenland Ströme*, machten ihn zwar

---

[40] Vergl. Dorothea Sölle: Christliche Elemente in der Lyrik J. Borowskis, Alman. f. Lit. u. Theol. 1968, II.
[41] Selbstzeugnisse und Beiträge über sein Werk, S. 23.

im gesamten deutschen Sprachgebiet schnell berühmt, aber er war sich bewußt, daß die Dunkelheit seiner Verse, die Hermetik und Esoterik seiner Sprache der gehofften Wirkung im Wege stünden, und begann die ersten Prosa-Arbeiten, um durch das leichter erfaßbare Medium von erzählten Begebenheiten einen größeren Leserkreis für sein Engagement zu gewinnen.[42] Die beiden Romane *Levins Mühle* und *Litauische Claviere* sowie 36 Prosa-Stücke verschiedener Länge und verschiedener Behandlung des Stoffes, zusammengefaßt in den schmalen Bänden *Mäusefest, Boehlendorff und andere* und *Der Mahner* haben es mit dem gleichen Thema zu tun wie die Gedichte.

Das zweite ist die Schreibweise. Sie folgt in den Erzählungen und in den Gedichten den gleichen Gesetzen, wenn man die durch die Unterschiede der Gattungen bedingten Einschränkungen zuläßt. Das überraschende Phänomen scheint zu einem Teile dadurch erklärt, daß Bobrowskis Werk in dem kurzen Zeitraum zwischen 1961 und 1965 entstand, wenn man von den Kriegsgedichten und einigen Gedichten, die die Zeitschrift *Sinn und Form* schon 1955 brachte, absieht. Also keine Epochen, keine Veränderung in der Zeit.

Zwar bedeutet epische Gattung in der Essenz nichts anderes als dies: es wird eine Geschichte erzählt, doch hängt es von der Erzählweise ab, welcher Bezug auf die Gegenwart angestrebt wird. Es kann das Es-war-einmal des Erzählenden und das Ich-möchte-wissen-wie-es war des Lesers realisiert werden: der ursprüngliche und legitime Anreiz des Erzählens wie des Hörens und Lesens und darum in jeder Erzählweise mit enthalten — oder das Erzählte kann, obwohl vergangen, bewußt in die Gegenwart und damit auch in die Zukunft hineingenommen werden. „Ich glaube auch" (heißt es bei Bobrowski), daß es nicht Aufgabe des Schriftstellers ist, vergangene Zeiten zu interpretieren aus sich heraus, sondern immer von der Gegenwart her gesehen und auf die Gegenwart hin wirkend, daß sich also diese Bereiche, der historische Bereich und die zeitgenössische Zeugenschaft, ständig durchdringen."[43]

So heißt die erste Frage an die Schreibweise: wie ist zeitgenössische Zeugenschaft in der epischen Sprache zu verwirklichen? Bobrowskis erster Roman *Levins Mühle* hat den Untertitel „34 Sätze über meinen Großvater". Noch bevor der Autor den ersten Satz freigibt: „Die Drewenz ist ein Nebenfluß in Polen", stellt er die Kommunikation mit dem Leser her, genauer gesprochen mit dem Hörer, denn die Sprache ist ganz auf das Sprechen und auf das

---

[42] Vergl. Eberhard Haufe: J. Bobrowskis Weg zum Roman. Weim. Beitr., 1970, Heft 1.

[43] Zitat nach Haufe, S. 174.

Gehörtwerden abgestellt.[44] Also beginnt der Roman: „Es ist vielleicht falsch, wenn ich jetzt erzähle, wie mein Großvater die Mühle weggeschwemmt hat, aber vielleicht ist es auch nicht falsch. Auch wenn es auf die Familie zurückfällt . . .“ Danach erst der erste Satz: „Die Drewenz ist ein Nebenfluß in Polen“, ein unvollständiges, hilfloses Gebilde, vielleicht nicht ohne List, weil die darin enthaltene Frage den Hörer stutzig macht. „Und da höre ich gleich“ geht es weiter: „also war dein Großvater ein Pole. Und da sage ich: Nein, er war es nicht.“ Die Vergangenheit wird in ihrer Bedeutung für die Gegenwart deutlich, denn es war mein Großvater, ich aber lebe heute, und ob es falsch oder richtig sei, von den schlimmen Taten des Großvaters zu erzählen, entscheidet sich hier und heute. Da jedoch die Erörterung über die Frage der geschichtlichen Wahrheit (man sieht, wie auf fast harmlos-listige Manier der ganze Ballast von Einwänden gegen das Aufzeichnen und Aufzeigen der deutschen Schuld in der Geschichte annulliert wird) sich an exakte Bestände halten muß, verwirft der Autor den ersten Satz von der Drewenz und setzt einen neuen: „Am Unterlauf der Weichsel, an einem ihrer kleinen Nebenflüsse, gab es in den siebziger Jahren des vorigen Jahrhunderts ein überwiegend von Deutschen bewohntes Dorf.“ Nichts als Sachlichkeit, Chronik-Stil, Neutralität und Distanz. Und nachdem die Geschichte von Levins Mühle zuende erzählt ist, sucht der Autor nach seinem 34. und letzten Satz. Nach einigem Herumprobieren findet er den Schluß. Er heißt „Nein, das soll gelten. Uns gilt es hier für einen letzten Satz.“ Das Nein ist auf den nationalen Kampf zwischen Deutschen und Polen und Juden und Zigeunern bezogen, der den historischen Hintergrund der Handlung bedeutet. Erzähler und Hörer sind im Erzählten nicht enthalten, weder zeitlich noch räumlich, aber sie sind Erben, und also, da es um Schuld geht, Mitschuldige. „Ich sitze einige hundert Kilometer Luftlinie westlich von jenem Weichseldorf. Ich weiß nicht, ob es das Dorf noch gibt, es ist unerheblich. Die Leute von damals gibt es nicht mehr, nur uns, Enkel und Urenkel.“ Weil das Erzählte nicht an und durch sich von Bedeutung ist, so genau es an Ort und Zeit gebunden wird, sondern nur, insofern es parabolisch und das heißt übertragbar gemacht wird, kann der Autor auf der letzten Seite meditieren: „Und nun überlege ich nur, ob es nicht doch besser gewesen wäre, die ganze Geschichte weiter nördlich oder noch besser viel weiter nordöstlich spielen zu lassen, schon im Litauischen, wo ich alles noch kenne . . .“

Die Frage an die Schreibweise bezieht sich auf die Realität des Geschehens. Immer ist es genau lokalisiert. Geographische Namen und die Bezeichnungen

[44] Wir haben das Glück, B's. Sprache hören zu können, da der Union-Verlag, dessen Lektor er war, eine Platte *J. B. liest Lyrik und Prosa* herausgebracht hat, die den ganz ostdeutschen Erzählton B's. hören läßt. Der Verfasser, selbst aus Westpreußen, hatte Gelegenheit, Jurek Becker, der in Polen aufwuchs, aus seinem Roman *Jacob der Lügner* lesen zu hören. Der Gleichklang mit B. war erstaunlich.

für die Elemente der Landschaft: Bäume, Flüsse, Berge, Tiere, hunderte von präzisen Benennungen, dazu die Namen der Menschen, die in dem bezeichneten Raum ihre Geschichte erleben über ein Jahrtausend hinweg. Immer die drei ineinander: Natur, Mensch und Geschichte. Erst dadurch erhält die Realität ihre Tiefendimension.

Die dritte Frage richtet sich auf das Verhältnis der Sprache zu dem Thema Sarmatien. Der osteuropäische Raum, anders als der süd- oder westeuropäische, ist ohne natürliche Gliederung im Großen oder harte Konturen im Kleinen; seine Merkmale sind nicht Geschiedenheit und Begrenzung, sondern Ineinanderfließen und Tiefe bis zu einem immer wieder sich vor dem Blick öffnenden Horizont. Gleiches gilt für die Gemengelage der der Völker, die sich ineinanderschieben, mischen, Inseln bilden, hin und her strömen, und für das Auftauchen und Untertauchen von Staaten im Gang der Geschichte. Sollte nicht Bobrowskis dunkle Sprache der Versuch sein, in der Kunst ein Ähnliches zu versuchen? Darüber hinaus: diese Sprache des Weglassens, der Reduktion und der Andeutungen zwingt den Hörer zum Mitsprechen. Er kann den Text nicht als etwas Geschlossenes und Vollendetes von sich weghalten, er muß das Unverbundene verbinden und dem Rätselhaften nachforschen. Nicht der Autor präsentiert Urteil und Erkenntnis, sondern der Hörer muß sich, falls er nicht außerhalb bleiben will, darum bemühen. So entsteht der Sprachgestus eines bedächtigen und leisen Gesprächs, das genaue Gegenteil der öffentlichen Ansprache, auf die etwa Stephan Hermlin hinaus will. Das wirkt bis in Syntax und Zeichensetzung hinein. Die prarataktische Fügung, die aufzählt und aneinanderreiht, läßt Bilder entstehen, eine konkrete Welt des Seienden, aus der Urteil und Erkenntnis abgeleitet werden können. Das aber ist ein aktives geistiges Handeln des Lesers, zu dem ihm der Autor recht eigentlich nur die Bilderwelt liefert, vielleicht einige vorsichtige Fragen dazu. Die Hypotaxe, welche das logische Verhältnis der Teile zueinander bestimmt, also abstrahiert, folgert und diskutiert, legt das fertige Resultat des Denkens vor; wir können es akzeptieren oder ablehnen. Auch die Zeichensetzung Bobrowskis ist nicht grammatisch, und das heißt wiederum logisch bestimmt, sondern sie deutet die Art des Sprechens an, („Ich muß gut lesen und sprechen können, was ich da geschrieben habe.") den langsamen, bedächtigen, oft stockenden Rhythmus eines Sprechens, das nicht Vorgedachtes oder Programmatisches verkündet, sondern im Sprechen selbst denkt und den Partner ins Gespräch zieht. So gelangen Autor und Leser in die gleiche Situation: zwar durch Zeit und Raum von der Geschichte getrennt, aber als Fragende und Meditierende von ihr bewegt, nicht beobachtend, sondern mithandelnd. „Es ist nichts: Beobachter sein, der Beobachter sieht nichts" heißt es in der Erzählung *Rainfarn*.

*

Bobrowskis Lyrik, schnell zu überblicken, aber kaum ganz auszudeuten, ist von einer ungewöhnlich strengen Einheitlichkeit. Ihre äußere Form ist bestimmt durch den Verzicht auf den Reim und ein konstantes metrisches System. Was bleibt sind freie Rhythmen, die bewußte Aufnahme einer großen Tradition, nämlich „die griechische Ode in der von Klopstock bis Hölderlin versuchten Eindeutschung". (Selbstzeugnisse S. 68) In seinen Widmungsgedichten nennt der Autor die Namen, die seine geistige Heimat ausmachen: Sappho, Pindar, Klopstock, Hamann, Hölderlin, aber auch Dylan Thomas, Trakl, Else Lasker-Schüler und Nelly Sachs. Der Gestus der Sprache ist nicht mehr, wie in der Prosa, der des Gesprächs, vielmehr der eines erinnernden und sichbesinnenden Vor-sich-hin-Sprechens. Nur selten überlagert ein Erzählstoff die Reflexion so stark, daß balladenhafte Formen entstehen.

Den Anfang und die bewirkende Kraft der Gedichte bilden die Nomina, die Namen von Dingen und Menschen. Sie zu benennen, durch das Wort aus der Welt der Dinge in die Welt des Menschen zu holen, das ist die Mitte des Dichtens. Ihnen folgen die Verben, meistens als partizipiale Form zum Attribut reduziert, den Nomen Bewegung und Besonderheit verleihend. Alle Füllsel und nur der syntaktischen Korrektheit dienenden Teile fehlen, denn nicht die Sätze, sondern die Wörter bilden das Gedicht. So wird das Benennen zum Beschwören. Das bedeutet aber auch, daß wie bei jeder ursprünglichen Beschwörung die Namen den Charakter von Zauberformeln annehmen können, die nicht immer deutbar sind, von Enblemen, zu denen uns oft der Zugang fehlt, zumal wenn sie entweder folkloristische Kenntnisse über das Land Sarmatien oder sehr detailliertes historisches Wissen voraussetzen. Darin liegt die Hermetik und das zuweilen nicht zu erhellende Dunkel von Bobrowskis Schreibweise beschlossen.[45] Der Autor mißtraut der abgehetzten und müden Tagessprache, die ihre ursprüngliche, Bilder erzeugende Kraft verloren hat. Das Gedicht *Sprache* aus der Sammlung *Wetterzeichen* spricht davon.

> Der Baum
> größer als die Nacht
> mit dem Atem der Talseen
> mit dem Geflüster über
> der Stille
>
> Die Steine
> unter dem Fluß
> die leuchtenden Adern
> lange im Staub
> für ewig

---

[45] Die Arbeit von Renate von Heydebrand über die Erzählung *Junger Herr im Fenster* (Deutschunterr. 1969, Heft 5) macht die unerhörte Kompliziertheit dieser Prosa im einzelnen deutlich.

Sprache
abgehetzt
mit dem müden Mund
auf dem endlosen Weg
zum Hause des Nachbarn

Eine neue Wirksamkeit könne das Gedicht daher nur erhalten, wenn es sich in einer neuen Sprache vollziehe, die ihrerseits die alte, die von Hamann und Herder bezeugte Muttersprache des Menschengeschlechts sei. „Ich habe ein ungebrochenes Vertrauen zur Wirksamkeit des Gedichts — vielleicht nicht des Gedichts, sondern des Verses, der wahrscheinlich wieder mehr Zauberspruch, Beschwörungsformel wird werden müssen."[46] Paradigma und Rechtfertigung einer solchen Lyrik bietet das Gedicht *Immer zu benennen* in *Schattenland Ströme*.

Immer zu benennen:
den Baum, den Vogel im Flug,
den rötlichen Fels, wo der Strom
zieht, grün, und den Fisch
im weißen Rauch, wenn es dunkelt
über die Wälder herab.

Zeichen, Farben, es ist
ein Spiel, ich bin bedenklich,
es möchte nicht enden
gerecht.

Und wer lehrt mich,
was ich vergaß: der Steine
Schlaf, den Schlaf
der Vögel im Flug, der Bäume
Schlaf, im Dunkel
geht ihre Rede —?

Wär da ein Gott,
und im Fleisch,
und könnte mich rufen, ich würd
umhergehn, ich würd
warten ein wenig.

Wenn dichten zuerst benennen heißt, so ist Benennen kein Aufzählen oder Fixieren sinnlicher Eindrücke, wie das für den Impressionismus gälte, es ist das Heraufholen von Bruchstücken der Erinnerung, von Wirklichkeit, die

---

[46] Zitat nach Hilde Domin: Doppelinterpretationen, Frankfurt 1967, wo B's. *Immer zu benennen* kommentiert wird, das Wolfram Mauser in seiner einfühlenden und sehr genauen Untersuchung: Beschwörung und Reflexion, B's. sarmatische Gedichte, Frankfurt 1970, zum Ausgangspunkt seiner Analyse gemacht hat.

nicht das Auge sieht, sondern der Geist. Darum gelingt es dem Benennen, das durch Zeit und Raum Entfernte gegenwärtig zu machen. Der zweite Absatz aber stellt das Gewonnene in Frage, indem er das Benennen als Zeichen enthüllt. Ebensowenig wie das Zeichen seinem Gegenstand gleicht, gleicht die Benennung der beschworenen Wirklichkeit. Die Antithese von „Spiel" und „gerecht" enthält die Absage an die Artistik und die Anerkennung eines Engagements, beides zugleich in einer typischen Zusammenballung. Zeichen aber verlangen Deutung, ziehen den Lesenden in das Gedicht hinein, fordern ihn zur Meditation auf. Zum anderen ist das Zeichen mehr als die Bezeichnung, es kann Chiffre und Zauberspruch sein (charme sagte Valéry) und es kann ein Anruf zum Handeln sein, wie etwa ein Verkehrszeichen. In Peter Huchels Gedichtband *Chausseen Chausseen* findet sich vorangestellt das Gedicht *Das Zeichen*. Auch wenn nach der Kraft des Zeichens gefragt wird, bleibt das Gedicht ein Dokument der tiefen poetischen Verwandtschaft beider Dichter.

> Baumkahler Hügel,
> Noch einmal flog
> Am Abend die Wildentenkette
> Durch wäßrige Herbstluft.
>
> War es das Zeichen?
> Mit falben Lanzen
> Durchbohrte der See
> Den ruhlosen Nebel.
>
> Ich ging durchs Dorf
> Und sah das Gewohnte.
> Der Schäfer hielt den Widder
> Gefesselt zwischen den Knien.
> Er schnitt die Klaue,
> Er teerte die Stoppelhinke.
> Und Frauen zählten die Kannen,
> Das Tagesgemelk.
> Nichts war zu deuten.
> Es stand im Herdbuch.
>
> Nur die Toten,
> Entrückt dem stündlichen Hall
> Der Glocke, dem Wachsen des Epheus,
> Sie sehen
> Den eisigen Schatten der Erde
> Gleiten über den Mond.
> Sie wissen, dieses wird bleiben.
> Nach allem, was atmet
> In Luft und Wasser.

Wer schrieb
die warnende Schrift,
Kaum zu entziffern?
Ich fand sie am Pfahl,
Dicht hinter dem See.
War es das Zeichen?

Erstarrt,
Im Schweigen des Schnees,
Schlief blind
Das Kreuzotterndickicht.

Der Begriff des Zeichens, bei Huchel noch ganz im Bereich der Natur, greift in den Bereich der Gesellschaft über; das Zeichen wird zum Aufruf, wenn nicht die leise Sprache Bobrowskis ein solches Wort ausschlösse. Was aber fehlte dem Benennen! Was macht das Benennen zum Zeichen? Sollte es wirklich der Schlaf sein, der Schlaf der Steine, der Vögel, der Bäume? Die erste Erhellung erfahren wir durch das Gleichheitszeichen zwischen Schlaf und Rede, die im Dunkel geht. Diese Rede ist ein Erinnern: Geschehen in der Vergangenheit, Schicksal. Vom Schlaf sprechen bedeutet nun den Bezug auf die Gegenwart und auf die Gesellschaft.[47] Der Schluß des Gedichts, der Amt und Möglichkeit des Dichters zu begrenzen scheint, enthält zugleich seine Rechtfertigung. Wenn der Dichter auf die Hilfe des Gottes im Fleisch, also Christi, aus welchem Grunde auch immer, nicht bauen kann, wenn er die Frage nach Gott offen lassen muß, bleibt nur übrig, den Auftrag mit den geringen menschlichen Mitteln auszuführen — ein erstaunlicher Beweis der Askese in Bobrowskis Sprechweise, die nur die erste Hälfte der wichtigsten Aussage bringt, zu der die zweite hinzuzudenken uns überlassen bleibt.

Das Gedicht *An Klopstock* in *Wetterzeichen* faßt das soeben Erörterte gültig zusammen.

Wenn ich das Wirkliche nicht
wollte, dieses: ich sag
Strom und Wald,
ich hab in die Sinne aber
gebunden die Finsternis,
Stimme des eilenden Vogels, den Pfeilstoß
Licht um den Abhang

und die tönenden Wasser —
wie wollt ich
sagen deinen Namen,
wenn mich ein kleiner Ruhm

---

[47] W. Mauser hat zu B's. Gebrauch des Wortes Schlaf eine Wortkonkordanz zusammengestellt, welche die Interpretation stützt. Vgl. Anm. 46, S. 206.

fände — ich hab
aufgehoben, dran ich vorüberging,
Schattenfabel von den Verschuldungen
und der Sühnung:
so als den Taten
trau ich — du führtest sie — trau ich
der vergeßlichen Sprache,
sag ich hinab in die Winter
ungeflügelt, aus Röhricht
ihr Wort.

Und wenn das Werk Bobrowskis, Prosa wie Lyrik, eine Tendenz hat —
der Dichter hat das Wort nie gescheut — so ist diese mit Verschuldung und
Sühnung genau bezeichnet. Sie meint das Verhältnis der Deutschen zu den
nichtdeutschen Völkern und Gruppen in dem mit Sarmatien benannten Raum
und sie bejaht Geschichte, indem sie geschichtliche Verantwortung anerkennt.
Aber die Schuld der Geschichte ist kein Verhängnis, der Mensch ist keinem
Schicksal und keinem Mythos widerstandslos ausgeliefert, die Sühne ermög-
licht einen neuen Anfang.[48] Die Dialektik von bejahter Geschichte und dem
Anspruch auf Neubeginn findet ihre vollkommene Verdichtung in dem Gedicht
Absage, das die Sammlung *Sarmatische Zeit* abschließt:

Feuer,
aus Blut die Lockung:
der schöne Mensch. Und wie Schlaf
das Vergangene, Träume
an Flüssen hinab,
auf den Wassern,
segellos, in der Strömung.

---

[48] Für Bobrowskis Abwendung von dem fatalistischen Schicksalsbegriff der klassischen Ballade ist aufschlußreich ein Vergleich zwischen der Ballade von Agnes Miegel
Die Frauen von Nidden und B's. *Die Frauen der Nehrungsfischer* (Sarmatische Zeit):
hier Ergebenheit in den Tod — dort Anklage und Auflehnung.
Wie sehr B's Tod gerade die jungen Lyriker der DDR bewegte, bezeugt das Gedicht
von Sarah Kirsch 2. 9. 65 (der Tag, an dem B's Tod bekannt gegeben wurde, Kürbiskern 1966, 1):

Geh unter, schöne Sonne, stirb
weniger kunstvoll, Haus zerfall:
zögert nicht:
mein grauer Delphin
ist hin zu anderer Küste geschwommen,
kommt nicht wieder, nie
wird seine Welle mich erreichen —
Gestern noch
blies er Meer vor sich her, schwamm
voller Kunst, peitschte das Wasser;

Ebenen — die verlornen
Dörfer, der Wälder Rand.
Und ein dünner Rauch
in den Lüften,
steil.

Einst,
wulstigen Munds, Perkun
kam, eine Feder im Bart,
kam in der Hufspur des Elchs,
der Stotterer kam,
fuhr auf den Strömen, Finsternis
zog er, ein Fischernetz, nach.

Dort
war ich. In alter Zeit.
Neues hat nie begonnen. Ich bin ein Mann,
mit seinem Weibe ein Leib,
der seine Kinder aufzieht
für eine Zeit ohne Angst.

3. Der Kampf um die Autonomie des lyrischen Ich

„In einer Gesellschaft, die alle Grundlagen für eine Entfremdung des Menschen überwunden hat, ist kein Platz für eine Literatur der Einsamkeit und Anarchie." Das ist der letzte Satz der von einem Kollektiv der Universität Halle 1965 verfaßten *Deutschen Literatur im Überblick*. Er faßt lapidar, banal und bedrohlich die Abwehr der Obrigkeit und der obrigkeitlich anerkannten Literatur-Kritik zusammen, die sich in unzähligen Reden, Proklamationen, Richtlinien und Rezensionen moderner Kunst äußert. Weltangst und Weltschmerz, Einsamkeit, Melancholie, Trauer, Verzweiflung, was man auch immer nennen mag, um das Grundgefühl des Tragischen anzudeuten, werden bewußt oder instinktiv als Angriff auf das Kollektiv gedeutet und abgewiesen. Der Kampf gegen Franz Kafka, Thomas Beckett und Gottfried Benn, die Denunziation moderner Ausdrucksformen sind nichts anderes. Darin verbirgt sich mehr als die bloße Angst kleiner Seelen, Glück, Sicherheit und Wohlstand in Frage gestellt zu sehen. Eine Gesellschaft, die den Anspruch erhebt, sich in einer fortgeschrittenen Phase des Sozialismus zu befinden, ist ständig in Versuchung, eine Wirtschaftsordnung mit einer Heilsordnung zu verwechseln. Sie kann nicht anders als jeder Kritik an solcher Heilsordnung, darüber hinaus jedem Hinweis auf die Fragwürdigkeit der menschlichen Existenz mit gereizter Feindseligkeit

nun bleibt er fort, heißt es, unsere Küste
salzverkrustet und leer
verlor ihren Delphin. Niemand
weiß da einen Ausweg.

zu begegnen. Der Anspruch des einzelnen auf die Autonomie seines geistigen Ich schließt aber den Anspruch auf die Möglichkeit des Tragischen ein. Die Behautpung dieses Anspruchs ist für die Dichtung ebenso lebensnotwendig wie für das Kollektiv seine Leugnung. Das ist nichts Neues, es hat in allen Zeiten gegolten, es meint die westlichen Gesellschaften wie die östlichen, doch mit dem bedeutenden Unterschied, daß das ungleich höhere Maß an Vergesellschaftung in sozialistischen Staaten die Gefährdung des Ich ungleich erhöht[49].

Insbesondere die Generation derer, die als junge Menschen in den sozialistischen Staat hineinwuchsen und das Neue als das ihre mit Enthusiasmus begrüßten, ist, zur Enttäuschung der führenden Alten, welche diesen Staat unter Schmerzen schufen, zu einem kritischen Selbstbewußtsein erwacht, sieht sich in gesellschaftliche Zwänge und Forderungen verstrickt und setzt sich zur Wehr. Die Lyrik ist die Gattung, in der solcher Protest die prägnanteste Gestalt gewinnt. Die Lyrik müßte ihr konstituierendes Element aufgeben, verzichtete sie auf die ihr gemäße monologische Grundstruktur, ließe sie sich davon abbringen, zu allererst Stimme des souveränen Ich zu sein. Und so verschieden Formgesetz und Lebensgefühl sich in dieser Gruppe verdichten, so darf man das ihr Gemeinsame als den Kampf um das lyrische Ich begreifen. Zu ihr gehören Wolf Biermann, Volker Braun, Günter Kunert, Reiner Kunze, Sarah Kirsch und Karl Mickel.

Es wäre sinnlos und brächte kein Ergebnis, wollte man die Lyrik auf antikommunistische Töne abhorchen. Die im Grundsätzlichen begründete Übereinstimmung mit der sozialistischen Gesellschaft ist so allgemein und fundamental, daß sie für unsere westliche und pluralistische Gesellschaft nur schwer vorstellbar ist. Für alle Genannten gilt, was Volker Braun einmal formulierte: „Wir schreiben nicht mehr gegen die bestehende Gesellschaft, sondern für sie, für ihre immanente Veränderung."[50] In dem Begriff der Veränderung liegt indessen die Spannung bereits angedeutet, die, so gemeinsam sie der Gruppe ist, im einzelnen doch sehr verschiedenartig akzentuiert wird. Der Bogen reicht von einer so vorsichtigen Bemerkung wie der Christa Wolfs: „Vielleicht wird unser Beitrag zur Literatur darin bestehen müssen, daß wir den Mut finden, unseren eigenen Lebensstoff schonungslos und wahrheitsgetreu zu erzählen"[51], bis zu dem trotzigen Protest Wolf Biermanns in der *Tischrede des Dichters:*[52]

---

[49] Siehe die Sammlung *Mein Gedicht ist mein Messer,* hrsg. von Hans Bender, München 1964.

[50] Neue Dt. Lit. 1971, 1, S. 31.

[51] Ibd., S. 69.

[52] Die Drahtharfe, Berlin 1965. Die zitierten Zeilen stehen etwa in der Mitte des Gedichts.

Ich soll vom Glück euch singen
einer neuen Zeit
doch Eure Ohren sind vom Reden taub.
Schafft in der Wirklichkeit mehr Glück!
Dann braucht ihr nicht so viel Ersatz
in meinen Worten.
Schafft euch ein süßes Leben, Bürger!
Dann wird mein saurer Wein euch munden.
Der Dichter ist kein Zuckersack!
Tut Euch das nicht an, das
von mir abzuverlangen!

Neben den handgreiflichen Bildern des Bänkelsängers vom Potsdamer Platz stehen die harten Metaphern von René Schwachhofer:[53]

Der Prophet
Nichts kann ich euch bieten
Als den mageren Sand
Meiner Worte —
Mit Wünschelruten
Geht ihr
Durch meine Wüste.
Ich aber bin
Unendlich und
Hoffnungslos.
Nichts kann ich euch bieten
als den Durst und
Den mageren Sand meiner Worte.

Die gleiche Metapher formt auch Günter Kunerts *Gesang vom großen Durst*, acht asymmetrisch gebaute Strophen in freien Rhythmen, deren letzte lautet:

Seht, der Dürstende kommt hervor aus den Wüsten
und aus dem Eis,
von der Lokomotive kommt er, von den
Schlachtfeldern und aus dem irdischen Fegefeuer,
lebend und dürstend,
und nichts weiter besitzend
als Leben und Durst.
Ich singe den Durst,
den niemals vergehenden,
und ich singe Hoffnung,
die sich wandelnde, nicht alternde,
unerfüllte.[54]

---

[53] Zitiert nach Deutsche Lyrik auf der anderen Seite, hrsg. von Ad den Besten, München 1960.
[54] Zitiert nach der Anthologie *Die Liebe fängt erst an*, Berlin/O 1967.

Die Harmonie zwischen Ich und Gesellschaft, durch die Drohung der Gesellschaft, die Kunst als Dekoration zu mißbrauchen, gestört und in die Verteidigung gezwungen, kann auch von der Kunst her aufgekündigt werden. Dann entstehen Anklagen wie René Schwachhofers *Elegie auf die Dichtkunst:*[55]

> Der Gott des Wortes —
> Durchbohrt liegt er
> Vom scharfen Stahl.
> Er lehrte
> Sprache der Liebe, des Himmels, der Vernunft,
> Auszusagen das Unaussprechliche.
> Magnetisches Licht der Nacht
> Ruht nun auf ihm.
> Seine Jünger,
> Auf Zinnen des Jahrtausends,
> Gepfählt sind ihrer
> Viele schon.

Oder die Antagonie steigert sich zum haßerfüllten Schrei des Dichters. Der Widerspruch wird zu antithetischen Sprachbildern: hier das Haus, die Hürden, die Gesetze, die Häkeldeckchen — dort der reißende Wolf. Nur die Sachlichkeit und Kälte der Sprache lassen eine so extreme Feindschaft zwischen Ich und Kollektiv noch erträglich erscheinen, wie sie sich in Günter Kunerts Gedicht *Ich habe getötet* ausspricht.[56]

> Als ein reißender Wolf
> brach ich in ein Haus ein
> und in seine Bewohner.
> Wutgebläht brach ich ein,
> wutgebläht über ihre
> Hürden und Gesetze.
>
> Als aufgebrochen war
> jedes Tor und ich sie
> nackt,
> zitternd,
> in Winkeln verkrochen, schaute,
> und schaute,
> wie sie sich aufrichten
> wollten
> an Häkeldeckchen und an
> knöchernen Ermahnungen
> lange Abgereister —
> nichts anderem fähig —

---

[55] S. Nr. 53.
[56] S. Nr. 53.

tötete ich sie schnell,
schmerzlos und glatt
mit der stechenden Schärfe
des Gedankens.

Dann trabte ich fort.
Ausgekühlt, federnd.

Es wird im einzelnen zu erweisen sein, daß diese Lyrik sich nicht nur der Forderung widersetzt, Preis und Bestätigung des Bestehenden zu sein, sondern daß sie notwendigerweise gleichzeitig die traditionellen Formen verläßt und eine neue Sprache gewinnt, die sie der Sprache der gleichen Lyriker-Generation im Westen Deutschlands annähert.[57]

Exkurs über die Parabel

Daß der Konflikt mit der Obrigkeit, gleichviel ob diese Staat oder Partei heiße, zum Publikationsverbot führen kann, dafür sind Wolf Biermann und neuerdings Reiner Kunze unrühmliche Beweise. Im übrigen steht ein gestaffeltes System von Maßnahmen zur Verfügung, welche die öffentliche Wirksamkeit eines Autors beschränken. Daher sind die Schüler Brechts geneigt sich zu verhalten, wie der Meister es durch Beispiel und Lehre empfahl. „Als Herr Keuner, der Denkende, sich in einem Saal vor vielen gegen die Gewalt aussprach, merkte er, wie die Leute vor ihm zurückwichen und weggingen. Er blickte sich um und sah hinter sich — die Gewalt. Was sagtest du? fragte ihn die Gewalt. Ich sprach mich für die Gewalt aus, antwortete Herr Keuner. Als Herr Keuner weggegangen war, fragten ihn seine Schüler nach seinem Rückgrat. Herr Keuner antwortete: Ich habe kein Rückgrat zum Zerschlagen. Gerade ich muß länger leben als die Gewalt" (Werkausg. XII, 375).

Die uneigentliche, versteckte und verdeckte Art des Sagens, das heißt die Parabel, wird eine typische literarische Form in Gesellschaften, welche die Freiheit des Wortes mißachten. Hans Mayer hat das „Sklavensprache" genannt[58], aber die Jahrtausende alte Geschichte der Parabel zeigt, daß die Tarnung des Schwachen durch die uneigentliche Form des Sagens zu den Ursprüngen der parabolischen Formen gehört. Als Luther in seiner Vorrede zu den Fabeln nach dem Ursprung dessen fragte, was er Fabel nennt, wir aber

---

[57] Für die Auseinandersetzung Kunerts, Mickels, Czechowskis, Rainer und Sarah Kirschs mit der Kritik der Partei s. den Bericht von Hans Kaufmann: Gedichte als Seismographen (Sonderdrucke aus dem SBZ-Archiv, Köln 1968), ferner den Essay des ausgezeichneten Kenners der westdeutschen Lyrik Gerhard Wolf (DDR): Menetekel und Schatten (Kürbiskern 1966, 1).

[58] Hans Mayer: Das Geschehen und das Schweigen. Frankfurt 1969, S. 386.

Parabel, kam er zu dem Ergebnis: „Ich halte, daß der schönen Fabeln etliche daher gekommen sind: als der grausame Tyrann, Kaiser Julianus, ein Mammeluk und verleugneter Christ, ernstlich im Kaisertum verbot, die Heilige Schrift und Gottes Wort öffentlich zu lehren, predigen und bekennen, da waren zween fromme Bischöfe, die wurden Schulmeister und lehreten die jungen Knaben in den Schulen; die haben mit solchen Fabeln gespielet, mit versteckten und verblümeten Worten sie unterrichtet ... So geschiehts denn, daß der gemalete Wolf dem rechten zweifüßigen Wolf einen guten Text heimlich lieset, den ihm sonst kein Prediger, Freund noch Feind lesen dürfte ... denn die Wahrheit ist das unleidlichste Ding auf Erden."[60]

Ohne den Anspruch, die umstrittene Definition der Parabel hier liefern zu können, dürfen drei Merkmale der Gattung festgehalten werden, die sie recht eigentlich konstituieren: Die Parabel erzählt eine Geschichte — die Geschichte muß aus der Wirklichkeitsebene in die Bedeutungsebene übertragen werden — die abstrahierte Bedeutung enthält eine Lehre oder doch eine grundsätzliche geistige Position. Ergänzend mag hinzugefügt werden, daß die Sonderform, in der Tiere handeln und sprechen, die Fabel darstellt, während die Frage nach gebundener oder ungebundener Sprache, für die Gattung ohne Belang ist. Eine solche Form, aus der Rhetorik erwachsen und dazu angetan, Abstraktion und Konkretheit in der Weise zu vereinigen, daß die Erkenntnis als Anschauung dargeboten wird, besitzt hohe politische Wirksamkeit, und es nimmt nicht wunder, wenn sie verwandt wird, um Grundanschauungen des Marxismus sichtbar zu machen. Ein Beispiel unter vielen ist Günter Kunerts *Ziemlich biblische Geschichte*:[61]

---

[60] Vorrede zu den Fabeln in: Neudrucke der deutschen Literatur des 16. und 17. Jahrhunderts, Nr. 76.
Daß die Partei die Gefährlichkeit der Parabeln erkannte, beweist folgender Passus aus dem von einigen Kritikern 1964 ausgearbeiteten Text: Entwicklungsprobleme der Lyrik: „Stärker als in der Vergangenheit sind in der jüngsten Lyrikentwicklung parabolische Formen der Aussage zu finden: ihnen liegt im Prinzip der Versuch einer weiteren Verallgemeinerung von Einzelerfahrungen zugrunde — ein Bestreben, das sich in der Tradition von Goethe bis Brecht als legitim erwiesen hat. In vielen Fällen wird jedoch der spezielle Stein des Anstoßes nicht sichtbar, die Kritik politischer oder moralischer Erscheinungen wird ihrer historischen und sozialen Konkretheit entkleidet. Dadurch tendiert das Parabelgedicht zur Vieldeutigkeit der Aussage und Auslegbarkeit. Häufig ist damit eine registrierend-belehrende Haltung verbunden, die die Möglichkeiten der Aktivierung und des produktiven Eingreifens durch das Gedicht einschränkt. Beide Momente finden wir in jüngster Zeit in Parabelgedichten G. Kunerts, aber auch jüngerer Lyriker, z. B. bei Sarah Kirsch und anderen...." (Zit. Nach Peter Hamm: Junge Dichtung im anderen Deutschland, Merkur 1965, 4).
[61] Kramen in Fächern, Geschichten, Parabeln. Merkmale. Berlin und Weimar 1968. Darin auch die Parabel *Ninive*.

So flohen sie hin und andauernd. Rechts und links die zitternden Wände Wassers: das geteilte Meer, bereit zum Ineinanderprall. Unberechenbar, wann. Im Rücken den eiligen Pharao und sein hastendes Gefolge: die wollten gleichfalls trocken durch.

Die aus der Sklaverei sich sputen in die Zukunft haben auf den Fersen stets ihre alten Herren, die auch den morgigen Tag noch erleben wollen und übermorgen und nächsten Freitag dazu und kletten sich an, geschüttelt von Furcht, daß sie zurückbleiben.

Über ihnen schlägt die Flut zusammen: immer wieder.

Erzählung und Deutung, durch Präteritum und Präsens geschieden. Die biblische Überlieferung wird „umfunktioniert", das historische Einmalige wird zum Gesetz. Desgleichen *Ninive*. Die so oft neugefaßte Erzählung von Jona und dem Auftrag Gottes erhält neue Akzente. Es geht nicht mehr um Jonas Verhalten, noch weniger um die theologische Frage nach dem Erbarmen Gottes gegenüber der sündigen und reuigen Stadt; vielmehr nimmt Kunert seinen Ausgang von dem Untergang Ninives, es geht ihm um Urteil und Strafe. Und wiederum wird der geschichtliche Vorgang zum Beispiel. „Verschlungen der, der Ninive erwecken sollte, daß es Buße tue und der Untaten abschwöre, daß es sein lasse und aufhöre, auszubeuten die unteren Klassen, vorzubereiten Krieg und Mord und Pest in seinen Mauern, daß es abstehe von der Eroberung Ägyptens, Polens, Frankreichs und weiterer Anlieger." Mit einer jähen Wendung schwenkt der Scheinwerfer auf die Gegenwart, macht Ninive zum Modell für gestern, heute und morgen.

Doch ihre gesellschaftstypische Bedeutung erhält die Parabel als literarische Form des Widerstandes gegen die Gewalt und als Selbstbehauptung des unverletzlichen Ichs. Wiederum gab Bert Brecht das Vorbild. In *Der gute Mensch von Sezuan* singen die Ausgebeuteten das „Lied vom achten Elefanten", einen sehr simplen Bericht: Herr Dschin hatte sieben Elefanten, die seinen Wald roden mußten, und einen achten, den er über die sieben setzte und der sie gewaltsam zur Arbeit trieb (Werkausg. IV, 1582). Die Nutzanwendung ist innerhalb des Spiels wie innerhalb der Gesellschaft leicht genug zu ziehen. Kunert bedient sich in drei Texten, die jeweils sprachlich bis zum Epigramm verkürzt sind, derselben Technik.[62]

> Als unnötigen Luxus / Herzustellen verbot was die Leute / Lampen nennen, König Tharsos von Xantos der / Von Geburt Blinde.
>
> Empfehlung: / Sich nicht zu ducken / Das Schiff liefe nicht vorwärts / Stünde nicht aufrecht im Winde / Das Segel.
>
> Leisten. / Von zwei Schustern einer / Machte bequemere Schuhe / Indes der andere beim alten Leisten / Verharrte: Nicht Bequemlichkeit / Des Fußes sei des Handwerks / Ziel / Sondern / Unnachgiebiges Auftreten.

---

[62] Verkündigung des Wetters, 1966.

Dreimal der gleiche sprachliche Prozeß, nämlich das Anrufen eines menschlichen Verhaltens durch einen telegrammartig mitgeteilten realen Vorgang, der das Ethische in einem Gegenstand versinnbildlicht: die Lampe, das Segel, der Leisten. Jeweils die Bestimmung des menschlichen Verhaltens durch einen Wert, der dem Gegenstand zugehört: Leuchten als Funktion der Lampe, Aufrechtstehen als Aufgabe des Segels, unnachgiebiges Auftreten als Leistung des Schuhs. Jeweils Verfremdung der Alltagssprache durch eine gewaltsame Rhythmisierung, die den Fluß des Berichts aufstaut, bis das sinngebende Wort endlich frei wird.

Volkstümlicher in Sprache und Bildlichkeit, traditioneller in der äußeren Form, durchaus im Gefolge Äsops, Luthers und Lessings geben sich die Parabeln von Reiner Kunze.

> *Das Ende der Kunst*[63]
> Du darfst nicht, sagte die eule zum auerhahn,
> du darfst nicht die sonne besingen
> Die sonne ist nicht wichtig
> Der auerhahn nahm
> die sonne aus seinem gedicht
> Du bist ein künstler,
> sagte die eule zum auerhahn
> und es war schön finster

Wie in der traditionellen Fabel die Tiere für eine genau bestimmbare Art menschlichen Verhaltens stehen, andererseits aber ihrem Tier-Charakter entsprechen, so hier Eule und Auerhahn, deren Merkmale allerdings erst bestimmt werden müssen. Die Eule ist der Vogel der Nacht, unheimlich, undurchsichtig, ein Räuber; der Auerhahn singt sein Liebeslied nur am hellen, sonnigen Morgen. Es geht also um den Kontrast von Finsternis und Licht. Die Sprach-Bildlichkeit des 18. Jahrhunderts wird assoziiert (Aufklärung, enlightment) und gibt der Parabel eine geistige Perspektive, die sie in Analogie zu Kunerts Lampen-Parabel stellt. Das gleiche Thema von der Bedrohung der Kunst durch die Macht behandelt Kunzes

> *Das Ende der Fabeln*
> Es war einmal ein fuchs ...
> beginnt der hahn
> eine Fabel zu dichten
> Da merkt er
> so geht's nicht
> denn hört der fuchs die fabel
> wird er ihn holen

---

[63] Sensible Wege, Hamburg 1969, dort auch *Das Ende der Fabeln*.

Es war einmal ein bauer ...
beginnt der hahn
eine fabel zu dichten

Da merkt er
so geht's nicht
denn hört der bauer die fabel
wird er ihn schlachten

Es war einmal ...

Schau hin schau her
Nun gibt's keine fabeln mehr

Die gesellschaftliche Aufgabe der Parabel, die Autonomie der Kunst zu verteidigen, ist zur reinen, spielerischen Form geworden, deren Leichtigkeit den
Ernst der Forderung durch den Kontrast hervortreibt.

Die Schwere der Anklage gegen eine Gesellschaft, deren Zwang den einzelnen, wenn er überleben will, zu grotesken Formen der Anpassung nötigt, hat
G. Kunerts Parabel *Wie ich ein Fisch wurde* hervorgebracht (Sinn und Form
1961, 4).

Am 27. Mai um drei Uhr hoben sich aus ihren Betten
Die Flüsse der Erde, und sie breiteten sich aus
Über das belebte Land. Um sich zu retten
Liefen oder fuhren die Bewohner zu den Bergen raus.

Als nachdem die Flüsse furchtbar aufgestanden,
Schoben sich die Ozeane donnernd übern Strand,
Und sie schluckten alles das, was noch vorhanden,
Ohne Unterschied, und das war allerhand.

Eine Weile konnten wir noch auf dem Wasser schwimmen,
Doch dann sackte einer nach dem andern ab.
Manche sangen noch ein Lied, und ihre schrillen Stimmen
Folgten den Ertrinkenden ins nasse Grab.

Kurz bevor die letzten Kräfte mich verließen,
Fiel mir ein, was man mich einst gelehrt:
Nur wer sich verändert, den wird nicht verdrießen
Die Veränderung, die seine Welt erfährt.

Leben heißt: sich ohne Ende wandeln.
Wer am Alten hängt, der wird nicht alt.
So entschloß ich mich sofort zu handeln,
Und das Wasser schien mir nicht mehr kalt.

Meine Arme dehnten sich zu breiten Flossen,
Grüne Schuppen wuchsen auf mir ohne Hast,
Als das Wasser mir auch noch den Mund verschlossen,
War dem neuen Element ich angepaßt.

Lasse mich durch dunkle Tiefen träge gleiten,
Und ich spüre nichts von Wellen oder Wind,
Aber fürchte jetzt die Trockenheiten,
Und daß einst das Wasser wiederum verrinnt.

Denn aufs neue wieder Mensch zu werden,
Wenn man's lange Zeit nicht mehr gewesen ist,
das ist schwer für unsereins auf Erden,
Weil das Menschsein sich zu leicht vergißt.

G ü n t e r   K u n e r t

Günter Kunert, 1929 in Berlin geboren und durch sein Werk nach Fontane und Döblin der dritte Autor, der Berlin eine literarische Physiognomie geschrieben hat[64], in den bildenen Künsten ausgebildet, früh und entschieden für die neue Gesellschaft streitend, deren Entwicklungsjahre mit den seinen identisch waren, begann sein lyrisches Werk 1950 als Schüler Brechts.[65]

Nachfolge Brechts oder Nachfolge Benns — darf man die Polarität der deutschen Lyrik in der zweiten Hälfte unseres Jahrhunderts auf solche Alternative gründen? Die kritische Reflexion in der DDR ist darauf aus, hierin ihre These von dem antagonistischen Widerspruch östlicher und westlicher deutscher Dichtung zu begründen.[66] Aber die Dichtung Kunerts demonstriert, daß Brecht und Benn nicht die Mittelpunkte zweier getrennter Kreise sind, sondern Brennpunkte einer Ellipse. Um es auf eine kurze Formel zu bringen: das gesellschaftliche Engagement und die Erschütterung durch die Fragwürdigkeit der menschlichen Existenz zusammen prägen das geistige Gesicht Kunerts, leugnen den scheinbaren Gegensatz zwischen Brecht und Benn, erzeugen aber auch ein kaum nachzuvollziehendes Maß an Gespanntheit.

Schüler Brechts allerdings sind sie alle: Heinz Kahlau und Reiner Kunze, Wolf Biermann und viele mehr. Es wäre töricht, aus dem Verhältnis des Lernens den Vorwurf des Epigonentums herleiten zu wollen. Nur hat Günter Kunert souveräner als die anderen die eigene Welt der Werte und die dieser gemäße eigene Welt der Sprache gefunden. Zwei Gedichte legen den Grund, auf dem sich das gesamte bisher vorliegende Werk ausbreitet, denn es geht nicht eigentlich um Entwicklung, darum also, daß in logisch fortschreitender

[64] Siehe außer dem Roman *Im Namen der Hüte* und zahlreichen Berlin-Gedichten aus dem Band *Die Beerdigung findet in aller Stille statt* die Texte *Alltägliche Geschichte einer Berliner Straße, Legende vom Schal* und *Fahrt mit der S-Bahn*.

[65] Klaus Werner: Zur Brecht-Rezeption bei G. Kunert und H. M. Enzensberger. Weim. Beitr., Brecht-Sonderheft 1968, und: Erinnerungen an B. Brecht in *Tagträume*.

[66] Insbesondere Hans Richter: Verse, Dichter, Wirklichkeiten, Aufsätze zur Literatur, Berlin und Weimar 1970; ferner Hans Koch: Für eine Literatur des realen Humanismus, Neue Dt. Lit. 1967, 1, und den Sammelband Positionen, Beitr. zur marxistischen Literatur Theorie in der DDR, Leipzig 1969.

Reihe das eine aus dem anderen erwachse, sondern es geht um die Entfaltung eines poetischen Universums, dessen Struktur schon in den Keimen erkennbar ist. Das eine ist

Meine Sprache:[67]
Ich spreche im Slang aller Tage derer
Noch nicht Abend ist
In der verachteten und verbissenen der
Sprache die jedermann entspricht.

Diese
Von Erstellern entstellte die von Betreuern
Veruntreute von Durchführern früh schon
Verführte die
Mehr zur Lüge taugt denn zur Wahrheit
Ach welche
Unter der erstarrten Syntax sich regt
Wie unter Abfall wie unter Schutt wie
Unter Tonnen von Schlacke.

Sprache
Die mehr scheinen will als sein
Aufgebläht
Von sang- und klanglosen tingelnden
Dinglosen Dingwörtern;
Schwabbelnde Gallerte
Quillt sie aus den öffentlichen Mündern
und Mündungen tropft von
Den Lippen der Liebenden
Trieft aus Radios
Triumphiert.

Nichtssagend und blutleer und kraftlos
Ein Kind des Landes finde ich sie
Darniederliegend.

Und hebe sie auf
Und nehme sie an mich: Die beste mir
Der nichts besseres hat
Und ein Vermögen dem der durch nichts sonst
Zu leben vermag
Als durch sie.

Das sprachliche Handwerkszeug Kunerts wird paradigmatisch aufgezeigt: die Aufnahme und Veränderung volkstümlicher Wendungen (aller Tage derer noch nicht Abend ist) — das zur Semantik gesteigerte Spiel mit den Wörtern

---

[67] Verkündigung des Wetters.

(Sprache die jedermann entspricht, dinglose Dingwörter, öffentliche Münder und Mündungen) — die Diskrepanz zwischen Wort und Gegenwort durch den Wechsel der präpositionalen Vorsilben (von Erstellern entstellt, von Betreuern veruntreut, von Durchführern verführt) — die ganz auf den Schluß abgestellte Komposition — die den natürlichen Sprachfluß unterbrechende, gewaltsame Rhythmisierung. Alles zusammen genommen enthält die Absage an das Poetische, an Stimmung, Musikalität des Klanges, Melodie des Rhythmus, Erlesenheit durch die Wahl hoher Wörter. Statt dessen Unterkühlung durch eine Rationalität, welche die Leidenschaft des Beteiligtseins filtert.[68] So gewinnt die Sprache Kunerts den weitesten nur denkbaren Abstand zu der neo-klassizistischen Glätte des späten Becher oder Georg Maurers wie der dekorativen Worttrunkenheit Stephan Hermlins. Es ist eine aufgerauhte, provozierende Sprache, ungeeignet zur Deklamation und Ausschmückung von Feierlichkeit, aber eine spitze Waffe im Kampf gegen die herrschenden Zustände und die Manipulationen der Mächtigen. Es ist die bittere Stimme des Trotzes und der Verzweiflung eines Einsamen, der wenig Hoffnung hat und nie resigniert.

Der Dichter, „der durch nichts sonst zu leben vermag", erkennt die Sprache als ein fragwürdiges Instrument: „ein Gerät nämlich, die Worte im Munde herumzudrehen; ein Stumpfsein, Beckmesser zu entschärfen; eine Maschine, Todesröcheln in Sonette zu übersetzen; ein Elektronengehirn, das an das gleiche denkt wie alle Leute, also an sich und an nichts sonst, zum Schluß eine kleine Wahrheit, perforiert, selbsthaftend, rosafarben und über die Wunden zu kleben, die so schwer heilen."[69] Eine skeptische und gebrochene Sprache also, die dennoch ihr Ziel kennt: Lehre zu sein. Was ist der Inhalt dieser „schwarzen Lehre"?

Das zweite der Grund-Gedichte antwortet. Es heißt *Ein Mann sagt* und gehört zu den frühesten Kunerts.[70]

> Ich bin die Finsternis
> und der Hunger
> ohne Hoffen.
> Aber ich bin auch das Licht.

---

[68] G. Laschen spricht von „melancholischem Kalkül", Kunert selbst: „Der Ton der Gedichte wird Moll sein, da in ihrem Bewußtsein das Bewußtsein des anhaltenden Verlustes wach ist." Das Bewußtsein des Gedichts. Akzente 1970, 2, S. 101.

[69] Tagträume.

[70] Sinn und Form, 1950, 2. Ferner die poetologische Feststellung „Brauchen die Hungernden Gedichte? Sie brauchen Nahrung, soviel ist sicher. Aber sie brauchen ebenso das Bewußtsein ihres ihnen vorenthaltenen Menschentums und damit die Gewißheit, daß ihnen mehr fehlt als die Befriedigung ihrer Bedürfnisse, gleichgültig, wie immer die Bedürfnisse steigen werden und wie deren Befriedigung." (Das Bewußtsein des Gedichts. S. 102).

Ich kann Krieg sein
und Verderben der Armen.
Unbewegt im Geiste.
Zerschmetternder Felsen.
Nacht. Elend.

Aber ich kann auch Pfeiler
sein und
Weiser des Weges.
Stütze. Morgen. Tag.

Ich will, ich werde sein:
Licht.

Es ist ein Manifest höchst persönlicher Art, der Entschluß eines sehr jungen Menschen, in der Mitte zwischen Dunkel und Licht befindlich, das Dennoch zu wollen, das menschliche Hilfe heißt. So weit voneinander entfernte Geister wie Albert Camus und Ernst Bloch treten in nahe Verwandtschaft zu Kunert. Die Härte eines Lebensbewußtseins an der Grenze des Nichts offenbart sich in immer neuen und immer auf das Gleiche deutenden Bildern. Die Frage nach dem Ich, wieder und wieder gestellt, kann nicht beantwortet werden.

Schlafwandelndes Selbstporträt[71]
Innerhalb meines abendlichen Gehirns
Schlürft ein Schatten umher
Auf abgelaufenen Füßen
Eine kleine undeutliche Laterne in
Der Hand und immer im Kreise.
Erkennte ich ihn wüßte ich eher
Wer ich bin und wer nicht.

Es gibt kein Außen, kein Nicht-Ich, kein Transzendentes, aus dem Erhellung käme; es gibt nur das Licht im Inneren, die „kleine undeutliche Laterne", und keine Sinndeutung. Aber es gibt ein Gesetz, dem zu folgen ist:

Gesetze[72]
Erstes der wilde Himmel
In uns
Mit Gestirnen denen wir folgen.
Über unsren Schädeln
Wo immer man sie einschlägt
Als sanftes das zweite:
Sinnvoll vergehen.

Was aber bedeutet, sinnvoll vergehen? Die Antwort scheint innerhalb einer sich als sozialistisch begreifenden Gesellschaft gegeben, und Kunerts Teilnahme

---

[71] Verkündigung des Wetters.
[72] Ibd.

am gesellschaftlichen Auftrag ist ohne Zweifel und vielfach nachweisbar. Seine ersten Gedichtbände *Wegschilder und Mauerinschriften* (1950) wie *Unter diesem Himmel* (1955) haben es vorwiegend mit den Themen zu tun, welche die geschichtliche Situation stellte, mit Krieg, Faschismus und deren Überwindung. In allen Arbeiten ist der Bezug auf die politischen und sozialen Fragen so zwingend, daß die Natur als vom Menschen gelöstes Dasein kaum einen Ort findet. Selbst in *Betonformen, Ortsangaben,* einem Prosawerk, das von geographischen Gegebenheiten ausgeht, tritt immer wieder das gesellschaftliche und geschichtlich Bedeutsame hervor. Brechts *Schlechte Zeiten für Lyrik* gelten auch für Kunert. Das bedeutet nicht, daß die Sehnsucht nach einem naturhaft- sinnlichen Dasein fehle, wie der Band *Unschuld der Natur, 52 Figurationen leibhafter Liebe* beweist. Doch der Blick auf die heillose Welt verdrängt das Idyll.

Als ich ein Baum war[73]
Als ich ein Baum gewesen,
Hielt ich mich mit Wurzeln
In der guten Erde fest
Und liebte die Erde, weil diese
Mich aus sich kommen läßt.

Nahm auf, was sie mir geboten,
Und schützte dafür vor den Strahlen
Der Sonne sie mit jedem Blatt:
Daß nicht nur Wüste werde,
Die mich einst geboren hat.

Weil ich aufwuchs, ragte ich endlich
Über Sträucher und Büsche hinaus.
So ward die Welt größer und weiter,
Zeigte Gaskammern, Galgen und Zellen
Und sah wie ein Schlachthof aus.

Damals habe ich mich entschlossen,
Nicht länger Baum mehr zu sein,
Und zog mich aus dem Boden mit Macht
Und mischte mich in das Leben der Menschen
Ganz unauffällig ein.

Hoffte heimlich, sie erkannten
Am Blut, das an den Wurzeln mir blieb,
Daß ihnen zur Hilfe sich losgerissen
Ein Baum, den der Anblick der Kämpfe
Aus den friedlichen Wäldern trieb.

Das Böse der Welt ist nichts historisch Bedingtes, ist nicht an bestimmte gesellschaftliche Formen gebunden und also überwindbar. Es hört zur conditio

---

[73] Sinn und Form, 1961, 4.

humana. Es ist konkret. Es wirkt in der organisierten Macht des Staates, im Nützlichkeitsprinzip der Wirtschaft, im Dschungel der großen Städte, in der Arroganz der Herrschenden. Die bereits erwähnten Parabeln sprechen davon. Mißtrauen und Wachsamkeit sind nötig. Der Einzelne und Einsame sieht sich in die Verteidigung gedrängt, täglich und aller Orten. „In den Herzkammern der Echos / Sitzen Beamte. Jeder / Hilferuf hallt / Gestempelt zurück." Oder „Sorgen. Der zu leben sich entschließt / Muß wissen / Warum er gestern zur Nachtzeit erwachte / Wohin er heute durch die Straßen geht / Wozu er morgen in seinem Zimmer / Die Wände mit weißem Kalk anstreicht. / War da ein Schrei? / Ist da ein Ziel? / Wird da Sicherheit sein?" Schließlich die große Anklage, eins der bewegendsten Dokumente im Kampf gegen den Stalinismus, am 16. September 1956 im Berliner *Sonntag* abgedruckt:

> *Du kannst nicht entfliehen*
> Lauf in dein Haus und verriegle
> Mit bebenden Fingern das Tor
> Eile die Treppe hinauf
> In dein Zimmer und drehe herum
> Den Schlüssel im Schloß
> Den Schrank, schwarz und schwer
> Von Büchern, Papier, zerschlissenen Hemden
> Rück vor die Tür,
> Das Fenster, zu durchsichtig,
> Verhäng mit der Decke, der wollenen, dichten
> Mit dem Messer zerschneide
> Die Drähte zum Licht und zum Telephon
> Somit zur Welt
> Danach verkriech dich
> Ins Bett und unter das Kissen
> Bohre den Schädel.
> Doch wird durch die Wände, durch Mörtel
> Und Steine
> Dringen ein Hauch.
> Und doch wird im Dunkel
> Aufglimmen ein Licht.
> Und doch in der Stille
> Wird sprechen eine Stimme
> Von der betrogenen Unschuld
> Von der beschmutzten Güte . . .

Doch bleiben die gesellschaftlich bedingten Motive, ob Engagement oder Abwehr, an der Peripherie. Den Kern bildet die Frage nach der Existenz des Menschen. Und Kunerts Ketzertum liegt darin begründet, daß er die Antwort nicht in einer Gesellschaftslehre sucht, auch nicht in der von Marx, sondern im Ich. „Wäre das Bewußtsein des Gedichts primär das gesellschaftlich herrschende

Bewußtsein einer Epoche ... wäre es restlos vom Geiste seiner Zeit bestimmt, es würde zusammen mit dem Zeitgeist erlöschen."[74] Von Ernst Bloch übernahm er den Begriff des Tagtraums. „Der Tagtraum kann Einfälle liefern, die nicht nach Deutung, sondern nach Verarbeitung verlangen, er baut Luftschlösser auch als Planbilder und nicht immer fiktive." Und an anderer Stelle: „Die Kunst wird mittels einer so beschaffenen Phantasie Erkenntnis ... Wo der prospektive Horizont durchgehends mitvisiert wird, erscheint das Wirkliche als das, was es in concreto ist: als Wegegeflecht von dialektischen Prozessen, die in einer unfertigen Welt geschehen, in einer Welt, die überhaupt nicht veränderbar wäre ohne die riesige Zukunft: reale Möglichkeit in ihr."[75] Traum also nicht als Anti-Ratio, sondern als rationaler Entwurf der Zukunft, wobei der Mensch nicht überwältigt wird, sondern kritischer Herr des Traumes bleibt. Ich-Erkenntnis und Welt-Verbesserung, gemeinhein antithetisch gesetzt, sind gleicherweise Ziel solcher Tagräume.

Wie einen Schlüssel zur verschlossenen Tür des Ich möchte man den *Traum des Sisyphos* deuten:[76]

> Auf brüchiges Stroh hingesunken, träumte ihm, was er täglich tat: Wie er schwitzte und keuchte und fluchte, indem er den unförmigen Fels langsam aufwärts drückte, Richtung Gipfel.

> Während des Tuns wandelte sich der rauhe Marmor unter seinen schmerzenden Händen zu Glätte und endlich zu glatter, weicher Haut, nahm in Lidschlagschnelle Gestalt und Züge an, und unverkennbar die des Sisyphos selber. Der aber, der eben fast erstickte vor Anspannung, der spürte gleich nicht mehr die Mühsal: Tränen der Verzweiflung — als nie geschmeckt; gallige Bitternis, wenn der dumpfe Klotz wieder in die Tiefe entglitten, als ihm ganz Fremdes: Er war hart und unerbittlich nun. Er schaute auf den lebendigen Brocken sisyphosgesichtigen Fleisches vor seinen Füßen, mitleidlos, zornlos. Er erkannte sich nicht.
> So also legte er seine steinernen Hände auf die erschauernde Epidermis und stieß, was da vor ihm lag, in den Abgrund: Frei von der Last des geduldigen Emporgebrachtwerdens war jetzt der Stein.

Ein dunkler Text, der Deutung verlangt. Der Fels, bisher bloße Materie, Sisyphos fremd und feindlich, wird zu einem zweiten Ich. Geschieht ein Gestaltentausch, indem der Mensch zum Fels wird? Dem widerspricht, was sich zunächst eindeutig anzubieten scheint: S. hat nicht gegen die objektive Last des Lebens zu kämpfen, sondern mit einem Teil seiner selbst. Er befreit sich von dem anderen Ich, indem er es in den Abgrund stößt. Aber diese Auslegung sperrt sich gegen den Satz „er erkannte sich nicht". Wenn wir „erkennen" im biblischen Sprachgebrauch nehmen (was innerhalb der Sprachwelt Kunerts

---

[74] Bewußtsein des Gedichtes, S. 101.
[75] Ernst Bloch: Das Prinzip Hoffnung, I, Frankfurt 1959. S. 96 f.
[76] Kramen in Fächern.

durchaus legitim wäre), also er vereinigte sich nicht mit dem anderen Selbst, er nahm es nicht an, so stimmte das zu den Worten „mitleidlos, zornlos". Doch würde dann S., nicht der Stein frei, wie der Schluß lautet. Aufschlußreicher als der Versuch auszulegen, was da schwarz auf weiß steht, ist die Überlegung, was zu erwarten wäre und was wider Erwarten fehlt: Anklage gegen die Götter oder das Schicksal oder die Natur, Umdeutung der theologischen Parabel ins Gesellschaftliche, Ablösung des Mythos von der durch die Götter verurteilten menschlichen Arbeit durch die Lehre von der die Entfremdung aufhebenden sozialistischen Arbeit. Statt dessen eine Meditation des einsamen Ich über sein Selbst.

In der Sammlung *Warnung vor Spiegeln* (1970) findet sich das Gedicht *Der Weg*, eine Elegie auf das Leben, das „ein wenig Wärme" bringt und in das „schwarze Nichts" des Todes führt. Negationen bestimmen die Aussage: nichts, nirgendwo, nimmersein. Die letzte Strophe lautet „Das ist der Weg. / Kein Schild weist einen andern. Er führt / in eine Finsternis, von der wir / täglich schweigen. Weil wir sie täglich / neu vergessen müssen." Wer Verwandtes sucht, wird sich eher an des Matthias Claudius Gedicht *Der Mensch* und seinen harten Schluß erinnern „Dann legt er sich zu seinen Vätern nieder / Und er kommt nimmer wieder" als an Brechts versöhnliches Lied *Von der Freundlichkeit der Welt*. Man muß die Tiefe dieses Pessimismus ermessen, um sich die Gespanntheit eines Dichters bewußt zu machen, der das Sisyphos-Schicksal des Menschen kennt und dennoch den *Vorschlag* wagt. (Es ist das letzte Gedicht der bisher letzten Gedicht-Sammlung *Warnung vor Spiegeln,* die nur in Westdeutschland publiziert wurde.)

> Ramme einen Pfahl
> in die dahinschießende Zeit.
> Durch deine Hand rinnt der Sand
> und bildet Formlosigkeiten,
> die sogleich auf Nimmerwiedersehen
> in sich selbst einsinken:
> vertanes Leben.
>
> Was du nicht erschaffst, du
> bist es nicht. Dein Sein nur Gleichung
> für Tätigsein: Wie will denn,
> wer nicht Treppen zimmert,
> über sich hinausgelangen?
> Wie will heim zu sich selber finden,
> der ohne Weggenossen?
>
> Hinterlaß mehr als die Spur
> deiner Tatze, das Testament
> ausgestorbener Bestien, davon die Welt
> übergenug schon erblickt.

Ramme einen Pfahl ein. Ramme
einen einzigen, einen neuen Gedanken
als geheimes Denkmal
deiner einmaligen Gegenwart
in den Deich
gegen die ewige Flut.

Reiner Kunze und Gefährten

Als Reiner Kunze in Konflikte mit der Partei geriet, die sich schließlich zum totalen Publikationsverbot steigerten[77], trat ein anderer Dichter für ihn ein, der in Sprache, Temperament und aggressiver Unbekümmertheit sich von dem Autor der *Sensiblen Wege* gründlich unterschied, nämlich Volker Braun:

Er hat ein Herz, wie es die Liebenden malen
Zwei volle Bögen, die endlich einander begegnen:
Es pocht den vollen Bogen der Lust aus und den vollen Bogen der Ungeduld.
Doch wir sagten ihm: dieser simple Hohlmuskel
Pocht bißchen viel Lärm aus sich!
Und wir wollten den Schlag der Hämmer nur hören und nicht den Herzschlag,
Oder wir wollten, daß beides synchron erschalle,
Den schnelleren Herzlärm wollten wir nicht begreifen.[78]

Und der Schluß lautet: „Darf auch nur ein Mensch / Verlorengehen? / Hier?" Hier dokumentiert sich ein Gruppengefühl, das mehr ist als der bloße Generationszusammenhang; man darf an die Widmungsgedichte Kunzes an Wolf Biermann und Peter Huchel, die beiden anderen Geächteten, und Biermanns Ermutigung für Huchel, erinnern. Brauns Metapher von „Lust" und „Ungeduld" als den beiden Bögen des Herzens sowie die Antithese von Hammerschlag und Herzschlag enthält im Ansatz die poetischen Merkmale von Kunzes Lyrik, die aus der Ergriffenheit des Gefühls und der Sensibilität des politischen Bewußtsein kommt. Lust — das heißt die Liebe, die Freude an der Natur, an der Musik, an den schönen Ordnungen künstlerischen und natürlichen Daseins. Ungeduld — das heißt Leiden unter den Verhärtungen und Zwängen der Gesellschaft, leidenschaftliches Eintreten für einen menschlichen Kommunismus und die Autonomie der Kunst (Vergl. Kunzes Parabeln in dem gleichnamigen Exkurs!)

1933 im Erzgebirge geboren und damit vorherbestimmt zur Symbiose mit dem tschechischen Nachbarvolk, Sohn einer Arbeiterfamilie, später Student und

---

[77] Nachdem die letzten Gedichte nur in Westdeutschland (oder Prag) veröffentlicht werden konnten und Kunze wegen der bei Rowohlt 1969 ersch. *Sensiblen Wege* vom Schriftstellerkongreß getadelt worden war, ist ihm seit 1971 auch dieser Weg verboten. Die neueste, „repräsentative" Anthologie *Lyrik der DDR* 1970 bringt Kunzes Namen ebenso wenig wie den Huchels!

[78] In *Vorläufiges*.

Dozent in Leipzig erwarb er mit der Sammlung *Vögel über dem Tau* von 1959 eine eigne literarische Physiognomie. Wie Signaturen erscheinen die Titel seiner nächsten Arbeiten: *Lieder für Mädchen die lieben, Halm und Himmel stehen im Schnee, Aber die Nachtigall jubelt* und die Anthologie *Mein Wort, ein junger Vogel.* Das Lied, empfindsam, musikalisch, durch die Strenge der Form gegen das Sentimentale abgesichert, wird Kunzes primäres lyrisches Ausdrucksmittel, daneben das Märchen. Ein Beispiel aus *Vögel über dem Tau* mag genügen:

> *Für meinen Sohn*
> Die Musik ist ein Regenbogen.
> Jede Sekunde, die du lebst,
> ist als kleiner Vogel
> hindurchgeflogen.
>
> Die Dichtung ist ein Baum.
> Jede Stunde, die du lebst,
> ging als Morgenhauch
> durch seinen Traum.
>
> Am Baume unter dem Regenbogen
> glänzen Lieder Blatt und Blatt,
> in denen jede Stunde, die du lebst,
> als kleiner Vogel,
> als Morgenhauch
> geatmet hat.

Früh verdunkelte die Mißbilligung seines Staates, der die Liebe des jungen Kommunisten nicht erwiderte, Reiner Kunzes poetischen Himmel. Die militärische Zerschlagung des Prager Frühlings, dem Kunze durch seine Frau, durch seine Kenntnis der tscheschischen Sprache und durch seine Freundschaft mit den Prager Literaten eng verbunden war, verschärfte die Divergenzen bis zur literarischen Ächtung innerhalb der DDR. Es ist eine Frage der Zukunft, ob es eine Fortführung von Kunzes noch jungem literarischen Werk geben wird und unter welchem Aspekt sie stehen könnte.

Hielte man sich an die Vorbilder (Goethe, das Volkslied) oder an die Thematik (Liebe, Natur, Märchen), so ließe sich Kunzes ursprüngliche lyrische Position als romantisch bezeichnen. Der Gegensatz zu Günter Kunert könnte kaum schärfer sein. Gefühl und Intellekt, Erlebnis und dialektisches Denken, Schmerz und Zorn, Klage und Ironie, Verteidigung und Angriff, musikalische Schönheit und rationale Brillanz, Nachfolge Goethes und Nachfolge Brechts — so könnten die Begriffspaare heißen, die den Kontrast bezeichneten.[79] Doch ein solches Ent-

---

[79] Das Nachwort der tscheschischen Ausgabe von *Widmungen* arbeitet den Unterschied zu Kunert an Hand von zwei Gedichten heraus, weist im übrigen auf den Einfluß tscheschischer Dichter, insbesondere Jan Skacels hin.

weder-Oder würde beide Dichter auf Formeln bringen, die ihrer Totalität nicht
gerecht würden. In Kunzes *Widmungen* stehen die Zeilen:

> Die Liebe
> ist eine wilde Rose in uns,
> unerforschbar vom Verstand
> und ihm nicht untertan.
> Aber der Verstand
> ist ein Messer in uns,
> zu schneiden der Rose
> durch tausend Zweige
> einen Himmel.

Rose und Messer also zusammen, indem das Messer der politischen Dichtung
die Funktion erhält, der Rose der Liebesdichtung den Himmel frei zu schneiden.
Und wenn diese Formel so etwas wie ein literarisches Programm enthält, so
auch den Grund des Scheiterns. Die Rose, im Anfang das Symbol der Liebe, erweitert ihre Bedeutung. Die Natur und ihre Schönheit, die organische und
harmonische Ordnung der Kunst werden unter dem Symbol-Wort Rose begriffen und der gesellschaftlichen, starren, machtgeschützten „Ordnung" entgegengesetzt. Es scheint, als habe Kunze schon Jahre vor dem Urteilsspruch die Ver-
geblichkeit seines Kampfes geahnt. In dem 1961 entstandenen großen Gedicht
In der Thaya[80] lautet der Mittelteil:

> Seht ihr's, wie in seinen händen eine rose aufblüht?
> Seht ihr's nicht? Eine rose!
> Wir aber sind nicht für rosen.
> Wir sind für die ordnung.
> Wer für die rose ist,
> ist gegen die ordnung.
> Ist nicht jedes blatt der rose anders? Seht nur!
> Und wie viele sie hat!
> Sie ist das chaos.
> Er will das chaos.
> Was aber ist denn das chaos?
> Es ist der untergang der ordnung.
> Seht nur, wie sie alle nach der rose blicken!
> Er bringt die ordnung um die blicke, der verräter!
> Da, da — ein dorn, seht ihr nicht? Sie hat einen dorn!
> Hilfe, wir verbluten! Die rose hat uns angegriffen! . . .
> Verurteilt die rose, verurteilt seine hände!
> Er ist ein feind der ordnung!
> Schließt ihn aus der ordnung aus!
> Verurteilen! Verurteilen!

---

[80] Widmungen.

Die Konflikt-Situation verschärfte sich durch Kunzes Hinwendung zur tschechischen Literatur und Politik, zum tschechischen und slovakischen Volke. Er heiratete eine Tschechin, lebte teilweise in Böhmen, übersetzte tschechische und slovakische Literatur.[81] Damit verbindet sich thematisch die Sehnsucht nach der Ferne, „Hunger nach der Welt", wie der dritte Abschnitt der Sammlung *Sensible Wege* überschrieben ist, ein Hunger, der sich mit den *Einundzwanzig Variationen über das Thema die Post* begnügen muß, mit der Phantasie dessen, dem die Welt verschlossen ist.[82]

Die Liedformen verschwinden und mit ihnen alles Musikalische, Märchenhaft, Idyllische. Das Thema von der Verfolgung der Kunst und der Unterdrückung des Menschen verdrängt die Möglichkeit irgendeiner poesie pure, vertreibt die Reime und verhärtet die Rhythmen. Die Sprache wird sparsam, nüchtern, oft verschlüsselt, ihre Bilder nähern sich den Chiffren: Verteidigungsmittel eines Verfolgten und Wehrlosen.

> *Zweites Gedicht über das Fensterputzen*[83]
> Den rahmen säubern
> von der möglichkeit des gitters, den wirbel
> von der möglichkeit des galgens, den sims
> von der möglichkeit des letzten schritts
> die scheiben putzen, nichts
> trübe den blick
> Atmen,
> den frieden der fenster die
> nachts nicht verschweigen müssen
> ihr licht

Im Prolog zu den *Widmungen* konnte Kunze noch schreiben: „Flieg, mein gedicht! Und fliehe dessen zeichen, / der dich verkennt! / Und legt er an auf dich, / er wird dich nicht erreichen, / er trifft nur mich." Eins der letzten, uns von Kunze bekannt gewordenen Gedichte *Entschuldigung* lautet: „Ding ist ding / sich selbst genug. / Überflüssig / das zeichen. / Überflüssig / das wort. / Überflüssig / ich."

Was im einzelnen zur Maßregelung Kunzes geführt hat, kann nur vermutet werden. Sicher ist, daß er sich weigerte, seinem Staate in der vordergründigen Weise des Preislieds auf den Sozialismus oder die Produktionsschlacht zu dienen, daß er auf der Autonomie der Kunst bestand. Die tschechischen Herausgeber seiner Gedichte bewiesen durchaus Einsicht in den stalinistischen Rückfall

---

[81] U. a. *Die Tür* Nachdichtung a. d. Tschechischen, Godesberg o. J. und zahlreiche Übers. in ostdt. Verlagen.

[82] Erweitert durch *Sechs neue Variationen* in *Ensemble, Lyrik, Prosa, Essay*, München 1969.

[83] Sensible Wege.

der ostdeutschen Kulturpolitik, als sie im Nachwort zu den *Widmungen* schrieben: „Kunze überwindet einen bestimmten Anachronismus, der durch den Kontakt der Poesie vieler sozialistischer Länder und auch der progressiven westdeutschen Poesie sichtbar wird, und eilt den wertenden Gesichtspunkten bei sich daheim voraus."

*

Den literarischen Bruder Reiner Kunzes möchte man den 1969 jung gestorbenen Uwe Greßmann nennen — sofern man sich an Kunzes frühes Werk hält und die späteren Verhärtungen und Verdunklungen vergißt. Schon der Titel der 1967 erschienen Sammlung von Greßmanns Gedichten *Der Vogel Frühling* deutet die gleiche Gestimmtheit des Gleichaltrigen an. Mythos, Märchen, Volkslied stellen die Bilder bereit, aus denen Greßmanns „Idyllen" erwachsen. Mit Recht nennt ihn der Herausgeber den „Beherrscher einer Welt, in die man nur eingelassen wird, wenn man sein altes Märchenbuch als Paß vorweist."

An den Vogel Frühling[84]
Daunen dringen aus dir.
Davon kommen die Blumen und Gräser.

Federn grünen an dir.
Davon kommt der Wald.

Grüne Lampen leuchten aus deinem Gefieder.
Davon bist du so jung.

Mit Perlen hat dich dein Bruder behaucht, der Morgen.
Davon bist du so reich.

Uralter, du kommst aus dem Reich der mächtigen Sonne.
Darum kommen Menschen und Tiere und: Erde,
Dich zu empfangen.

Da du sie eine Weile besuchst,
Sind sie erlöst und dürfen das weiße Gefängnis verlassen,
In das der Winter sie gesperrt hat.
Und davon kommen die Sänger,

Die dich besingen.
Frühling, du lieblicher.
Du richtest den Kopf hoch.
Davon ist der Himmel so blau.

Und es wärmt uns alle dein gelbes Auge.
Und du siehst uns an.
Und davon leben wir.

---

[84] Alle Gedichte zit. nach *Der Vogel Frühling*, Halle 1967.

Das ist eine Naivität der Sprache und der Imagination, die an die Welt der „naiven Maler" in der Weise von Henri Rousseau erinnert. Flucht aus einer Welt, welcher der Autor als Arbeiter in Berlin angehörte? Die Reflexionen, mit denen Greßmann seine Produktion begleitet, ja, die einen Teil dieser Produktion ausmachen, dokumentieren, daß die vorgetäuschte Naivität eine bewußte Fiktion ist, ein literarisches Mittel, das Motiv sichtbar zu machen, das solche Verse hervortreibt: Den Zusammenstoß der ersehnten Identität von Mensch und Natur mit der Technik und Naturwissenschaft der modernen Welt. Und da der Antagonismus nicht auflösbar ist, bleiben dem Dichter zwei Haltungen übrig: die Flucht in die Phantasie, das Spiel, das Märchen einer antiwissenschaftlichen Welt: „Ich, Mensch, ein kleiner Kosmos, wie Philosophen sagten, / Trug die Erde am Schuh und in mir die Idee der Schöpfung, / Da ging ich auf der Straße des Himmels bummeln." Und zum anderen die Resignation aus der Erkenntnis, daß die Moderne unerträglich, die Welt von *Des Knaben Wunderhorn* unwiederholbar sei: Der Vogel Frühling ist tot, ist Erinnerung:

Die Sage vom Vogel Frühling
Wer Dichter sein will, heißt es in dem Dorf der Eichen,
Der trinke aus dem Brunnen der Träume Wein,
Und schau! Wie Armin und Brentano an dem Pumpenschwengel hängen
Und in des Strahles Wunderhorn blasen...
Und manche der Modern(d)en zogen einen Kittel an, die Künstlerlaboranten,
Und suchten in Latrinen und Müllhaufen, Versuchsstationen später Kunst,
Den einstigen Glanz des Wortes; auf Emaille der Pfützen auch:
Mülleimer steht da. Und doch! Was bleibt den Spätlingen übrig,
Da ihr aschener Mund das Lied des Volkes nicht mehr singen kann,
Als den Abschiedsgesang, der ganz zerfetzt wie Papier von Müllkutschern ist,
Mit den Händen der Schaufel zusammenzufegen und aufzuladen
Das Experiment der Kunstlaboranten.
Und sieht mancher zum Dorf der Eichen zurück,
Der einstigen Heimat der Dichter, die er verlassen hat,
Sucht er nach dem Brunnen Brentanos,
Des Strahles und der Pumpe Wunderhorn. Im Museum des Rundfunks
Noch ist das Lied zu hören gewesen, äußert des Dorfkrugs Radio.

*

Märchen und Volkslied, Goethe, Brentano und Anette von Droste-Hülshoff gehören zu der Ahnenreihe, zu der sich auch Sarah Kirsch bekennt. Ihre Gedichte sind empfindsam, naturnah (man verzeihe das abgedroschene Wort), melancholisch, verspielt, doch niemals naiv, sondern von einer Doppelbödigkeit und zuweilen von einer versteckten Aggressivität und Ironie, welche die Skepsis des modernen Menschen hindurchblicken lassen. Die Themen heißen Sehnsucht nach Welt und Ferne, imaginäre Reisen, Wechselspiel von Märchen und

Realität, Gestaltwandel des dichterischen Ich, Stimmungen eines höchst sensiblen Gemüts und störrisches Beharren auf der eigenen bedrohten Identität.

Trauriger Tag
Ich bin ein Tiger im Regen
Wasser scheitelt mir das Fell
Tropfen tropfen in die Augen

Ich schlurfe langsam, schleudre die Pfoten
die Friedrichstraße entlang
und bin im Regen abgebrannt

Ich hau mich durch Autos bei Rot
geh ins Cafe um Magenbitter
freß die Kapelle und schaukle fort

Ich brülle am Alex den Regen scharf
das Hochhaus wird naß, verliert seinen Gürtel
(ich knurre: man tut was man kann)

Aber es regnet den siebten Tag
Da bin ich bös bis in die Wimpern

Ich fauche mir die Straße leer
und setz mich unter ehrliche Möven

Die sehen alle nach links in die Spree

Und wenn ich gewaltiger Tiger heule
verstehn sie: ich meine es müßte hier
noch andere Tiger geben.

Aufforderung
Denk nach Bruder und zähle dein Geld
Kauf einen schillernden Hahn verrate mich sag
ich könnte Fische verstehen wüßte wie Gras wächst

auf bitterer Erde erstorbener Dörfer, aber
du hast es gesehen ich verriegle
abends die Türen vertraue dir nicht und keinem Komputer

hab eine steifen Rücken ein Maultier das störrisch ist
noch im Kleefeld nicht frißt manchmal
die Peitsche nimmt aber verdorben ist seit diesem Tag

Sag Bruder daß du mein Bruder nicht bist
Daß deine Fingerabdrücke den meinen fremd sind verwahr dich
und deine zahlreiche Sippe wenn sie dir lieb ist gegen
mein einfältiges Schweigen.[85]

---

[85] Alle Gedichte zit. nach *Gedichte* München 1969, ein Sammelband, in dem auch die Ged. aus *Landaufenthalt* enthalten sind.

Reiner Kunze, Uwe Greßmann, Sarah Kirsch, ein paar schmale Gedichtbände, zwischen 1960 und 1970 entstanden, eine Generation, die in diesem
Jahrzehnt zum geistigen und künstlerischen Bewußtsein erwachte — und das
Erwachen bedeutete für sie zuerst: Türen aufstoßen, eine neue Welt des Au-
ßens wie des Innens entdecken, eine Welt, die jenseits von Klassenkampf, Produktionsschlacht und unreflektiertem Glauben an den Fortschritt der Gesellschaft sich eröffnete, zugleich ein Reichtum an sprachlichen Formen, der die
Definitionen des dogmatischen „sozialistischen Realismus" sprengte. Was entstand war keine poesie pure. Das gesellschaftliche Engagement blieb leidenschaftlich, aber es änderte seinen affirmativen Charakter, zielte auf Freiheit des
einzelnen und Freiheit der Kunst, es wehrte Gesellschaft ab um des Einzelnen
willen. Und deshalb trat uneingeschränkt hervor, was stets Lyrik bedeutet
hatte: Ausdruck der Gedanken und der inneren Erlebnisse des Dichters. Das
heißt aber auch: Einsamkeit des Dichters in einer Gesellschaft, die, wie das
Beispiel Kunzes zeigt, mit Ächtung antwortete.[86]

Volker Braun und Wolf Biermann

„Der Ungeduldige bin ich unter den Ungeduldigsten / Veränderlich bin ich
in den Veränderungen" — diese Zeilen aus der Sammlung *Provokation für
mich*, 1965, dürfen als Motto voranstehen: Ungeduld und Veränderung heißen
die Kampfrufe dieser ostdeutschen Variante des zornigen jungen Mannes. Volker Brauns Lyrik diskutiert nicht, bittet nicht, tarnt sich nicht. Sie provoziert
mit wirksamen, das heißt in leicht faßbare Sprachbilder gekleideten Thesen,
plakativ, lautstark, rücksichtslos, ohne Furcht vor Prahlerei und einem halb-
starken Jargon:

Anspruch (Letzte Strophe)[87]
Alles Alte prüft: her, Kontrollposten Jugend!
Hier wird Neuland gegraben und Neuhimmel angeschnitten —
Hier ist der Staat für Anfänger, Halbfabrikat auf Lebenszeit.
Hier schreit eure Wünsche aus: an alle Ufer
Trommelt die Flut eurer Erwartungen!
Was da an deine Waden knallt, Mensch, die tosende Brandung:
Das sind unsere kleinen Finger, die schießen nur
Bißchen Zukunft vor, Spielerei.

---

[86] Die Lyrik der Avantgarde ist hauptsächlich enthalten in den Anthologien
Bekanntschaft mit uns selbst 1961, *Sonnenpferde und Astronauten* 1963, *In diesem
besseren Land* 1966 und *Erlebtes Hier* 1966, in dem die Einleitung sich zu dem
Arno-Holz-Zitat bekennt: „Die alte Form nagelte die Welt an einer bestimmten
Stelle mit Brettern zu; die neue reißt den Zaun nieder und zeigt, daß die Welt auch
noch hinter diese Bretter reicht."
[87] Provokation für mich, Halle 1965.

Lebt sich hier eine kraftvolle und ungebändigte, um jeden Preis auf Originalität und Provokation bedachte lyrische Natur aus, die das Lyrische mit Kolbenschlägen der Sprache zu zertrümmern sucht? Kunst als Anti-Kunst, gewollte Abkehr von der Rationalität Brechts und seiner Schüler, vom Pathos der Parteiredner und den Elegien der unter der Gesellschaft Leidenden? Und ist die neue Sprache nicht doch wieder eine ererbte und gelernte Sprache, deren Muster, Majakowski, allenthalben sichtbar wird? All dies ist zu einem Teile richtig, aber es läßt die Frage außer acht, woher der ungestüme Zorn des jungen Mannes komme.

Volker Braun ist sich der Fragwürdigkeit seiner sprachlichen Mittel bewußt, er reflektiert über seine Schreibweise und rechtfertigt sie mit der Notwendigkeit der geschichtlichen Situation in dem Jahrzehnt zwischen 1960 und 1970.

Vorläufiges[88]

Andere werden kommen und sagen: e h r l i c h waren sie
(Das ist doch schon was zuzeiten der Zäune und Türschlösser)
Sie schrieben für das Honorar und die Befreiung der Menschheit
Einst, als die Verse noch Prosa warn, wenig Dichter, viel Arbeit
Aber was für Klötze! Wie hieben sie die Menschheit zurecht:
Mit Schraubenschlüsseln wollten sie Brustkästen öffnen,
Make-up mit dem Vorschlaghammer? Liebesgeflüster auf Kälberdeutsch?
Revolution mit der Landsknechtstrommel — wußten sie nichts von Lippen
Die unmerklich beben beim Anprall der neuen Worte?
Mußten sie neue Ufer zertosen mit ihrem Wortsturm?
Ach, ihr seid besser dran: euer bloßes Ohr wird Herztöne auffangen
Eure bloßen Worte werden wie Verse schon Zäune umlegen
Eure Revolution wird vielleicht ein Gesellschaftsspiel, heiter, planvoll.
Dann werden unsere Wiesen nur Grashalme sein
Und was uns Sturm ist, ist euch nur lauer Wind.
Doch wir nehmen es auf uns: vergessen zu sein am Mittag!
Denn auch ihr werdet das Feuer der Revolution in euch tragen
                                        und den Wind Widerspruch:
Daß das Feuer zur Flamme aufsprüh, bedarf es des Windes.
Und auch ihr werdet für die Befreiung der Menschheit schreiben
                                        und für ihre Qual:
Weil sie nur vorläufig ist, werdet ihr Vorläufige sein.

Brechts *An die Nachgeborenen* bringt sich in Erinnerung und damit die Frage, was eine solche Analogie zu bedeuten habe in der gegebenen Situation, und das heißt im zweiten Jahrzehnt eines sozialistischen Staates, der beansprucht „ein Gemeinwesen neuer Qualität" zu sein — während Brechts Gedicht 1938 entstand, in der Emigration, in den schwarzen Tagen des drohenden

---

[88] Ebenda.

Weltkriegs. Welche Erneuerungen sind notwendig, welche Veränderungen? Wogegen der Widerspruch? Was bedeutet das „zuzeiten der Zäune und Türschlösser"? Welchen Inhalt hat die stürmische Forderung noch? Als erste Teilantwort muß auf Brauns Drama *Kipper Paul Bauch* verwiesen werden, das die Grenzenlosigkeit des Individuums und seines Genießens proklamierte. Das Gedicht *Provokation für mich* aus der gleichnamigen Sammlung fügt eine zweite Teilantwort hinzu: nicht das Gegenwärtige zu preisen, sondern das bessere Zukünftige zu fordern sei die Aufgabe des Dichters. Was aber ist das bessere Zukünftige? Das Gedicht *Jazz*, das scheinbar nur einen Teilaspekt und zwar einen ästhetischen zum Gegenstand hat, gibt die Antwort in einer neuen, zur Kunstform gezähmten Sprache. Es enthält das literarische wie das politische Programm Brauns und darf als Schlüssel betrachtet werden, mit dem die Position der jungen Lyrik der DDR erschlossen werden kann.[89]

> *Jazz*
>
> Das ist das Geheimnis des Jazz:
> Der Baß bricht dem erstarrten Orchester aus.
> Das Schlagzeug zertrommelt die geistlosen Lieder.
> Das Klavier seziert den Kadaver Gehorsam.
> Das Saxofon zersprengt die Fessel Partitur:
> Bebt, Gelenke: wir spielen ein neues Thema aus
> Wozu ich fähig bin und wessen ich bedarf: ich selbst zu sein —
> Hier will ich es sein: ich singe mich selbst.
> Und aus den Trümmern des dunklen Bombasts Akkord
> Aus dem kahlen Notenstrauch reckt sich was her über uns
> Herzschlag Banjo, Mundton der Saxofone:
> Reckt sich unsere Harmonie auf: bewegliche Einheit —
> Jeder spielt sein Bestes aus zum gemeinsamen Thema.
> Das ist die Musik der Zukunft: jeder ist ein Schöpfer!
> Du hast das Recht, du zu sein, und ich bin ich:
> Und mit keinem verbünden wir uns, der nicht er selber ist
> Unverwechselbar er im Haß, im Lieben, im Kampf.

Das Gedicht arbeitet mit antithetisch einander gegenübergestellten Wortgruppen: hier Verben gewaltsamer Aktion (ausbrechen, zertrommeln, sezieren, zersprengen) — dort statische Substantive (erstarrtes Orchester, geistlose Lieder, Kadaver Gehorsam, dunkler Bombast Akkord, kahler Notenstrauch). Aus dem Sieg der Verben resultiert das Neue, das neu Gewollte: Herzschlag Banjo, Mundton der Saxofone, bewegliche Einheit. Eine breit ausgeführte Metapher also, aus der die musikalischen Begriffe leicht in gesellschaftliche übertragen

---

[89] Vorläufiges, Frankfurt 1966. Anzumerken ist, daß Jazz als Ausdruck westlicher Dekadenz in der DDR bekämpft wird. Man vergl. auch das Gedicht von Rainer Kirsch *Jazz Me Blues*. Neue Dt. Lit., 1963, 1.

werden können. Es geht um ein neues Verhältnis des Einzelnen zu seiner Gesellschaft. Keine Absage an die Gesellschaft, sondern eine Relation, welche die Freiheit innerhalb des Kollektivs herstellt und dem Kollektiv eine neue Qualität gibt, da dieses sich erst aus der Freiheit seiner Glieder konstituiert. Die Jazz-Band als ein Körper, der nur durch die schöpferische Tätigkeit des freien Ich zum gemeinsamen Werk kommt, wird zum Vor-Bild der neuen Gesellschaft. In Brauns Gedicht *Schauspiel* erscheint das gleiche Motiv erneut: „Jeder sagt, was er denkt — wir spielen das Stück / Unsres Lebens. Es kann nicht mehr abgesetzt werden. / Das Banjo wartet auf seinen Einsatz. / Verständlich wie eine Losung, leicht wie ein Gewand / Das jedem paßt, führn wir sie langsam herauf: Die Freiheit"[90]

Je utopischer die Forderung ist, desto stärker empfindet der Fordernde die Gefahr. Er täuscht sich nicht über die Schwierigkeiten, die Wahrheit zu sagen, ist nicht frei von Zweifeln.

> Messerscharf ist die Wahrheit. Mein Gedicht
> Turnt auf der Schneide des Messers: ein Schritt zur Seite,
> Ich stürze. Mein Blut hat die Freiheit des Seiltänzers:
> Hohe Kunst der Beherrschung. Tausend Möglichkeiten
> Der Lüge, eine Möglichkeit der Wahrheit. Und
> Ungewagter Schritt: weder Lüge noch Wahrheit!
> Ungeschriebener Vers: Kapitulation! Und
> Von wo den ersten Schritt tun? Wo stehn? Wo
> Stellung beziehn zum neuen Tag?[91]

Er kennt die Macht der Mächtigen. Neben den Optimismus der Provokationen tritt die Gefaßtheit dessen, der mit dem Schlimmsten rechnet: „Also wir redend / Können nicht fragen, was es uns kostet: / Sei es der Kragen. Aber wenn / Wir nicht mehr reden können, wird doch geredet werden / Wenn der Regen aufhört, wird es doch Regen geben."[92] So entsteht ein Selbstbewußtsein des Trotzes, ein Wille zur Selbstbehauptung des Ich, welcher dem skeptischen Heroismus Günter Kunerts verwandt ist.

*

Wolf Biermann stellt in Person und Werk den extremsten Fall des Konflikts zwischen Literatur und Staat dar. Das beweist auf der vordergründigen Ebene der Fakten, daß er in seinem Staat weder gedruckt wurde noch wird, daß er weder publizieren noch singen oder sprechen darf. Doch bleibt bestehen, auch wenn er sich selbst gelegentlich einen „staatlich anerkannten Staatsfeind" nennt,

---

[90] Kürbiskern, 1968, IV.
[91] Bruchstücke, Neue Dt. Lit. 1964, 1.
[92] Schluß des Gedichts *Um sinnloses Wutvergießen zu vermeiden*. Wir und nicht sie, Frankfurt 1970.

daß es sich um eine parteiinterne Auseinandersetzung handelt, um einen Streit von Kommunisten mit Kommunisten; wenn Biermann seine bittenden, tadelnden oder hemmungslos schimpfenden Verse an seine „Genossen" richtet, so ist dieses Wort weder ironisch noch floskelhaft gebraucht, sondern es behauptet den Anspruch auf das gleiche politische Bekenntnis mit denen, die ihn verfolgen. Wäre Biermann nur der Vertreter einer politischen Variante innerhalb der kommunistischen Einheitspartei oder wäre er, als Literat, nicht mehr als der Verfasser und Sänger von oppositionellen Songs und Moritaten, so genügte es, ihn als Kuriosum zu erwähnen. Da er aber darüber hinaus ein Dichter ist, da seine weithin dem Tagesbedarf dienende Produktion sich immer wieder zur Lyrik steigert, muß er als die Stimme einer tief im Geistigen und Menschlichen wurzelnden Gegenkraft, einer totalen Gegnerschaft des politischen Machtapparats begriffen werden. Und wenn dieser Mann, hinter dem keine politische oder sonstwie orientierte Gruppe, keine wirtschaftliche oder publizistische Macht steht, seiner Partei und seinem Staat nicht als Kuriosum erscheint, das man lächelnd beiseite schieben könnte, sondern als Monstrum, das zu fürchten ist, so erhebt sich die Frage: wer eigentlich ist Wolf Biermann?

1936 in Hamburg als Sohn eines Arbeiters geboren, der wegen seiner kommunistischen Aktivität von der Gestapo ermordet wurde, 1953 in die DDR übersiedelnd und dort zunächst das Lob der endlich gefundenen geistigen und politischen Heimat in linientreuen Versen singend schien Biermann sich zum vielversprechenden Lieblingssohn seiner Partei zu entwickeln. Aber wie die Datierung seiner frühen Gedichte in der Sammlung *Die Drahtharfe* zeigt, verwandelte sich die Begeisterung früh in Kritik; Biermanns Lieder gewannen einen eigenen Ton. Das gilt im vollen Sinne des Wortes. Der Verfasser erfindet den Text, die Melodie, die akkordierende Gitarrenmusik und er trägt sein Lied selbst vor, sich selbst auf dem Instrument begleitend. Die lyrischen Formen sind mannigfaltig: die Ballade und die Moritat, das vierzeilige gereimte Lied, das kämpferische Pasquill mit ungereimten rhythmisierten Langzeilen, das scharf pointierende Lehrgedicht, oft bis zum Epigramm verkürzt. Die Sprache nimmt ihre Mittel vom Volkslied und Kinderreim, von Heine, Tucholsky und Brecht, ihre Skala reicht von zarten Tönen bis zur unflätigen Schimpferei und von sinnlicher Wärme bis zum kalten Haß; ihre reiche Metaphorik nutzt die bildhafte Tiefe der einfachen Wörter, die tägliche und naturhafte Wirklichkeiten bezeichnen.

In seinem jüngsten Werk, dem Musical *Der Dra-Dra* hat Biermann alle Objekte seiner Kritik und seines Hasses zu einer einzigen theatralischen Figur zusammengezogen, zu dem großen namenlosen Drachen, den es zu töten gilt. Was der Drache vertritt, hat der Autor selbst definiert: „reaktionäre Gewalt, parasitäre Macht und konterrevolutionären Terror."[93] Daß hinter diesen politi-

---

[93] S. Interview im Spiegel vom 1. 3. 1971, S. 153.

schen Begriffen, so real sie zunächst genommen werden müssen, eine totaler und
tiefer begründete Wertordnung steht, dokumentieren Biermanns Gedichte. Die
Antithesen alt - jung, erhalten — verändern, Ruhe - Bewegung, die wir aus den
Gedichten Volker Brauns kennen, kehren in verschärfter Tonart wieder und
gipfeln in der Forderung: „Setzt eurem Werk ein gutes Ende / Indem ihr uns /
Den neuen Anfang laßt!" Aber der rücksichtslose Angriff der Jungen ist begleitet von dem Wunsche nach Versöhnung: „Seht mich an, Genossen / Mit
euren müden Augen / Mit euren verhärteten Augen / Den gütigen!"[94] Die Partei, einzige Heimat, Bruder, Schwester und Muter, bleibt die Gemeinde, aus der
ausgestoßen zu werden unerträglich wäre.

> *Drei Worte an die Partei*[95]
> Hast du ein blutrot Kalb
> In deinem Herzen, Schwester
> Daß du mich nicht lässest
> In dein Gehege?
>
> Ach Bruder, nimm das Messer
> Doch weg von meiner Brust!
> Ich blute ja längst
> Vor Trauer aus.
>
> Nimm, Mutter, deinen Haß
> Von meinen schwachen Schultern!
> Ich trage ja schon
> An deiner Liebe schwer.

Die Partei, konkrete Erscheinung einer schützenden, Heimat gebenden Gemeinschaft und gleichzeitig konkrete Erscheinung von Gewalt, Dogmatismus,
Erstarrung, geliebt wie gehaßt, wird zum Generalthema von Biermanns Dichtung, zum Gegenstand und Symbol eines Kampfes der Kräfte des Lebendigen
gegen die Kräfte des Erstorbenen, des Warmen gegen das Kalte, der Bewegung
gegen den Stillstand, der Liebe gegen die Macht, der Sinnlichkeit gegen die Abstraktion. Die Sehnsucht des modernen, in gesellschaftliche Zwänge und staatliche Reglementierung eingezäunten Menschen, die Klage über eine Domesti-
kation, die das Vitale und Naturhafte verkrüppelt, werden zu Gedichten einer
elementaren Auflehnung.

> Ach, für die Brautnacht mit der neuen Zeit
> Ach, für die riesigen Umarmungen
> Auch für den tiefsten Liebesschmerz
> Ist uns das Herz noch schwach und
> Schwach noch sind die Lendenkräfte uns.

---

[94] An die alten Genossen in: Die Drahtharfe, Berlin 1965.
[95] In: Mit Marx- und Engelszungen, Berlin 1968.

So manchen schmalen Jüngling
Erdrückt die große schöne Frau
In hellen Liebesnächten. Ja
Riesen brauchts an Mut und Lust
Und Riesen auch an Schmerz
An Tatkraft Riesen.[96]

Das Kind nicht beim Namen nennen
die Lust dämpfen und
den Schmerz schlucken
den goldnen Mittelweg gehen
am äußersten Rande des Schlachtfelds
den Sumpf mal Meer, mal Festland nennen
das eben nennt ihr
V e r n u n f t
Und merkt nicht, daß eure Vernunft
aus den Hirnen der Zwerge
aus den Schwänzen der Ratten
aus den Ritzen der Kriechtiere
entliehen ist? Ihr
wollt mir den Kommunismus predigen
und seid die Inquisition des Glücks. Ihr
zerrt die Seelen auf den Feuerpfahl, Ihr
flechtet die Sehnsucht auf das Rad. Ihr![97]

Und darum baut der Dichter eine Gegenwelt auf, in der Frauen und Kinder,
Natur und Liebe uneingeschränkt hausen, keine romantische, sondern eine sehr
sinnenhafte Welt, aber auch nicht mehr als ein Utopia. Denn die Wirklichkeit
der Gegenwart ist finsterer und mächtiger als die Hoffnung. Skepsis, Resignation, Trauer breiten sich aus, bestimmten die Verdüsterung der Tonart von
den älteren Liedern in der *Drahtharfe* hin zu den neuen Liedern in der
Sammlung *mit Marx- und Engelszungen*. Die hohe Vorstellung vom Menschen
und seinen Möglichkeiten weicht dem Zweifel. Nach der Beschreibung einer
Bronze, genannt „Der Aufsteigende", folgt die Frage: Wohin steigt dieser da? /
Oder soll er etwa, was wir schon ahnten: / Ein Symbol sein der Gattung
Mensch? / Steigt das da auf / Zur Freiheit, oder, was wir schon ahnten: / Zu
den Fleischtöpfen? / Oder steigt da die Menschheit auf / Im Atompilz zu Gott
und, was wir schon ahnten: / Ins Nichts?"[98] Den Chorgesang in der *Antigone*
des Sophokles abwandelnd nennt das Gedicht *Größe des Menschen* die Naturkräfte der Zerstörung. Es schließt: „— sie alle übertrifft der Mensch / in seiner

---

[96] S. Anm. 94.

[97] Rücksichtslose Schimpferei in: Die Drahtharfe.

[98] Der Aufsteigende in: Mit Marx- und Engelszungen.

Zerstörungskraft."[99] Welcher Weg von verordneten Fortschrittsenthusiasmus zum Leiden an der Entartung des Menschen!

> Es blutet die Erde
> Es weinen die Völker
> Es hungern die Kinder
> Es droht großer Tod
> Es sind nicht die Ketten
> Es sind nicht die Bomben
> Es ist ja der Mensch
> Der den Menschen bedroht.[100]

Es entstehen Verse wie *Die Legende vom Soldaten im dritten Weltkrieg*, deren poetische Metaphern den drohenden Untergang beschwören:

> Da wurde die Erde ein Totenschiff
> Ein rundes rotes Geschwür
> Die Sterne am Himmel warn gar nicht mehr schön
> Denn es sah sie keiner mehr
> Den Engeln brannten die Flügel ab
> Und dem lieben Gott der Bart
> Das Jüngste Gericht wurde abgesagt
> Warn keine Seelen mehr da.

Inmitten des Dunkels bleibt dem Dichter nur der Schrei des Protest und der Hoffnung, und damit schließt sich der Ring, dessen Anfang die Lyrik Günter Kunerts bildete.

> Schlafen will ich mich legen
> auf die Steinfliesen meines Staates
> in die Keller meiner Nation
> auf die Wiesen meiner Freundschaften
> in die Dünen meiner Liebe
>
> Schlafen lege ich mich
> unter die ewigen Kirschbäume unserer Küsse, Marie
> in die endlosen Brandungen unsrer Begierden, Marie
> in die sanften männermordenden Stürze gegen Abend
>
> Und will dann hinabtauchen
> in immer tiefre Stille
> und von neuem erfinden:
> Den Schrei[101]

---

[99] Ebenda.
[100] Ebenda.
[101] Ebenda.

Aspekte der jüngsten Lyrik

Der Begriff jüngste Lyrik kann zeitlich nicht exakt eingegrenzt werden. Von den hier herangezogenen Autoren ist Wulf Kirsten, geb. 1934, der Älteste, Andreas Reimann, geb. 1946, der Jüngste. Doch würden generationsmäßig auch Reiner Kunze, Uwe Greßmann, Sarah Kirsch, Volker Braun und Wolf Biermann zu der Gruppe gehören. Wenn sie gesondert vorgestellt wurden, so deswegen, weil ihr literarisches Profil bereits eindeutiger geprägt ist. Ferner mußte eine Auswahl getroffen werden. Das auswählende Prinzip konnte nur das der literarischen Qualität sein, das den Irrtum einschließt. Die Frage des Verf. war: welche gemeinsamen, sich von der früheren Lyrik der DDR abhebenden Aspekte treten in Erscheinung? Die Frage richtet sich ebenso auf die Motive wie auf deren sprachliche Verwirklichung. Für kein Kapitel der Untersuchung gilt mehr als für dieses die Einschränkung des Provisorischen und die Hoffnung, spätere und gründlichere Untersuchungen, die sich auf mehr Material stützen und größere Distanz nützen können, möchten eine genauere Analyse bringen.

Das erste Gemeinsame ist das Bewußtsein des Neuen. Das heißt einmal das Bewußtsein, eine neue Generation zu sein, unterschieden von den „Alten", skeptisch gegenüber deren Weisheiten, nicht teilhabend an deren Erlebnissen, kritisch gegenüber der Tradition und dem Anspruch der Erfahrung, eifersüchtig auf die eigene Lebensform bedacht. Karl Mickels *Vita nova mea* faßt diese Haltung programmatisch zusammen. Das alles bedeutet möglicherweise nicht mehr als den natürlichen, zeitlosen und keineswegs gesellschaftlich bedingten Generationsgegensatz. Doch erhält es in der Gesellschaft der DDR eine spezifische Färbung, da der Widerspruch stets seinen Inhalt von dem empfängt, dem widersprochen wird.

Das Zeitbewußtsein der Jungen, für die der zweite Weltkrieg Geschichte ist, hält sich gleichwohl in keinem geschichtslosen Jahre Null auf; es hat Geschichte in sich aufgenommen und befindet sich im Zustand der Spannung zwischen ihrer Last, die existent ist, und dem Bedürfnis, sie abzuwerfen, zwischen Zorn und Hoffnung, wie es Bernd Jentzsch formuliert:[102]

> *Die grünen Bäume starben in uns ab*
> Die grünen Bäume mit den schwarzen Stämmen
> wuchsen in uns ein und starben in uns ab.
> Die Elemente der Erde, Phosphor und Schwefel,
> fielen aus den Wolken am Tag und in der Nacht.
> Sirenen sägten Bunker in den Schlaf,
> ein Taschenlampenstrahl war der Abendstern.

---

[102] Aussichten. Junge Lyriker des deutschen Sprachraums, S. 239.

Die Mäntel trugen wir übereinander.
Blicke glitten nach oben, wo auch Stare flogen.
Die roten Städte mit den schwarzen Haaren
glichen nicht den Städten aus dem Bilderbuch.
Die wir unsere Väter nannten, erklärten nichts.
Ihre Stimmen schwiegen unter Befehlen und Schnee.
In den Wäldern toter Straßen und im Geäst
des Vogelflugs erwachten wir zu plötzlich.
Die uns hätten Gefährten werden können,
trugen keine Haut auf dem Gesicht.
Wir suchen nach der Haut unserer Gefährten
in den Gesichtern derer, die noch leben.
Zorn wohnt in uns und Hoffnung ist da,
wenn wir an grüne Bäume denken.

Das von den Alten vorgezeigte und gepriesene Glück der Gegenwart genügt nicht, es ist auf ein trügerisches Fundament gebaut. Nicht die Illusion hilft, sondern „die ganze Last der Wahrheit kennen", damit Freund und Feind, Liebe und Haß geschieden werden können:

Rainer Kirsch: *Meinen Freunden, den alten Genossen*[103]
Wenn ihr unsere Ungeduld bedauert
Und uns sagt, daß wirs heut leichter hätten,
Denn wir lägen in gemachten Betten,
Denn ihr hättet uns das Haus gemauert —

Schwerer ist es heut, genau zu hassen
Und im Freund die Fronten klar zu scheiden
Und die Unbequemen nicht zu meiden
Und die Kälte nicht ins Herz zu lassen.

Denn es träumt sich leicht von Glückssemestern;
Aber Glück ist schwer in diesem Land.
Anders lieben müssen wir als gestern
Und mit schärferem Verstand.

Und die Tränen ganz beim Namen nennen;
Und die ganze Last der Wahrheit kennen.

Andreas Reimanns *Wegsuche* faßt das neue Lebensgefühl in strenge Form (fünffüßige Jamben, Strophen und ein kompliziertes Reimschema) und Metaphern von fast barocker Schwere.[104]

---

[103] Ebenda, S. 88.
[104] Ebenda, S. 318.

Wegsuche
Dem grunde zu, die urzeitsedimente
der herzen schürfen, unter letternschlamm
und redeströmen und entfremdungseis
den ursprung finden, suchend bis zum ende
der möglichkeiten und den starren damm
der vorurteile wegspüln mit dem schweiß

der schweren stirnen, bis sich offenbart
die regenbogenbrücke überm meer,
dem haifischtollen: also tätig sein,
dies heißt bestand in unsrer gegenwart.
Stets ist gebären schmerzensreich und schwer.
Und vor des Kindes erstwort dröhnt sein schrein.

Hier leb ich, irr ich. Blutig abgenabelt
von mutter kriegsangst, bin ich gänzlich frei
von dem komplex des königs ödipus.
Es sei mein credo in die welt gekabelt:
Hier leb ich. Such ich. Finde mich dabei.
Ich lieb dies land. Ist hier nicht denken pflicht?
Und dies ist höchster menschlicher genuß.

Durch Addition entstandene, inhaltsüberladene Substantive (Urzeitsedimente, Letternschlamm, Regenbogenbrücke, Entfremdungseis), ein gewaltsam vorwärts drängendes Satzgefüge, das die Zäsur zwischen den Strophen überspielt, die kurzen Sätze und Satzfragmente des Schlusses bestimmen formal diese Arbeit eines Zwanzigjährigen. Wegsuche ist das Thema, Bestand in der Gegenwart das Ziel; der Weg ist mit den Worten „dem Grunde zu" und „den Ursprung finden" benannt. Beide weisen weniger auf Geschichte hin als auf Philosophie: Denken als revolutionärer Akt, in die Metapher der Geburt gefaßt. In der Schlußstrophe triumphiert das Ich. Doch gibt die vorletzte Zeile (Ich lieb dies land, Ist hier nicht denken pflicht?), die das Schema der Form durchbricht und, reimlos, isoliert steht, dadurch aber auch unterstrichen wird, Grund zum Zweifel. Das „hier", das nach der gesamten Anlage des Gedankens nur zeitlich gemeint sein sollte, erhält unvermutet eine örtliche Bedeutung, und wenn dadurch das Gedicht in ein Bekenntnis zur DDR ausklingt, so ist der Gedankensprung offensichtlich. Geht man fehl in der Deutung, daß das Unbefriedigende des Schlusses der Unsicherheit des Gefühls entspringt?

Das neue Ich-Bewußtsein bedingt ein verändertes Verhältnis zur Gesellschaft. Was es bedeutet, daß das Ich des Dichtenden das zentrale Thema seiner Dichtung wird, macht die Gegenthese sichtbar. In der Einleitung des Almanachs des Deutschen Schriftstellerverbandes[105] geht es um das Thema von Reimanns

---

[105] Manuskripte, Halle 1969.

Wegsuche, doch der Passus lautet: „Trümmerdschungel zu roden und den Schlüssel in die neue Zeit zu suchen. Und zu finden: DDR." Und am gleichen Orte: „... ohne jegliches Bedenken singe und preise ich die Kriegskünste der Produktionsschlachten, die Strategie der Männer in den weißen Kitteln an Zeichentischen und die Taktik des Parteiorganisators am Arbeitsplatz — sozialistisches Lebensprinzip poetisch gefaßt in einem Vers dieses Buches, zementiert im Grundstein eines Gemeinwesens neuer Qualität: DDR."

Die jüngste Lyrik ist weit entfernt vom Einfließen des Ich in den mystischen Leib irgendeines Kollektivs. Sie ist Abwehr gegenüber der Gesellschaft jeglicher Art. „Der Subalterne sieht auf seinem Gegenpol ... Unnahbarkeit statt Selbstbehauptung" heißt es bei Karl Mickel.[106] Selbstbehauptung ist in der Tat das Wort. Christa Wolfs *Nachdenken über Christa T.* und F. R. Fries *Oobliadooh* haben kein anderes Thema.

Das zweite Gemeinsame ist ein neuer Realismus oder „Die Wiederentdeckung der Wirklichkeit".[107] Das Gedicht beschäftigt sich mit den den Autor umgebenden Dingen, die in ihrer Gegenständlichkeit als für sein Leben bedeutend erkannt und dargestellt werden. Das heißt Liebe zum Kleinen und Alltäglichen, innige Verbundenheit mit Baum und Haus und Gerät und Straße und den Menschen; das heißt Natur ohne Mystik und ohne Entfremdung, Land und Stadt als Heimat, als gegebene Umwelt; es heißt negativ Enthaltsamkeit gegenüber der Ideologie. So lauten die Namen der Gedichte eines dieser jungen Lyriker. *Sieben Sätze über meine Dörfer — Landgasthof — Kirschallee — Das idyllische Tal — Über sieben Raine — Hopfenfeld* u. s. f. Dem entspricht ein poetologisches Programm, dem es um das Benennen geht in der Gewißheit, das „Ins-Wort-Nehmen" sei der Weg des Dichters, sich die Wirklichkeit anzueignen:

> Wulf Kirsten: *satzanfang*[108]
> den winterschlaf abtun
> und die wunschsätze verwandeln!
> saataufgang heißt mein satzanfang.
> die entwürfe in grün überflügeln
> meiner Wortfelder langsamen wuchs.
>
> im überschwang sich erkühnen
> zu trigonometrischer interpunktion.
> ans licht bringen
> die biographien aller sagbaren dinge
> eines erdstrichs zwischenein.

---

[106] Vita nova mea, S. 75.
[107] Unter diesem Motto faßt Peter Hamm seine Anthologie *Aussichten* zusammen.
[108] Manuskripte, S. 577. Die oben gen. Gedichte sind von W. Kirsten.

inständig benennen: die leute vom dorf,
ihre ausdauer, ihre werktagsgeduld.
aus wortfiguren standbilder setzen
einer dynastie von feldbestellern
ohne resonanznamen.

den redefluß hinab im widerschein
die hafergelben flanken
meines gelobten lands,
seine rauhe, rissige erde
nehm ich ins wort.

Der reale Mensch wird aufgesucht mit seinen Runzeln, Falten und Narben,
kein Heldenbild und kein Schreckensbild, sondern Konkretheit, nicht ohne
Liebe und nicht ohne Skepsis gezeichnet.

Kurt Bartsch: *die mutter*[109]
die hände sauer, schwer wie teig,
knöpft sie des sohnes hosenlatz,
trinkt flaschenbier und lacht dabei,
tanzt auf dem tisch, springt ihn entzwei.

sie rupft die gans, mischt mandelklei
und karten, kichert, ist verhext,
da sie den stühlen beine macht;
sie reitet auf dem besen, lacht.

bevor sie schwarz wird, falten schlägt,
am eisern herd zur ruhe sitzt,
hängt sie den himmel, alt und grau,
in ihre küche hin zum trocknen.

Heinz Kahlau: *Der alte Maurer*[110]
Johannes, der alte Maurer, ist tot.
Wie der Mörtel,
mit dem er Stein zu Steinen fügte,
ist sein Gesicht.
Seine Hände auch.

Der Junge,
den er gestern noch schelten mußte,
wegen Achtlosigkeit,
bekam seine Kelle.

---

[109] Kürbiskern, 1968, III.
[110] Mikroskop und Leier, München 1964.

Vom Schornstein,
der sein letzter wurde,
stieg heute morgen
der erste Rauch.
Begrabt ihn ohne Lügen.

Die Technik verliert ihren Schrecken und ihre Gigantik. Bewunderung und Verfluchung sind gleicherweise unangemessen; die Technik wird zum Selbstverständlichen, mit dem der Mensch umgeht.

Peter Gosse: *Das Selbstverständliche*[111]
Das Raumschiff gleitet gleichmäßig
die berechnete Bahn.
Durch einen Knopfdruck erhält es
einen Impuls, der eine geringfügige
Kursänderung bewirkt.
Somit setzt der Metallkonus in dem
Mondbereich auf — Durchmesser zwei Kilometer —,
den vom Aralsee aus
ein Gerät beleuchtet
von der Größe eines Wassereimers.

Ich strecke mich ins Gras aus,
breite das weiße Taschentuch,
streiche es flach.
Lege Weißbrot drauf, Tomaten, Zwiebel, Äpfel,
lasse mir ein Messer geben.

Ein warmer Regen sprüht herüber aus dem Regenbogen,
morst sein Gedicht in die Wiese,
das selbstverständliche.

Die große Stadt, seit Detlev von Liliencron, Arno Holz und Richard Dehmel verdammt oder verherrlicht, Lebensraum der meisten von uns, gehört natürlicherweise zu den lyrischen Motiven. Sie ist ein Teil der den Dichter umgebenden technischen Welt, sie wird angenommen, aber sie wird auch der Dialektik unterworfen, die dem Verhältnis alles Gegenständlichen zum Subjekt innewohnt. Anziehung und Abstoßung wirken gleichzeitig. Das souveräne Ich hat damit umzugehen gelernt. Die Stadt ist seine Heimat und die Stadt ist eine Herausforderung, der es sich gewachsen fühlt.[112]

---

[111] Antiherbstzeitloses, Halle 1968.

[112] Vergl. die Anthologie *Über die großen Städte*, Berlin und Weimar 1968, in der sich die hier zitierten Gedichte befinden. Ferner Werner Brettschneider: Die große Stadt als lyrisches Thema, Karlsruhe 1971.

Heinz Kahlau: *Eroberung einer Stadt*
So treffen wir aufeinander:
Ich,
friedlich meinem Wesen nach,
Sie,
ihrem Wesen nach —
unbesiegbar.

Ich aber bin schwach und im Vorteil,
Sie aber, die große fressende,
die sich ausdehnt mehr als Ninive,
beschäftigt mit sich,
pausenlos lärmend und wachsend,
die meinen Blick nicht spürt
und meinen Griff nicht wahrnimmt,
ist wehrlos.
In meinem Kopf
trag ich sie fort.

Heinz Czechowski: *Halle*
Hier unter diesem Himmel wohnt das Menschheitsglück.
In dieser Luft, von Kohlenstoffen wund,
Wo alle Spiegel der Gewässer blind
Und die Fassaden grau von Ruß.
Ach keinen Augenblick
Bliebe ich hier, wär ich ein Niemand: Hölle, Paradies —
Versprecht mir nichts, als daß die Güte
In vollen Sälen niemals schweigt.
Den Preis für Glück zahl ich.
Nur Arbeit gilt noch (und selbst wenn
Die Unschuld des Papiers vergilbt, wie lang
Ein Wort auch braucht, bis es den Freund erreicht.)
Auf den Asphalt, der unterm Fenster siedet, fällt
Das rote Blatt vom Baum. Schon bricht
Aus neuen Fenstern Kitt. Die Nächte sind
Von dem Geschrei der Bahnen wach. Hier steh ich täglich auf
Aus Asche, aus dem Salz der Nacht.
Mein Anzug riecht nach Rauch, mein Auge späht
Vergeblich nach den Inseln der Glückseligkeit.
Hier werd ich täglich korrigiert,
Und korrigiere mich. Hier bin ich alles.
Und auch nichts. Wie ich es will.
Hier bin ich Gast
In allen Wohnungen des Glücks.
Gast aller Bahngeleise, zwischen Städten eingesessen, hier,
In diese Stadt, bis auf den Abruf, der da kommt.

Das lyrische Ich, entschlossen, sich selbst als zentralen Bezugspunkt zu setzen, bemächtigt sich durch die Sprache seiner gegenständlichen Umwelt und versucht zugleich, seine Individualität in der Sprache zu verwirklichen. Die Feierlichkeit von Hymnus, Ode, Sonett und das Pathos von Massendemonstrationen sind ihm fremd. Es neigt zur Genauigkeit im Nennen der Dinge und zur Nüchternheit im Nennen der menschlichen Beziehungen. Es liebt das Spiel mit der Sprache, experimentiert, verwendet aber auch überlieferte Formen, um an ihnen den überlieferten Stimmungsgehalt zu ironisieren oder aufzuheben oder durch den Kontrast von Form und Aussage die Aussage überraschend zu pointieren.

Als Beispiel ein Gedicht von Rainer Kirsch zum Thema Buchenwald:[113]

> *Ausflug machen*
> Na, wohin geht's?
> In den Eichenwald, in den Eichenwald,
> Der graue Kuckuck ruft dort bald ...

Und dann die letzte Strophe:

> In den Buchenwald, in den Buchenwald,
> Dort pfeift der warme Wind so kalt,
> Dort schmeckt die Luft so seltsam süß,
> Dort riecht's so stark nach Paradies,
> Dort ist der schwarze Rauch zu sehn ...

Die Reaktion auf jederlei Sprache, die mit bewußter Kunstfertigkeit zu Schönheit und Erhabenheit hochgeschraubt wurde, führt zuweilen, weit über die typischen understatements hinaus, zu provozierenden Gassentönen, zur Sprachgebärde des Jahrmarkts oder der Kneipe. Karl Mickels *Friedensfeier* mag das beispielhaft belegen:[114] „Zuerst werden wir uns blütenweiße Hemden kaufen / Dann lassen wir uns drei Tage lang vollaufen. / Wenn wir wieder nüchtern und kalt abgeduscht sind / Machen wir unsren Frauen jeder ein Kind ... Dann verteilen wir uns über Luft, Land und Meer / Und machen uns über das Kriegsgerät her / Und alles hackt und schneidet, zerrt, reißt, schweißt / Spuckt an, pißt dran, sitzt oben drauf und scheißt / Und schmeißt mit Steinen, sprengt mit Sprengstoff weg: / Das ist des Sprengstoffs höchsterrungener Zweck." Und so fort!

Ein schmaler Gedichtband des 1937 geborenen Kurt Bartsch unter dem Titel *Die Lachmaschine* faßt alle Möglichkeiten dieser anti-lyrischen Sprachhaltung zusammen. Kurt Bartsch, der seine parodistische Intelligenz schon in der Sammlung *Zugluft, Gedichte, Sprüche, Parodien* von 1968 erwiesen hatte, entlarvt

---

[113] Aussichten, S. 90.
[114] Vita nova mea.

die offizielle Phrase, den kleinbürgerlichen Wohlstands-Stolz und das einfältig-einschläfernde Gefühl, im Sozialismus angekommen zu sein, mit einem Witz, der seine kritische Schärfe aus einem bewußten marxistischen Elan nimmt, der die großen Begriffe und Programme ausspart, sich an den Alltäglichkeiten des Daseins entzündet und die erstarrte heldische Geste durch die gezielte Saloppheit und Banalität der Sprache dem Gelächter preisgibt. Diese nicht-lyrische Lyrik mißt eine sich behaglich im Erfolg niederlassende Gesellschaft mit dem Maßstab eines in der Ferne liegenden Zieles. Sie hält die Dürftigkeit des Alltags neben den heroischen Anspruch, Sein gegen Schein, und gewinnt ihre reinigende Wirkung aus dem Kontrast. Das geschieht paradigmatisch und in breiter Ausführlichkeit in dem Gedicht *Sozialistischer Biedermeier* oder es wird zum Epigramm verkürzt:

Scham
Als er erfuhr
Daß die Wahrheit nackt sei
Schämte er sich
Und nahm
Ein Blatt vor den Mund.

Prometheus 70
Nur manchmal
Wenn die Zentralheizung streikt
Oder die Kohlen
Unpünktlich kommen
Läuft dem
Ans Eigenheim Gefesselten
Die kleine
Alltägliche Laus über die Leber.

Ist das etwas anderes als die Nüchternheit und Skepsis einer zweiten, nachrevolutionären Generation, also ein Phänomen mehr der historischen Situation als der Gesellschaftsform? Ist es ein zeittypisches Phänomen, beiden Teilen Deutschlands gemeinsam? In der von Peter Hamm besorgten Vorstellung der „jungen Lyriker des deutschen Sprachraums" würde man in der Tat umsonst versuchen, aus den Texten die Herkunft der Autoren zu bestimmen. Die Gemeinsamkeiten des Augenblicks scheinen die Unterschiede der gesellschaftlichen Zugehörigkeit zu überdecken. Dem muß entgegengehalten werden, daß ein solcher Eindruck die Folge einer Auswahl sein könnte, welche die These von der „Wiederentdeckung der Wirklichkeit" stützen wolle. Mit Sicherheit aber kann der alte Antithesen-Katalog für ungültig erklärt werden, der allzulange die Literatur des östlichen und des westlichen Deutschland folgend kontrastieren zu müssen glaubte: „Dort die Gesellschaft — hier das Ich, dort Dienstbarkeit — hier Freiheit, dort der Gebrauchstext — hier das Objekt an sich, dort Propa-

ganda — hier Monolog, dort Wirklichkeitsveränderung — hier Wirklichkeits-
entfremdung, dort Fortschritt — hier Lage, dort Traktoren — hier Kristalle,
dort Botschaften — hier Strukturen, dort Raumpiloten — hier Fremdlinge,
dort dies — und hier das Echo und nur nirgends ein Minimum an Bereitschaft, den eigenen Regelkanon zu durchbrechen."[115] Wie leicht oder schwer eine
solche Beobachtung wiegt und welche Bedeutung sie für die Zukunft haben
könnte, ist eine der Fragen des nächsten Kapitels.

[115] Zitiert nach Aussichten, S. 336.

VII. Die Literatur als Sprache des Bewußtseins

Das Material ist, mit allen gebotenen und reflektierten Einschränkungen, gesichtet, geordnet und ausgebreitet worden. Doch der um Erkenntnis Bemühte kann sich nicht mit dem Panorama begnügen; er kann nicht anders als eine Bilanz zu versuchen. Das heißt, Typisches, vielleicht sogar Gesetzmäßiges herauszumodellieren: das Allgemeine und also auch Abstrakte innerhalb der vielfachen, konkreten Einzelerscheinungen. Jeder Autor ist ein Individuum, er selbst, nicht mehr und nicht weniger. Jedes Gedicht, jede Erzählung und jedes Theaterstück ist eine abgegrenzte, in sich ruhende, nur der eigenen Gesetzlichkeit unterworfene Arbeit — und je stärker die Individuation, desto höher die künstlerische Qualität. Da ist nichts zu addieren und keine Summe zu ziehen.

Weil aber Kunst ebensowenig aus gesellschaftlichen Zusammenhängen zu lösen ist wie irgendein anderes Feld menschlicher Betätigung, muß, über die Darlegung des Individuellen hinaus, das Generelle und das Typische gesucht werden, um aus den Einzelzügen so etwas wie das gemeinsame Gesicht der Literatur in der DDR zusammenzusetzen. Das kann ohne allzugroßen Schaden nur gelingen, wenn die methodischen Schwierigkeiten und Fallgruben im voraus ins Auge gefaßt werden. Die Gefahr, bei plakativen Urteilen über das „Typische" anzulangen, ist groß. Eine gewisse agnostische Resignation scheint nützlich. Als vor zehn Jahren Walter Jens Ähnliches, wenn auch wesentlich auf Westdeutschland zielend, versuchte, beschränkte er sich auf „Abbreviaturen, Formeln und angedeutete Verweise".[1] In der Tag können die folgenden Thesen nicht den Charakter von Erkenntnissen haben, nicht einmal den von Behauptungen. In Wahrheit sind sie Fragen, zu denen der Autor einiges mitteilen möchte, was ihm von Bedeutung scheint. Eine gewisse Erleichterung gewährt allerdings die Überlegung, daß ein allgemeinverbindliches literarisches Bewußtsein und eine gesellschafts-typische literarische Struktur in einer Homogenität anstrebenden Gesellschaft leichter erkennbar sind als in einer eifersüchtig auf ihrem Pluralismus insistierenden Gesellschaft. Damit hängt zusammen, daß uns nicht nur die politischen Grundsatzerklärungen, sondern auch die Literaturkritik in der DDR ein ganzes Schema von typischen Verhaltensweisen der betroffenen Literatur nennen; doch läßt die in den bisherigen Kapiteln dargelegte litararische Realität unschwer erkennen, wie eifrig hier Wunsch und Wirklichkeit verwechselt werden.

---

[1] Walter Jens: Deutsche Literatur der Gegenwart, München 1961.

Allzu naiv hatte die deutsche Literaturwissenschaft der letzten hundert Jahre die These Hegels übernommen, die Kunst sei die sinnliche Offenbarung des Zeitgeistes; sie mache die gesellschaftliche Totalität einer Epoche oder einer Nation unmittelbar erkennbar. Ohne Zweifel spiegelt das Kunstwerk — und in besonderem Maße das literarische Kunstwerk — Religion, Philosophie, wissenschaftliche Erkenntnis, politischen Willen und soziales Bewußtsein einer definierten Gesellschaft wider, aber weder gehen alle diese Elemente gleichzeitig oder in ihrer Ganzheit in das Kunstwerk ein, noch macht ihre Summe das Kunstwerk aus. Daher ist es ein unzulängliches Verfahren, das Kunstwerk als Quelle historischer Erkenntnis auszunutzen — schlimmer, es läßt sein Eigentliches außer acht. Konstituierend ist allein die ästhetische Dimension. „Jegliche Reduzierung des Inhalts des Kunstschaffens auf eine außerkünstlerische Dimension beeinträchtigt nicht nur ganz wesentlich den wahren Inhalt des Kunstwerks, sondern kommt der Liquidation des Kunstwerks als eines selbständigen Teils der gesellschaftlichen Totalität gleich."[2] Das Unternehmen, Literatur als Quelle für den „Zeitgeist" zu untersuchen, befindet sich in der Gefahr, dem Irrtum der obrigkeitlichen Forderung der DDR zu verfallen, Kunst habe gerade diesen Zeitgeist, zum Beispiel eine bestimmte Phase der sozialistischen Entwicklung, auszudrücken und zu fördern.

Dieser notwendigen kritischen Einschränkung steht die Einsicht in die gesellschaftlichen Bezüge entgegen, die uns die moderne Literatur-Soziologie vermittelt hat.[3] Literaturbetrachtung im Hinblick auf Gesellschaft erfaßt ihre Gegenstände nicht als Objekte der Demonstration politischer Thesen oder Ideologien, sondern als Bekundungen eines individuellen Bewußtseins, das durch seine literarische Qualität in einer sehr komplizierten Beziehung zum allgemeinen Bewußtsein steht. „Der Gehalt eines Gedichts" sagt Adorno „ist nicht bloß der Ausdruck individueller Regungen und Erfahrungen. Sondern diese werden überhaupt erst dann künstlerisch, wenn sie, gerade vermöge der Spezifikation ihres ästhetischen Geformtseins, Anteil am Allgemeinen gewinnen."[4] Nicht als Sager dessen, was alle meinen, doch nicht sagen können, sondern als das stärkere, sensiblere und bewegtere Individuum bringt der Dichter ins Wort, was in der Gesellschaft nur bruchstückhaft und formlos vegetiert. Durch die höhere Intensität des Denkens und Erlebens, durch das radikale In-sich-hinein-Nehmen der Realitäten von Zeit und Gesellschaft gelangt der Dich-

---

[2] Kvetoslav Chvatik: Die strukturelle Auffassung des Verhältnisses von Kunst und Gesellschaft, München 1970, zit. nach: Texte zur Soziologie der Literatur, Stuttgart 1971.

[3] Hans Norbert Fügen: Die Hauptrichtungen der Literatursoziologie und ihre Methoden, Bonn 1970. Alphons Silbermann: Kunstsoziologie. Fischer-Lexikon: Soziologie, Frankfurt 1967.

[4] Theodor W. Adorno: Rede über Lyrik und Gesellschaft, Bibl. Suhrkamp Nr. 47, Frankfurt 1958, S. 74.

ter zu seiner Form. Alles Zufällige, nur Einmalige und nur Zusätzliche muß ausgemerzt werden, damit das Gemeinte in der Reinheit der Form erscheinen kann.

Daraus ergibt sich die paradoxe Struktur jedes Kunstwerks, die Adorno „in Objektivität umschlagende Subjektivität" nennt, eine nur schwer zu fassende Verwandtschaft des autonomen Künstlers mit einem gesellschaftlichen Unterstrom, ohne den seine Sprache von der Gesellschaft schwerlich verstanden werden könnte. Literatur und Gesellschaft — das bedeutet immer Dialektik und Spannung: die Literatur lebt im Abstand von der Gesellschaft und in Einsamkeit — die Literatur wird zur reinen Stimme des in der Gesellschaft Unartikulierten und Unreinen! Stimme der Gesellschaft bedeutet nur selten Konsensus oder Identität, weit öfter Auseinandersetzung, indem Literatur hinter den zufälligen Erscheinungen das Gesetz aufdeckt, indem Literatur unter dem offenliegenden Gegenwärtigen das verborgene Zukünftige aufspürt. Das bedeutet: die hier angestrebte zusammenfassende Deutung hat nicht auf den politischen Standort des jeweiligen Autors oder auf die politische Aussage seines Werks zu zielen, sondern sie hat darzustellen „wie das *Ganze* einer Gesellschaft, als einer in sich widerspruchsvollen Einheit, im Kunstwerk erscheint; worin das Kunstwerk ihr zu Willen bleibt, worin es über sie hinausgeht."[5]

1. Das Selbstverständnis der Literatur

Drei Faktoren bestimmen das Selbstverständnis der Literatur in der DDR: das Bemühen um historische Kontinuität, der vergleichende Blick auf die Literatur Westdeutschlands (was Autoren aus der Schweiz und aus Österreich einschließt) und der Wille zu gesellschaftlicher Wirkung. Diese drei Faktoren durchdringen und überschneiden sich, sie verstärken sich gegenseitig. Sie erscheinen in einer nun schon mehr als zwei Jahrzehnte währenden Entwicklung in veränderten Formen und sie werden von verschiedenen Autoren literarisch verschieden individualisiert; aber sie formen in ihrer Gesamtheit das komplexe Gebilde aus Selbstprüfung, Reflexion des eigenen Schaffens und in die Wirklichkeit projizierten Utopien, das wir Selbstverständnis nennen.

Wir sind es gewohnt, literarische Epochen und Gruppen gegenüber den unmittelbar vorhergehenden abzugrenzen, und stimmen insofern mit den Epochen und Gruppen selbst überein, denn diese begreifen ihre Eigenexistenz als das fundamental Neue und Einmalige und Einzigartige. Sie gewinnen die Vehemenz und Aggressivität ihrer Bewegung eben aus dem Gegensatz zum Vergangenen, sind geneigt, die Kontinuität der Entwicklung zu leugnen, und setzen im äußersten Falle das Jahr Null an den Anfang ihrer eigenen Existenz. Die Literatur der DDR verhält sich in ihrem historischen Bewußtsein von Grund auf

---

[5] Ebenda, S. 76.

entgegengesetzt. Sie begreift sich als die Fortführung und Vollendung von Linien, die sie soweit wie möglich in die Geschichte zurück verlängert. In eine große Tradition eingebettet zu sein gehört zu ihrem Anspruch und zu ihrem Stolz. Das heißt mehr als die bloße Anerkennung der großen Alten als der Stiftergeneration jener, die schon in den zwanziger Jahren eine Literatur schufen, welche die Heutigen ihrem Literaturbegriff subsumieren (Brecht und Becher, A. Zweig und A. Seghers, F. Wolf, L. Feuchtwanger und die Brüder Mann); es heißt darüber hinaus das Bekenntnis zu einer literarischen Tradition, die bis zum Beginn der eigentlichen deutschen Nationalliteratur am Ausgang des 18. Jahrhunderts zurückreicht, zu Lessing, Goethe, Schiller und Kleist.

Der Begriff, unter dem der Anfang konzipiert und in die Gegenwart integriert wird, heißt Humanismus. Die gegenwärtige Literatur in der DDR als legitimen Erben und als Vollendung dieses Humanismus zu erweisen haben sich die wissenschaftliche Literatur-Forschung wie die Publizistik als Hauptaufgabe gestellt.[6] Kein Wort wird fleißiger zitiert als das Thomas Manns: „Was not täte, was endgültig deutsch sein könnte, wäre ein Bund und Pakt der konservativen Kulturidee mit dem revolutionären Gesellschaftsgedanken, zwischen Griechenland und Moskau, um es pointiert zu sagen."[7] In der Tat eine kühne Perspektive, die im Ansatz den Anspruch auf Alleinvertretung schon vorwegnimmt.

Es geht darum, eine ununterbrochene Ahnenreihe herzustellen. Der Sprung von Goethe zum Bund proletarisch-revolutionärer Schriftsteller wird durch die Gestalten von Büchner, Feuerbach, Fontane, Freiligrath, Gutzkow, Heine, Herwegh, Immermann und Georg Weerth ausgefüllt. Die Literaturgeschichte und die Editionen ergänzen sich: Eine stolze Ahnenreihe, eine zweihundertjährige Geschichte von bedeutenden Beispielen, von Unterdrückung und Leiden, die im sozialistischen Humanismus der Gegenwart ihre Erfüllung findet.

Auf dem 4. Schriftstellerkongreß von 1956 formulierte J. R. Becher den Anspruch folgend: „Das Bürgertum hatte in zwei von ihm selbst preisgegebenen Revolutionen im Jahre 1848 und 1918 auf die Chance verzichtet, ein demo-

---

[6] Vergl. insbes. Kultur in unserer Zeit, zur Theorie und Praxis der sozialist. Kulturrevolution in der DDR, hrsg. von H. Kessler, Berlin/O 1965. H. Hartung: Sozialist. Humanismus — sozialist. Realismus, Weim. Beitr. 1968, 5. Paul Rilla: Vom bürgerlichen zum sozialist. Realismus, Leipzig 1967. Zur Tradition der sozialist. Literatur in Deutschland. Eine Auswahl in Dokumenten, hrsg. von der Dt. Akademie der Künste, Berlin/O 1967. Hans Jürgen Geerdts: Deutsche Literaturgeschichte, Berlin/O 1965. Ferner die Weim. Beiträge als die Publikation, die im ganzen bemüht ist, diese Konzeption sichtbar zu machen.

[7] Thomas Mann: Kultur und Sozialismus. Altes und Neues, Berlin/O 1956, S. 714.

kratisches Deutschland aufzubauen, worin die humanistische Literatur in Erfüllung ihres historischen Auftrags eine geistige Heimat gefunden hätte. Der Arbeiterbewegung war es aufgegeben, die klassische Literatur der Nation und der Menschheit zu erhalten und ihr humanistisches Prinzip den neuen gesellschaftlichen Verhältnissen entsprechend fortzusetzen und zu verwirklichen. Unsere Literatur, was wir nie und nimmer vergessen wollen, als Literatur der deutschen Arbeiterklasse, hatte damit auch ihrerseits die Verpflichtung übernommen, das klassische Erbe, nachdem es in der naturalistischen und expressionistischen Phase unserer Kulturentwicklung zurückgeblieben war, wieder in den Vordergrund zu rücken, es zu reinigen und zu befreien von Mißbrauch und Mißdeutungen und es in seinem wesentlichen Kunstgehalt wieder herzustellen."

Widerspricht nicht die so postulierte Einheit der deutschen Literatur der eifersüchtig verteidigten These von der Sonderheit der ostdeutschen Literatur als dem geistigen Ausdruck der Sonderheit des ostdeutschen Staates? Wann und wodurch begann die Trennung? Marx, Engels und die Geschichte der deutschen Arbeiterbewegung seit der zweiten Hälfte des 19. Jahrhunderts werden als die Fortführung der humanistischen Tradition der Aufklärung aufgefaßt. Nicht die „sozialistische", sondern die „spätbürgerliche" Literatur habe sich von dem Hauptstamm getrennt: „Der grausame Schnitt, mit dem der Faschismus das deutsche Volk von den humanistischen Traditionen und demokratischen Bestrebungen der Vergangenheit trennt, und ihm entgegen die aufopfernden Anstrengungen des proletarischen Widerstandes, der das nationale Schicksal zu seiner eigenen Sache machte, zogen eine tiefe historische Zäsur. Das deutsche Volk muß sein bürgerliches Zeitalter aufheben, wenn es leben will. Es muß die Arbeiterbewegung des 19. Jahrhunderts als die legitime Vorgeschichte des heutigen Deutschland, eines Deutschland der Werktätigen begreifen."[8]

Damit kommt der zweite Faktor ins Bild, der unaufhörliche vergleichende Blick auf die westdeutsche Literatur. Sie wird als die Stimme einer stehengebliebenen und zukunftslosen Gesellschaftsordnung analysiert — spätbürgerlich, dekadent, sinkend, müde, verneinend, resignierend, verzweifelt und nihilistisch sind ihre Attribute. So steigern sich der monopolistische Anspruch auf die Tradition und das Bewußtsein der eigenen Zukunftsträchtigkeit zu der These, die Literatur der DDR sei auf dem Wege oder habe die Aufgabe, deutsche Nationalliteratur schlechthin zu sein. „Unsere sozialistische Kultur wird zur nationalen Kultur, weil sie materiell und geistig den geschichtlich höchsten Stand der Kulturentwicklung in Deutschland repräsentiert, weil der Weg, den sie geht und weist, der Zukunftsweg der ganzen Nation ist, weil nur sie allein

---

[8] G. Cwojdrak: Über unsere Gegenwartsliteratur. Neue Dt. Lit. 1953, 1.

konsequent alle großen nationalen Kulturtraditionen in sich aufnimmt und weiterführt."[9]

Der Begriff einer sozialistischen Nationalliteratur kann eine Waffe im Wettstreit der beiden deutschen Staaten sein. Er kann auch die Kurzformel für eine Geschichtsauffassung sein, die in der Realität der deutschen Entwicklung wurzelt. Die Entfernung zwischen dem Nationalbewußtsein einer bürgerlichen Bildungsschicht und der auf den gesellschaftlichen Kampf konzentrierten Arbeiterschaft, der Alleinvertretungsanspruch des Bürgertums und die daraus folgende Abseitsstellung der Massen, schließlich die wachsende Konfrontation von konservativem und liberalem Bürgertum haben schon lange vor der politischen Trennung Ansätze zu einer gewissen Zweigleisigkeit der deutschen Literatur hervorgebracht. Der Dualismus zwischen einem bürgerlichen und einem proletarischen Deutschland, so plakativ und grobschlächtig diese Begriffe auch sind, ist eine Erbschaft aus dem Jahrhundert der Reichsgründung. Er enthält in sich die Aufforderung zur Einheit. Wenn es einer sozialistischen Gesellschaft gelingen sollte, den Gegensatz der deutschen Klassen zu überwinden, so erhielte der Anspruch auf die *eine* deutsche Nationalliteratur eine reale Kraft. Paul Rilla, bedeutender Literarhistoriker und Essayist, hat diese Erwartung in seinem Aufsatz *Heimatliteratur oder Nationalliteratur* schon früh begründet.[10] Ausgehend von dem Wort Arnold Zweigs, daß „Gemeinschaft die allein dichtenswürdige Aufgabe" sei, erblickt Rilla in der sozialistischen Gesellschaft die Möglichkeit, den alten Gegensatz von „heimatlich verwurzelter" und „gesellschaftlich ausstrahlender Literatur" aufzuheben. „Wir sehen eine Wirklichkeit der Literatur, die aus den Elementen unseres Volkserbes eine heimatliche Tradition entfaltet ... Im Begriff einer Nationalliteratur ist der Begriff einer Heimatliteratur enthalten, die sich nicht landschaftlich abschließt, sondern gesellschaftlich öffnet; deren landschaftliches Wachstum das neue gesellschaftliche Wachstum des Landes ist. Und da wir in die Epoche des sozialistischen Aufbaus eingetreten sind, so läßt die gesellschaftliche Ausstrahlung unserer nationalen Literatur erkennen, wie auf dem Wachstum des Sozialismus das Wachstum der Nation ruht."

---

[9] S. Anm. 6, Kultur in unserer Zeit, S. 69. Der Anspruch kann sich bis zum Extrem steigern. Vergl. Annliese Grosse (Chefredakteur) in den Weim. Beitr. 1971, 1: „Alle Überlegungen bündelten sich in dem Schluß, daß der sozialistischen Kultur alles Wertvolle des kulturellen Erbes, alle Schätze der Weltkultur ebenso zueigen sind, wie der reale Humanismus der sozialistischen Geesllschaft selbst die Inkarnation aller humanistischen Taten, Gedanken, Sehnsüchte und Hoffnungen der Menschen ... darstellt." Auf der anderen Seite gibt es auch nach dem Mauerbau einige echte Gespräche zwischen Literaten beider Staaten, echt, da sie um Verständnis bemüht sind und gleichzeitig die Getrenntheit der Standorte herausarbeiten.
S. Friedrich Hitze — Werner Bräuning: Briefwechsel, die neueste Literatur betreffend (Kürbiskern 1965, 1) und Rainer Kirsch — Yaak Karsunke: Briefwechsel, die neueste Literatur betreffend (Kürbiskern 1966, 3).
[10] Paul Rilla: Essays, Berlin/O 1955. Das Zitat, S. 489.

Einen zuweilen aggressiven, zuweilen hektischen Zug empfängt das literarische Bewußtsein aus der Polemik gegen die andere deutsche Literatur. Kann Selbstbewußtsein auf die Diffamierung des anderen nicht verzichten? Der postulierte Unterschied wird kaum literarisch begründet, was eine gewisse Versachlichung bedeutete und das Gespräch offen ließe, vielmehr in moralischen Kategorien gesucht. So entstehen wertbetonte und im Emotionalen wurzelnde Begriffs-Paare, die weniger der Erkenntnis als der Selbstbestätigung dienen: Frühling und Herbst, Jugend und Alter, Hoffnung und Resignation, Kraft und Dekadenz, gesellschaftliche Verantwortung und artistische Spielerei u. s. f. „Je mehr eine sinkende gesellschaftliche Klasse den Glauben an sich selbst verliert, um so mehr Bewußtseins-Tarnungen produziert sie, mit denen sie sich über ihre Lage betrügen kann. Die Kunst, die Literatur hat dann nur noch die Aufgabe, diese Tarnungen je nachdem behaglich und gefällig oder feierlich und erlesen oder pikant und sensationell auszustatten."[11]

Louis Fürnbergs *Widmung* faßt Motive zusammen, wie sie sich im Schrifttum der DDR vielerorts auffinden lassen:[12]

> Ihr meine Verse seid nicht geschaffen,
> wie schöne Blumen in kostbaren Krügen
> stilvolle Schwärmer zu vergnügen,
> Ihr meine Verse seid nicht geschaffen,
> wie die Seifenblasen zu fliegen,
> bunte glitzernde Lebenslügen —
> Ihr meine Verse seid meine Waffen!
>
> Ihr meine Verse seid nicht geschaffen,
> sanften Melancholien zu dienen,
> lyrischen Mimen mit Leidensmienen,
> Ihr meine Verse seid nicht geschaffen,
> Menschen vor den wütenden Wölfen
> ihres Elends zur Flucht zu verhelfen —
> Ihr meine Verse seid meine Waffen!
>
> Oh, die sich reine Dichter nennen —
> wüßten sie nur, wie arm sie sind!
> Tappen durchs Leben einsam und blind,
> weil sie sein Antlitz nicht sehen können
> und so säuseln sie und so flennen
> sie ihre Reime hinaus in den Wind.

---

[11] Ders.: Unser Zeitalter und die Literatur, 1950, zitiert nach der Ausg. von F. J. Raddatz: Marxismus und Literatur, II, S. 286. H. Plavius: Zwischen Protest und Anpassung. Westdeutsche Literatur — Theorie — Funktion, Halle 1971. Ferner: Wie sie uns sehen. Schriftsteller der DDR über die BRD, hrsg. von K. H. Brockerhoff, Bonn 1970. Die große Anthologie von 1966 verkürzt das Selbstbewußtsein der Literatur in der DDR zu der Formel *In diesem besseren Land.*
[12] Louis Fürnberg: Hölle, Haß und Liebe, Gedichte, Berlin/O 1951.

Herrgott! Zum Säuseln und zum Flennen
hatte ich nie im Leben Zeit
und ich hab sie erst recht nicht heut,
wo die Räuber sengen und brennen!
Meine Waffe, schärf ich, bereit,
sie den Schurken ins Herz zu rennen!
Jeder Vers ist ihr geweiht!

Gleichzeitig meldet sich der dritte Faktor an, die Verpflichtung zu gesellschaftlicher Wirkung, das Bekenntnis zu einer auf die Veränderung der Welt gerichteten kämpferischen Literatur. Es ist bereits dargelegt worden, wie energisch das gesellschaftliche Engagement sich aus der ihm von der Obrigkeit auferlegten Rolle des Preisens zu befreien sucht und auf der Funktion beharrt, die Literatur immer und überall in der Gesellschaft ausübt: reale Bilder des Zukünftigen zu schaffen und zur ständigen Veränderung des Bestehenden aufzurufen. Die Meinung, der gleiche Widerstand der Literatur gegen die herrschende Ordnung und die Ordnung der Herrschenden in beiden deutschen Staaten konstituiere Einheit, Biermann und Enzensberger seien gewissermaßen austauschbar, beruht auf bloßem Wunschdenken. Sie läßt außer acht, daß die Reaktion inhaltlich immer von der Aktion abhängt, gegen die sie sich stellt, und daß auch, wer einen extremen Gegensatz gegen seine Gesellschaft aufrichtet, ihr Glied bleibt. Das aber heißt konkret: in welchem Maße auch immer das literarische Ich sich von der Gesellschaft der DDR distanziert — es bleibt ein Teil des Ganzen und vom Ganzen her definiert. Das gilt mit der Einschränkung, daß eine Literatur, die nicht der postulierten sozialistischen Idee wenigstens prinzipiell zustimmte, in der DDR nicht gedruckt werden, sich überhaupt nicht artikulieren, also auch nicht betrachtet werden könnte — ohne daß der Schluß gezogen werden dürfte, eine solche Literatur existiere nicht.[13]

---

[13] Die in diesem Absatz ausgeführten Thesen finden ihre Entsprechung in verbindlichen politischen Äußerungen. So lautet der Art. 18, Abs. 1 der Verfassung vom März 1968: „Die sozialistische Nationalkultur gehört zu den Grundlagen der sozialistischen Gesellschaft. Die DDR fördert und schützt die sozialistische Kultur, die dem Frieden, dem Humanismus und der Entwicklung der sozialistischen Menschengemeinschaft dient. Sie bekämpft die imperialistische Unkultur, die der psychologischen Kriegsführung und der Herabwürdigung des Menschen dient." In seinem Grundsatzreferat auf dem 9. Plenum des ZK der SED führte Walter Ulbricht u. a. unter VII aus: „Der Bitterfelder Weg... ist der Weg des sozialistischen Realismus... Der Wesensinhalt der Bitterfelder Konferenz war die Entwicklung der sozialistischen Nationalkultur." Und später: „Das humanistische Erbe ist für uns weder museales Bildungsgut noch Tummelplatz subjektivistischer Auslegungen. Es ist vielmehr unabdingbarer Bestandteil des humanistischen Menschenbildes unserer sozialistischen Gesellschaft. Das humanist. Menschenbild unserer sozial. Gesellschaft hat sich vorbereitet sowohl durch die große klassische Kunst als auch durch die proletarisch-revolutio-

2. Das Zeitgefühl

Die Überzeugung, in eine reiche Tradition eingebettet zu sein, das Ja zu dieser Tradition und der Anspruch, sie weiterzuführen, ja zu erfüllen stehen in einem Spannungsverhältnis zu dem Bewußtsein und Willen, einen neuen Anfang zu setzen. Das Spiel mit Antithesen wie konservativ und revolutionär, bewahrend und erneuernd könnte nur zu einer abstrakt konstruierten Ausschließlichkeit führen, welche die bestehende Wirklichkeit leugnen müßte. Der Versuch, die Diskrepanz als eine zwischen Inhalt und Form, als dialektischen Widerspruch zwischen „Innovation des Inhalts und Tradition der künstlerischen Form" zu interpretieren, erschließt nur einen Aspekt des Phänomens.[14] Nützlicher ist, der Spannung im einzelnen nachzugehen und ihre Erscheinungsformen in der Literatur nachzuzeichnen. Die Spannung kann auch nicht einfach durch den Wechsel der Generationen erklärt und also als wesenlos für die Zukunft entkräftet werden, obwohl es zutrifft, daß dieses Mit-uns-beginnt-eine-neue-Zeit bei den Jüngeren und den Jüngsten am stärksten ausgeprägt ist. Die Spannung ist ein konstituierendes Element der DDR-Literatur, eine ihr innewohnende echte Dialektik, ein elementarer Teil ihres Selbstverständnisses.

J. R. Becher gab den Grundton des uneingeschränkten Triumphes an:[15]

> Du, unser Jahrhundert,
> dem keines gleicht!
> Du mächtige Zeit!
> Du Zeit aller Zeiten!
> Dir ist das Lied unsres Lebens geweiht.
> Gib Kraft unserm Lied, daß weithin es reicht
> und vielfaches Echo ertönt aus den Weiten!
>
> Gegrüßt sei, Jahrhundert!
> Du, herrlich wie keins!
> Das Volk wurde Macht
> und sein Lied ist erklungen.
> Es hat uns alle zum Singen gebracht.
> Jahrhundert du! Traum und Tat wurden eins.
> Auf! Singt von dem Sieg, den das Volk hat errungen!

---

näre und antifaschistische Kunst und Literatur unseres Jahrhunderts sowie insbes. entfaltet durch die bedeutenden künstlerischen Leistungen und Kulturerfahrungen der antifaschistischen und demokratischen Umwälzung nach 1945 . . ." (Deutschland Archiv, Jan. 1969, Köln).

[14] Vergl. Hans Mayer: Brecht und die Geschichte, Bibl. Suhrkamp 284, Frankfurt 1971; ferner Fritz J. Raddatz: Tradition und Traditionsbruch in der Literatur der DDR. Merkur 1965, Nr. 208.

[15] In *Schritt der Jahrhundertmitte* 1958.

Die Titel zahlreicher Anthologien nehmen den Ton auf: *Offen steht das Tor des Lebens* (1951) — *Im werdenden Tag* (1956) — *Glück auf, du neues junges Leben* (1959) — *Uns bläst der Wind nicht ins Gesicht* (1960) — *Sonnenpferde und Astronauten* (1964) — *Die die Träume vollenden* (1969) — *Aufforderung zum Frühlingsbeginn* (1970). Der uneingeschränkte Optimismus, die naive Feier der Gegenwart, das Gefühl, einem Zeitalter der Entdeckungen und Eroberungen anzugehören, die zuweilen gezwungene, simplifizierende und darum nicht immer überzeugende Euphorie geht von der Errichtung des ersten deutschen sozialistischen Staates aus. „Es gab keine Zeit in allen Zeiten, da dem Dichter die Funktion des Entdeckens so immanent gewesen wäre wie in dieser. Mit dem Ende der Ausbeutung des Menschen beginnt etwas grundsätzlich Neues . . ."[16] Also auch eine ganz und gar neue Literatur.

Das sprachlich überzeugendste Mittel, dieses neue Zeitgefühl in die vom Schriftsteller zu schaffende literarische Wirklichkeit umzusetzen, wird die Metapher „Baustelle", das große, von einem Kollektiv zu errichtende technische Werk in der Phase des Entstehens. In Romanen, Dramen und kürzeren Erzählungen bildet die Baustelle nicht nur das Milieu und die Arbeit auf ihr nicht nur die reale Bedingung der Handlung. Die Baustelle wird zum Symbol.[17] Es findet seine adäquate Form in den Versen Günther Deickes: „Wir sind ein Geschlecht, das gibt / und empfängt und sich fortsetzt / unaufhörlich. / Ein Geschlecht von Bauleuten. / Und verschworen dem Vaterland, / das da ist: der Bauplatz / unter unseren Händen."[18] Die Spannung zwischen dem Bewußtsein einer Generationenfolge und dem Bewußtsein des Neubeginns ist zu einer lebendigen Einheit verdichtet.

Und wiederum nährt sich der Stolz auf die eigene Zukunftsträchtigkeit aus dem Gegenbild des Westens, das so zusammengesetzt wird, daß sein Schwarz das eigene Weiß steigert. Inge von Wangenheims Essay *Reise ins Gestern,* auf beiden Seiten der Elbe viel gelesen und diskutiert, bringt die Usurpation einer allein vertretenen Zukunft auf eine knappe Formel. „Die Poesie dieses Jahrhunderts muß es fertigbringen, den moralischen Kältetod, den der sterbende Kapitalismus verursacht, zu besiegen, die schon vereisten Herzen wieder schlagen zu machen in der heißen Hoffnung auf Erlösung von dem Übel."[19]

---

[16] Inge von Wangenheim: Die Geschichte und unsere Geschichten, Halle 1966, S. 7.

[17] Das gilt u. a. für E. Neutsch: Die Spur der Steine — H. H. Jakobs: Beschreibung eines Sommers. Eine Pyramide für mich — Kuba: Terra incognita — H. J. Knappe: Mein namenloses Land — H. Marschwitza: Roheisen — H. Müller: Der Bau.

[18] Günther Deicke: Die Wolken, Berlin/O 1967.

[19] Inge von Wangenheim: Reise ins Gestern. Berlin/O 1967, S. 117.

Es ist, als ob Kurt Pinthus *Menschheitsdämmerung* wiederum beginne, jene Zusammenfassung der expressionistischen Lyrik, die den Erlösungsglauben der jungen Generation im zweiten Jahrzehnt des Jahrhunderts dokumentierte — während die Literatur des Westens, in prononzierter Distanzierung von jeder Art Menschheitsdämmerung, sich mit Formeln wie „Erfahrung der Grenzen dieser Kunst als Leid" zu begreifen sucht.[20] In dem Zyklus *Schwarze Jahre waren* von Jutta Bartus wird die Entgegensetzung des alten und des neuen Deutschland zu einem Generalthema, das in Variationen die gesamte Literatur der DDR durchzieht.[21]

> Am Ufer hockt blind die Nacht.
> Ach, die vom Schiffbruch Verstörten
> frieren am fauligen Qualm
> vermodernder Treibholzscheite.
> Einmal von Bränden geblendet
> wollen sie Blinde sein.
>
> Am Ufer hockt schweigend die Nacht,
> hüllt die raschelnden Hände
> netzeknüpfender Menschenfischer,
> die hastig zu neuer,
> zu blutiger Ausfahrt rüsten.
>
> Wir tragen Lichter,
> Boten des kommenden Morgens,
> des silbrigen Birkengrüns,
> des schweren Glanzes gereifter Ähren.
> Wir halten Fackeln hoch,
> Wächter an Schlangennestern,
> die unterm schwarzen Zelte der Schatten
> giftige Brut behüten.
> Wir töten mit blanken Flammen die Nacht
> und bauen die Kuppel des lichten Morgens.

Aber die Vorstellung, im verheißenen Land bereits angekommen zu sein, die der unreflektierte Optimismus und Fortschrittsrausch hervorgebracht hatten, wurde von der Erfahrung korrigiert. Die heute wirkenden Autoren geben sich skeptischer und nüchterner. Das Prinzip Hoffnung, wie es Ernst Bloch lehrt und wie es ihnen allen innewohnt, meint den Weg und nicht die Ankunft. Sie sprechen wenig vom Erreichten und viel vom zu Erreichenden. Kritisches Prüfen, Einsicht in die Ambivalenz allen Fortschritts, Betroffensein von den verlangten und gebrachten Opfern des kollektiven Glücks haben das laute

---

[20] In W. Höllerer: Nach der Menschheitsdämmerung. Notizen zur zeitgenössischen Lyrik, hrsg. von R. Ibel Hamburg 1955/56.

[21] Jutta Bartus, 1926 in Schlesien geboren, lebte später in Düsseldorf und entschied sich 1955 für die DDR. Das Gedicht findet sich in der *Anthologie 1956.*

Zukunfts-Pathos in zweifelnde Hoffnung und den vorschnellen Triumph in sorgsames Beobachten und Pflegen der still wirkenden Kräfte verwandelt, in „ein besonderes Feingefühl für das Neue, für das Aufkeimende, das sich im Leben herausbildet und dem der Morgen gehört"[22], in das Bekenntnis zu Veränderung und Wandlung als den dem neuen Leben spezifischen Formen.

Der Übergang von der spekulierenden Erwartung zu der realistischen Erfahrung brachte der Literatur einen bedeutenden Gewinn an Realität. Natürlicherweise konnte die Enttäuschung über die Diskrepanz von Idee und Wirklichkeit auch zur totalen Resignation führen, wofür R. F. Fries Roman *Der Weg nach Oobliadooh* ein Beweis ist. Doch scheint es eine vereinzelte Stimme gewesen und geblieben zu sein. Die westdeutsche Kritik macht es sich zuweilen allzu leicht, wenn sie mit dem mitleidigen Spott des längst aus Illusionen Erwachten, des Zweifels und des Nihilismus die immer noch Hoffenden belächelt, ohne zu merken, wie sie derart die fatalen Entgegensetzungen der ostdeutschen Kritik bestätigt. Das durch Zweifel erhärtete Bewußtsein der neuen Zeit und der Entschluß, sich auf dem Wege in die Zukunft ständig für den Wandel offen zu halten, äußern sich, stellvertretend bis in das Zögern und die Zurückhaltung der Sprache hinein, in Christa Wolfs *Nachdenken über Christa T.* „Nichts hat uns ferner gelegen als der Gedanke, man würde eines Tages irgendwo ankommen und fertig. Etwas sein und gut. Wir waren unterwegs, und etwas Wind war immer da, mal uns im Rücken, mal uns entgegen. Wir sind es nicht, doch wir werden es sein; wir haben es nicht, doch wir werden es haben, das war unsere Formel. Die Zukunft? Das ist das gründlich andere."

3. Das Ich in seiner Gesellschaft

Eine Gesellschaft, die Sozialismus nicht nur als eine Form der Wirtschaft begreift, sondern als ein alle Lebenserscheinungen einschließendes und durchdringendes Prinzip, kann keinen gesellschaftsfreien Bezirk enthalten. Das bedeutet mehr als die Tatsache, daß Literatur immer in gesellschaftlichen Zusammenhängen und Bedingungen lebt — was ohnehin evident ist — es bedeutet, daß die in Staat und Partei organisierte Macht der Gesellschaft der Literatur konkrete Aufgaben zuweist, sie an diese Aufgaben bindet und deren Erfüllung kontrolliert. Romane und Gedichte, Filme und Theaterstücke werden auf Parteitagen und Sitzungen des Zentralkommittees genau so diskutiert und gelenkt wie Produktionspläne der Chemie oder Investitionen der LPGs.

Die Forderungen der Obrigkeit zielen auf drei Punkte: die Literatur soll ausdrücken, was jeweils der Generallinie der Obrigkeit entspricht; die Literatur

---

[22] Grundlagen der Marxistisch-leninistischen Ästhetik, Berlin/O 1962, S. 655.

soll die ihr genannten Inhalte propagieren und in den Köpfen der Massen festigen; die Literatur soll die Gesellschaft repräsentieren, insbesondere die Einheit von Führung und Volk, von Politik und geistig-künstlerischem Leben.

Das Wort, die Dichter seien die Ingenieure der Seelen, ist großartig, indem es der Literatur eine bedeutende menschenbildende Kraft zuspricht. Es ist verhängnisvoll, indem es, da die Ingenieure ihren Auftrag von der politischen Macht erhalten, die Literatur zum Werkzeug der Macht erniedrigt. Wie auch immer, nur unter den genannten Bedingungen kann Literatur in der DDR überhaupt existieren. Sie kann nur gedruckt und verbreitet und also wirksam werden, soweit sie sich diesen Auflagen fügt. Zwar sind die Grenzen der Kontrolle wechselnd und dehnbar; ihre Elastizität ist von der politischen Taktik und vom Willen der die Kontrolle ausübenden Personen abhängig. Die Vorstellung von einer totalen und dogmatisch unveränderlichen Zensur ist irrig. Autoren, die in starker Abweichung vom gegebenen Auftrag schreiben, geraten in Auseinandersetzungen mit ihrer Obrigkeit, aber sie wirken weiterhin in ihrer Gesellschaft. Dafür sind Stefan Heym und Günter Kunert Beispiele. Wird aber das Maß der erlaubten Spannung nach dem Dafürhalten der Obrigkeit überschritten, so wird der Autor zum Verstummen verurteilt. Dafür sind Wolf Biermann, Peter Huchel und Reiner Kunze Beispiele. Wer demnach in einer bestimmten Zeit überhaupt in der DDR literarisch wirken kann, erfüllt die Voraussetzung einer zum mindesten grundsätzlichen Zustimmung zu der Lebensform dieser Gesellschaft.

Dies auszusprechen wird zwar dem Kenner überflüssig erscheinen, ist aber für den von einer anderen Situation her Beobachtenden wichtig; es muß ihm ständig vor Augen stehen, weil es den Bedingungen seiner Gesellschaft, die dem geistig-künstlerischen Sektor Autonomie einräumt, so radikal widerspricht. „Die oppositionelle westdeutschen Schriftsteller stehen gegen die Mächtigen im Bonner Staat. Der sozialistische Schriftsteller dagegen befindet sich in Übereinstimmung mit den gesellschaftlichen Gesetzmäßigkeiten, die mit Hilfe der sozialistischen Staatsmacht und unter Führung der revolutionären Arbeiterpartei vom ganzen Volk durchgesetzt werden." (Horst Haase in *Neue Deutsche Literatur*, 1966, 2)

Im Zentrum aller Tätigkeiten einer sich als sozialistisch verstehenden Gesellschaft steht die Arbeit, die allein materielle und geistige Güter schafft, die allein die Zuordnung von Einzelnem und Kollektiv bestimmt, an der allein der Wert des Einzelnen wie der Kollektive gemessen wird, die also auch das eigentliche Objekt der Literatur zu sein hat. „Die Sphäre der Arbeit ... bringt die entscheidenden, alle anderen Lebensbereiche mit erfassenden Konflikte hervor. Von hier aus leiten sich primär alle Konflikte und Probleme der gesellschaftlichen Vorwärtsbewegung ab: das Verhältnis zwischen Mann und Frau, die Probleme der Liebe und Ehe, das Streben des Individuums nach Glück und die Frage nach dem Nutzen für die Gesellschaft, das Werden einer neuen Moral und Ethik."[23]

Die konkrete Arbeit dieser Nachkriegs-Gesellschaft war aber der Aufbau, das Wort in seinem konkretesten Sinne genommen. So konnte die Baustelle zum literarischen Symbol der neuen Arbeitswelt werden. So konnte das Wort Arbeit, von den Attributen Qual und Ausbeutung befreit, eine Wertsteigerung erfahren, die es dem Mythischen annähert: „schöpferisch-produktive Kraftentfaltung der brüderlich verbundenen Menschen zur vollen Befriedigung ihrer gesellschaftlichen und persönlichen Bedürfnisse".[24] Es ist bei der Analyse der Dramen von Heiner Müller und Volker Braun und der Romane von Erik Neutsch, Karl Heinz Jakobs und anderen darauf hingewiesen worden, daß einerseits die Arbeit als der eigentlich formende Lebensbereich des Menschen dargestellt wird, daß andererseits die zerreibende Mühsal der Arbeit die Welt der Arbeitenden verdüstert. Hier scheint sich das Exemplarische anzudeuten: bei grundsätzlicher Übereinstimmung mit den von der sozialistischen Gesellschaft postulierten Werten folgt der Schriftsteller dem autonom gestellten Auftrag, die Diskrepanz zwischen Postulat und Realität aufzudecken, das Vorhandene an seinem Ideal zu messen und so zur Änderung aufzurufen.

In der Literatur der DDR ist in einem hohen Maße verwirklicht, was im westlichen Deutschland nur eine an den Rand gedrängte literarische Minderheit vertritt: die Dortmunder Gruppe 61. Aus der herrschenden Literatur müßte ein distanzierter Beobachter den Eindruck gewinnen, die Menschen lebten in unsrer Gesellschaft in einer fast arbeitsfreien Welt, ihr geistiges und seelisches Dasein, ihre moralischen, ästhetischen und politischen Probleme entfalteten sich in strenger Trennung von ihrer Arbeitswelt.[25]

Die Antwort der Literatur auf die Herausforderung der Gesellschaft ist vielfältig. Sie reicht vom bloßen Jasagen bis zum entschlossenen und opferbereiten Nein. Alle dazwischen liegenden Variationen können belegt werden. Keinerlei zusammenfassende Formel ist möglich. Doch wird eine Entwicklung deutlich. Die Reimereien der Werbetexter der Partei — die wichtigsten Namen sind Rose Nyland, Walter Stranka, Max Zimmering — sind ebenso Vergangenheit wie die Hymnen des späten Becher und Kubas, Preislieder auf das Erreichte ohne sprachliche Originalität und ohne den Mut des Gedankens. Für

---

[23] Werner Neubert: Unsere Konflikte in unserer Zeit. Neue Dt. Lit. 1970, 1.

[24] J. Höppner: Über die deutsche Sprache und die beiden deutschen Staaten. Weim. Beitr. 1963, 3.

[25] Gruppe 61, Arbeiterliteratur — Literatur der Arbeitswelt? Hrsg. von H. L. Arnold, Stuttgart 1971. Ferner: Yaak Karsunke: Gespaltene deutsche Literatur. Kürbiskern 1965, 1.

die heutige innere Situation ist die Renaissance des dichterischen Ich charakteristisch. Das Ich begreift sich nicht einfach, ganz und gar oder ohne Reservat als Stimme des Wir. Es besteht darauf, vom Wir gesondert zu sein. Es nimmt die Funktion in Anspruch, als Widerpart der Gesellschaft radikale Fragen und Forderungen zu stellen, die Selbstzufriedenheit der Mächtigen und das Stagnieren der Revolution zu entblößen, anzuklagen und zu verhindern. Die Literatur will ein Ferment der Beunruhigung und ein Motor der Veränderung sein.

Veränderung ist das Zauberwort, unter dem sich vornehmlich die zweite und dritte Generation als Einheit versteht: Veränderung auf einen „reinen" Sozialismus hin, an dem gemessen das Bestehende bestenfalls eine Vorstufe, schlimmstenfalls ein Irrweg ist. Um nichts anderes geht es Volker Braun und Günter Kunert, Reiner Kunze und Wolf Biermann, die als Anwälte des Neuen ihre Generation repräsentieren.

„Der soziale Gehalt von Kunstwerken selbst liegt zuweilen, etwa konventionellen und verhärteten Bewußtseinsformen gegenüber, gerade im Protest gegen soziale Rezeption."[26] Die Protest-Haltung der Literatur führte zur Forderung der Autonomie; sie führte aber auch ins eigene Innere, sie erzeugte Entdeckungsreisen ins Ich. Im Kampf um die Souveränität des Ich lernte das Ich, über sich selbst zu reflektieren, sich selbst als Thema zu setzen. Christa Wolfs *Nachdenken über Christa T.* tat das in exemplarischer Form.[27] Und da das Ich immer in Symbiose mit den anderen lebt, da das Ich auch als Subjekt innerhalb der Gesellschaft und im Sich-abheben von der Gesellschaft existiert, entsteht zwischen beiden ein neues Verhältnis. Es kann mit dem Begriff der dialektischen Spannung nur formelhaft angedeutet werden. Es ist offenbar nicht möglich, die vielfältigen, äußerst sensiblen Verbindungsströme zwischen dem selbstbewußten Ich und dem Kollektiv durch irgendein Gesetz auszudrücken. Doch darf gesagt werden: aus der dialektischen Spannung leitet sich das Selbstverständnis der Literatur in der DDR her, aus ihr rechtfertigt sie ihre Existenz und beansprucht sie die Funktion des Mahners!

Echte Dialektik entsteht nur, solange beide Pole souveräne, nur sich selbst verantwortliche, in sich selbst lebensfähige Einheiten sind. Wenn die Literatur auf ihrem Ich besteht, so bemüht sie sich, die Voraussetzung für eine solche echte Dialektik zu schaffen. Indem sie die unendliche Welt, die das Innere des Einzelnen ausfüllt, zu ergreifen sucht, formt sie ein autonomes Reservat geistiger und seelischer Wirklichkeiten, aus dem heraus sie ihre gesellschaftliche Aufgabe allein erfüllen kann. In der vorsichtigen, nicht auf Konfrontation,

---

[26] Theodor W. Adorno: Thesen zur Kunstsoziologie. Ed. Suhrkamp 201, 1967.
[27] Die Anthologien *Bekanntschaft mit uns selbst* 1961 und *Sonnenpferde und Astronauten* 1964 dokumentieren das Gesagte im Bereich der Lyrik.

sondern auf Verständigung gerichteten Sprache von Christa Wolf heißt es: „Die absurde Meinung, die sozialistische Literatur könne sich nicht mit den feinen Nuancen des Gefühlslebens, mit den individuellen Unterschieden der Charaktere befassen, sie sei darauf angewiesen, Typen zu schaffen, die sich in vorgegebenen soziologischen Bahnen bewegen: diese absurde Meinung wird niemand mehr vorbringen. Die Jahre, da wir die realen Grundlagen für die Selbstverwirklichung des Individuums legten, sozialistische Produktionsbedingungen schafften, liegen hinter uns. Differenzierter werden auch die Fragen, die ihre Mitglieder stellen — auch in Form der Kunst. Entwickelter wird die Aufnahmebereitschaft vieler Menschen für differenzierte Antworten. Das Subjekt, der sozialistische Mensch, lebt immer souveräner in seiner Gesellschaft, die er als sein Werk empfindet."[28]

Auf der Suche nach dem Ich stößt der Dichter auf Dunkelheiten, gegenüber denen die Mittel der wissenschaftlichen Erkenntnis versagen. Die Unsicherheit der menschlichen Existenz und die Ungewißheit der menschlichen Identität wurden der sozialistischen Literatur in dem Augenblick bewußt, als sie entschlossen den Weg ins Innere antrat. Zweifel, Verzweiflung, die Möglichkeit nicht lösbarer Tragik tauchen auf, aber die Idee des Sozialismus und das trotz allem unangefochtene Erbe der Aufklärung verhindern totale Negationen. Wenn die Formel von Christian Enzensberger: „Die moderne Literatur kennt seit sechzig Jahren drei Hauptthemen, nämlich das Schwinden menschlich-sinnvoller Wirklichkeit, die Isolation des Einzelnen und seine unsicher gewordenen Identität"[29], eine unzulässige Vereinfachung darstellt, was die Literatur des Westens angeht, so bedeutet sie für die Literatur des Ostens nicht mehr als eine Gegen-Position.[30]

---

[28] Christa Wolf: Ein Selbstinterview, Kürbiskern 1968, 4. Eine in der Abgewogenheit ähnliche Aussage enthält die Erklärung der 1. Jahreskonferenz des Deutschen Schriftstellerverbandes 1966: „Die Literatur gehört unablöslich zum Wesen unserer sozialist. Gesellschaft. Sie ist Teil des Entwicklungsprozesses, in dem sich das Volk auf die Höhe des historischen Bewußtseins erhebt. Aus dem Leben entspringend, wirkt Literatur auf das Leben zurück, auf das Denken, Fühlen und Handeln der Menschen. S i e v e r ä n d e r t u n d b e f ä h i g t z u m V e r ä n d e r n. (Vom Verf. gesperrt) Von diesem Gedanken überzeugt stärken wir Schriftsteller mit unserer literarischen Arbeit die DDR." Neues Deutschland, 5. 11. 1966.

[29] Christian Enzensberger: Zwei Diskurse über eine moderne Philologie. Tintenfisch 3, Berlin 1970.

[30] Vergl. dazu die Thesen der Redaktion der Neuen Dt. Lit. gegen „die neuen destruktiven und spätbürgerlichen Tendenzen einiger Schriftsteller", 1966, 7: „Das Unvermögen, neue gesellschaftliche Beziehungen und Bindungen mitgestaltend durchschaubar zu machen, verführt zu Anleihen bei spätbürgerlichen Ansichten und Stimmungen. Sie sind besonders durch die zeitgenössische bürgerliche Kafka-, Joyce- und Beckett-Rezeption geprägt. Unter diesen Zeichen begannen sich in der Literatur und im Film Auffassungen und Stimmungen von der Entfremdung im Sozialismus künst-

4. Das nationale Bewußtsein

Die Frage nach dem nationalen Bewußtsein, das sich in der Literatur der DDR ausspricht, kann nur die Frage nach dem nationalen Bewußtsein der Autoren sein. Sie ist auf das engste verbunden mit der Frage nach der Einheit der deutschen Literatur der Gegenwart. Eine eindeutige Antwort hätte nur dogmatischen Charakter. Auch die Formel: deutsche Literatur ist, was in deutscher Sprache konzipiert und geschrieben wurde, sagt nichts über die Einheit aus; sie definiert nur, was überhaupt unter deutscher Literatur zu verstehen sei.[31] Der Begriff der Einheit ist methodisch so wenig gesichert, daß ein Maßstab, ein Prinzip der Entscheidung fehlt. Was aber geschehen kann und geschehen muß, ist die genaue Untersuchung der individuellen Texte, damit das breite Feld möglicher Antworten erst einmal sichtbar gemacht werde. „Woraus folgt: daß erst die Summe solcher auf den einzelnen Autor und sein Werk eingehenden Untersuchungen schließlich zur Beantwortung jener Frage zu führen vermag, die man heute so gern — je nachdem — mit einem schroffen ja oder nein entschieden haben möchte und die auf solche Weise nun einmal nicht entschieden werden kann: ob es heute noch e i n e deutsche Literatur gibt."[32]

Zwar ist Literatur nicht der einzige Lebensbereich, in dem sich nationales Bewußtsein äußert, und kann daher auch nicht als einzige Quelle herangezogen werden. Das Verfahren, die Literatur auf gewisse Themen hin abzufragen, um Zeugenaussagen pro oder contra zu erhalten, bleibt höchst fragwürdig, so oft es auch geübt wird. Weil Literatur aber Sprache ist und weil Sprache eindeutiger und unmittelbarer als jede andere Äußerung des Menschen sein geistiges und seelisches Gefüge auszudrücken vermag, ist es eine legitime Methode, in der Literatur Teilantworten auf die Frage nach dem nationalen Bewußtsein zu suchen, sofern wir nicht gelegentliche oder vereinzelte Äußerungen isolieren und dogmatisieren.[33]

---

lerisch auszudrücken: als Fremdheit des Individuums gegenüber der Gesellschaft und deren Institutionen, die Gefühle der Angst und Kälte, wenn nicht zynische Gegenwehr hervorruft. Als Gefühl der Auslieferung des Individuums an einen Mechanismus undurchschaubar und unverständlicher Gewalten oder an Gewalten, die das Individuum nur zu pragmatischen Zwecken brauchen oder wegwerfen. Als unaufhebbarer Kontrast des Individuums zu gesichtslosen Führungskräften, Apparaten, Masken. Dieser Kontrast wird stellenweise als im Sozialismus notwendiger Generationskampf dargestellt oder politisch propagiert."

[31] Wenn der Kindler-Verlag eine vierbändige Darstellung der deutschen Literatur der Gegenwart plant, in der die BRD, die DDR, Österreich und die Schweiz gesondert behandelt werden, wird die Problematik einer solchen Sonderung deutlich.

[32] Hans Mayer: Zur deutschen Literatur der Zeit, Hamburg 1967. Darin das Kap. Über die Einheit der deutschen Literatur, S. 347.

Nationalgefühl, ein Erbe der französischen Revolution und der deutschen Romantik, darf als ein auf die Nation bezogenes Gefühl der Zusammengehörigkeit, Verbundenheit und Verpflichtung von alle anderen Beziehungen überlagernder Kraft definiert werden und wurde im neunzehnten Jahrhundert so begriffen. Ob eine solche Definition in der Gegenwart und insbesondere bei den nach den Weltkriegen des Nationalismus Geborenen nicht durch andere Gemeinsamkeit bildende Kräfte überlagert und schließlich ersetzt wird, ist eine Frage, die hier nur genannt werden kann. Sicher ist, daß eine solche Entwicklung in der westeuropäischen jungen Intelligenz geschieht. Sicher gilt aber auch das Gesetz, daß je jünger eine Nation, desto kräftiger, ja heftiger ihr Nationalgefühl ist, und da sich die DDR als ein junges Gemeinwesen versteht, ließe sich von daher die Empfindlichkeit eines Gefühls erklären, das von der Heimatliebe bis zum Staatsstolz reicht. Doch fehlen auch Stimmen nicht, die ohne große Beschwerden das Heiligtum der nationalen Gefühle abbauen und ein weltoffenes, Grenzen überfliegendes Bewußtsein dokumentieren. Dazu gehört die saloppe und aggressive Lyrik des 1938 geborenen Peter Gosse:[34]

Unzufälliges
Wer wird denn Zufälle überschätzen,
den beispielsweise: Als Deutscher ist man geboren.
Denn: sind die Zähne dem Fruchtfleisch
jeglichen Meridians gewogen.
Das linke Ufer der Oder
wäre hochzuhalten vorm rechten, identischen.
Womöglich stritte ich mit: Welche Nation
hat was erfunden?

Wie weit übrigens hätte deutsche Liebe zu reichen, bis Schaffhausen,
fällt ab hinterm Rheinfall? Oder bis Bern,
gelegen ebenfalls in Landschaft hiesiger Zunge?
Da liebe man lieber die prachtbrüstige Lusja,
ihr auch (nebenbei) ist Jacke nicht ferner als Hemd,
hat nichts gegen Glück, manchmal Sehnsuchtsanfälle nach diesen,
dann liest sie Heine (was, wär's in Russisch).

---

[33] Dazu H. J. Geithardt: Das Thema der Nation und zwei Literaturen. Neue Dt. Lit. 1966, 6.
Hermann Kant: Verschiedenes zum Gemeinsamen (Neue Dt. Lit. 1966, 6) mit dem Schluß: „Zur Zeit, da ich dies schreibe, hat in Deutschland ein Gespräch über Deutschland eingesetzt. Es läuft noch nicht sehr gut, und ich glaube, es braucht noch einige Zeit, bis man anderes von ihm sagen kann. Aber ich glaube auch, daß sich diese Zeit in dem Maße verkürzt, in dem wir, die deutschen Schriftsteller, Schriftsteller mit sehr verschiedenen Ansichten und sehr verschiedenen Haltungen an ihm Anteil nehmen. Haben wir noch Gemeinsamkeiten? Hier könnte eine sein."
[34] Peter Gosse: Antiherbstzeitloses. Gedichte, Halle 1968.

Und wär man Mestize, man hätte Gleiches
beigesteuert zum jedessekündlichen Ersttagsschreien,
hätte blaue Iris zunächst und „Mama" auf der Zunge,
dann auf Gleichheit Appetit, zu der
(sag ichs halbzeilig) nicht jedes Staatsruder rudert.

D. H. wir überschätzen den Zufall:
zwischen Gotha und Bratsk wiegte mich bewußte Wiege,
nicht irgendwo hol ich bewußte Neidnägel — aller
Zähne sind straffem Fruchtfleisch gewogen.

In tieferen Bezirken beheimatet, ratloser fragend, aber auch dunkler in der
Metaphorik ist die Sprache des gleich-jungen Volker Braun.[35] Der Zyklus
Landverweis setzt mit dem Gedicht *Landgang* ein, mit der Frage „wie weit,
in den harten Himmel geschlagen / Kanossas, weit / Bin ich fortgelangt aus
meinem Land." Der Weg geht in die Ferne, geht auf eine weiße Traumstadt
zu. „Als wär alles neu wähl ich / Unter den Landschaften. Fern / Steh ich,
nur mit den Sohlen, im Land." Das Gedicht *Landverweis* des gleichen Zyklus
stellt wiederum die Frage: wo bin ich zu Hause? Die Antwort „Das ist mein
Land" mit Liebe und Stolz gesprochen, sagt das gleiche aus, das in Peter
Gosses Jargon heißt: „dieser Staat, / an den ich / an den ich nüchtern und
logischerweise / was verloren hab: / Wie man so sagt, das Herz."[36] Heimatliebe
und Bekenntnis zum sozialistischen Staat in einem, aber auch, damit zu einer
neuen Einheit verbunden, die Öffnung in die Welt, von der Volker Brauns
letzte Strophe spricht:

Was ist besonders hier
Als was das andere sein wird, Festland
Sicher zwischen den Meeren, da gilt mir
Jedes gleich, besiedelt
Von einer Lust, das bewohne ich schon
Mit dem Vortrupp der Gedanken, Bratsk
Und Brabant: was ich auch rede
Ich bin Pole. Ich bin Franzose.
Ich bin international
Wie das Moos. Wie der Stein
Den ich werfe auf das
Verbreitete Land.

Als sich nach 1945 aus den Besatzungszonen Stück um Stück die zwei
deutschen Staaten entwickelten, überlebte die Überzeugung von der Einheit
der Nation und also auch der Literatur die politische Spaltung. Dafür zeugen
bedeutende Dokumente: Der Aufruf Bert Brechts *An die Künstler und*

---

[35] Volker Braun: Wir und nicht sie. Gedichte, Halle 1970.
[36] Vergl. Nr. 34 *An Messeonkel A.*

Schriftsteller Deutschlands aus dem Jahre 1951 und die Programmerklärung des neugeschaffenen Ministeriums für Kultur *Zur Verteidigung der deutschen Kultur* vom 7. Januar 1954, für die J. R. Becher verantwortlich zeichnete.[37] Dem schloß sich Eduard Claudius in der *Neuen Deutschen Literatur* programmatisch an: „Zwei Staaten bestehen in Deutschland und daß sie auf verschiedenen gesellschaftlichen Fundamenten ruhen, wird seine Auswirkungen auch in der Literatur haben. Stärker noch als bisher muß aber gerade darum das Gemeinsame der deutschen Literatur betont und trotz aller Verschiedenartigkeit der Themen muß die gleiche Aufgabe — die realistische Auseinandersetzung mit der Zeit — in den Mittelpunkt unserer Bemühungen gerückt werden."[38] Die Sorge um die Einheit brachte J. R. Bechers Gedicht *Es wird gefragt* hervor:[39]

---

[37] Der Aufruf Brechts (Sinn und Form 1951, 1) lautet:

„Mit Entsetzen habe ich wie viele andere der Rede Otto Grotewohls, in der er eine gesamtdeutsche Beratung zur Vorbereitung allgemeiner freier Wahlen fordert, entnommen, wie ernst die Regierung der DDR die Lage in Deutschland beurteilt.

Werden wir Krieg haben? Die Antwort: Wenn wir zum Krieg rüsten, werden wir Krieg haben. Werden Deutsche auf Deutsche schießen? Die Antwort: Wenn sie nicht miteinander sprechen, werden sie auf einander schießen.

In einem Land, das lange Zeit seine Geschäfte einheitlich geführt hat und das politisch gewaltsam zerrissen wurde, gibt es allerorten und allezeit viele Konflikte, die geschlichtet werden müssen.

Dies kann auf viele Weise geschehen. Wenn es Heere gibt, wird es auf kriegerische Weise geschehen. Spätestens wenn die Gefahr auftaucht, daß solche Heere entstehen, muß unter allen Umständen eine neue Anstrengung gemacht werden, die Wiedervereinigung auf friedlichem Wege herbeizuführen, welche, abgesehen von den ungeheuren Vorteilen solcher Einheit, die Konflikte beseitigt. Die Menschen aller Berufe, alle gleich bedroht, müssen dazu beitragen, die Spannungen zu beseitigen, die entstanden sind. Als Schriftsteller wende ich mich an die deutschen Schriftsteller und Künstler, ihre Volksvertretungen zu ersuchen, in einem frühen Stadium der erhofften Verhandlungen folgende Vorschläge zu besprechen:

Völlige Freiheit des Buches mit einer Einschränkung
Völlige Freiheit des Theaters mit einer Einschränkung
Völlige Freiheit der bildenden Kunst mit einer Einschränkung
Völlige Freiheit der Musik mit einer Einschränkung
Völlige Freiheit des Films mit einer Einschränkung

Die Einschränkung: Keine Freiheit für Schriften und Kunstwerke, welche den Krieg verherrlichen oder als unvermeidbar hinstellen, und für solche, welche den Völkerhaß fördern.

Das große Karthago führte drei Kriege. Es war noch mächtig nach dem ersten, noch bewohnbar nach dem zweiten. Es war nicht mehr auffindbar nach dem dritten. Berlin, 26. September 1951."

[38] Neue Dt. Lit. 1956, 1.

[39] Politische Gedichte der Deutschen aus 8 Jahrhunderten, hrsg. von H. H. Reuter, Leipzig 1960, S. 90.

Brechts Gedicht *Deutschland 1952* (Werkausgabe X S. 1005) ist zitiert nach der

Sagt, wurde uns im ersten Mutterlaut
der Sprache Zartheit darum eingegeben,
daß wir verlernen sie in unserm Leben
und daß verstummt, was früh uns anvertraut?

Sagt, hat man Deutsche darum Deutsch gelehrt,
daß sie auf deutsch einander nicht verstehen
und gegenseitig sich das Wort verdrehen
und jeder Sinn in Widersinn sich kehrt?

Noch nicht genug der Gräber, nicht genug
des Stroms der Tränen, der unendlich fließt
und nicht gestillt wird, nicht wird aufgesogen?

Sagt, wollt ihr schweigen denn zu all dem Trug,
Ihr, um den Frieden wiederum betrogen —
bis ihr am Ende aufeinander schießt?

Und bei Brecht finden sich die Verse aus dem Jahre 1952:

O Deutschland, wie bist du zerrissen
Und nicht mit dir allein!
In Kält und Finsternissen
Läßt eins das andre sein.
Und hätt'st so schöne Auen
Und reger Städte viel;
Tät'st du dir selbst vertrauen
Wär alles Kinderspiel.

Es gibt in der deutschen Literatur kaum ein schöneres Bekenntnis zum Vaterland als *Zwei Silben* des Gothaer Bibliothekars Hanns Cibulka:[40]

Landschaft über Landschaft
habe ich getrunken,
Zwanzig Monde Steppe, dreihundert Tage
den Himmel von Paestum
und Monte Cassino,
und dann die kleine Sehnsucht
der Wiesen von Alkmaar,
wo der Mond wie ein Wiegenlied
über die Grachten ging.
Landschaft über Landschaft ...

Anthol. Deutsche Teilung, Lyrik-Lesebuch aus Ost und West, hrsg. von Kurt Morawietz, Wiesbaden 1966.

[40] Hanns Cibulka *Zwei Silben,* Gedichte, 1959.

Heute aber liebe ich
ein Stück Erde,
zu kalt für den feurigen Wein,
zu warm für die Pelze des Nordens.
Jeden Morgen
steht es in mir auf, und kommt der Abend,
geht es in meinem Herzen
zur Ruh.

Ein kleines Stück
der neuen, großen Welt,
voll von dem, was verging
und was noch kommen wird,
eine Landschaft voll Arbeit und Frieden,
und zwei Silben Sehnsucht —
Deutschland.

Die zunehmende Konfrontation der beiden deutschen Staaten machte Stimmen dieser Art verstummen. Das Phänomen der „Republikflucht" führte zur propagandistischen Verteufelung des anderen. Das bedeutende Thema selbst, das Scheitern der Liebe zwischen zwei Menschen östlich und westlich der Elbe, wurde durch Christa Wolfs *Der geteilte Himmel* und Uwe Johnsons *Zwei Ansichten* adäquat dargestellt. Als ein Motiv unter anderen spielte die Flucht aus der DDR in den Romanen von Erik Neutsch, Hermann Kant, Erwin Strittmatter und F. R. Fries seine Rolle. Eine Anzahl von Werken geringeren Ranges haben das Problem zu einem Schema simplifiziert, das der offiziellen Propaganda entsprach: A. Der nach Westen Gehende erfährt die westdeutsche Wirklichkeit und kehrt geheilt in den ostdeutschen Musterstaat zurück (J. Kupsch *Gefährlicher Sommer* [1955], H. Hauptmann *Ivi* [1969], Ch. Johannsen *Flug nach Zypern* [1969], M. Meng *Eine Tüte Erdnüsse* [1969]) B. Die Liebenden entscheiden sich, von Westdeutschland enttäuscht, nach einigem Hin und Her für den progressiven Osten (J. Brězan *Eine Liebesgeschichte* [1963], Inge von Wangenheim *Du bist nicht mehr allein* [1960]). Tiefer greifen die „provokatorischen Liebesgedichte für Suzanne M in Flensburg", in denen Volker Braun auf eine vom politischen Gegensatz ausgehöhlte Liebe verzichtet.[41]

Ostdeutsches Heimatbewußtsein und sozialistisches Staatsbewußtsein — schließen sie ein wie auch immer geartetes gesamtdeutsches Nationalgefühl aus? Schon das tautologische Wort gesamtdeutsch dokumentiert, da deutsch allein nicht mehr zu genügen scheint, den Zwiespalt des Empfindens. Günther Deicke, 1922 geboren und also der mittleren Generation zugehörig, setzt sich in dem lyrischen Zyklus *Gespräch mit einem Dichter* mit Hans Magnus Enzensbergers

---

[41] In: Provokationen für mich, 1965.

landessprache auseinander.[42] In dreifachem Ansatz stellt er Enzensbergers Absage an den Nationalismus das eigene Bekenntnis gegenüber, zweimal in der Schlußformel „Aber das ist ein anderes land", im dritten Teil in einem hymnischen Lobgesang, „Denn es ist mein Land!" Und es folgt ein elfteiliger Zyklus *Vaterland*, der den kritischen Einsichten Enzensbergers das Pathos eines neuen deutschen Teil-Nationalismus entgegenhält. Das mag eine Haltung sein, die den Jüngsten, die Deutschland nur als Begriff, nicht als Erfahrung kennen, in ihrem Empfinden wie im Duktus der Sprache fremd ist. Aber auch ihnen ist die Gegenwärtigkeit des anderen Deutschland und damit die Gegenwärtigkeit des Ganzen lebendig: als Zweifel, als Sehnsucht, als Schmerz.

Heinz Czechowski, 1935 geboren, veröffentlichte 1962 das umfangreiche Gedicht *Brief*.[43] Die wichtigsten Teile lauten:

> In diesen Tagen, Deutschland, bist du schön.
> Ich sage Du zu deinen Männern und Frauen,
> Mit denen ich gehe im Dunst des Mittags,
> Wenn die Fabriken Schichtwechsel haben.
>
> Sie tragen Dein Antlitz, Deutschland:
> Das mit der Narbe, und das
> Mit den lachenden Augen der Jugend,
> Das mit dem Rouge auf den Lippen.
>
> Aber es gibt einen Plural für Dich.
> Und nicht das glänzende Bankhaus verbirgt
> Und nicht der Atem des Weihrauchs in deinen
> Wiedererstandenen Kirchen
> Den Modergeruch der verbrannten Standarten ...
>
> Widerspruch seh ich.
> Zweifel spür ich.
> Nur das, was hält und Bestand hat, der
> Zusammenschluß der Gleichgesinnten, ist die Kraft,
> Die hält und erhält:
> Das weiß ich, daß die Welt wirklich ist,
> Daß ich begreife, nicht nur, was meine Hand begreift,
> Daß ich denken kann über mich hinaus in Gesetzen,
> Daß ich mich einordnen kann unter den Sternheeren
> In die Heere der Menschen, daß ich ein mich Ändernder bin,
> Ein Veränderer.
>
> In diesem besseren Land.

Die Entscheidung für den Teil und die Sehnsucht nach dem Ganzen sind eng aufeinander bezogen. (Die Formel *In diesem besseren Land* wurde zum

---

[42] Günther Deicke *Die Wolken*, Gedichte, Berlin/O 1967.
[43] In: Nachmittag eines Liebespaares, Gedichte, Halle 1962.

Titel einer der bedeutendsten ostdeutschen Anthologien, die 1966 von Adolf
Endler und Karl Mickel zusammengestellt wurde.)

Günter Kunert scheint die Teilung mit Abstand und Kühle zu konstatieren,
aber seine Verse lassen das zurückgestaute Gefühl erkennen. Die naiv anmu-
tenden Wiederholungen, welche das Engagement leitmotivisch herausarbeiten,
setzen unter die nüchternen Zeilen eine im Inneren bewegte Melodie.[44]

> Wo Deutschland lag, liegen zwei Länder,
> Zwei Länder liegen dort,
> Und es trennt sie
> mehr als eine Grenze.
> Die gleiche Sprache sprechen sie,
> Die gleiche,
> Aber können sich nicht verstehen, weil
> Sie eine andere Sprache sprechen,
> Eine andere,
> Denn sie sind zwei Länder, zwei Länder
> Sind sie, und liegen, wo Deutschland lag.

Sarah Kirsch, 1935 geboren, steht der Entfremdung ratlos gegenüber:[45] „Die
Fahrt wird schneller dem Rand meines Landes zu / Ich komme dem Meer
entgegen den Bergen oder / nur ritzendem Draht der durch Wald zieht,
dahinter / sprechen die Menschen wohl meine Sprache, kennen / die Klagen
des Gryphius wie ich / haben die gleichen Bilder im Fernsehgerät / doch die
Worte / die sie hören, die sie lesen, die gleichen Bilder / werden den meinen
entgegen sein, ich weiß und seh / keinen Weg der meinen schnaufenden Zug /
durch den Draht führt / ganz vorn die blaue Diesellok."

Die Furcht, daß selbst die Schutz vor der totalen Trennung gewährende
Sprache, die schon J. R. Becher beschworen hatte, ihre bindende Wirkung
verlieren könnte, spricht aus den Versen eines unbekannten, jungen Mannes,
welche die *Junge Welt, Organ des Zentralrats der FDJ*, im November 1966
veröffentlichte: „Aber noch sprechen wir in dieser unserer / einzigen, einigen
Sprache von unseren zwei / Ländern lustlos manchmal, oft wütend, stockend /
vor Haß und Zorn, getröstet und ungetrost, / aber doch immer noch sprechend
und weiterhin / sprechend von unsren Ländern zwei." Und eines der letzten
Lieder Wolf Biermanns lautet:[46]

> Es senkt das Deutsche Dunkel
> sich über mein Gemüt
> Es dunkelt übermächtig
> In meinem Lied.

---

[44] In: Tagwerke: Gedichte, Lieder, Balladen, 1961.
[45] In: Gedichte, München 1969: Fahrt II.
[46] In: Mit Marx- und Engelszungen, Berlin 1968.

> Das kommt, weil ich mein Deutschland
> So tief zerrissen seh
> Ich lieg in der besseren Hälfte
> Und habe doppelt Weh.

Reiner Kunze gibt dem Schmerz über ein Land, „das auseinanderbricht im Menschen" die gemäße sprachliche Form:[47]

> *Der Vogel Schmerz*
> Nun bin ich dreißig jahre alt
> und kenne Deutschland nicht:
> die grenzaxt fällt in Deutschlands wald.
> O land, das auseinanderbricht
> im menschen . . .
> Und alle brücken treiben pfeilerlos.
> Gedicht, steig auf, flieg himmelwärts!
> Steig auf, gedicht, und sei
> der vogel Schmerz.[48]

*

---

[47] In: Widmungen, Bad Godesberg 1965.

[48] O s t - W e s t d e u t s c h e   A n t h o l o g i e n :

Das Wort der Verfolgten. Gedichte und Prosa, Briefe und Aufrufe deutscher Flüchtlinge von H. Heine bis B. Brecht, Basel 1945.
Vom Schweigen befreit. Gedichte und Lieder a. d. letzten drei Jahrzehnten, hrsg. von R. Schwachhofer, Leipzig 1947.
Wir heißen euch hoffen. Schriftsteller zur deutschen Verständigung, hrsg. von G. Schwarz, München 1951.
Anthologie 56. Gedichte aus Ost und West, hrsg. von Jens Gerlach, Berlin/O 1956.
Das Gedicht. Eine ost-westliche Anthologie, hrsg. von R. Ibel, Hamburg 1956.
Deutsche Stimmen 1956. Neue Prosa und Lyrik aus Ost und West, Halle und Stuttgart 1956.
Das Atelier 2. Zeitgenössische deutsche Lyrik, hrsg. von Klaus Wagenbach, Frankfurt 1963.
Ohne Visum. Lyrik, Prosa, Essays a. d. Osten geflohener Autoren, hrsg. von Peter Jokostra, Gütersloh 1964.
Deutsche Teilung. Ein Lyrik-Lesebuch, hrsg. von K. Morawietz, Wiesbaden 1966.
Panorama moderner Lyrik deutschsprachiger Länder von der Jahrhundertwende bis zur jüngsten Gegenwart. Gütersloh 1966.
Aussichten. Junge Lyriker des deutschen Sprachraums, hrsg. von Peter Hamm, München 1966.
An den Wind geschrieben. Lyrik der Freiheit 1933—1945, Darmstadt 1966.
Ulf Miehe: Thema Frieden. Anthologie, Wuppertal 1967.
Tränen und Rosen. Krieg und Frieden in Gedichten aus fünf Jahrhunderten, Berlin/O 1967.
Welch Wort, in die Kälte gerufen. Anthologie, Berlin/O 1968.
Über die großen Städte. Gedichte. Berlin und Weimar 1968.
Nachkrieg und Unfrieden, Gedichte als Index 1945—1970, hrsg. von Hilde Domin, Neuwied 1970.

Wenn Literatur tiefere Schichten des Menschen zur Sprache bringt, wenn sie Stimmen vernehmlich macht, die sonst stumm blieben — und daran hält der Verfasser fest, das ist die Voraussetzung dieser Untersuchung — dann zeigen die Texte auch in ihrem Bezug auf das nationale Bewußtsein im anderen deutschen Staat, daß die Literatur ihrer vornehmsten Aufgabe dient. Literatur ist, solange sie den ihr eingeborenen Gesetzen folgt, immer revolutionär; denn immer geht es ihr um die Überschreitung der Wirklichkeit. Immer stellt sie dem Seienden die Idee gegenüber. Immer realisiert sie die Utopie im sprachlichen Werk. Nur unter dieser Bedingung ist sie in der Gesellschaft wirksam. Wer den revolutionären Auftrag der Kunst leugnet oder einschränkt oder unterdrückt, ist in Wahrheit reaktionär, verhindert in Wahrheit das Heraufkommen des Besseren. Die gesellschaftliche Verpflichtung der Kunst besteht nicht in Bestätigung. Sie besteht darin, den betonierten Boden des Bestehenden aufzureißen und Bilder des Kommenden zu entwerfen. Sie besteht darin, Verhärtungen und Versteinerungen zu zerbröckeln und die großen Fragen immer wieder radikal und neu zu stellen, unbekümmert, wem das bequem oder unbequem sei. Sofern die Literatur in der DDR dieser Verpflichtung folgt, erfüllt sie eine bedeutende Aufgabe.

VIII. Hilfsmittel

1. Werkverzeichnis der Autoren

Abkürzungen: R = Roman, E = Erzählung, En = Erzählungen, G = Gedichte, Dr = Drama jeder Art, Ess = Essay.

Monographien zu einzelnen Autoren sind nur hier verzeichnet, bloße Rezensionen in Zeitungen oder Zeitschriften wurden nicht aufgenommen.

Bruno Apitz,

geb. 1900 in Leipzig, Arbeiter, 1917 zum ersten Mal im Gefängnis, 1933—1945 im KZ.

Nackt unter Wölfen R 1958 — Esther E 1959.

M. Reich-Ranicki: B. Apitz (Deutsche Literatur in West und Ost, München 1963)

Erich Arendt,

geb. 1903 in Neuruppin, Lehrer, dann Schriftsteller, emigrierte 1933, Spanien, später Columbien, kehrte 1950 in die DDR zurück.

Erste Gedichte in *Der Sturm* — Der Zeiten Wende G 1950 — Trug doch die Nacht den Albatros G 1951 — Bergwindballade G 1952 — Tolu G 1956 — Gesang der sieben Inseln G 1957 — Über Asche und Zeit G 1957 — Flugoden G 1959 — Unter den Hufen des Windes (ausgew. Ged. 1926—1965) 1966 — Ägäis G 1967 — Aus fünf Jahrzehnten G 1968 — Übersetzungen, vor allem P. Neruda, N. Guillen, R. Alberti.

G. Deicke: E. Arendts Lyrik (Neue Dt. Lit. 1963,4)

V. Klotz: Vorwort zur Ausg. Unter den Hufen des Windes, Reinbek 1966

A. Hildebrand: Bemerkungen zu E. Arendts Lyrik (Welt und Wort 1967, 22)

G. Maurer: E. Arendt zu seinem 60. Geburtstag (Essay I), Halle 1968

Helmut Baierl,

geb. 1926 in Rumburg, Tschechoslowakei, studierte am Leipziger Lit. Institut, Dramaturg am Berliner Ensemble.

Laien- und Märchenspiele — Die Feststellung Dr 1958 — Frau Flinz Dr 1961 — Der Dreizehnte Dr 1962 — Der Kyffhäuser, Mysterien-Buffo (Sinn und Form 1966, 2) — Essays in „Sinn und Form", Sonderheft Probleme der Dramatik, 1966 — Johanna von Döbeln Dr 1967 — Stücke 1969 — Der lange Weg zu Lenin Dr 1970 — Schlag 13 Dr 1971 — Il Tricheco E (Sinn und Form 1971, 1).

Kurt Barthel, gen. Kuba

geb. 1914 bei Chemnitz, Arbeiter, emigrierte 1933 nach Prag, dann Polen, England, starb 1967.

Drehbücher, Reportagen, Agitprop — Gedicht vom Menschen 1948 — Kantate auf Stalin 1950 — Ausgew. Gedichte 1952 — Klaus Störtebecker Dr 1959 — Brot und Wein G 1961 — Terra incognita Dr 1964 — Gedichte 1934 — 1967 (Poesiealbum, Berlin/O 1969, Heft 16) — Schlösser und Katen R 1970 — Wort auf Wort wächst das Lied G 1971.

Kurt Bartsch,

geb. 1937 in Berlin, Arbeiter, studierte am Leipziger Lit. Institut.

Zugluft. Gedichte, Sprüche, Parodien 1968 — Gedichte (Poesiealbum, Berlin/O 1968, Heft 3) — Die Lachmaschine G 1971 — einzelne Ged. in „Kürbiskern" 1968, 3 und 1965, 2.

Rudolf Bartsch,

geb. 1929 in Rosenberg, Oberschlesien, Landarbeiter, dann Lehrer, studierte am Leipziger Lit. Institut.

Der große Übergang E 1951 — Man kann nicht immer stumm sein R 1953 — Aufwind, Endspurt, linker Haken En 1953 — Tür zu, es zieht, Satiren 1955 — Geliebt bis ans bittere Ende R 1958 — Ein Tag fiel aus E 1960 — Aufruhr in Bangsville R 1961 — Diskretion R 1962 — Der Arzt muß schweigen können R 1965 — Geisterbahn E (Nachrichten aus Deutschland, Hrsg. H. Brenner, Reinbek 1967) — Zerreißprobe R 1969 — Touristenklasse E (Zeitzeichen 1969).

Johannes R. Becher,

geb. 1891 in München, seit 1918 in der KPD, emigrierte 1933 in die Sowjetunion, kehrte 1945 nach Berlin zurück, 1954 Minister für Kultur, starb 1958.

Die frühen Werke, die mit dem Ged.-Band *Der Ringende* 1911 begannen, können nicht aufgezählt werden, sondern nur die Publikationen nach der Rückkehr:
Die hohe Warte (Deutschland-Dichtung 1933—1945) 1946 — Heimkehr G 1946 — Romane in Versen 1946 — Erziehung zur Freiheit Ess 1946 — München in meinem Gedicht 1946 — Wir, unsere Zeit G 1946 — Wiedergeburt, Sonette 1947 — Lob des Schwabenlandes G 1947 — Das Volk im Dunkel wandelnd G 1948 — Vollendung träumend G 1950 — Glück der Form, leuchtend nah G 1951 — Sterne unendliches Glühen G 1951 — Neue deutsche Volkslieder G 1951 — Auf andere Art so große Hoffnung, Tagebücher 1951 — Verteidigung der Poesie Ess 1952 — Deutsche Sonette 1952 — Schöne deutsche Heimat G 1952 — Winterschlacht Dr 1952 — Der Weg nach Füssen Dr 1953 — Poetische Konfession Ess 1954 — Macht der Poesie Ess 1955 — Das Sonettwerk (1913—1955) 1956 — Das poetische Prinzip Ess 1957 — Liebe ohne Ruh G 1957 — Schritt der Jahrhundertmitte G 1958 —

Veröffentlichungen nach dem Tode: Ges. Werke im Aufbauverlag Berlin und Weimar I Ged. 1911—1918 II Ged. 1919—1925 III Ged. 1926—1935 IV Ged. 1936—1941 V Ged. 1942—1948 VI Ged. 1949—1958 VII Acht Romane in Versen VIII f. Dramatische Dichtungen XII Tagebücher. Über Literatur und Kunst, Hrsg. M. Lange, Berlin/O 1962 — Abschied R (1940) Hamburg 1965 — Ausgew. Lyrik und Prosa, Limes-Verlag 1966 — Bekenntnisse, Entdeckungen, Variationen, Denkdichtung in Prosa, Berlin und Weimar 1969 — Von der Größe unserer Zeit, Reden und Aufsätze, Leipzig 1971.

Paul Rilla: Der Weg J. R. Bechers (Sinn und Form 1950, 4)

Arnold Zweig: J. R. Becher (Sinn und Form 1951, 3)

Alexander Abusch: J. R. Becher, Dichter der Nation und des Friedens, Berlin/O 1953 Sinn und Form, Sonderheft 1959, dort auch Bibliographie

Jürgen Rühle: J. R. Bechers poetische Konfession (Literatur und Revolution, Berlin 1960)

Georg Maurer: Das klassische Erbe, die Dekadenz und J. R. Becher (Neue Dt. Lit. 1960, 8)

Probleme der Becherforschung (Wissenschaftl. Zeitschr. der Universität Jena 1961, X)

E. M. Herden: Vom Expressionismus zum sozialist. Realismus. Der Weg J. R. Bechers, Diss. Heidelberg 1962

Bildchronik eines Lebens, hrsg. L. Becher und G. Prokop, Berlin/O 1963

E. Hinkel: Gegenwart und Tradition, Renaissance und Klassik im Weltbild J. R. Bechers, Berlin/O 1964

H. Haase: Dichten und Denken, Einblicke in das Tagebuch eines Poeten, Halle 1966 Annemarie Auer: Themen-Unendlichkeit. Zu den beiden letzten Versbänden J. R. Bechers (Standorte, Erkundungen, Halle 1967)

H. Kähler: Selbstbesinnung der Poesie, zur ästhetischen Position von J. R. Becher (Positionen, Halle 1968)

Georg Maurer: Vom Anderswerden. Die Funktion des Begriffs in der Lyrik J. R. Bechers, Halle 1968

N. Holster: Das Frühwerk J. R. Bechers, Bonn 1969

S. Rönisch: Zum Spätwerk J. R. Bechers (Weim. Beitr. 1970, 1)

E. Weiß: J. R. Becher und die sowjetische Literaturentwicklung 1917—1933, Berlin/O 1971

W. Herden: Heinrich Mann und J. R. Becher (Weim. Beitr. 1971, 10)

Jurek Becker,

geb. 1937 in Polen, Kindheit in Ghettos und Lagern, nach dem Krieg in Berlin, studierte Philosophie.

Jakob der Lügner R 1969.

Uwe Berger,

geb. 1928 in Eschwege, studierte Germanistik.

Der Anfang G 1946 — Die Einwilligung En 1955 — Straße der Heimat G 1955 — Der Dorn in dir G 1958 — Der Erde Herz G 1960 — Hütten am Strom G 1961 — Rote Sonne, Prosa 1963 — Mittagsland G 1965 — Gesichter G 1969 — Poesiealbum Berlin/O 1971, Heft 42 — Bilder der Verwandlung G 1971 — Die Chance der Lyrik Ess 1971.

Manfred Bieler,

geb. 1934 in Zerbst, Anhalt, studierte Germanistik, 1966 Umsiedlung nach Prag, 1968 nach Westdeutschland.

Der Vogelherd En 1955 — Der Schuß auf die Kanzel, Parodie 1958 — Bonifaz oder der Matrose in der Flasche R 1963 — Märchen und Zeitungen 1966 — Hörspiele.

Wolf Biermann,

geb. 1936 in Hamburg, ging 1953 in die DDR.

Die Drahtharfe G 1965 — Mit Marx- und Engelszungen G 1968 — Der große Dra-Dra-Dra, Musikdrama 1970.
Schallplatten: Chausseestraße 131 — Vier neue Lieder (Wagenbach, Berlin).
E. Kloehn: Die Lyrik W. Biermanns (Deutschunterr. 1969, 5)
M. Reich-Ranicki: W. Biermann und die SED (Wer schreibt, provoziert, München 1966)

Johannes Bobrowski,

geb. 1917 in Tilsit, als Soldat im Kriege, kehrte 1949 aus russ. Gefangenschaft zurück, starb 1965.

Erste Ged. 1943 in „Das Innere Reich" — Frühe Ged. (Sinn und Form 1955) — Sarmatische Zeit G 1961 — Schattenland Ströme G 1962 — Levins Mühle R 1964 — Boehlendorff und Mäusefest En 1965 — Litauische Klaviere R 1966 — Wetterzeichen G 1966 — Der Mahner En 1967 — Selbstzeugnisse 1967 — Im Windgesträuch, Ged. aus dem Nachlaß 1970 — Einzelne Erzählungen in Zeitschriften: Der Mahner (Sinn und Form 1964, 6) — In eine Hauptstadt verschlagen (Der Monat 1965, 17) — Idylle für alte Männer (Merkur 1965, 19) — Ich will fortgehen (Akzente 1964, 11) — Das Käuzchen (Akzente 1964, 11) — Im Guckkasten (Fischer-Almanach 1964) — Junger Herr am Fenster (Akzente 1965, 12) — Der Tänzer Malige (Sinn und Form 1964, 3/4).

Schallplatten: J. Bobrowski liest Lyrik und Prosa (Union Verlag Berlin/O — J. Bobrowski liest Gedichte und Prosa (Wagenbach, Berlin).

Selbstzeugnisse und Beiträge über sein Werk, Berlin/O o. J.

S. Hoefert: Bobrowskis Widmungsgedichte (Neue Dt. Hefte 1965, 103)

S. Hoefert: West-Östliches in der Lyrik J. Bobrowskis, München 1966

P. P. Schwarz: Freund mit der leisen Rede, zur Lyrik J. Bobrowskis (Deutschunterr. 1966, 2)

G. Hartung: J. Bobrowski (Sinn und Form 1966, 4)

G. Hartung: J. Bobrowskis Litauische Claviere (Sinn und Form 1966, Sonderheft 2)

I. Reblitz: J. Bobrowski, die beiden ersten Sätze für ein Deutschlandbuch (Neue Dt. Hefte 1967, 2)

P. Jokostra: Bobrowski und andere, München 1967

G. Rostin: J. Bobrowski, Berlin 1967 (dort auch Bibl.)

G. Wolf: J. Bobrowski, Leben und Werk, Berlin/O 1967

J. Müller: Der Lyriker J. Bobrowski (Universitas 1968, 23)

A. Behrmann: Metapher im Kontext, zu einigen Ged. von I. Bachmann und J. Bobrowski (Deutschunterr. 1968, 4)

D. Soelle: Christliche Elemente in der Lyrik J. Bobrowskis (Almanach für Literatur und Theologie 1968)

R. von Heydebrand: Engagierte Esoterik. Die Lyrik J. Bobrowskis (Wissenschaft als Dialog, Stuttgart 1969)

Ders.: Überlegungen zur Schreibweise J. Bobrowskis (Deutschunterr. 1969, 5)

J. Streller: Zum Gesellschaftsbild J. Bobrowskis (Weim. Beitr. 1969, 5)

E. Haufe: J. Bobrowskis Weg zum Roman (Weim. Beitr. 1970, 1)

G. Wolf: Beschreibung eines Zimmers, Versuch über J. Bobrowski, Berlin/O 1971

Volker Braun,

geb. 1939 in Dresden, studierte Philosophie, Dramaturg beim Berliner Ensemble.

Revolution, lyrischer Zyklus (Neue Dt. Lit. 1962, 11) — Provokation für mich G 1965 — Vorläufiges G 1966 — Kipper Paul Bauch Dr 1967 — Kriegserklärung G 1967 — Hinze und Kunze Dr 1967 — Hans Faust Dr 1968 — Wir und nicht sie G 1970 — Gedichte 1971.

Werner Bräuning,

geb. 1934 in Chemnitz, Arbeiter, studierte am Leipziger Lit. Institut.

Menschen von heute En (Neue Dt. Lit. 1958, 9) — Waffenbrüder En 1959 — In diesem Sommer En 1960 — Rummelplatz E (Neue Dt. Lit. 1965, 10) — Prosa schreiben Ess (Sinn und Form 1968, 6) — Gewöhnliche Leute En 1969 — Die einfachste Sache der Welt En 1971.

Willi Bredel,

geb. 1901 in Hamburg, Arbeiter, 1923—1929 im Gefängnis, 1930—1932 ebenfalls, 1933 im KZ, emigrierte 1934 nach Spanien, dann Sowjetunion, starb 1964.

Maschinenfabrik N und K R 1930 — Rosenhofstraße R 1931 — Der Eigentumsparagraph R 1933 — Die Prüfung R 1934 — Der Spitzel E 1935 — Drei Erzählungen 1936 (Moskau) — Dein unbekannter Bruder R 1937 — Begegnung am Ebro E 1938 — Der Generalintendant des Königs E 1940 — Der Kommissar am Rhein En 1940 — Pater Brakl und a. E 1940 — Verwandte und Bekannte, Romantrilogie 1941—1953 —

Das Vermächtnis des Frontsoldaten E 1943 — Der Sonderführer E 1944 — Das schweigende Dorf En 1949 — Die Vitalienbrüder R 1949 — Die Söhne R 1949 — Die Enkel R 1953 — Vom Ebro zur Wolga En 1954 — Das Gastmahl im Dattelgarten E 1956 — Die Tauben des Paters E 1956 — Der Regimentskommandeur E 1956 — Auf den Heerstraßen der Zeit En 1957 — Für dich, Freiheit En 1958 — Ein neues Kapitel R 1959 — Frühlingssonate E 1959 — Ein neues Kapitel II, III 1964 — Marcel, der junge Sanskulotte E 1965 — Ges. Werke in 14 Bd. ab 1961.

M. Reich-Ranicki: W. Bredel (Deutsche Literatur in West und Ost)

L. Bock: W. Bredel, Leben und Werk, Berlin/O 1964

A. Seghers: Totenrede (Sinn und Form 1964, 6)

A. Klein: Die literar. Anfänge W. Bredels u. d. Entwicklung der proletar.-revolut. Literatur (Weim. Beitr. 1965, 1)

Jurij Brežan,

geb. 1916 im Kreis Kamenz, Sohn eines sorbischen Landarbeiters, emigrierte 1937, Vors. des Kreises sorb. Schriftsteller.

Sorbische Gedichtbände und Laienspiele seit 1950 — Auf dem Rain wächst Korn G 1951 — Hochzeitsreise in die Heimat R 1952 — Unser Alltag G 1953 — Die Welt wird schöner G 1953 — 52 Wochen sind ein Jahr R 1953 — Christa E 1957 — Das Haus an der Grenze E 1957 — Der Gymnasiast R 1958 — Semester der verlorenen Zeit R 1960 — Das Mädchen Trixi und der Ochse Esau E 1959 — Borbass und die Rute Gottes En 1959 — Mutter Jentsch Dr 1959 — Lehrjahre R 1961 — Eine Liebesgeschichte E 1963 — Die Reise nach Krakau E 1966 — Die schwarze Mühle E (Sinn und Form 1967, 6) — Sorbische Literatur im sozialistischen Vaterland Ess (Neue Dt. Lit. 1970, 3).

Günter de Bruyn,

geb. 1920 in Berlin, Bibliothekar.

Wiedersehen an der Spree E 1960 — Hochzeit in Weltzow E 1960 — Ein schwarzer abgrundtiefer See En 1963 — Der Hohlweg R 1963 — Fedezeen E (Neue Dt. Lit. 1964, 7) — Entscheidung E (Sinn und Form 1963, 2) — Hörspiele 1965 — Maskeraden (Parodien) 1966 — Buridans Esel R 1968 — Victoria E (Neue Dt. Lit. 1970, 2) — Drei Tage unseres Lebens E (Manuskripte, Halle 1969).

Hanns Cibulka,

geb. 1920 in Jägerndorf, Tschechoslowakei, Krieg und Gefangenschaft in Italien, heute Bibliothekar.

Märzlicht G 1954 — Zwei Silben G 1959 — Sizilianisches Tagebuch 1960 — Arioso G 1962 — Umbrische Tage 1963 — Sonate in C G 1965 — Windrose G 1968.

G. Maurer: Der Dichter und seine Zeit, Berlin/O 1956

A. Endler: Probleme eines begabten Lyrikers (Neue Dt. Lit. 1963, 3)

Eduard Claudius (Schmidt),

geb. 1911 in Gelsenkirchen, Maurer, 1934 nach Spanien emigriert, 1948 Rückkehr nach Potsdam, später im diplomatischen Dienst.

Jugend im Umbruch R 1936 — Das Opfer E 1938 (Moskau) — Grüne Oliven und nackte Berge R 1945 (Zürich) — Haß R 1947 — Salz der Erde R 1948 — Vom schweren Anfang E 1950 — Zu Anbeginn E 1950 — Gewitter En 1948 — Menschen an unserer Seite R 1951 — Die Nacht des Käuzchens E 1955 — Früchte der harten Zeit En 1953/54 — Von der Liebe soll man nicht nur sprechen R 1957 — Aus dem Geweb der Morgendämmerung (Neue Texte 1964, 6) — Das Mädchen sanfte Wolke En 1962 — Aus den nahen und fernen Städten En 1964 — Wintermärchen auf Rügen E 1965 — Das Salz der Erde En 1969 — Ruhelose Jahre R 1968 — Drei Mädchen aus Vietnam E (Kürbiskern 1969, 3) — Auf den Straßen dieser Zeit, Erinnerungen (Neue Dt. Lit. 1967, 15).

B. Seeger: Köpfe von heute (Sonntag 1961, 31)
M. Reich-Ranicki: E. Claudius (Deutsche Literatur in West und Ost, München 1963)
H. Haase: Variationen eines großen Themas (Sinn und Form 1968, 20)

Heinz Czechowski,
geb. 1935 in Dresden, studierte am Leipziger Lit. Institut.

Nachmittag eines Liebespaares G 1962 — Wasserfahrt G 1968 — König Drosselbart, Märchenspiel 1969.

Günther Deicke,
geb. 1922 in Hildburghausen, Hrsg. zahlreicher Anthologien.

Liebe in unseren Tagen G 1954 — Die Gesetze G 1958 — Traum vom glücklichen Jahr G 1959 — Du und dein Land und die Liebe Ged. und Tagebuchblätter 1959 — Wenn der Wacholder blüht, Oratorium 1961 — Die Wolken G 1967 — Schöpfermensch, Oratorium (Neue Dt. Lit. 1971, 10).
R. Weisbach: Der Dichter G. Deicke und seine Zeit (Sinn und Form 1970, 2)

Fritz Rudolf Fries,
geb. 1935 in Bilbao, seit 1942 in Deutschland, studierte Germanistik und Anglistik.

Der Weg nach Oobliadooh R 1966 — Leipzig am Morgen E (Sinn und Form 1969, 5) — Fernsehkrieg En 1969 — Seestücke, Reportagen (Sinn und Form 1970, 5).

Franz Fühmann,
geb. 1922 im Riesengebirge, als Soldat im Krieg, kehrte 1949 aus russischer Gefangenschaft zurück.

Kinderbücher, Nachdichtungen aus slawischen Sprachen — Gefühle der Klage, Trauer, Ratlosigkeit G 1942 — Die Nelke Nikos G 1953 — Die Fahrt nach Stalingrad, lyrisch-episches Poem 1953 — Kameraden E 1955 — Aber die Schöpfung soll dauern G 1957 — Das Gottesgericht E 1957 — Kapitulation E 1958 — Stürzende Schatten En 1958 — Fronten En 1960 — Kabelkran und blauer Peter, Reportage 1961 — Spuk

En 1961 — Die heute vierzig sind En 1961 — Das Judenauto En 1962 — Böhmen am Meer E 1962 — Vierzehn Tage aus zwanzig Jahren E 1962 — Die Richtung der Märchen G 1962 — In eigner Sache Ess 1964 — König Ödipus, ges. Erzählungen 1966 — Die Elite, ges. Erzählungen (Zürich) 1970 — Der Jongleur im Kino oder die Insel der Träume En 1971.

M. Reich-Ranicki: Kamerad Fühmann (Deutsche Literatur in West und Ost, München 1963)

G. Deicke: F. Fühmann, Wege einer Wandlung (Neue Texte 4, Berlin/O 1964)

R. Heise: Die Bürde der Vergangenheit (Neue Dt. Lit. 1959, 8)

Karl Mickel: Von der Richtung der Märchen (Neue Dt. Lit. 1962, 11)

A. Grosse: Vom Werden des Menschen. Zum Werk F. Fühmanns (Weim. Beitr. 1971, 1 und 4)

W. Hartinger: Gestalt und Wertung einer Generation im lyrischen Zyklus (Weim. Beitr. 1970, 1)

Louis Fürnberg,

geb. 1909 in Iglau, Mähren, emigrierte 1933 nach England, dann Palästina, kehrte 1946 nach Prag zurück, 1949 nach Berlin, starb 1957.

Frühe Singspiele, Kantaten, Laienspiele — Echo von links G 1933 — Worte der Liebenden G 1935 — Lieder, Songs und Moritaten 1936 — Ein Mensch ist zu verkaufen Dr 1936 — Hölle, Haß und Liebe G 1943 — Gustav Mahlers Heimkehr E 1944 — Mozart-Novelle 1947 — Der Bruder Namenlos G 1947 — Die spanische Hochzeit G 1948 — Wanderer in den Morgen G 1951 — Die Begegnung in Weimar E 1952 — Pauken, Flöten und Gitarren G 1956 — Das wunderbare Gesetz G 1956 — Das Jahr des vierblättrigen Klees, Skizzen 1959 — El Shah G 1960 — Lebenslied, Ged. a. d. Nachlaß 1963 — Heimat, die ich immer meine G 1964 — Nachgelassene Ged. 1939—1956 (Sinn und Form 1963, 2/3) — Ges. Werke, hrsg. Deutsche Akademie der Künste Berlin, seit 1967: I Ged. 1927—1946 II Ged. 1946—1957 III Prosa IV Prosa V Essays VI Polit. und kultur. Publizistik — Briefwechsel mit Arnold Zweig (Weim. Beitr. 1967, 3).

G. Wolf: L. Fürnberg (Weim. Beitr. 1959, 3)

L. Fürnberg, ein Buch des Gedenkens, Berlin/O 1959

G. Wolf: Der Dichter L. Fürnberg, Leben und Wirken, Berlin/O 1961

H. Richter: Das lyrische Werk L. Fürnbergs, Berlin/O 1966 (Auszug in Sinn und Form, 1966, 2)

R. Weisbach: Lyrisches Subjekt und sozialistischer Plural (Neue Dt. Lit. 1971, 5)

Jens Gerlach,

geb. 1926 in Hamburg, studierte Kunst, seit 1953 in der DDR.

Ich will deine Stimme sein G 1953 — Jazz G 1966 — Das Licht und die Finsternis G 1966 — Jüdische Chronik G 1968.

Peter Gosse,

geb. 1938 in Leipzig, studierte in Moskau, Dipl.-Ing.

Antennendiagramme, Reportagen 1967 — Antiherbstzeitloses G 1969 — Eine Geschichte, in der nichts los ist (Zeitzeichen, Berlin/O 1968).

Otto Gotsche,

geb. 1904 bei Eisleben, Arbeiter, seit 1921 Berufsrevolutionär, heute Staatssekretär.

Märzstürme I R 1933/59 — Tiefe Furchen R 1948 — Zwischen Nacht und Morgen R 1955 — Die Fahne von Kriwoj Rog R 1959 — Unser kleiner Trompeter R 1961 — Gefahren und Gefährten En 1966 — Stärker ist das Leben R 1967 — Märzstürme II 1971.

A. Klein: Zwischen Nacht und Morgen (Sinn und Form 1964, 3)

E. Röhner: Literatur und Geschichtsbewußtsein (Weim. Beitr. 1968, 2)

Uwe Greßmann,

geb. 1933 in Berlin, starb 1969.

Der Vogel Frühling G 1966.

Peter Hacks,

geb. 1928 in Breslau, studierte in München, seit 1955 in der DDR.

Hörspiele: Der gestohlene Ton — Das Fell der Zeit — Geschichte eines alten Wittibers im Jahre 1637 — Eröffnung des Indischen Zeitalters Dr 1954 — Das Volksbuch vom Herzog Ernst Dr 1956 — Die Schlacht bei Lobositz Dr 1956 — Der Müller von Sanssouci Dr 1958 — Die Kindsmörderin (nach H. L. Wagner) Dr 1959 — Die Sorgen und die Macht Dr 1960/62 — Der Frieden (nach Aristophanes) Dr 1962 — Die schöne Helena Dr 1964 — Moritz Tassow Dr 1965 — Polly oder die Bataille am Blue Water Creek (nach John Gray) Dr 1965 — Margarete von Aix Dr 1967 — Amphitryon Dr 1968 — Omphale Dr 1970.

Kindermärchen wie „Der Schuhu und die fliegende Prinzessin" und „Geschichten von Henriette und Onkel Titus" — Erzählungen: Das Turmverließ 1964 — Essays: Einige Gemeinplätze über das Stückeschreiben 1956 — Literatur im Zeitalter der Wissenschaft 1960 — Versuch über das Theaterstück von morgen 1960 — Über Lieder zu Stücken 1962 — Das Poetische (Kürbiskern 1966, 4).

M. Kesting: Der Held und sein Gefolge (Panorama des zeitgen. Theaters, München 1962)

H. Rischbieter: Auf dem Weg ans Ende einer Utopie? Stadien und Schwierigkeiten bei Hacks, Müller und Lange (Theater heute, 1969, 10)

Claus Hammel,

geb. 1932 in Parchim, studierte Musik und Theaterwiss.

Fischerkinder Dr 1962 — Frau Jenny Treibel Dr 1964 — Um neun an der Achterbahn Dr 1964 — Morgen kommt der Schornsteinfeger Dr 1967 — Ein Yankee an

König Arthus Hof Dr 1967 — Komödien 1969 — Le Faiseur oder Warten auf Godeau Dr 1970.

Theo Harych,

geb. 1903 in Dozuchow (Posen), Landarbeiter, begann 1950 zu schreiben, starb 1958.

Hinter den schwarzen Wäldern R 1951 — Im Geiseltal R 1952 — Im Namen des Volkes R 1957.

Stephan Hermlin, (Rudolf Leder)

geb. 1915 in Chemnitz, emigrierte 1936, Frankreich, Schweiz, Spanien.

Zwölf Balladen von den großen Städten 1945 — Wir verstummen nicht G 1945 — Der Leutnant Yorck von Wartenburg E 1946 — Die Straßen der Furcht G 1947 — Zweiundzwanzig Balladen 1947 — Reise eines Malers in Paris E 1947 — Die Zeit der Gemeinsamkeit En 1950 — Mansfelder Oratorium 1950 — Der Flug der Taube G 1952 — Ferne Nähe G 1954 — Die Kommandeuse E 1956 — Die Straße E 1958 — Begegnungen Ess 1960 — Gedichte 1963 — Balladen 1965 — Erzählungen 1966 — Die Städte G 1966 — Scardanelli, Hörspiel (Sinn und Form 1970, 3) —Übers. a. d. Englischen, Französischen, Spanischen, Ungarischen und Russischen — Essays: Der Kampf um eine deutsche Nationalliteratur 1952 — Begegnungen 1960 — Tradition und Moderne (Sinn und Form 1965, 5) — Die Sache des Friedens 1953.

M. Reich-Ranicki: S. Hermlin (Deutsche Literatur in West und Ost, München 1963)

R. Weisbach: Probleme der Übergangszeit bei S. Hermlin (Positionen, Leipzig 1969)

Jürgen Rühle: Beispiele der politischen Neurose (Literatur und Revolution, Köln 1960)

Stephan Heym, (Hellmuth Fliegel)

geb. 1913 in Chemnitz, emigrierte 1933 in die USA, seit 1952 in Berlin.

Die Hinrichtung Dr 1935 — Gestern, heute, morgen Dr 1937 — Hostages R 1942 (Der Fall Glasenapp 1958) — The Crusaders R 1948 (Kreuzfahrer von heute 1950) — The Eyes of Reason R 1951 (Die Augen der Vernunft 1955) — Die Kannibalen En 1953 — Goldsborough R 1953 (deutsch 1954) — Schatten und Licht En 1960 — Die Papiere des Andreas Lenz R 1963 (The Lenz Papers London 1965, Berlin/O 1968) — Die Schmähschrift R 1970 — Lassalle R 1969 — Essays: Offene Worte 1953, Im Kopfe sauber 1954 — Zwei Märchen: „Casimir und Cymbelinchen" 1966.

Peter Huchel,

geb. 1903 bei Berlin, Soldat im Kriege, 1948—1962 Chefred. von Sinn und Form, lebt seit 1971 in Italien.

Sternreise G 1928 — Der Knabenteich G 1933 — Die Herbstkantate 1935 — Gott im Ährenlicht, Kantate 1936 — Gedichte 1948 — Herkunft G 1948 — Sammlungen G 1948 — Chaussen, Chaussen G 1963 — Die Sternenreuse (Ged. von 1925—1967) 1967 — Neue Gedichte (Ensemble, München 1969).

E. Zak: Der Dichter P. Huchel (Neue Dt. Lit. 1953)

H. Mayer: Zu Gedichten von P. Huchel (Zur deutschen Literatur der Zeit, Hamburg 1967)

H. Karasek: P. Huchel (Schriftsteller der Gegenwart, hrsg. K. Nonnenmann, Freiburg 1963)

H. J. Heise: P. Huchels neue Wege (Neue Dt. Hefte 1964, 99)

I. Seidler: P. Huchel und sein lyrisches Werk (Neue Dt. Hefte 1968, 1)

Hommage für P. Huchel, hrsg. O. F. Best, München 1968

W. Wick: P. Huchel (Neue Dt. Hefte 1962, 90)

Karl-Heinz Jakobs,

geb. 1929 in Ostpreußen, studierte am Leipziger Lit. Institut.

Guten Morgen Vaterlandsverräter G 1959 — Die Welt vor meinem Fenster E 1960 — Beschreibung eines Sommers R 1961 — Das grüne Land und andere Geschichten 1961 — Merkwürdige Landschaften En 1964 — Eine Pyramide für mich R 1971.

Bernd Jentzsch,

geb. 1940 in Plauen, studierte Kunstgeschichte und Germanistik.

Alphabet des Morgens G 1961 — Neue Texte 4, Gedichte 1964 — Die Werkzeugfahne, Prosa (Akzente 1970, 3) — Feuerfalter, Prosa (Akzente 1971, 5) — Die Wurzeln der Welt, Nachdichtungen von Jannis Ritsos 1971.

Wolfgang Joho,

geb. 1908 in Karlsruhe, bürgerliche Bildung, seit 1929 in der KPD. 1960—1966 Chefredakteur der Neuen Dt. Lit.

Die Hirtenflöte E 1948 — Aller Gefangenschaft Ende E 1949 — Die Verwandlungen des Dr. Brad E 1949 — Jean Peyrouton R 1949 — Ein Dutzend und zwei R 1950 — Der Weg aus der Einsamkeit R 1953 — Wandlungen En 1956 — Traum von der Gerechtigkeit E 1956 — Die Nacht der Erinnerungen En 1957 — Die Wendemarke R 1957 — Es gibt kein Erbarmen R 1962 — Elisabeth E 1964 — Aufstand der Träume R 1966 — Das Klassentreffen R 1968 — Besuch von einem anderen Stern E (Neue Dt. Lit. 1971, 12) — Gespräche mit Thomas, Romanfragment (Manuskripte 1969) — Die Kastanie R 1971.

Heinz Kahlau,

geb. 1931 bei Potsdam, Arbeiter, später Schüler Brechts.

Hoffnung lebt in den Zweigen der Caiba G 1954 — Probe G 1956 — Die Maisfibel, Chronik 1960 — Und das am Sonntag. Auf der Sonnenseite, Szenarien 1962 — Der Fluß der Dinge G 1964 — Mikroskop und Leier G 1964 — Ged. in Poesiealbum, hrsg. B. Jentzsch, 1969, Heft 21 — Balladen 1971 — Du, Liebesged. 1971 — Abschied von Tarler R (Vorabdruck in Neue Dt. Lit. 1971, 2).

Hermann Kant,

geb. 1926 in Hamburg, als Soldat im Krieg, seit 1949 in der DDR, studierte an der ABF Greifswald.

Kleine Schachgeschichte E (Neue Dt. Lit. 1957, 11) — Krönungstag E (Neue Dt. Lit. 1957, 7) — Das bläst der Wind nicht fort E (Neue Dt. Lit. 1958, 4) — Ein bißchen Südsee En 1962 — Die Aula R 1965 (Bühnenfassung in Theater der Zeit 1968, 23) — Frau Atlas und Herr Atlas E (Neue Dt. Lit. 1969, 5) — Ankunft der Sieger R 1970 — Die Gefährten, Erinnerungen (Neue Dt. Lit. 1971, 10).

H. G. Hölsgen: Ch. Wolf Der Geteilte Himmel und H. Kant Die Aula (Deutschunterricht, XXI, 5)

Komisches und Satirisches in H. Kants Die Aula (Weim. Beitr. 1966, 1)

H. Kähler: Die Aula, eine laudatio auf die DDR (Sinn und Form 1966, Sonderheft 2)

A. Auer: Eine einfache Sache (Standorte, Erkundungen, Halle 1968)

S. Schlenstedt: Zu Strukturen von H. Kants Die Aula (Neue Dt. Lit. 1965, 2)

Rainer Kerndl,

geb. 1928 in Frankenhausen, Dramaturg am M. Gorki Theater in Berlin.

Schatten eines Mädchens Dr 1961 — Neue Gedichte (Neue Dt. Lit. 1963, 1) — Seine Kinder Dr 1963 — Plädoyer für die Suchenden Dr 1966 — Die seltsame Reise des Alois Fingerlein Dr 1967 — Der verratene Rebell Dr 1967 — Ich bin einem Mädchen begegnet Dr 1969 — Wann kommt Ehrlicher? Dr 1971.

Heiner Kipphardt,

geb. 1922 in Schlesien, Dr. med. 1950—1959 Dramaturg am Deutschen Theater Berlin, seit 1959 in Westdeutschland.

Entscheidung Dr 1952 — Shakespeare dringend gesucht. Dramat. Satire 1953 — Der staunenswerte Aufstieg und Fall des Alois Piontek Dr 1955 — Die Stühle des Herrn Szmil Dr 1958 — Esel schrein im Dunkeln Dr 1958.

Wulf Kirsten,

geb. 1934 im Kreis Meißen, nach der ABF Studium, Verlagslektor.

Gedichte (Poesiealbum, Heft 4, 1968) — Satzanfang G 1970.

Rainer Kirsch,

geb. 1934 in Döbeln, studierte am Leipziger Lit. Institut.

Wir freuen uns auf den Wind von morgen, Kantate 1963 — Berlin-Sonnenseite, Rep. mit S. Kirsch 1964 — Gespräche mit dem Saurier G (mit S. Kirsch) 1965 — Der Soldat und das Feuerzeug, Märchenkomödie (Kürbiskern 1966, 3) — Ansicht Rossleben, Rep. (Kürbiskern 1967, 2).

Sarah Kirsch,

geb. 1935 im Harz, studierte am Leipziger Lit. Institut.

Landaufenthalt G 1967 — Gedichte 1968 — Gedichte 1969 (Langewiesche-Brandt, Ebenhausen) — Neue Texte 68, Almanach des Mitteldt. Verlags Halle).

Hans Joachim Knappe,

geb. 1929 in Zeitz, studierte am Leipziger Lit. Institut.

Stine Grüber E (Neue Dt. Lit. 1955, 11) — Bittere Wurzeln R 1961 — Mein namenloses Land R 1965 — Die Auferstehung E (Neue Dt. Lit. 1969, 1) — Die Birke da oben, Bd. I R 1970 — Frauen ohne Männer E (Neue Dt. Lit. 1970, 7).

Günter Kunert,

geb. 1929 in Berlin, Studium der bildenden Kunst.

Wegschilder und Mauerinschriften G 1954 — Der ewige Detektiv und andere Geschichten, Satiren 1954 — Unter diesem Himmel G 1955 — Vom König Midas, Kantate 1958 — Denkmal für einen Flieger, Kantate 1958 — Der Kaiser von Hondu Dr 1959 — Tagwerke G 1961 — Seilergasse 8, Szenarium 1960 — Das kreuzbrave Liederbuch G 1961 — Erinnerung an einen Planeten G 1963 — Tagträume, Prosa 1964 — Der ungebetene Gast G 1965 — Verkündigung des Wetters G 1966 — Im Namen der Hüte R 1967 — Die Beerdigung findet in aller Stille statt En 1968 — Kramen in Fächern: Geschichten, Parabeln, Merkmale 1968 — Unschuld der Natur G 1968 — Betonformen, Prosa (Literar. Colloquium, Berlin 1969) — Warnung vor Spiegeln G 1970 — Ortsangaben, Prosa 1971 — Mit der Zeit ein Feuer, Dramat. Szenen (Neue Dt. Lit. 1971, 8).

K. Werner: Zur Brechtrezeption bei G. Kunert und H. M. Enzensberger (Weim. Beitr. 1968, Sonderheft)

H. Walwei-Wiegelmann: Zur Lyrik und Prosa G. Kunerts (Deutschunterr. 1969, 5)

Reiner Kunze,

geb. 1933 im Erzgebirge, studierte Philosophie.

Die Zukunft sitzt am Tische G (mit Egon Günther) 1955 — Vögel über dem Tau G 1959 — Lieder für Mädchen die lieben G 1960 — Halm und Himmel stehn im Schnee, Kantate 1960 — Fragen des lyrischen Schaffens Ess 1960 — Wesen und Bedeutung der Reportage Ess 1960 — Aber die Nachtigall jubelt G 1962 — Widmungen G 1963 — Sensible Wege G 1969 — Nachdichtungen aus dem Tschechischen — Umsteigen G (Ensemble, München 1969) — Der Löwe Leopold, Märchen 1970.

Hartmut Lange,

geb. 1937 in Berlin, ging 1965 nach Westdeutschland.

Senftenberger Erzählungen Dr 1960 — Marski Dr 1962 — Hundsprozeß / Herakles Dr 1964 — Die Gräfin von Rathenow Dr 1969.

Hans Marchwitza,

geb. 1890 bei Beuthen, Arbeiter, emigrierte 1933 nach Spanien, dann USA, kehrte 1946 zurück, starb 1965.

Sturm auf Essen R 1930 — Schlacht vor Kohle R 1931 — Walzwerk R 1932 — Vor Verdun verlor ich Gott En 1932 — Janek und andere En 1934 — Erzählungen 1939 (Moskau) — Untergrund G 1942 (New York) — Wetterleuchten G 1942 — Die Kumiaks R 1934 (Zürich) 1948 — Mein Anfang En 1950 — Unter uns En 1950 — Eisenhüttenkombinat Ost, Kantate 1951 — Roheisen R 1954 — Die Heimkehr der Kumiaks R 1956 — Die Kumiaks und ihre Kinder R 1959 — Die Kinder der Weberin R 1964 — In Frankreich / In Amerika, Erinnerungen 1971.

M. Reich-Ranicki: Die Legende vom Dichter Marchwitza (Wer schreibt, provoziert, München 1966)

G. Caspar: H. Marchwitza, Dichter der behutsamen Überzeugung, 1951

M. Lange: H. Marchwitza, Schriftsteller der Nation (Sonntag 1960, 26)

P. Krüger: Glück auf, Kumpel Hans! Zum 70. Geburtstag (Neue Dt. Lit. 1960, 6)

Alfred Matusche,

geb. 1909 in Leipzig.

Die Dorfstraße Dr 1955 — Nacktes Gras Dr 1958 — Die gleiche Strecke Dr 1960 — Die feurige Stadt Dr 1960 — Der Regenwettermann Dr 1963 — Van Gogh Dr 1966 — Das Lied meines Weges Dr 1967 — Stücke 1971 — An beiden Ufern, Requiem (Sinn und Form 1971, 3).

Georg Maurer,

geb. 1907 in Siebenbürgen, kam 1926 nach Deutschland, studierte Germanistik und Philosophie, Soldat im Krieg, Gefangenschaft, Prof. am Leipziger Lit. Institut, starb 1971.

Ewige Stimmen G 1936 — Gesänge der Zeit G 1948 — Die Elemente, Freie Rhythmen 1952 — Zweiundvierzig Sonette 1953 — Hochzeit der Meere G 1953 — Bewußtsein G 1956 — Selbstbildnis G 1957 — Lob der Venus, Sonette 1958 — Poetische Reise G 1959 — Dreistrophen-Kalender G 1961 — Gestalten der Liebe G 1964 — Mensch und Materie G (Neue Dt. Lit. 1964, 10) — Stromkreis G 1964 — Variationen G 1965 — Im Blick des Uralten G 1965 — Gespräche G 1967 — Welt in der Lyrik Ess (Sinn und Form 1968, 1, 2) — Was vermag Lyrik? Ess (Kürbiskern 1966, 1) — Essays I 1969 — Kreise G 1970 — Aggression G (Sinn und Form 1970, 2) — Späte Ged. (Neue Dt. Lit. 1971, 11).

Interview mit G. Maurer (Weim. Beitr. 1968, 5)

H. Czechowski: Bekenntnis zur Klassizität (Sinn und Form 1971, 1)

D. Schlenstedt: Angst und Liebe im Werk G. Maurers (Weim. Beitr. 1968, 5)

Karl Mickel,

geb. 1935 in Dresden, studierte Volkswirtschaft.

Lobverse und Beschimpfungen G 1963 — Vita nova mea G 1966 — Der Sohn der Scheuerfrau E (Sinn und Form 1968, 4) — Prosa und Lyrik (Kürbiskern 1966, 1).

Irmtraud Morgner,

geb. 1933 in Chemnitz, studierte Germanistik.

Das Signal steht auf Fahrt R 1959 — Das Haus am Rande der Stadt R 1962 — Hochzeit in Konstantinopel R 1968 — Gauklerlegende R 1971.

Heiner Müller,

geb. 1929 in Eppendorf.

Die frühen Dramen mit seiner Frau Inge Müller: Der Lohndrücker Dr 1958 — Die Korrektur Dr 1958 — Klettwitzer-Bericht. Die Umsiedlerin (nicht gedruckt oder gespielt) — Der Bau Dr 1965 — Philoktet Dr 1965 — Herakles 5 Dr 1966 — Ödipus Tyrann Dr 1966 — Horizonte Dr 1969 — Horatier Dr (Verlag der Autoren, Frankfurt o. J.) — Großer Wolf — Halbdeutsch, 2 Stücke 1970 (Edition Suhrkamp 382) — Das Laken (Sinn undForm, Sonderheft Probleme der Dramatik, 1966) — Macbeth Dr 1971.

Karl Mundstock,

geb. 1915 in Berlin, Soldat im Krieg und Gefangenschaft.

Der Messerkopf E 1950 — Tod in der Wüste E 1951 — Der Gasmann kommt, Rep. 1951 — Helle Nächte R 1953 — Ali und seine Abenteuer R 1953 — Bis zum letzten Mann En 1957 — Die Stunde des Dietrich Conradi R 1958 — Sonne in der Mitternacht E 1958 — Tod an der Grenze En 1969 — Gedichte 1970.

Erik Neutsch,

geb. 1931 in Schönebeck/Elbe, studierte Journalistik.

Regengeschichte E 1960 — Bitterfelder Geschichten 1961 — Die zweite Begegnung E 1961 — Spur der Steine R 1964 — Drei Tage unseres Lebens E / Akte Nora S. E (beide in Sinn und Form 1969, 1) — Die anderen und ich En 1970 — Haut oder Hemd Dr 1970 — Der Prozeß Karin Lenz Dr 1971.

S. Streller: Von Bitterfeld nach Schdona, Halle 1965

W. Emrich: Was geschieht drüben in der Literatur? (Die Welt der Literatur 1965, 1)

Dieter Noll,

geb. 1927 in Riesa/Elbe, Soldat im Kriege, Gefangenschaft, studierte Germanistik.

Mutter der Tauben E 1955 — Die Abenteuer des Werner Holt R 1960/63 — Kippenbergs R 1971.

Brigitte Reimann,

geb. in Magdeburg 1933, Lehrerin.

Die Frau am Pranger E 1956 — Kinder von Hellas E 1956 — Das Geständnis E 1960 — Ankunft im Alltag E 1961 — Die Geschwister R 1963 — Das grüne Licht der Steppen, Rep. 1965.

Christa Reinig,

geb. 1926 in Berlin, Arbeiterin, 1950 Studium auf der ABF, ging 1964 nach Westdeutschland.

Die Steine von Finisterre G 1960 — Der Traum meiner Verkommenheit, Prosa 1961 — Gedichte 1963 (Frankfurt).

Ludwig Renn (Friedrich Vieth von Golssenau),

geb. 1889 in Dresden, emigrierte 1935 nach Spanien, dann Mexiko, kehrte 1947 zurück.

Krieg R 1928 — Nachkrieg R 1930 — Vor großen Wandlungen R 1936 — Adel im Untergang R 1944 — Der Neger Nobi, Trini, Kinderb. 1955 — Herniu und der blinde Asai E 1956 — Meine Kindheit und Jugend 1957 — Krieg ohne Schlacht R 1957 — Auf den Trümmern des Kaiserreichs 1961 — Inflation 1963 — Der Ausweg R 1968 — Erkenntnisse eines gebildeten Hundes, Prosa (Sinn und Form 1969, 2) — Ges. Werke in Einzelausg. 10 Bd., Berlin/O 1966—70.

M. Reich-Ranicki: Der brave Soldat Renn (Deutsche Literatur in West und Ost, München 1963)

W. O. Wülfing: L. Renn und der sozialist. Realismus (Weim. Beitr. 1964, 6)

A. Auer: Zum Gestaltungsproblem bei L. Renn (Standorte, Erkundungen), Halle 1968

L. Martienssen: L. Renn, Schriftsteller, Historiker, Kämpfer (Weim. Beitr. 1969, 5)

Adam Scharrer,

geb. 1889 in Bayern, Arbeiter, emigrierte 1933 in die Tschechoslowakei, dann Sowjetunion, starb 1948.

Vaterlandslose Gesellen R 1929 — Der große Betrug R 1931 — Aus der Art geschlagen R 1931 — Maulwürfe R 1934 — Familie Schuhmann R 1939 — Der Krummhofbauer En 1939 — Der Hirt von Rauhweiler R (zuerst russisch, deutsch 1942) — In jungen Jahren R 1946 — Dorfgeschichten einmal anders 1948 — Das letzte Wort En 1948.

A. Scharrer - E. Strittmatter, hrsg. Kollektiv f. Lit. Gesch., Berlin/O 1962
Vorläufiger Eindruck des literar. Nachl. von A. Scharrer, Berlin/O 1970

Rolf Schneider,

geb. 1932 in Chemnitz, studierte Germanistik.

Blumen und Asche E 1958 — Aus zweiter Hand, Parodien 1958 — Das Gefängnis von Pont L'Eveque E 1960 — Brücken und Gitter En 1965 — Die Tage in W R 1965 — Tabu, Prosa (Akzente 1967, S. 166 f.) — Imaginationen E (Monat 1968, 236) — Stücke 1970 (Der Prozeß in Nürnberg — Der Prozeß Richard Waverley — Der Mann aus England — Dieb und König) — Der Tod des Nibelungen R 1970 — Stimmen danach, Hörspiele 1970.

Max Walter Schulz,

geb. 1921 im Erzgebirge, Soldat im Krieg, Lehrer, studierte am Leipziger Lit. Institut, heute dort Direktor.

Wir sind nicht Staub im Wind R 1962 — Petra und der Mann mit dem Stein E — Stegreif und Sattel, Anm. z. Literatur und zum Tage Ess. 1967.

S. Schlenstedt: Variationen in Es-Dur. Zu „Wir sind nicht Staub im Wind" (Weim. Beitr. 1964, 3 und 4)

René Schwachhofer,

geb. 1904 in Stuttgart, wuchs in Leipzig auf, studierte Philosophie, starb 1970.

Dämmerung G 1937 — Die Gestalten G 1957 — Im Prisma der schwarzen Erleuchtung G 1963 — Über Asche und Feuer (Ged. von 1923—1963) 1964 — Blick aus drei Fenstern G 1969.

Bernhard Seeger,

geb. 1927 in Roßlau/Elbe, Neulehrer in der Mark.

Reportagen und Hörspiele — Millionenreich und Hellerstück G 1956 — Wo der Habicht schießt En 1957 — Wie Jasgulla zu seinem Recht kam En 1960 — Herbstrauch R 1961 — Unterm Wind der Jahre Dr 1964.

Anna Seghers (Netty Radvanyi, geb. Reiling),

geb. 1900 in Mainz, studierte Kunst und Geschichte, ging 1928 zur KPD, Kleistpreis 1929, emigrierte 1933, Frankreich, Spanien, 1941 bis 1947 Mexiko, seit 1950 Vors. des Schriftstellerverbandes.

Grubetsch E 1926 — Die Ziegler E 1928 — Aufstand der Fischer von Santa Barbara R 1928 — Auf dem Weg zur amerikanischen Botschaft E 1930 — Die Gefährten R 1932 — Der Kopflohn R 1933 — Der Weg durch den Februar R 1935 — Der letzte Weg des Koloman Wallisch E 1936 — Die Rettung R 1937 — Das siebte Kreuz R 1942 — Transit R 1943 — Der Ausflug der toten Mädchen E 1943 — Das Ende E 1945 — Die Hochzeit von Haiti E 1949 — Wiedereinführung der Sklaverei in Guadelupe E 1949 — Das Argonautenschiff E 1949 — Die Toten bleiben jung R 1949 — Friedensgeschichten En 1950 — Die Kinder En 1951 — Der Mann und sein Name E 1952 — Der Bienenstock E 1953 — Der erste Schritt E 1953 — Das Erntedankfest E 1956 — Brot und Salz En 1957 — Crisanta E 1958 — Die Entscheidung R 1959 — Die Linie En 1960 — Das Licht auf dem Galgen E 1960 — Karibische

Geschichten 1962 — Die Rettung R 1965 — Das wirkliche Blau E 1967 — Das Vertrauen R 1968 — Geschichten aus Mexiko 1970 — Aufstellen eines Maschinengewehrs im Wohnzimmer der Frau Kamptschik E 1970 — Die Überfahrt E 1971 — Essays: Frieden der Welt, Aussprachen und Aufsätze 1954 — Die große Veränderung und unsere Literatur 1956 — Über Kunst, Literatur und Weltgeschehen, 3 Bd. 1969 — Aufsätze über Kunst und Literatur, hrsg. Ch. Wolf 1969 — Glauben an Irdisches 1969 — Fragen und Antworten, Briefe zur Literatur 1970 — Briefe an Leser 1970.

A. Seghers, Leben und Werk, ein Lit. Verz. Leipzig 1960

P. Rilla: Die Erzählerin A. Seghers (Sinn und Form 1950, 6)

Ders.: A. Seghers 1955

F. C. Weiskopf: Die Erzählerin A. Seghers (Literar. Streifzüge, Berlin/O 1956)

Ch. Wolf: A. Seghers über ihre Schaffensmethode (Neue Dt. Lit. 1959, 8)

E. Hinkel: A. Seghers, Berlin/O 1956

H. Neugebauer: A. Seghers (Schriftsteller der Gegenwart, 1959)

Bibliographie zu A. Seghers (J. Scholz) 1960 Leipzig

M. Reich-Ranicki: Die kommunist. Erzählerin A. Seghers (Deutsche Literatur in West und Ost, München 1963)

I. Diersen: Seghers-Studien, Interpretationen von Werken a. d. Jahren 1926—1935, Berlin/O 1965

F. Albrecht: Die Erzählerin A. Seghers 1926—1933, Berlin/O 1965

T. Motyljowa: Die Erzählkünstlerin A. Seghers, Berlin/O 1967

A. Auer: Was wir an ihr haben, Betrachtungen zur Seghers-Rezeption (Standorte, Erkundungen, Halle 1968)

K. Batt: Unmittelbarkeit und Praxis, zur ästhetischen Position A. Seghers (Positionen, 1968)

P. Kessler: A. Seghers und der Realismus Tolstois und Dostojewskis (Weim. Beitr. 1970, 11)

K. Batt: Ein Ganzes und seine Teile. Bei Gelegenheit der Bücher von A. Seghers (Neue Dt. Lit. 1971, 6)

Erwin Strittmatter,
geb. 1912 in Spremberg, Bäcker, dann wechselnde Berufe, Soldat im Kriege, 1947 Amtsvorsteher und Journalist, seit 1959 1. Sekretär des Schriftstellerverbandes.

Der Ochsenkutscher R 1951 — Der Wald der glücklichen Kinder, Märchen 1951 — Eine Mauer fällt En 1953 — Katzgraben Dr 1953 — Tinko R 1954 — Paul und die Dame Daniel R 1956 — Der Wundertäter R 1957 — Die Holländerbraut Dr 1960 — Pony Pedro E 1959 — Ole Bienkopp R 1963 — Schulzenhofer Kramkalender En 1966 — Neue Erzählungen 1967 — Ein Dienstag im September En 1969 — Dreiviertelhundert Kleingeschichten 1971.

H. J. Geerdts: Probleme der sozialist. Landliteratur im Werke E. Strittmatters (Weim. Beitr. 1958, 4)

E. Stein: E. Strittmatter und sein Roman Tinko, Berlin/O 1961

E. Strittmatter (Schriftsteller der Gegenwart, 3) Berlin/O 1962

M. Reich-Ranicki: Der Heimatdichter Strittmatter (Deutsche Literatur in West und Ost, München 1963)

H. J. Thalheim: Zur Entwicklung des epischen Helden und zu Problemen des Menschenbildes in Strittmatters „Ole Bienkopp" (Weim. Beitr. 1964, 2 und 4)

L. und N. Krenzlin: Bitterfeld, einige Fragen der Literaturtheorie und „Ole Bienkopp" (Weim. Beitr. 1965, 6)

W. Neubert: Satire im sozialist. Roman (Kritik der Zeit. Der Sozialismus, seine Literatur, ihre Entwicklung. Halle 1969)

Bodo Uhse,

geb. 1904 in Rastatt, Offizierssohn, zuerst Nationalsozialist, seit 1931 KPD, emigrierte 1933 nach Frankreich, dann Spanien und Mexiko, starb 1963.

Söldner und Soldat R 1935 (Paris) — Leutnant Bertram R 1944 — Wir Söhne R 1948 — Die heilige Kunigunde im Schnee En 1949 — Die Brücke En 1952 — Die Patrioten R 1954 — Mexikanische Erzählungen 1956 — Die Aufgabe E 1958 — Gestalten und Problem Ess 1959 — Reise in einem blauen Schwan En 1959 — Das Wandbild E 1960 — Sonntagsträumerei in der Alameda E 1961.

A. Kantorowicz: B. Uhse (Deutsche Schicksale, Berlin/O 1949)

M. Reich-Ranicki: B. Uhse (Deutsche Literatur in West und Ost, München 1963)

Inge von Wangenheim,

geb. 1912 in Berlin, emigrierte 1933 nach der Sowjetunion, Schauspielerin und Journalistin.

Am Morgen ist der Tag ein Kind R 1957 — Einer Mutter Sohn R 1958 — Du bist nicht mehr allein R 1960 — Professor Hudebraach R 1961 — Das Zimmer mit den offenen Augen R 1965 — Die Geschichte und unsere Geschichten Ess 1966 — Die Reise ins Gestern Ess 1967 — Die Verschwörung der Musen Ess 1971 — Kalkutta liegt nicht am Ganges, Reisebuch 1970.

Erich Weinert,

geb. 1890 in Magdeburg, Arbeiter, Soldat im 1. Weltkrieg, dann kommunist. Agitator, emigrierte 1933 nach Frankreich, Rußland, Spanien, 1943 Präsident des Nationalkomitees Freies Deutschland, starb 1953.

Frühe expressionist. Gedichte — Pflastersteine G 1934 — Deutschland G 1936 — Rot Front G 1936 — Gegen den wahren Feind G 1944 — Rufe in der Nacht G 1947 — Kapitel II der Weltgeschichte G 1947 — Lieder um Stalin, Nachdichtungen a. d. Russ. 1949 — Das Zwischenspiel G 1950 — Gedichte 1951 — Camaradas En 1951 — Ges. Werke (1955—1960) — Ged. in 9 Bd. Berlin/O seit 1970 — Das Lied vom roten Pfeffer (Anthol.) 1968.

B. Kaiser: E. Weinert 1951

Erich Weinert-Bildbiographie Berlin/O 1971

E. Weinert, ein Lesebuch für unsere Zeit, Berlin und Weimar 1971

M. Dau: Politisches Gedicht und sozialist. Persönlichkeitsbild, zum lyrischen Werk von E. Weinert (Weim. Beitr. 1971, 1)

Franz Carl Weiskopf,

geb. 1900 in Prag, Dr. phil., Theaterkritiker, emigrierte 1933, 1947—1953 im diplomatischen Dienst der Tschechoslowakei, kehrte 1953 nach Berlin zurück, starb 1955.

Es geht eine Trommel G 1923 — Die Flucht nach Frankreich E 1926 — Wer keine Wahl hat, hat die Qual E 1929 — Der Traum des Friseurs Cimbara E 1930 — Das Slavenlied R 1931 — Die Stärkeren En 1935 — Die Versuchung / Lissy R 1937/47 — Himmelfahrtskommando R 1945 — Unter fremden Himmeln — Literatur im Exil Ess 1948 — Vor einem neuen Tag R 1948 — Abschied vom Frieden R 1948 — Der ferne Klang En 1950 — Kinder ihrer Zeit R 1951 — Inmitten des Stromes R 1951 — Das Anekdotenbuch 1954 — Verteidigung der deutschen Sprache Ess 1955 — Literarische Streifzüge Ess 1956 — Kritiken, Reportagen, Reiseberichte, Übersetzungen aus dem Tschechischen und Chinesischen — Ges. Werke in 8 Bd. 1960 — Das Mädchen Krasnodon, Auswahl 1965.

F. C. Weiskopf, ein Lesebuch f. unsere Zeit, Weimar 1963

St. Hermlin: Totenrede für F. C. Weiskopf (Begegnungen, Berlin/O 1960)

F. Arndt: F. C. Weiskopf, Leipzig 1965

Ehm Welk (Thomas Trimm),

geb. 1884 bei Angermünde, Seemann, dann Journalist, 1934—1937 KZ, starb 1966.

Gewitter über Gotland Dr 1926 — Kreuzabnahme Dr 1929 — Schwarzbrot Dr 1932 — Die Heiden von Kummerow R 1937 — Die Lebensuhr des Gottlieb Grambauer R 1938 — Der hohe Befehl R 1939 — Die Gerechten von Kummerow R 1943 — Der Nachtmann R 1950 — Mein Land, das ferne leuchtet En 1952 — Im Morgennebel R 1953 — Mutafo, das ist das Ding, das durch den Wind geht E 1955 — Der Hammer will gehandhabt sein En 1958 — Der wackre Kühnemann aus Puttelfingen R 1959 — Bewegtes Leben in bewegter Zeit (Welt und Wort, 1959 S. 341 f.).

E. Krull: Auf der Suche nach Orplid, Berlin/O 1959

Ehm Welk zum 80. Geburtstag, Rostock 1964

E. Fabian: Humor und Weisheit, zum 80. Geburtstag von E. Welk (Sonntag 1964, 35)

Paul Wiens,

geb. 1922 in Königsberg, emigrierte 1933 in die Schweiz, kehrte 1948 nach Berlin zurück.

Drehbücher, Kantaten, Reportagen, Übersetzungen — Begeistert von Berlin G 1952 — Beredte Welt G 1953 — Zunftgenossen, Kunstgefährten G 1956 — Nachrichten aus der dritten Welt G 1957 — Stimme der Stadt G 1958 — Die Haut von Paris En 1960 — Nachrichten aus drei Welten G 1964 — Neue Harfenlieder G 1966 — Dienstgeheimnis G 1968.

Christa Wolf,

geb. 1929 in Landsberg, Studium der Germanistik, dann in der Redaktion der Neuen Dt. Lit., Hrsg. moderner Anthologien.

Moskauer Novelle 1961 — Der geteilte Himmel R 1963 — Ein Abend und ein Tag E (Neue Dt. Lit. 1963, 2) — Juninachmittag (Neue Texte 66) — Nachdenken über Christa T. R 1968 — Gewissen im Aufruhr. Blickwechsel En (Neue Dt. Lit. 1970, 5) — Essays: Vom Standpunkt des Schriftstellers (Neue Dt. Lit. 1957, 12), Ein Besuch (Sinn und Form 1969, 5), Lesen und Schreiben 1971.

H. G. Hölsken: Ch. Wolfs Der geteilte Himmel und H. Kants Die Aula (Deutschunterr. XXI, 5)

Ch. Wolfs Elegie (Sinn und Form 1969, 5)

S. Schlenstedt: Motive und Symbole in Ch. Wolfs Der geteilte Himmel (Weim. Beitr. 1964, 1)

M. Reso: Der geteilte Himmel und seine Kritiker, Halle 1965

H. Mayer: Nachdenken über Christa T. (Neue Rundschau 1970, S. 180 f.)

H. J. Geisthardt: Das Thema d. Nation und zwei Literaturen (Neue Dt. Lit. 1966, 6)

E. Kloehn: „Der geteilte Himmel" zwischen sozial. Realismus und kritischem Sozialismus (Deutschunterr. XX, 1)

Friedrich Wolf,

geb. 1888 in Neuwied, Arzt, erhielt 1930 den Kleistpreis, emigrierte 1933 nach Spanien und der Sowjetunion, wurde 1949 Botschafter der DDR in Polen, starb 1953.

Frühe Dramen und Hörspiele und Lyrik der zwanziger Jahre — Cyankali Dr 1929 — Die Matrosen von Cattaro Dr 1930 — Professor Mamlock Dr 1935 — Zwei an der Grenze R 1938 — Patrioten Dr 1946 — Bürgermeister Anna Dr 1950 — Die Unverlorenen R 1951 — Menetekel E 1951 — Thomas Münzer Dr 1953 — Die lebendige Mauer Ess 1957 — Ges. Werke in 16 Bd. seit 1960.

W. Pollatschek: Das Bühnenwerk Fr. Wolfs, Berlin/O 1958

Ders.: Fr. Wolf, Berlin/O 1960

W. Jehser: Fr. Wolf — Sein Leben und Werk, Berlin/O 1968

W. Mittenzwei: Streitschriften Fr. Wolfs für eine neue Funktionsbestimmung der Kunst (Positionen, 1969)

Arnold Zweig,

geb. 1887 in Glogau, Soldat im 1. Weltkrieg, emigrierte 1933 über die Schweiz und Frankreich nach Palästina, kehrte 1948 nach Berlin zurück, starb 1968.

Novellen um Claudia 1912 — Abigail und Nabal Dr 1913 — Ritualmord in Ungarn Dr 1914 — Geschichtenbuch I, II 1916/23 — Gerufene Schatten En 1923 — Frühe Fährten En 1925 — Regenbogen En 1925 — Der Spiegel des großen Kaisers E 1926 — Der Streit um den Sergeanten Grischa R 1927 — Junge Frau von 1914 R 1931 — Knaben und Männer En 1931 — Mädchen und Frauen En 1931 — De Vriendt kehrt heim R 1932 — Spielzeug der Zeit En 1933 — Erziehung vor Verdun R 1935 — Einsetzung eines Königs R 1937 — Versunkene Tage R 1938 — Das Beil von Wandsbek R 1947 — Allerleirauh En 1949 — Ausgew. Novellen 1953/55 — Die Feuerpause R 1954 — Soldatenspiele Dr 1956 — Die Zeit ist reif R 1957 — Fünf Romanzen 1958 — Traum ist teuer R 1963 — Jahresringe G 1964 — Das Eis bricht, Romanfragment (Neue Dt. Lit. 1969, 1) — Wege und Umwege, Erinnerungen (Neue Dt. Lit. 1962, 5).

A. Kantorowicz: A. Zweig (Deutsche Schicksale, Berlin/O 1949)

Sinn und Form, Sonderheft 1952 mit Bibliographie

R. Schneider: A. Zweig zum 70. Geburtstag (Sinn und Form 1962, 5 und 6)

E. Hilscher: A. Zweig, Halle 1962

H. Kamnitzer: Über A. Zweig (Sinn und Form 1967, 1)

M. Reich-Ranicki: Der preußische Jude A. Zweig (Deutsche Literatur in Ost und West, München 1963)

H. A. Walter: Auf dem Wege zum Staatsroman. A. Zweigs Grischa-Zyklus (Frankf. Hefte 1968, 8)

A. Grosse: Dichtung als Suche nach dem Sinn des Lebens und der Geschichte (Positionen, Leipzig 1969)

2. Westdeutsche Ausgaben

Bruno Apitz
Nackt unter Wölfen R, Rowohlt, Reinbek 1961

Erich Arendt
Flugoden G, Insel, Wiesbaden 1959
Pablo Neruda: Aufenthalt auf Erden, Übers. Claassen, Hamburg 1960
Unter den Hufen des Windes G, Rowohlt, Reinbek 1966

Kurt Bartsch
Die Lachmaschine G, Wagenbach, Berlin 1971

Johannes R. Becher
Abschied R, Rowohlt, Reinbek 1965
Lyrik, Prosa, Dokumente, Limes, Wiesbaden 1965

Jurek Becker
Jakob der Lügner R, Luchterhand, Neuwied und Berlin 1970

Manfred Bieler
Bonifaz oder der Matrose in der Flasche R, Luchterhand, Neuwied und Berlin 1963

Wolf Biermann
Die Drahtharfe G 1965 — Mit Marx- und Engelszungen G 1968 — Der große Dra-Dra, Singspiel 1970, sämtl. Wagenbach, Berlin

Johannes Bobrowski
Sarmatische Zeit G 1961 — Schattenland Ströme G 1962 — Boehlendorff und andere Erz. 1965 — Im Windgesträuch G 1970, sämtl. Dt. Verlagsanstalt, Stuttgart
Wetterzeichen G 1967 — Mäusefest und andere Erz. 1965 — Der Mahner, Prosa aus dem Nachlaß, 1968 — Litauische Claviere R, 1967, sämtl. Wagenbach, Berlin
Levins Mühle R, Fischer, Frankfurt 1964
Das Land Sarmatien G, DTV 1966

Volker Braun
Kipper Paul Bauch Dr, Frankfurt 1967 (Deutsches Theater der Gegenwart II, 1967) — Vorläufiges G, 1966 — Wir und nicht sie G, sämtl. Suhrkamp, Frankfurt

Günter de Bruyn
Buridans Esel R, DTV München 1969

Fritz Rudolf Fries
Der Weg nach Oobliadooh R 1966 — Der Fernsehkrieg En, 1970, sämtl. Suhrkamp, Frankfurt

Franz Fühmann
Der Jongleur im Kino oder die Insel der Träume, En, Luchterhand, Neuwied und Berlin 1971
Die Elite En 1970, Diogenes, Zürich

Louis Fürnberg
Mozartnovelle, Heinrichshofen-Verlag, Wilhelmshafen 1968

Peter Hacks
Das Turmverließ E, S. Mohn, Gütersloh 1964
Zwei Bearbeitungen (Der Frieden, Die Kindsmörderin) Ed. Suhrkamp — Fünf Stücke
(Volksbuch vom Herzog Ernst — Eröffnung des Indischen Zeitalters — Schlacht bei
Lobositz — Müller von Sanssouci — Die Sorgen und die Macht) Suhrkamp, Frank-
furt 1965 — Vier Komödien (Moritz Tassow — Margarete in Aix — Amphitryon —
Omphale) Suhrkamp, Frankfurt 1971
Der Schuhu und die fliegende Prinzessin, Märchen, Kürbiskern, 1968

Stephan Hermlin
Gedichte und Prosa 1965 — Die Zeit der Gemeinsamkeit En 1966 — In einer dunk-
len Welt En 1966, sämtl. Wagenbach, Berlin
Die Städte G, Bechtle, München 1966

Stefan Heym
Lenz oder die Freiheit R, List, München 1965 — Der bittre Lorbeer R, List, Mün-
chen 1966
Lassalle R, Bechtle, München 1969
Die Schmähschrift R, Diogenes, Zürich 1970

Peter Huchel
Chausseen, Chausseen G, Fischer, Frankfurt 1963
Die Sternenreuse G, Piper, München 1965

Heinz Kahlau
Mikroskop und Leier G, Bechtle, München 1965

Hermann Kant
Die Aula R, Rütten und Loening, München 1966
Ein bißchen Südsee En, DTV 1968

Sarah Kirsch
Gedichte, Langewiesche-Brandt, Ebenhausen 1969

Günter Kunert
Erinnerung an einen Planeten G, 1963 — Tagträume, Prosa 1965 — Verkündigung
des Wetters G, 1966 — Im Namen der Hüte R, 1967 — Die Beerdigung findet in
aller Stille statt En, 1968 — Warnung vor Spiegeln G, 1970 — Tagträume in Berlin
und andernorts, Prosa 1971, sämtl. Hanser, München
Betonformen-Ortsangaben, Prosa, Berlin 1968 (Literarisches Colloquium)

Reiner Kunze
Widmungen G, Hohwacht, Godesberg 1965
Sensible Wege G, Rowohlt, Reinbek 1969
Der Löwe Leopold, Märchen, Fischer, Frankfurt 1970

Hartmut Lange
Marski Dr — Der Hundsprozeß / Herakles Dr — Senftenberger Erzählungen Dr, sämtl. Ed-Suhrkamp

Karl Mickel
Vita nova mea G, Rowohlt, Reinbek 1967

Irmtraud Morgner
Hochzeit in Konstantinopel R, Hanser, München o. J.
Gauklerlegende R, Rogner und Bernhard, München 1971

Heiner Müller
Philoktet Dr — Herakles 5 Dr — Großer Wolf / Halbdeutsch Dr, sämtl. Ed. Suhrkamp
Prometheus Dr, Spectaculum, 1968
Horatier Dr, Verlag der Autoren, Frankfurt o. J.

Dieter Noll
Die Abenteuer des Werner Holt R, Schünemann, Bremen 1966

Christa Reining
Gedichte 1963 — Drei Schiffe, Prosa 1965, sämtl. Fischer, Frankfurt

Rolf Schneider
Brücken und Gitter En 1965 — Die Tage in W. R 1967 — Der Tod des Nibelungen R 1970, sämtl. Piper, München
Dieb und König Dr, Fischer, Frankfurt 1969

Anna Seghers
Das siebte Kreuz R, 1962 — Transit R, 1963 — Erzählungen I und II, 1964 — Die Rettung R, 1965 — Die Kraft der Schwachen En, 1966 — Die Toten bleiben jung En, 1967 — Aufstand der Fischer von Santa Barbara R, 1968 — Die Gefährten En, 1968 — Das wirkliche Blau E, 1968 — Aufstellen eines Maschinengewehrs im Wohnzimmer der Frau Kamptschick E, 1970 — Überfahrt E, 1971, sämtl. Luchterhand, Neuwied und Berlin

Erwin Strittmatter
Der Ochsenkutscher R, 1951 — Ole Bienkopp R, 1965, sämtl. S. Mohn, Gütersloh
Schulzenhofer Kramkalender, Prosa, Bertelsmann, Gütersloh 1969

Christa Wolf
Der geteilte Himmel R, Weiß, Berlin 1964
Nachdenken über Christa T. R, Luchterhand, Neuwied und Berlin 1969

3. Bibliographie

1. Zur Methode und Kritik der literarischen Wertung

Emrich, Wilhelm: Geist und Widergeist, Frankfurt 1965

Flach, Brigitte und Werner: Grundlegung der Wissenschaft von der Literatur, Bonn 1967

Frye, Northrop: Analyse der Literaturkritik, Stuttgart 1964

Hass, Hans Egon: Das Problem der literarischen Wertung. Studium Generale 12. Jahrgang Bd. 12, 1959

Ingarden, Roman: Das literarische Kunstwerk, 2. Aufl., Tübingen 1960
Ders.: Erlebnis, Kunstwerk und Wert, Darmstadt 1969

Kurz, Paul Konrad: Über moderne literarische Standorte und Deutungen, 2. Aufl., Frankfurt 1968/69

Müller, Günther: Morphologische Poetik, Darmstadt 1968

Müller-Seidel, Walter: Probleme der literarischen Wertung, Stuttgart 1965

Nohl, Hermann: Die ästhetische Wirklichkeit, 2. Aufl., Frankfurt 1954

Probleme der literarischen Wertung. Deutschunterr. IXX, 5, 1967

Schmidt, Wolf: Philosophische Grundfragen der Literar-Ästhetik. Diss. München 1970
Staiger, Emil: Grundbegriffe der Poetik, Zürich 1946

Vormweg, Heinrich: Die Wörter und die Welt. Über neue Literatur, Neuwied 1968

Wehrli, Max: Wert und Unwert in der Dichtung, Köln/Olten 1965

Wellek, René: Grundbegriffe der Literaturkritik (Concepts of Criticism, Yale 1963), Stuttgart 1965

Wutz, Herbert: Zur Theorie der literarischen Wertung, Tübingen 1957

2. Zur Literatur der DDR: Allgemeines

Abusch, Alexander: Literatur im Zeitalter des Sozialismus. Beitr. z. Lit. Gesch. 1921—1966, Berlin/O 1967

Albrecht, F.: Deutsche Schriftsteller in der Entscheidung. Wege zur Arbeiterklasse 1918—1933. Hrsg. v. d. Deutschen Akademie der Künste zu Berlin, Berlin/Weimar 1971

Auer, Annemarie: Standorte — Erkundungen, acht kritische Versuche, Halle 1968

Balluseck, Lothar von: Dichter im Dienst. Der sozialistische Realismus in der deutschen Literatur. 2. Aufl., Wiesbaden 1963

Bilke, Jörg Bernhard: DDR-Literatur, Tradition und Rezeption in Westdeutschland. Deutschunterr. Beilage zu Heft 5, 1969

Ders.: Auf den Spuren der Wirklichkeit. Deutschunterr. XXI, 5, 1969

Ders.: Planziel Literaturgesellschaft oder Gibt es zwei deutsche Literaturen? Aus Politik und Zeitgeschehen, Bonn 1971

Ders.: Die zweite deutsche Literatur (Die Welt der Bücher), Freiburg 1967

Bommel, Günter W.: Die DDR ein Land der Bücher? Mitteldeutsche Vorträge, Trois-dorf 1969

Brenner, Hildegard: Deutsche Literatur im Exil 1933—1947. Handbuch der deutschen Gegenwartsliteratur, hrsg. H. Kunisch, München 1969

Dies.: Nachrichten aus Deutschland. Lyrik, Prosa, Dramatik, eine Anthol. der neueren DDR-Literatur, Hamburg 1967

Conrady, Karl Otto: Zur Lage der deutschen Literatur in der DDR. Geschichte i. Wi. und Unt. 1966, 2

Demetz, Peter: Die süße Anarchie. Deutsche Literatur seit 1945, Berlin 1970

Drewitz, Ingeborg: Wege der Literatur in der BRD und der DDR. Neue Dt. Hefte 1969, 3

Dies.: Metamorphosen der DDR-Literatur. Deutsche Studien, 1969

Dies.: Sinn und Form und Neue Deutsche Literatur. Neue Dt. Hefte 1970

Durzak, Manfred: Die deutsche Literatur der Gegenwart. Aspekte und Tendenzen, Stuttgart 1971

Färber, H.: Über Kunst in der DDR. Neue Dt. Hefte 1968, 3

Flores, John: Poetry in East Germany, London 1971

Franke, Konrad: Die Literatur der DDR (In Vorbereitung)

Fretin, Hans Friedrich: Die Unterhaltungsliteratur der DDR, Troisdorf 1970

Gente, Hans Peter: Versuch über Bitterfeld. Alternative 38/39, Berlin 1964

Geerdts, Hans Jürgen (Hrg.): Deutsche Literaturgeschichte in einem Band, Berlin/O 1966

Greif zur Feder, Kumpel. Protokoll der Autorenkonferenz des Mitteldt. Verlags am 24. 4. 1959 in Bitterfeld, Halle 1959

Gruppe 61, Arbeiterliteratur — Literatur der Arbeitswelt. Hrsg. H. L. Arnoldt, Stutt-gart 1971

Hermsdorf, K.: Die nationale Bedeutung der zeitgenössischen sozialistischen Literatur. Weim. Beitr. 1961, 7

Herting, Helga: Das sozialist. Menschenbild in der Gegenwartsliteratur, Berlin/O 1966

Jarmatz, Klaus: Literatur im Exil, Berlin/O 1960

Ders.: Kritik in der Zeit. Der Sozialismus, seine Literatur, ihre Entwicklung, Halle 1971

Jens, Walter: Deutsche Literatur der Gegenwart, München 1964 (DTV)

Jokostra, Peter: Zur Situation der Dichtung in Mitteldeutschland. Merkur, 1960, 7

Ders.: Bobrowski und andere, München 1967

Kantorowicz, Alfred: Deutsche Schicksale. Intellektuelle unter Hitler und Stalin, 2. Aufl., Wien 1964

Karsunke, Yaak: Gespaltene deutsche Literatur. Kürbiskern, 1965, 1

Ketelsen, U. K.: Reformkommunismus — Wolf Biermann — sozialistischer Realismus der DDR. Akzente 1971, 5

Koch, Hans: Bitterfeld und die Folgen. Unsere Literaturgesellschaft, Berlin/O 1965

Koebner, Thomas (Hrsg.): Tendenzen der deutschen Literatur seit 1954, Stuttgart 1971

Konturen und Perspektiven. Zum Menschenbild in der Gegenwartsliteratur der Sowjetunion und der DDR, Berlin/O 1969

Korten, Heinz: Poesie unter geteiltem Himmel. Der Monat 1964, Heft 184

Kuczynski, Jürgen: Gestalten und Werke. Soziologische Studien zur deutschen Literatur, Berlin/Weimar 1970

Lehneke, Julian: Arbeitswelt und Arbeiterdichtung, Versuche in beiden Teilen Deutschlands. Deutsche Studien 1963, 2

Lukacs, Georg: Skizze einer Geschichte der neueren deutschen Literatur, Berlin/O 1953

Mayer, Hans: Ansichten. Zur Literatur der Zeit, Hamburg 1962

Ders.: Die Literatur der DDR und ihre Widersprüche. Wissenschaft in kommunistischen Ländern, 1967, S. 131 f.

Ders.: Zur deutschen Literatur der Zeit, Hamburg 1967

Ders.: Das Geschehen und das Schweigen. Aspekte der Literatur, Frankfurt 1969

Ders.: Konstellationen der Literatur, Frankfurt 1971

Meidinger-Geise, Inge: Welterlebnis in deutscher Gegenwartsdichtung 1945—1957, Nürnberg o. J. Nachträge u. d. Titel „Perspektiven der Dichtung" seit 1957

Peddersen, Jan: Die literarische Situation in der DDR. (Kunischs Handbuch der Gegenwartsliteratur)

Persson, Börge und Stroh, Franz: Deutsche Schriftsteller im Gespräch, Stockholm 1967

Pongs, Hermann: Dichtung im gespaltenen Deutschland, 2 Bd., Stuttgart 1966

Raddatz, F. J.: Traditionen und Tendenzen, Materialien zur Literatur der DDR (In Vorbereitung)

Reich-Ranicki, Marcel: Deutsche Literatur in West und Ost, München 1963

Ders.: Wer schreibt, provoziert, München 1966

Ders.: Literatur der kleinen Schritte, München 1967

Röhner, Ernst: Der Arbeiter in der Gegenwartsliteratur der beiden deutschen Staaten, Berlin/O 1967

Rühle, Jürgen: Die Schriftsteller und der Kommunismus in Deutschland, Köln 1960 (Literatur und Revolution)

Ders. und Brandt, Sabine: Literatur und Gesellschaft in der DDR. Mitteldeutsche Vorträge, Troisdorf 1969

Sander, Hans Dietrich: Literatur in der DDR, Erlangen o. J.

Ders.: Dichtkunst oder Stimmung und Gesinnung? Sonderdruck aus dem SBZ-Archiv, Köln 1968

Schmidt, Egon: Sozialistische Kinderliteratur. Weim. Beitr. 1968, S. 1005 f.

Schonauer, Franz: DDR auf dem Bitterfelder Weg. Neue Dt. Hefte 1966, 1

Schriftsteller: Jasager oder Neinsager. Das Hamburger Streitgespräch deutscher Autoren aus Ost und West. Das aktuelle Thema 7, Hamburg 1961

Singer, H.: Gespenster in der Dichtung der ostdeutschen Diktatur. Neue Dt. Hefte 1960/61, S. 630 f.

Sternfeld, Wilhelm und Tiedemann, Eva: Deutsche Exilliteratur 1933—1945. Eine Bio-Bibliographie, Darmstadt 1962

Strutz, Jürgen: Schriftsteller aus den eigenen Reihen. Über das Literaturinstitut J. R. Becher. Alternative 38/39, 1964

Ders.: Innerdeutsche Sprachentfremdung. Alternative 38/39, 1964

Vordtriede, Werner: Vorläufige Gedanken zu einer Typologie der Exilliteratur. Akzente 1968, 6

Wegner, M.: Exil und Literatur, Frankfurt 1967

Weiskopf, Franz Carl: Ostdeutsch und Westdeutsch oder über die Gefahr der Sprachentfremdung. Neue Dt. Lit. 1955

Ders.: Verteidigung der deutschen Sprache, 1955/56

Ders.: Unter fremden Himmeln. Ein Abriß der deutschen Literatur im Exil 1933—47, Berlin/O 1948

Zweite Bitterfelder Konferenz 1964, Protokolle, Berlin/O 1964

Veröffentlichungen deutscher sozialistischer Schriftsteller in der revolutionären und demokratischen Presse 1918—1945. Bibliographie, hrsg. von der Deutschen Akademie der Künste zu Berlin. 2. Aufl. 1971

56 Autoren. Photos, Karikaturen, Faksimiles, Biographie. Berlin und Weimar 1970

Periodische Veröffentlichungen:

Akzente, Zeitschrift f. Literatur hrsg. Hans Bender, München 1953 f.

Alternative, Zeitschrift f. Literatur und Diskussion, hrsg. H. Brenner, Berlin 1958 f.

Basis, Jahrbuch f. deutsche Gegenwartsliteratur, hrsg. R. Grimm und J. Hermand, Frankfurt 1970 f.

Deutschland-Archiv, Zeitschrift f. Fragen der DDR und der Deutschland-Politik, Köln 1968 f.

Kürbiskern, Literatur und Kritik, München 1965 f.

Neue deutsche Hefte, Beitr. z. europäischen Gegenwart, hrsg. Paul Fechter und Joachim Günther, 1954 f.

Neue Deutsche Literatur, Berlin/O 1953 f. Monatsschr. f. schöne Literatur, hrsg. Dt. Schriftstellerverband

Sinn und Form, Beitr. z. Literatur, hrsg. J. R. Becher und Paul Wiegler, Potsdam 1949 f.

Sonntag, Die kulturelle Wochenzeitschrift, hrsg. Deutscher Kulturbund
Tintenfisch, Jahrb. f. Literatur, Berlin 1968 f.

Weimarer Beiträge, Studien und Mitteilungen, Theorie und Geschichte der deutschen Literatur, Weimar 1955 f.

Bibliographische Werke:

Deutsches Literaturlexikon, biographisch — bibliographisches Handbuch, 3. Aufl., Berlin und München 1968 f.

Deutsches Schriftstellerlexikon von den Anfängen bis zur Gegenw., Weimar 1960

Kunisch, Hermann (Hrsg.): Handbuch der deutschen Gegenwartsliteratur. Neuaufl., München 1968/69

Lexikon deutschsprachiger Schriftsteller v. d. Anfängen bis zur Gegenwart, 2 Bde., Leipzig 1967/68

Lexikon sozialist. deutscher Literatur von den Anfängen bis 1945, Leipzig 1964

Literaturwissenschaft und schöne Literatur im sowjetkommunist. Einflußbereich (Bibliographie), 2. Aufl., Vlotho 1962

Schriftsteller der DDR und ihre Werke. Biograph. — bibliograph. Nachweis, Leipzig 1955

Von Bitterfeld bis Obliadooh. Die andere deutsche Literatur (Bibliographie), Berlin 1967

Wilpert, Gero von: Deutsches Dichterlexikon, Stuttgart 1963

3. Staat und Literatur

Anderle, Hans Peter: DDR. Der Zensurapparat im Kopf (Die Grenzen literar. Freiheit), Hamburg 1966

Balluseck, Lothar von: Literatur und Ideologie. Zu den literaturpolit. Auseinandersetzungen seit dem VI. Parteitag der SED, Godesberg 1963

Gaudig, R.: Die deutsche Sprachgestaltung. Neue Dt. Hefte 1959, S. 1008 f.

Gernentz, H. J.: Zum Problem der Differenzierung der deutschen Sprache in beiden deutschen Staaten. Weim. Beitr. 1967, 3

Girnus, Wilhelm: Gegen den Formalismus in der Kunst — für eine fortschrittliche deutsche Kultur, Berlin/O 1951

Ders.: Vom menschlichen Wesen der Literatur. Wissenschaft aus nationaler Verantwortung, hrsg. Karl-Marx-Univers. Leipzig 1963

Die Grenze literarischer Freiheit, hrsg. D. E. Zimmer, Hamburg 1966

Höppner, J.: Über die deutsche Sprache und die beiden deutschen Staaten. Weim. Beitr. 1963

Hollander, Jürgen von: Die größere Mauer. Über die Sprachentfremdung zwischen Ost und West, Epoca 1964, Nr. 9

Ihlenburg, Karl Heinz: Entwicklungstendenzen des Wortschatzes in beiden deutschen Staaten. Weim. Beitr. 1964, S. 372 f.

Jänicke, Martin: Der dritte Weg. Die antistalinistische Opposition gegen Ulbricht seit 1953, Köln 1964

Klemperer, Viktor: Zur gegenwärtigen Sprachsituation in Deutschland, Berlin/O 1953

Korlen, Gustav: Zur Entwicklung der deutschen Sprache diesseits und jenseits des eisernen Vorhangs. Deutschunterr. f. Ausländer. IX. Jahrg. S. 138 f.

Ders.: Führt die Teilung Deutschlands zur Sprachspaltung? Deutschunterr. 1969, 5

Lange, Marianne (Hrsg.): Zur marxist. Kulturrevolution 1957—1959, Dokumente, 2 Bde., Berlin/O 1960

Die Mauer oder der 13. August, hrsg. Hans Werner Richter, Reinbek 1961

Moser, Hugo: Sprachliche Folgen der polit. Teilung Deutschlands. Beihefte z. Wirkendes Wort, Düsseldorf 1962

Ders.: (Hrsg.): Die Sprache im geteilten Deutschland, Düsseldorf 1964 f.

Orlow, Peter: Die Bitterfelder Sackgasse. Literaturpolitik der SED zwischen 1965 und 1969, Pfaffenhofen 1970

Riemschneider, Ernst: Veränderungen der deutschen Sprache in der sowjetisch besetzten Zone Deutschlands. Beihefte z. Wirkendes Wort, Düsseldorf 1963

Schivelbusch, Wolfgang: Literatur, Planung, Leitung. Frankf. Hefte 1967, XXII, 4

Schubbe, Elimar (Hrsg.): Dokumente zur Kunst-, Literatur- und Kunstpolitik der SED, Stuttgart 1969

Stroh, Franz und Löfdahl, Göran: Zweimal Deutschland? Stockholm 1966

Ulbricht, Walter: Über die Entwicklung einer volksverbundenen sozialistischen Nationalkultur. Rede a. d. 2. Bitterfelder Konf., Berlin/O 1964

Wilk, W.: Deutsche Literatur, Abt. Sowjetzone. Neue Dt. Hefte 1954, S. 463 f.

4. Der sozialistische Realismus

Abusch, Alexander: Humanismus und Realismus in der Literatur, Leipzig 1966

Althaus, Horst: G. Lukacs oder Bürgerlichkeit als Vorschule einer marxistischen Ästhetik, München 1962

Becher, Johannes R.: Das poetische Prinzip, Berlin/O 1957

Ders.: Über Literatur und Kunst, Berlin/O 1962

Beiträge zum sozialist. Realismus (Aus dem Russischen), Berlin/O 1953

Bloch, Ernst: Das Prinzip Hoffnung, Wissenschaftl. Sonderausg., Frankfurt 1968

Brandt, Sabine: Der sozialist. Realismus (Deutschland. Kulturelle Strömungen seit 1945), München 1969

Brecht, Bertolt: Über Realismus. Edition Suhrkamp Nr. 485

Demetz, Peter: Marx, Engels und die Dichter, Stuttgart 1959

Ders.: Wandlungen der marxistischen Literaturkritik: Hans Mayer, Ernst Fischer, Lucien Goldmann. Der Dichter und seine Zeit, Stuttgart 1970

Der sozialist. Realismus in Kunst und Literatur (Bibl.), Leipzig 1960

Fischer, Ernst: Das Problem der Wirklichkeit in der modernen Kunst (Sinn und Form 1958, 3)

Ders.: Kunst und Koexistenz, Beitrag zu einer modernen marxist. Ästhetik, Reinbek 1966

Gallas, Helga: Marxistische Literaturtheorie. Kontroversen im Bund proletarisch-revolutionärer Schriftsteller. Sammlung Luchterhand 1971, Bd. 19

Dies.: Lukacs oder Brecht? Auseinandersetzung um eine marxist. Literaturtheorie in Deutschland, Neuwied 1971

Dies. (Hrsg.): Strukturalismus als interpretatives Verfahren. Neuwied 1971

Girnus, Wilhelm: Zukunftslinien, Gedanken z. Theorie des sozialist. Realismus. Sinn und Form 1968, 1, 2, 3 und 1969, 2

Goldmann, Lucien: Dialektischer Materialismus und Literaturgeschichte. Neue Rundschau 1964, S. 214 f.

Ders.: Soziologie des modernen Romans, Neuwied 1970

Grundlagen der marxistisch-leninistischen Ästhetik, Berlin/O 1962

Hajek, J.: Kafka und die sozialist. Welt. Kürbiskern 1967, 1

Hochmuth, Arno: Literatur und Dekadenz, Berlin/O 1963

Ivanow, V.: Der sozialistische Realismus (A. d. Russ. übers), Berlin/O 1965

Jehser, W.: Sozialist. Parteilichkeit als zentrale ideologische Kategorie des sozialist. Realismus. Weim. Beitr. 1970, 6

John, Erhard: Zum Problem der Beziehungen zwischen Kunst und Wirklichkeit, Leipzig 1960

Kaiser, Georg: Um eine Neubegründung des Realismusbegriffs. Zeitschr. f. dt. Philologie 1958, 77

Klaus, G.: Die Macht des Wortes. Ein erkenntnistheoretisch-pragmatisches Traktat, Berlin/O 1964

Koch, Hans: Zur Parteilichkeit der marxistischen Literaturkritik. Einheit, Jahrgang 1957, 11

Ders.: Unsere Literaturgesellschaft, Kritik und Polemik, Berlin/O 1965

Ders.: Marxismus und Ästhetik, Berlin/O 1961

Ders.: Für eine Literatur des realen Humanismus. Neue Dt. Lit. 1967, 1

Krömer, Tilmann: Wertung in marxistischer deutscher Literaturbetrachtung. Deutschunterr. 1967, 5

Kuczynski, Jürgen: Studien über Schöne Literatur und politische Ökonomie, Berlin/O 1954

Kurella, Alfred: Der Mensch als Schöpfer seiner selbst, Berlin/O 1959

Lange, Marianne: Die nationale Bedeutung der marxist. Literaturwissenschaft in der DDR. Weim. Beitr. 1966, 2

Lauter, H.: Der Kampf gegen den Formalismus, Berlin/O 1951

Lifschitz, Michail: Karl Marx und die Ästhetik (Übers.), Dresden 1960

Lucacs, Georg: Probleme des Realismus, Berlin/O 1956

Ders.: Beitr. z. Geschichte der Ästhetik, Berlin/O 1956

Ders.: Wider den mißverstandenen Realismus, Hamburg 1958

Ders.: Sozialist. Realismus heute. Neue Rundschau 1964, 75

Ders.: Geschichte und Klassenbewußtsein, Sammlung Luchterhand Bd. 11

Marx, Karl und Engels, Friedrich: Über Kunst und Literatur, Frankfurt 1969

Mayer, Hans: Karl Marx und die Literatur. Merkur, 1968, 9

Mittenzwei, Werner: Die Brecht-Lukacs-Debatte. Sinn und Form 1967, 2

Mjasnikow, A.: Sozialist. Realismus und Literatur-Theorie. Sinn und Form 1967, 3

Plavius, Heinz: Realismus in der Entwicklung. Weim. Beitr. 1964, S. 265 f.

Positionen, Beiträge z. marxist. Literaturtheorie in der DDR, Leipzig 1969

Pracht, Erwin: Sozialist. Realismus und ästhet. Maßstäbe. Dt. Zeitschr. f. Philos. 1966, 1

Ders.: Versuch einer Gegenstandsbestimmung der Theorie des sozialist. Realismus. Weim. Beitr. 1970, 6

Pracht, Erwin und Neubert, Werner: Zu aktuellen Grundfragen des sozialist. Realismus in der DDR. Neue Dt. Lit. 1966, 5

Probleme des sozialist. Realismus in Deutschland. Weim. Beitr. 1958 Sonderheft

Raddatz, Fritz J.: Marxismus und Literatur. Eine Dokumentation in 3 Bdn., Hamburg 1969

Redeker, Horst: Abbildung und Aktion, Versuch über die Dialektik des Realismus, Halle 1967

Ders.: Zum ästhetischen Problem des Schönen. Kunst und Literatur, Jahrg. 1958, 4

Reinhardt, H.: Die Dichtungstheorie des poetischen Realismus, Diss., Tübingen 1939

Richter, T.: Das Glück des Bitteren, Halle 1969

Rilla, Paul: Essays, Berlin/O 1956

Ders.: Literatur — Kritik und Polemik, Berlin/O 1956

Ders.: Vom bürgerlichen zum sozialistischen Realismus, Berlin/O 1967

Romanowski, A.: Zur Geschichte des Terminus sozialist. Realismus. Kunst und Literatur, 1958, 2, Berlin/O 1958

Schnuchel, Hans Ulrich: Der Held unserer Zeit. Weim. Beitr. 1964, S. 132 f.

Schulz, Max Walter: Zum 15. Jahrestag der Gründung des Instituts f. Literatur J. R. Becher. Neue Dt. Lit. 1970, 1

Sozialist. Realismus: Positionen — Probleme — Perspektiven, hrsg. E. Pracht und W. Neubert. Berlin/O 1970

Vassen, Florian: Methode der Literaturwissenschaft II: Literatursoziologie und marxistische Literaturtheorie, 1971

Von „Sinn und Form", Realismus und Dekadenz. Frankf. Hefte 1966, 8

Zmegač, Viktor: (Hrsg.): Marxist. Literaturkritik. Ars Poetica, Texte, Bd. 7, Homburg 1970

Zur sozialist. Kulturrevolution. Dokumente, hrsg. Marianne Lange, Berlin 1960

Zur Theorie des sozialist. Realismus: realer Humanismus, ästhetische Wirkung und Sprache der Kunst. Weim. Beitr. 1967, S. 536 f.

5. Epische Formen

Anderle, Hans Peter: Mitteldeutsche Erzähler, Köln 1965

Arntzen, H.: Der moderne deutsche Roman. Voraussetzungen, Strukturen, Gehalte, Heidelberg 1962

Baum, W.: Bedeutung und Gestalt. Über die sozialist. Novelle, Halle 1968

Bock, Sigrid: Probleme des Menschenbildes in Erzählungen und Novellen. Diss. Berlin/O 1965

Brettschneider, Werner: Die moderne deutsche Parabel. Entwicklung und Bedeutung, Berlin 1971

Durzak, Manfred: Der deutsche Roman der Gegenwart, Stuttgart 1971

Geerdts, H. J.: Bemerkungen z. Gestaltung des Menschenbildes i. d. sozialist. Epik. Weim. Beitr. 1964, 10

Goldmann, Lucien: Soziologie des modernen Romans, Neuwied 1970

Helms, G. H.: Zur Phämenologie der gegenwärtigen Prosa in der DDR, Alternative 1967, S. 107 f.

Hölsken, Hans Georg: Jüngere Romane aus der DDR, Hannover 1969

Kayser, Wolfgang: Entstehung und Krise des modernen Romans, 4. Aufl., Stuttgart 1963

Lucacs, Georg: Die Theorie des Romans, Sammlung Luchterhand Bd. 36

Motyljowa, Tamara: Sozialist. Realismus im Roman. Sinn und Form 1966, 1

Nalewski, Horst: Sprachkünstlerische Gestaltung. Stilkrit. Bemerkungen zur jüngsten Epik, Halle 1968

Richter, A.: Daß der Mensch dem Menschen ein Helfer ist. Zum Menschenbild i. d. neuen Erzählwerken der DDR. Weim. Beitr. 1969, S. 1056 f.

Schlenstedt, Dieter: Das Problem des Menschenbildes i. d. jüngsten sozialist. Romanliteratur. Weim. Beitr. 1962, S. 509 f.

Ders.: Ankunft und Anspruch. Zum neueren Roman in der DDR. Sinn und Form 1966, 3

Schonauer, Franz: Der rote Eine-Mark-Roman. Kürbiskern 1966, 3

Schreyer, Wolfgang: Plädoyer f. d. Spannungsroman. Neue Dt. Lit. 1968, 8

Simons, Elisabeth: Das Andersmachen von Grund auf. Die Hauptrichtung der jüngsten erzählenden DDR-Literatur. Weim. Beitr. 1969, Sonderheft

Weimann, Robert: Erzählsituation und Romantypus. Sinn und Form 1966, 1

Zur Poetik des Romans, hrsg. v. Volker Klotz, Darmstadt 1965

Anthologien, chronologisch geordnet:

Neue deutsche Erzähler, Halle 1948

Offen steht das Tor des Lebens, Halle 1951

Neue deutsche Erzähler, Geschichten aus unserer Zeit, Berlin/O 1952

Treffpunkte heute, Erz., Halle 1958

Uns bläst der Wind nicht ins Gesicht, Geschichten aus diesen Tagen, Halle 1960

In diesen Jahren. Deutsche Erzähler der Gegenwart, hrsg. v. Ch. Wolf, Leipzig 1960

Auch dort erzählt Deutschland, hrsg. v. M. Reich-Ranicki, München 1960

Ich schreibe. Anthologie schreibender Arbeiter I—V, Halle 1960—1964

Aufbruch. Anthologie schreibender Arbeiter a. d. Bezirk Erfurt, Halle 1960

Proben junger Erzähler, hrsg. v. Ch. Wolf, Leipzig 1961

An den Tag gebracht. Prosa junger Menschen, Halle 1961

Neue Texte. Almanach f. deutsche Literatur, Berlin/Weimar 1962 f.

Zeit für dich und mich. Moderne Liebesgeschichten, Halle 1963

Ohne Visum. Lyrik-Prosa-Essays a. d. Osten geflohener Autoren, hrsg. v. Peter Jokostra, Gütersloh 1964

Im Licht des Jahrhunderts. Deutsche Erzähler unserer Zeit, Berlin/O 1964

Geschichten von drüben. Erzählungen und Kurzgeschichten aus Mitteldeutschland, hrsg. v. L. von Balluseck, Godesberg 1964

Im Strom der Zeit, Erzählungen, Halle 1965

Aus der Welt der Arbeit. Anthologie, Berlin/O 1966

Nachrichten aus Deutschland. Lyrik, Prosa, Drama. Eine Anthologie der neueren DDR-Literatur, hrsg. v. Hilde Brenner, Hamburg 1967

Auf einer Straße. Zehn Geschichten, Berlin und Weimar 1968

Voranmeldung, Erz., Halle 1968

Begegnung. Anthologie neuer Erz., Rostock 1969

DDR-Reportagen. Anthologie, Leipzig 1969

Zeitzeichen, Prosa vom Tage, Berlin/O 1969

Prosa aus der DDR, hrsg. v. H. Walwei-Wiegelmann, Paderborn 1969

Erfahrungen. Erzähler der DDR, hrsg. v. H. Korall und W. Liersch, Halle 1969

Mit Ehrwürden fing alles an. Erz., Halle 1970

Der erste Augenblick der Freiheit. Anthologie, 1970

Ohne Bilanz und andere Prosa aus der DDR, hrsg. v. H. Walwei-Wiegelmann, Frankfurt 1970

Wie Nickel zweimal ein Däne war. Neue Prosa — Neue Namen, Berlin/O 1970

Wie der Kraftfahrer Karli Birnbaum seinen Chef erkannte. Neue Prosa — Neue Namen, Berlin/O 1971

Literatur 71, Almanach des Mitteldt. Verl., Halle 1971

Fahrt mit der S-Bahn, Erzähler der DDR. DTV 1971

19 Erzähler der DDR, hrsg. v. H. J. Schmidt, Frankfurt 1971

Kontakte, hrsg. v. Max Walter Schulz, Berlin/O 1971

Im Spiegel dein Gesicht, Anthologie, Rostock 1971

6. Das Theater

Beyer, P.: Das Lehrstück in der DDR, Potsdam 1967

Deutsche Dramatik in West und Ost, Velber 1965

Kähler, Hermann: Gegenwart auf der Bühne, Berlin/O 1966

Kersten, Heinz: Theater und Theaterpolitik in der DDR (Theater hinter dem Eisernen Vorhang), Basel, Hamburg, Wien 1964

Kesting, Marianne: Panorama des zeitgenössischen Theaters, München 1962

Die Lust am Denken, neue Theatereindrücke aus Ostberlin. Theater heute, Februar 1970

Melchinger, Siegfried: Geschichte des politischen Theaters, Velber 1971

Mittenzwei, Werner: Gestaltung und Gestalten im modernen Drama. Zur Technik des Figurenaufbaus i. d. sozialist. und spätbürgerl. Dramatik, Berlin und Weimar 1965

Münz, R.: Vom Wesen des Dramas, Halle 1963

Politik auf dem Theater. Brecht-Dialog 1968. Dokumentation, Berlin/O 1968

Rischbieter, Henning: Deutsche Dramatik in West und Ost, Hannover 1965

Ders.: Auf dem Wege ans Ende einer Utopie? Zu Hacks, Müller und Lange. Theater Heute 1969, 10

Rohmer, E.: Die Sprache im sozialistischen Drama. Theater hier und heute 1968, S. 161 f.

Ders.: Der sozialist. Klassizismus. Theater heute, Okt. 1969

Rühle, Jürgen: Theater und Revolution. Von Gorki bis Brecht, München 1963

Ders.: Das gefesselte Theater, Köln 1957

Schaffensfragen der sozialist. Dramatik. Neue Dt. Lit. 1962, 6

Schivelbusch, Wolfgang: Neuere Dramatik in der DDR. Frankf. Hefte 1968 Nr. 23, 11

Szondi, Peter: Theorie des modernen Dramas, Frankfurt 1963

Theaterbilanz, Bühnen der DDR. Eine Bilddokumentation, Berlin/O 1971

Völker, Klaus: Tassow und Marski. Kürbiskern 1966, 2

Ders.: Drama und Dramaturgie in der DDR (Theater hinter dem Eisernen Vorhang), Basel, Wien, Hamburg 1964

Weckwerth, Manfred: Notate, Über die Arbeit des Berliner Ensembles 1956—1966, Ed. Suhrkamp, Frankfurt 1967

Wendt, Ernst: Dramatik im Osten. Deutsche Dramatik in Ost und West, Velber 1965

Anthologien:

Der Weg zum Wir, Anthologie neuer deutscher Dramatik, Leipzig 1959

Aus den Anfängen der sozialist. Dramatik I und II, Berlin/O 1964/65

Revolutionsstücke, hrsg. v. H. Baierle, Berlin/O 1967

Sozialist. Dramatik, Autoren der DDR, Berlin/O 1968

Stücke gegen den Faschismus, Berlin/O 1970

Neue Stücke, Autoren der DDR, Berlin/O 1971

Das Theater in der Zeitenwende, Geschichte des Dramas und des Schauspieltheaters in der DDR, hrsg. v. Werner Mittenzwei (In Vorbereitung)

7. Die Lyrik

Benn, Gottfried: Probleme der Lyrik, Wiesbaden 1951

Besten, Ad den: Deutsche Lyrik auf der anderen Seite (Essay). Eckart 1959, 3, Berlin

Brettschneider, Werner: Junge Lyrik in der DDR. Literatur in Wissenschaft und Unterr. 1971, 1, Kiel

Butzlaff, W.: Urzeit und Endzeit i. d. deutschen Lyrik. Deutschunterr. 1966, 2

Domin, Hilde: Wozu Lyrik heute? Dichtung und Leser in der gesteuerten Gesellschaft, München 1964

Dies.: Doppelinterpretationen, Frankfurt 1967

Endler, Adolf: Verse, Dichter, Wirklichkeiten. Berlin und Weimar 1970

Enzensberger, Hans Magnus: Museum der modernen Poesie, Frankfurt 1960

Franz, Michael: Zur Geschichte der DDR-Lyrik. Weim. Beitr. 1969, 3, 4, 6

Fried, Erich: In diesem besseren Land. Gedichte der DDR seit 1945. Kürbiskern 1967, 1

Friedrich, Hugo: Strukturen der modernen Lyrik, Hamburg 1956

Haase, Horst: Zehn Themen zur Lyrik, Bemerkungen ü. d. Entwicklung der Lyrik i. d. DDR. Neue Dt. Lit. 1969, 9

Hamm, Peter: Glück ist schwer in diesem Land. Zur Situation der jüngsten DDR-Lyrik. Merkur 1965, 4

Hartinger, Walfried: Gestalt und Wertung einer Generation im lyrischen Zyklus. Weim. Beitr. 1970, 1

Hartung, Harald: Zur Situation der Lyrik in der DDR. Neue Dt. Hefte 1970, 4

Heselhaus, Clemens: Deutsche Lyrik der Moderne von Nietzsche bis Yvan Goll. 2. Aufl., Düsseldorf 1962

Kaufmann, Hans: Gedichte als Seismographen (Sonderdruck d. SBZ-Archivs), Köln 1968

Krolow, Karl: Aspekte zeitgenössischer Lyrik, Gütersloh 1961

Laschen, Gregor: Lyrik in der DDR, Frankfurt 1971

Lyrik im Gespräch. Alternative 1964, 7

Maier, Rudolf Nikolaus: Das moderne Gedicht, Düsseldorf 1959

Malecha, Herbert: Merkmale gegenwärtiger Lyrik. Deutschunterr. 1966, 2

Maurer, Georg: Was vermag Lyrik? Kürbiskern 1965, 2

Piontek, Heinz: Männer die Gedichte machen, Hamburg 1970

Richter, Hans: Verse, Dichter, Wirklichkeiten, Berlin und Weimar 1971

Ritter, A.: Dichtung aus der Reduktion. Ein Beitr. z. Deutung der DDR-Lyrik. Literatur in Wissenschaft und Unterr., Kiel 1969, 2

Sander, Hans Dietrich: Dichtkunst oder Stimmung und Gesinnung (Sonderdruck SBZ-Archiv), 1967

Schiller, D.: Die Entwicklung der Lyrik in der DDR 1954—1960. Weim. Beitr. 1962

Schöne, A.: Über politische Lyrik im 20. Jahrh. 2. Aufl., Göttingen 1969

Schwerte, Hans: Deutsche Lyrik nach 1945. Deutschunterr. 1962, 3

Sitte, Eberhard: Deutsche Lyrik der anderen Seite in unserem Deutschunterricht. Deutschunterr. 1962, 3

Wellershoff, Dieter: Sprache und Erlebnishintergrund gegenwärtiger deutscher Lyrik. Universitas 1962, 2

Anthologien, chronologisch geordnet:

Neue deutsche Lyrik. Gedichte aus unserer Zeit, Berlin/O 1951 und 1952

Wir lieben das Leben. Anthologie neuer Lyrik, Weimar 1953

Im werdenden Tag. Gedichte aus unserer Zeit, Berlin/O 1956

Glück auf, du neues junges Leben, Berlin/O 1959

Gedichte aus zehn Jahren, hrsg. v. Ch. und G. Wolf Berlin/O 1959

Deutsches Gedichtbuch. Anthologie bis 1959, hrsg. v. G. Deicke und U. Berger, Berlin/O 1959

Politische Gedichte der Deutschen aus acht Jahrhunderten, Leipzig 1960

Deutsche Lyrik auf der anderen Seite, hrsg. v. Ad den Besten, München 1960

Bekanntschaft mit uns selbst. Gedichte junger Menschen, Halle 1961

Mein Wort — mein weißer Vogel, hrsg. v. R. Kunze, Leipzig 1961

Die Liebe fängt erst an. Gedichte aus unseren Tagen, hrsg. v. G. Deicke, Berlin/O 1961

Junge Lyrik in der DDR, hrsg. v. d. Deutschen Akademie der Künste 1962

Nachmittag eines Liebespaares. Anthologie junger Lyrik, hrsg. v. H. Czechowski, Halle 1963

Gedichte von drüben, hrsg. v. L. von Balluseck und K. H. Brockerhoff, Godesberg 1963

Unter dem Wort. Ostdeutsche evangel. Dichtung nach der Vertreibung, Leer 1963

Neue Texte III, Almanach f. deutsche Lyrik, Berlin/O 1963

Sonnenpferde und Astronauten, hrsg. v. G. Wolf, Halle 1964

Zwischen Wäldern und Flüssen, Leipzig 1965

In diesem besseren Land. Gedichte der DDR seit 1945, hrsg. v. A. Endler und K. Mickel, Halle 1966

Erlebtes Hier. Neue Gedichte neuer Autoren, Halle 1967

Bitterfelder Ernte. Lyrische Anthologie, Berlin/O 1968

Poesie-Album, hrsg. v. B. Jentzsch, Berlin/O 1968 f.

Welt im Bewußtsein, hrsg. v. H. Czechowski, Halle 1968

Saison für Lyrik. Neue Gedichte von 17 Autoren, Berlin und Weimar 1969

Manuskripte. Almanach neuer Prosa und Lyrik, Halle 1969

Auswahl 70. Neue Lyrik — Neue Namen, Berlin/O 1970

Das Arbeiterlied, hrsg. v. I. Lammel, Leipzig 1970

Lyrik der DDR, hrsg. v. U. Berger und G. Deicke, Berlin und Weimar 1970

Das uns Gemäße. Lyrik-Anthologie schreibender Arbeiter, Berlin/O 1970

Offene Fenster 2. Schülergedichte, Berlin/O 1970

Aufforderung zum Frühlingsbeginn. Neue Gedichte junger Autoren, Halle 1970

Ich nenne euch mein Problem. Gedichte der Nachgeborenen, Berlin/O 1971

DDR-Literatur VI. Lyrik, Prosa, Drama, Hörspiel, hrsg. v. K. H. Brokerhoff, Bonn 1971

8. Zum Selbstverständnis

Abusch, Alexander: Weimar und Bitterfeld, Berlin/O 1967

Adorno, Theodor W.: Rede über Lyrik und Gesellschaft (Noten z. Literatur I), Frankfurt 1956

Ders.: Thesen zur Kunstsoziologie, Frankfurt 1967

Aktionen, Bekenntnisse, Perspektiven, Berlin/O 1966

Chvatik, Kretoslav: Die strukturalistische Auffassung des Verhältnisses von Kunst und Gesellschaft, München 1970

Demetz, Peter: Der Dichter in der Revolution, Heidelberg 1971

Erkenntnisse und Bekenntnisse. Beiträge von Schriftstellern des Bitterfelder Weges, Halle 1964

Fügen, Hans Norbert: Die Hauptrichtungen der Literatursoziologie und ihre Methoden, Bonn 1970

Geerdts, Hans Jürgen: Literatur unserer Zeit, Rudolfstadt 1961

Ders.: Deutsche Literaturgeschichte, Berlin/O 1965

Ders.: Gedanken zur Diskussion ü. d. sozialist. Nationalliteratur nach 1945. Weim. Beitr. 1963, S. 100 f.

Hammer und Feder. Selbstzeugnisse von Schriftstellern der DDR (Tribüne), Berlin/O 1955

Hartung, H.: Sozialistischer Humanismus — sozialist. Realismus. Weim. Beitr. 1968, 5

Havemann, Robert: Fragen, Antworten, Fragen, München 1970

In eigener Sache. Briefe von Künstlern und Schriftstellern, Halle 1964

Jarmatz, Klaus: Literaturkritik in der DDR. Weim. Beitr. 1971, 6

Junge Schriftsteller der DDR in Selbstdarstellungen, Leipzig 1965

Kessler, Horst: Der Kampf um eine demokratische antiimperialistische Kultur in der BRD. Weim. Beitr. 1971, 5

Kesten, Hermann: Die gevierteilte deutsche Literatur. Welt und Wort 1953, 1

Kultur in unserer Zeit. Zur Theorie und Praxis der sozialist. Kulturrevolution in der DDR, hrsg. v. H. Kessler, Berlin/O 1965

Literatur 71. Almanach, Halle 1971

Literatur im Blickpunkt. Zum Menschenbild i. d. Literatur der beiden deutschen Staaten, Berlin/O 1967

Mann, Thomas: Kultur und Sozialismus, Berlin/O 1956

Mit der Zukunft im Bunde. Klassisches Erbe deutscher Dichtung im Urteil unserer Zeit. Anthologie, Berlin und Weimar 1966

Neubert, Werner: Unsere Konflikte in unserer Literatur. Neue Dt. Lit. 1970, 1

Paulick, Wolfgang: Junge Schriftsteller der DDR in Selbstdarstellungen, Leipzig 1965

Plavius, H.: Zwischen Protest und Anpassung. Westdeutsche Literatur — Theorie — Funktion, Halle 1971

Raddatz, Fritz J.: Tradition und Traditionsbruch in der Literatur der DDR. Merkur 1965, 208

Reinhold, Ursula: Antihumanismus in der westdeutschen Literatur, Berlin/O 1971

Rilla, Paul: Vom bürgerlichen zum sozialist. Realismus, Leipzig 1967

Röhner, Eberhard: Abschied, Ankunft und Bewährung. Entwicklungsprobleme unserer sozialist. Literatur, Berlin/O 1969

Schwarze, Hanns Werner: Die DDR ist keine Zone mehr. Erw. Neuaufl., Köln 1970

Seghers, Anna: Die große Veränderung und unsere Zeit, Berlin/O 1956

Sie sprechen verschiedene Sprachen. Schriftsteller aus beiden Teilen Deutschlands im Gespräch. Alternative 1964, 7

Skizze zur Geschichte der deutschen Nationalliteratur v. d. Anfängen der deutschen Arbeiterbewegung bis zur Gegenwart. Weim. Beitr. 1964, S. 644 f.

Träger, Claus: Zweierlei Geschichte — zweierlei Literatur. Einige Aspekte zur literarischen Situation in Deutschland (Studien z. Literaturtheorie und vergl. Literaturgeschichte), Leipzig 1970

Wangenheim, Inge von: Reise ins Gestern, Halle 1967

Wie sie uns sehen. Schriftsteller der DDR über die BRD, hrsg. v. K. H. Brokerhoff, Bonn 1970

Zur Tradition der sozialist. Literatur in Deutschland. Eine Auswahl in Dokumenten, hrsg. v. d. Deutschen Akademie der Künste Berlin, Sektion Dichtkunst und Sprachpflege, Abt. Geschichte d. sozialist. Literatur, Berlin und Weimar 1967

Ost-westliche Anthologien; chronologisch geordnet:

Das Wort der Verfolgten. Gedichte und Prosa, Briefe und Aufrufe deutscher Flüchtlinge von H. Heine bis B. Brecht, Basel 1945

Vom Schweigen befreit. Gedichte und Lieder a. d. letzten 3 Jahrzehnten, hrsg. v. R. Schwachhofer, Leipzig 1947

Wir heißen euch hoffen. Schriftsteller z. deutschen Verständigung, hrsg. v. G. Schwarz, München 1951

Mein Gedicht ist mein Messer. Lyriker über ihre Gedichte, hrsg. v. H. Bender, München 1955

Deutsche Stimmen 1956. Neue Lyrik und Prosa aus Ost und West, Stuttgart und Halle 1956

Das Gedicht. Eine ost-westliche Anthologie, hrsg. v. R. Ibel, Hamburg 1956

Anthologie 56. Gedichte aus Ost und West, hrsg. v. J. Gerlach, Berlin/O 1956

Das Atelier 2. Zeitgenössische deutsche Lyrik, hrsg. v. K. Wagenbach, Frankfurt 1963

Ohne Visum. Lyrik, Prosa, Essays a. d. Osten geflohener Autoren, hrsg. v. P. Jokostra, Gütersloh 1964

Deutsche Teilung. Ein Lyrik-Lesebuch, hrsg. v. K. Morawietz, Wiesbaden 1966

Panorama moderner Lyrik deutschsprachiger Länder v. d. Jahrhundertwende bis zur jüngsten Gegenwart, Gütersloh 1966

Aussichten. Junge Lyriker des deutschen Sprachraums, hrsg. v. P. Hamm, München 1966

An den Wind geschrieben. Lyrik der Freiheit 1933—1945, Darmstadt 1966

Thema Frieden. Anthologie, hrsg. v. U. Miehe, Wuppertal 1967

Tränen und Rosen. Krieg und Frieden in Gedichten aus 5 Jahrtausenden, Berlin/O 1967

In unserer Sprache. Anthologie des deutschen Penzentrums in Ost und West, Berlin/O 1967

Welch Wort in die Kälte gerufen. Gedichte, Berlin/O 1968

Über die großen Städte. Gedichte, Berlin und Weimar 1968

Spiegel unseres Werdens. Mensch und Arbeit i. d. deutschen Dichtung von Goethe bis Brecht, Berlin/O 1969

Nachkrieg und Unfrieden. Gedichte als Index 1945—1970, hrsg. v. H. Domin, Neuwied 1970

4. Register

Eine Literaturgeschichte neuer Prägung:

Deutsche Dichter

Ihr Leben und Werk

Unter Mitarbeit zahlreicher Fachgelehrter
herausgegeben von Benno von W i e s e

Benno von Wiese entwirft mit dieser literarhistorischen Reihe ein Panorama der deutschen Dichtung in neuerer Zeit. Leben, Werk und literarische Bedeutung der hervorragenden und charakteristischen Dichter und Autoren der einzelnen Epochen werden jeweils von besonderen Fachkennern dargestellt. Bibliographien und Nachweise geben für jeden behandelten Dichter die Unterlagen zu weiterführender Arbeit.

Diese moderne Literaturgeschichte dient für Studium, Unterricht und allseitige Information.

Bisher liegen vor:

Deutsche Dichter der Romantik

530 Seiten, Gr.-8°, Ganzleinen mit Schutzumschlag

Deutsche Dichter des 19. Jahrhunderts

600 Seiten, Gr.-8°, Ganzleinen mit Schutzumschlag

Deutsche Dichter der Moderne

2., überarbeitete und erweiterte Auflage, 556 Seiten, Gr.-8°, Ganzleinen mit Schutzumschlag

In Kürze erscheint:

Deutsche Dichter unserer Zeit

Erscheint Anfang 1973 in gleicher Gestaltung und Ausstattung wie die bereits vorliegenden Bände.

Nähere Informationen erteilen wir jederzeit auf Wunsch.

 ERICH SCHMIDT VERLAG